U0526714

阐释、弘扬与继承

陈嘉庚研究论文汇编

沈灿煌 谢潮添 ◎ 主编

厦门大学出版社
XIAMEN UNIVERSITY PRESS
国家一级出版社
全国百佳图书出版单位

图书在版编目（CIP）数据

阐释、弘扬与继承：陈嘉庚研究论文汇编 / 沈灿煌，谢潮添主编. -- 厦门：厦门大学出版社，2024.10.
ISBN 978-7-5615-9552-7

Ⅰ. K828.8-53

中国国家版本馆 CIP 数据核字第 2024GM9544 号

责任编辑	刘　璐
美术编辑	张雨秋
技术编辑	朱　楷

出版发行	厦门大学出版社
社　　址	厦门市软件园二期望海路 39 号
邮政编码	361008
总　　机	0592-2181111　0592-2181406（传真）
营销中心	0592-2184458　0592-2181365
网　　址	http://www.xmupress.com
邮　　箱	xmup@xmupress.com
印　　刷	厦门集大印刷有限公司

开本	720 mm×1 000 mm　1/16
印张	23
插页	2
字数	465 千字
版次	2024 年 10 月第 1 版
印次	2024 年 10 月第 1 次印刷
定价	98.00 元

本书如有印装质量问题请直接寄承印厂调换

厦门大学出版社
微信二维码

厦门大学出版社
微博二维码

序

在陈嘉庚先生150周年诞辰之际，为深入贯彻落实习近平总书记对集美大学百年校庆贺信精神和系列重要指示精神，深切缅怀嘉庚先生，集美大学推出《阐释、弘扬与继承——陈嘉庚研究论文汇编》一书，是弘扬嘉庚精神的重要学术献礼，也是厚植爱国情怀的学术担当。

集美大学的前身是爱国华侨领袖陈嘉庚先生1918年以来在厦门集美学村创办的系列专门学校。学校以"诚毅"为校训，在长期办学实践中坚持"嘉庚精神立校，诚毅品格树人"。嘉庚精神的核心是家国情怀和爱国主义。通过持续的学术研究，阐释、弘扬与继承嘉庚精神，集美大学责无旁贷。为此集美大学学报编辑部长期潜心打造陈嘉庚研究的学术平台，多年来推出一系列高质量的研究论文。从1999年发表第一篇陈嘉庚研究的论文至今，在由集美大学主办的《集美大学学报（哲社版）》《集美大学学报（教科版）》《体育科学研究》三本期刊上共刊发以陈嘉庚研究为主题的优秀论文75篇。2017年起，《集美大学学报（哲社版）》设立"陈嘉庚研究"专栏，持续、集中刊发陈嘉庚研究方面的论文，成为发表陈嘉庚研究成果的学术园地，对不断拓展、深化陈嘉庚研究产生了重要的作用。

党的二十届三中全会指出，教育、科技、人才是中国式现代化的基础性、战略性支撑。在迈向第二个百年奋斗目标的新征程中，教育所承担的责任和使命重大，教育强国建设是全面推进中华民族伟大复兴的基础工程。《阐释、弘扬与继承——陈嘉庚研究论文汇编》收录前述优秀论文中的41篇，通过"嘉庚精神篇""政治抉择篇""教育强国篇""社会文化篇"四个篇章完整呈现陈嘉庚研究的深度和广度，以期为今后的学术研究提供参考。该书的出版不仅是对陈嘉庚研究的全面回顾，更是探索中国式教育现代化知识谱系、探究中国式教育现代化的有效学理阐释。

集美大学党委书记　沈灿煌
集美大学党委副书记、校长　谢潮添

目 录

嘉庚精神篇

初论陈嘉庚的诚毅精神 …………………………………………… 傅子玖/3
陈嘉庚精神的内涵、表现及其时代价值 ………………………… 张培春/9
嘉庚精神与社会主义核心价值观的内在契合 …………………… 肖仕平/19
嘉庚精神：培育和践行核心价值观的宝贵资源 ………………… 林德时/32
习近平关于嘉庚精神的重要论述探析 …………………… 林清龙 施彦军/40
论嘉庚精神的丰富内涵 …………………………………………… 郑爱莲/48

政治抉择篇

陈嘉庚对中华民族抗日战争的重大历史贡献 …………………… 林斯丰/59
陈嘉庚与孙中山交往考 …………………………………… 贺春旎 王 珏/66
陈嘉庚报刊言论对创建新中国的重要贡献
——以《南侨日报》为中心的研究 ………………………… 张建英/74
救亡与复兴：陈嘉庚爱国实践的双重面向 ……………………… 刘汇川/85
陈嘉庚的民族复兴意识及实践路径转变
——以党百年奋斗主题为视角 …………………………… 肖仕平 周 煜/93

教育强国篇

论陈嘉庚兴学的历史功绩 ………………………………………… 陈毅明/109
陈嘉庚教育思想与高校和谐校园建设 …………………………… 洪文建/120
抗战时期集美学校内迁办学研究 ………………………………… 陈 呈/128
陈嘉庚精神与当代大学生的品质养成 …………………… 张培春 张劲松/139
陈嘉庚教育社会学思想基础探微 ………………………… 邱邑亮 关瑞章/146
基于语料库的陈嘉庚教育思想核心词研究 ……………… 韩存新 樊 斌/150
试论陈嘉庚的人才培养理念 ……………………………………… 陈洪林/160
陈嘉庚精神的时代内涵及其对师德建设的启示 ………………… 赖闽辉/166

陈嘉庚职教思想对应用型人才培养模式的启示
　　——以集美大学财经学院为例 …………………… 陈志鸿　梁新潮/172
陈嘉庚师范教育思想与办学实践研究 ………………………… 上官林武/181
陈嘉庚：中国单设幼儿师范的拓荒者 …………………………… 徐恩秀/189
陈嘉庚师范办学理念及其当代价值 ……………………………… 周海琳/196
陈嘉庚学术史研究的历史回顾 …………………………………… 杨建华/205
关于陈嘉庚精神教育的思考
　　——以集美大学为例 …………………………………………… 沈哲琼/211
陈嘉庚的高等教育理念及其当代意义 …………………………… 谢　娟/217

社会文化篇

陈嘉庚的民俗观探微 ……………………………………………… 夏　敏/227
陈嘉庚的图书馆观及其当代价值 ………………………… 刘葵波　董立功/233
论陈嘉庚先生的慈善精神及其时代意义 ………………………… 邓　玮/243
儒家思想对陈嘉庚的影响管窥
　　——以陈嘉庚研读和"发挥"《三国演义》为视角 ……… 张培春/250
传统孝道对青年陈嘉庚的影响 …………………………………… 张培春/260
传统文化视野下陈嘉庚的思想境界论 …………………………… 杨中启/269
陈嘉庚关于中国人现代化的思想和实践 ………………… 余　娜　李欣园/280
陈嘉庚的博物馆实践与思想
　　——基于鳌园和华侨博物院的研究 ……………………… 王晓明/290
嘉庚建筑的文化背景和艺术特征 ………………………………… 周　红/298
日本学界"陈嘉庚镜像"的演变论析 …………………………… 任江辉/307
集友银行的历史发展、特点和作用
　　——兼论其对陈嘉庚遗愿的实现和延续 ………………… 陈俊林/319
实业救国　实用利民
　　——《申报》视野中的陈嘉庚公司广告（1920—1934）…… 罗志超/330
"一带一路"背景下陈嘉庚体教融合思想及其国际传播
　　…………………………………………………………… 施纯志　邹　京/342
陈嘉庚航海体育教育思想及时代内涵 …………………………… 邹　京/353
再论陈嘉庚体育思想的先进性 …………………………… 孙永生　王　玮/358

嘉庚精神篇

初论陈嘉庚的诚毅精神

傅子玖

(集美大学　福建　厦门　361021)

摘要："诚毅"是陈嘉庚为集美学校制定的校训，它融汇着中西古今优良的文化因素，是陈嘉庚精神的核心内质。陈嘉庚以诚毅精神为指导，根据具体国情兴学办校，为国家培养了大量德、智、体、美、劳全面发展的人才。

关键词：陈嘉庚；诚毅精神；择善固守；忠公爱国

"诚毅"是厦门集美学校（现为集美大学等学校）的校训，也是陈嘉庚精神的核心内质。

一

"训"在文化哲学中的真意是：得其序，顺其理。用现代语言来表达，即遵循客观自然发展的规律、法则，合情、合理、合法。陈嘉庚毕生忠公爱国、倾资兴学，以其实践昭示公德。其建言立论，除《南侨回忆录》等几部著作和经商公文如章程、合同、约法之外，校训则可称为特殊形式的箴言诫语。

格言式的校训，言简意赅地宣示办学者的培养目标或终极价值。语中含有劝勉、鼓励、驱策、教诲、开导、殷望等诸多文化思想因素。为使建校兴学"有序顺理"，其中亦含有"教令""戒律"的意味。作为一种高度自觉的品德标准，欲求全校师生乃至社会人士知照遵守。陈嘉庚在国内兴建现代学校，始于1913年创办集美小学，又经增设通俗夜校、女子小学，并未制定校训。及至1918年3月10日，在创办师范、中学的开学典礼上，才宣布"诚毅"两字为校训（同时宣布《校歌》）。可见这两个字是经过郑重琢磨、精心铸造的。

辛亥革命前后至五四运动时期，列强疯狂入侵，军阀战火频繁，国民经济凋零，中华民族危乎岌哉。而官方或洋人创办的学校，制定校制均纯粹沿袭中国儒学或西洋教会的信条，诸如"忠孝仁爱、信义和平、礼义廉耻"，"博爱、自由、真理、自勤、慈爱"，等等。此类校训，不是充溢着封建腐儒的酸味，就是浸染了耶稣基督的缥缈玄虚之气。

陈嘉庚制定校训，则注重激发人自觉、积极的完美道德和历史使命，以

作者简介：傅子玖（1934—2010），男，福建厦门人，教授，主要从事陈嘉庚研究。

及民族责任的自主意识。他着意于倡导自尊、自重的人格力量，造就新人自定处世之道、行己之方。如同信任自己一样地相信学生经过教育能够以诚待人、以毅处世，内诚外毅，择善固守。他这样制定校训，在教育哲学上就摆脱了工具主义，冲击了奴役主义，而体现了人本主义的科学主导思想。宣布校训后，他曾谆谆教诲师生："希望诸位抱着大公无私的精神，凭着诚毅二字的校训，努力苦干。我们集美学校创办的动机和目的跟普通学校不同，希望诸位深深来体会。"[1]陈嘉庚这里提到"跟普通学校不同"，深味"诚毅"两字，强调择善意志的用意。意志的特征就在于具有充分发动自觉积极的目的；将人作为有利于社会进步发展的先进分子来培养，严防、拒绝将人沦落为服从别人意志的工具或奴隶；相信人类所持有的崇高理想意志，是主导和调节人的理性意向的方向盘，是人类创造思维和获得行动意向的内驱力。这是"诚毅"真、善、美哲理意蕴的内质。它充分体现出尊重人、信任人，相信人能够解放自己、团结别人，能够顺心如意地创造所需求的物质、精神文明，一切自卑感、软弱感、无能感、消极感都会被愿望、抱负、理想产生的崇高精神和意志毅力所荡涤。这种先进的教育思想是十分珍贵的。

二

考察产生"诚毅"校训的时代背景，并结合其文化现象、文化功能加以阐释，可发现其借鉴价值是非凡的。主要是它与危机意识共生的爱国教育思想息息相关。鸦片战争失败，特别是中日甲午战争失败之后，中国社会急剧沦为半殖民地。在帝国主义鲸吞蚕食中国的狂潮中，中华民族面对军阀政府无耻地勾结帝国主义，对外屈膝投降，对内血腥镇压的严峻现实，每一个抱有正义感的炎黄子孙无不从震怖中惊醒——中华民族有被淘汰的危险。

陈嘉庚生活于两个世纪之交，一方面，他体会到封建专政制度的腐败无能；另一方面，他在身居异邦遭受鄙视、凌辱的同时，也接受了西方科学文化的熏陶。民族危机的烤炙使他升腾起变革现实的历史要求，积极关注民族的命运，驱使他产生兴学重教以期振兴中华的雄心壮志。他曾宣称："久客南洋，心怀祖国，希图报效，已非一日。"[2]169他是一位伟大的现实主义改革家，审时度势，体己量力，乃自谦称"一庸愚侨商"，"诚心救国既乏术，亦只有兴学之一方"[2]163。由于民族危机严重的触动，他将兴学与民族命运、国家前途联结在一起，燃烧起炽热的爱国主义精神："余侨商星洲，慨祖国之陵夷，悯故乡之哄斗，以为改进国家社会，舍教育莫为功。"①

---

① 原文出自1921年陈嘉庚为延平楼奠基所撰写的《集美小学记》，铭刻于石碑，镶嵌于延平楼墙壁。

他兴学重教的壮举，具有重大的启蒙意义。作为现代文明的先驱者，他从教育理想到行动哲学，言传身教，"诚毅"二字显然起着原动力与推进器的作用。陈嘉庚人格之伟大，实质即在于将"身家性命之利害得失"置之度外，不惜牺牲一切，以"诚毅"精神办校兴学，唤呼万民觉醒，激励其忠公爱国、振兴中华。陈嘉庚的高尚人格，为"诚毅"校训做了最好的诠注。

三

从字面上考察，"诚毅"二字包含着中国古代丰富的文化哲学思想；就表现形式看，它不是直抄某一学派现成的词语，而是诸子百家优秀哲思的荟萃。"诚"，极言真心实意，心志专一。"所谓诚其意者，毋自欺也，如恶恶臭，如好好色。此之谓自谦。""富润屋，德润身，心广体胖。故君子必诚其意。"《礼记·大学》中的这两句话表达出：诚意必须正直忠贞，无所隐伏，不可欺人自欺，是非好恶必得分明。这是君子必备的美德。《蜀志·诸葛亮评传》赞许诸葛亮"开诚心，布公道"。"开诚公道"成为中国传统的优秀品格之一。可见"诚"的核心是"公"。

"毅"是刚强果决，坚韧不拔。《论语·泰伯篇》中曾子曰："士不可以不弘毅，任重而道远，仁以为己任，不亦重乎？死而后已，不亦远乎？"这里强调读书人因为任重道远，不能没有宽广的胸怀和刚强的意志；以"仁"为己任奋斗终生。"仁"是孔子学说的精髓，其内蕴意义即"博爱"。与其相关联的是"义"。"义"，即"行而宜之"，是指行动要因地制宜，合乎当时环境的需要。毅力产生于刚强的意志。关于这点可从《论语·公冶长上·吾未见刚者章》中找到出处："盖刚是坚强不屈意，便是卓然有立，不为物欲所累的人。"因此，"诚毅"精神，是融汇着中国传统精神意识在陈嘉庚时代高扬起来的民族气节的颂歌。

《尚书·尧典》谓"直而温，宽而栗，刚而无虐，简而无傲"，倡导正直而温良，宽容而坚毅，刚强而不暴虐，简朴而不傲慢。彼此相辅相成，由此派生而出诚实、信用、智慧、中和、恭敬、宽惠、勤敏、俭约、清廉、知耻等品质规范，以及由智力、体魄、道德三要素构成的教育学说，对陈嘉庚形成忠公爱国的民族至上主义和兴学重教的理想爱国主义，显然有着广泛而深刻的思想关联。

陈嘉庚的卓越贡献之一是将前贤先哲理想中的"精神的人"，运用现代科学技术、超前的理论知识培育出"实体的人"，继往开来地为国家源源输送大量德、智、体、美、劳全面发展的革命与建设人才。这便是陈嘉庚的诚毅于新教育的智慧之花中结成的丰硕果实。

四

　　校训，作为一种意识现象，制定者不是坐在书斋里凭借传统哲学词语来确定，而是结合自己含辛茹苦的实践体会，深悟"精诚所至，金石为开"的真理因素，站在科学思辨的高度，自觉地扬弃正统文化中的负面因素，着重于理想人格的塑造，才确定了"诚毅"二字。

　　关于陈嘉庚的教育理论与实践，其典型事例俯拾皆是。例如，他出国十余年后，为办学而回乡调查福建省的教育、风尚。"见十余岁儿童成群游戏，多有裸体者，几将回复上古野蛮状态，触目惊心，弗能自己。"于是"默想待力能办到，当先办师范学校，收闽南贫寒子弟才志相当者，加以训练，以挽救本省教育之颓风"[3]12。陈嘉庚在调查福建省改革教育，深悉"如斯腐化"和"杯水车薪"等严重实况，慨叹"吾闽教育前程奚堪设想"[3]12人类历史已经发展到"现代文明社会"，而乡梓仍呈现一片"野蛮状态""如斯腐化"，遂触发其创办师范学校的动机。调查"人的社会存在"现状，据此确定办学类型、教育对象，其间蕴含着从实际出发、培养符合现代文明社会新人的重大问题。返新加坡后，他即与胞弟陈敬贤商讨，发动胞弟回国主持建校，并赴江苏等十余省市考察教育，就教于教育专家、聘请品才优良的校长教员；同时加速建造集美学校校舍。种种措施逐项落实，初步的兴学终于如愿以偿。陈嘉庚动辄以国民、社会的"前程"为念，刻于心怀，已够生动、深刻地体现其"诚毅"的高风亮节，而其强烈的事业心、责任感所派生的大作为，又为后人提供了值得深思的教育哲学课题。

　　陈嘉庚17岁到新加坡，等于自行开启通向异国外界的门户，沐浴着欧风美雨，亦受惠于现代意识的清新空气和西方文化科技的温煦阳光。如若一般因循守旧的中国人，身处异国饱受困顿焦灼之后，很可能促其精神性格的外化、异化；而陈嘉庚立身人格卓尔不群，忠公爱国的极端热忱促使他专注中国人社会存在的思考，进而"思欲尽国民一份子之天职"[3]。必须指出的是，当时世界已掀起四次哲学革命的大浪潮：一是主张单独承担全部精神苦难的"绝对个性"存在主义；二是弗洛伊德性原动的精神分析学说；三是尼采"伟大的孤独"的"超人"哲学；四是马克思辩证唯物主义的哲学体系。这四种外国哲学理论冲击波在陈嘉庚身上是否产生过影响，还有待于深入研究，但有一点可以肯定：他对中外古今一切理论学说的态度，是在思想自由的前提下兼收并蓄。前面说过，陈嘉庚办校兴学一向不宣扬崇尚某种主义或学说，但从他竭力罗致全世界古今图书、仪器、标本、挂图、文物等角度来看，他确是一位兼容并蓄主义者。他十分重视、珍惜人类一切智慧的结晶，搜集齐全的有关资料,正是满足教学、科研需求的完美设置;但对人类一切文化意识,他绝不采取任何门户之见。

强烈的主动自觉性促使他成为一位富有智慧魄力和独特创见的建设型先进伟人。他根据国情、国人的特殊性来确定、实施办学目标,全部合乎实事求是的科学规律,即通过文化科学启蒙,改造国民性格,培养有益于现代社会进步的人才,以图振兴中华,达到民富国强的目的。校训"诚毅"正是实现这个目标的人格保证。为使这种"保证"在耳濡目染、潜移默化之中自然形成,陈嘉庚把德、智、体、美、劳并重作为学校"宗旨",还相应地制定了许多修养条例、规章、行政方针、纪律规定及训导大纲。对教师修养提出"慈爱、同情、诚实"三条,每条另有细目规定。对中学师生提倡"注重积极工作,共同推进学术",实行共同生活、互相援引,采取人格感化,以期养成"自觉、自动、自治、自律的能力"。对乡村师范学生提出"健康的体魄,劳动的身手,科学的大脑,艺术的兴趣,改革社会的精神",这五条又各有细目要求。对幼稚师范学生提出:要有献身儿童教育的决心,要有慈母的心肠,要有牧师的精神,要有医生的态度,要有随机应变的能力,要有坚强的体魄,等等。应该着重指出的是,这些条例、方针、规定、大纲及经常提出阶段性教育中心,诸如"励行生产""提倡劳作""崇尚俭朴""节制用款"等,无一不是从校训的哲学意蕴中衍化出来的。它们都是校训的具体措施和行动指南,体现出多种广育人才的道德训导和人格保证的积极手段。将理想人格和实在人格有机统一起来培养学生,目的是使学生自觉挣脱几千年羁缚国民精神的封建道德镣铐,主动消除陈旧腐败意识的毒化,而成为真正自我解放、充分自由、有创造性的开拓型新人。

从教育科学发展史的角度考察,"诚毅"校训所演化出来的这一系列教育措施,明显具有极为可贵的超前因素,即把大半个世纪前初兴的以"创造教育"为核心的科举制度和私塾书院的封建教育模式,改换为新式的教育模式。陈嘉庚创造的这种新型教育,不仅冲击了当时占主导地位的、模仿西方普通学校、以官办和官定为主的"现代教育",对其做出有力的挑战,而且贯彻教育由道德意志、人格训导入手,充分开发人类的创造力,以使学生极大限度地发挥聪明才智。这种教育方向纯属建设性、开拓型的"创造教育"。

陈嘉庚这种创造教育,是把现代人才学、社会学、教育学、文化学、心理学等有关学科有机地结合起来,通过课堂教学、实验研究、生产实践,培养学生树立创造意志和开拓精神。在"诚毅"精神的教育和感召下,集美学校创办89周年①来所培养的创造性人才中,属一般创造力的固然占大多数,但杰出的创造性人物亦为数不少。为国家输送各类创造性、建设型精英,做出了杰出的贡献,粲然可嘉,享誉四海,蜚声千古。

参考文献

[1] 陈嘉庚.校主训词[J].集美周刊,1940(5-6):3.
[2] 王增炳,陈毅明,林鹤龄.陈嘉庚教育文集[M].福州:福建教育出版社,1989.
[3] 陈嘉庚.南侨回忆录:上[M].新加坡:陈嘉庚国际学会,1993.

[本文发表于《集美大学学报(哲学社会科学版)》2002年第4期]

---

① 即本文发表的2002年。

陈嘉庚精神的内涵、表现及其时代价值

张培春

(集美大学政法学院　福建　厦门　361021)

摘要：陈嘉庚光辉的一生孕育了伟大的精神，陈嘉庚精神的内涵主要包括爱国主义精神、无私奉献精神、诚信重德精神、自强不息精神、勤劳俭朴精神、改革创新精神六个方面。在为实现中华民族的伟大复兴之梦而努力奋斗的今天，陈嘉庚精神仍然具有重要的时代价值。

关键词：陈嘉庚精神；内涵；表现；时代价值

陈嘉庚精神是对陈嘉庚思想行为特征的总结和提炼，是对他奋斗的一生中体现出的优秀品质、高尚情操、优良作风、崇高风范等的总称。陈嘉庚精神有着多方面的丰富内涵，可以概括为爱国主义精神、无私奉献精神、诚信重德精神、自强不息精神、勤劳俭朴精神、改革创新精神六个主要方面。爱国主义是陈嘉庚精神的核心。笔者拟在已有研究的基础上[①]，对陈嘉庚精神的内涵与表现做更具体、深入的阐发，并着重从对青少年的教育引导方面，略析陈嘉庚精神的时代价值。

一、"天下兴亡、匹夫有责"的爱国主义精神

爱国主义是历史地形成和巩固起来的对祖国忠诚和热爱的一种最深厚的感情。这种感情集中表现为民族自尊心、自信心和自豪感，表现为争取祖国的独立富强、维护祖国的团结统一而奋斗的精神。在陈嘉庚思想和行为的深处，始终激荡着这种爱国主义的主旋律。

首先，陈嘉庚的爱国主义精神表现在他强烈的忧患意识和高度的社会责任感上。所谓忧患意识，是一种"以天下为己任"的社会责任感，一种对国家和民族的前途命运自觉关心的意识。青少年时期的陈嘉庚受传统孝道的影

作者简介：张培春（1954—2022），男，福建惠安人，副教授，主要从事哲学原理、儒家文化及陈嘉庚研究。

① 笔者曾在《陈嘉庚精神读本》（林斯丰主编，厦门大学出版社2007年版）一书的导言部分，简略概括了陈嘉庚精神的内涵及其表现，并获得广泛认同。现在此基础上做更深入、具体的阐发。

响,就是一个孝敬父母、勤俭持家的孝子。辛亥革命时期,陈嘉庚受"救亡图存、振兴中华"时代潮流的影响,实现了"由孝到忠",即由"发家致富"到"为国效力"的思想转变。[1]面对当时国家内忧外患、百姓苦难深重、华侨寄人篱下的现状,陈嘉庚萌生了强烈的忧患意识,他孜孜以求的是有一个强大的祖国作为海外华侨的靠山。这种忧患意识激发了他"天下兴亡,匹夫有责"的责任感,也鞭策着他毕生为祖国富强、民族复兴而拼搏奋斗。

其次,陈嘉庚的爱国主义精神表现在他脚踏实地、把爱国的感情转化为报国的实践上,为国家民族做出了不朽贡献。爱国主义从来不是一句空洞的口号。陈嘉庚始终把国家和民族的利益摆在首位,一生努力践行"报效祖国、服务社会"的诺言。为了发展教育,培养人才,陈嘉庚含辛茹苦,百折不挠,"不惜牺牲金钱竭殚心力而为之"[1],铸就了一座倾资办学的历史丰碑;为了挽救民族危亡,陈嘉庚领导南洋华侨,以巨大的物力、财力和人力,支援祖国抗战,为抗日战争的胜利做出了重要贡献;为了实现国家富强和民族振兴,陈嘉庚毅然回国定居,积极参与新中国建设,奉献了他晚年的全部精力。陈嘉庚以一生尽忠竭诚、无私奉献的实际行动,为祖国的独立、统一和富强做出了不可磨灭的贡献。

最后,陈嘉庚的爱国主义精神还表现在他维护祖国统一,敢于同侵略势力、分裂行为作坚决斗争上,具有高度的民族气节。在爱国还是卖国,求统一还是搞分裂的问题上,陈嘉庚历来泾渭分明。他崇尚岳飞、文天祥、郑成功等民族英雄,而视石敬瑭、秦桧、吴三桂及汪精卫等人为民族败类。抗战期间,面对日寇的大举进攻,陈嘉庚主张抗战到底,他痛斥汪精卫之流卖国求荣的行为,提出了"敌未出国土前言和即汉奸"这十一个字的伟大提案,有力打击了投降派的嚣张气焰。陈嘉庚避难爪哇期间,日寇到处搜捕他,但他临危不惧,视死如归,为防备万一,身上一直暗藏着一小包氰化钾。他还写了一首《述志诗》,表现了"宁为玉碎,不作瓦全"的崇高气节。台湾问题关乎国家的统一大业,在陈嘉庚的心目中占有重要位置。陈嘉庚支持中央关于台湾的各项政策,号召国内外同胞共同推动和平解放台湾的事业,直到弥留之际,他仍对祖国统一大业念念不忘。

今天青少年学习陈嘉庚的爱国主义精神,一要树立报效祖国的人生志向,增强振兴中华的历史使命感和社会责任感。要增强忧患意识,居安思危、奋发图强,为实现中华民族伟大复兴的中国梦而贡献力量。二要脚踏实地、把爱国之情转化为报国之行。当代青少年培养爱国之情,要像陈嘉庚那样由近及远,即从爱亲人、爱家乡、爱学校做起,支持家乡建设,关心学校发展。要认真学习现代科学知识,努力掌握为人民服务的本领。青少年只有刻苦学习,努力掌握专业知识和技能,不断提高自身的思想道德素质,才能担当起历史赋予的重任。青少年还要把爱国之情转化为学习和工作的动力，今后不论做什么工作，都应干一行爱一行，勤勤恳恳地做好本职工作，为祖国、为社会、为人民做出应有的贡献。

二、国而忘家、公而忘私的无私奉献精神

"天下为公"，是中华民族的传统美德，儒家贤哲就大力倡导"尚公去私"的无私奉献精神。历代许多志士仁人都把"天下为公"的道德理想转化成个人的道德要求，为中华民族的盛衰存亡而奋斗不息。陈嘉庚的无私奉献精神就是对"天下为公"民族精神的继承和弘扬。

首先，陈嘉庚的无私奉献精神表现为他一生轻金钱、重义务，为我们树立了正确对待金钱的榜样。陈嘉庚深知金钱的重要性，他说"万事非财不举"[2]311，所以他拼搏于商场，不断积累财富。但他经商的目的，不是造福子孙后代，更不是满足个人享受，而是报效祖国，为兴学育才提供物质基础。与那些为富不仁者相反，陈嘉庚虽为百万富翁，却不当守财奴。他说："财由我辛苦得来，亦当由我慷慨捐出。"[2]175 "金钱如肥料，散播才有用。"[3]376 他把一生所获财利，全部献给了祖国的教育和进步事业，没有给子孙后代留下一分钱。为了国家和民族的利益，陈嘉庚克己奉公，不惜牺牲个人的一切。他"出卖大厦，维持厦大"的行为被传为美谈。他一生办学支出的经费，用当时的钱买黄金，按1980年国际汇市比率计算，已经超过一亿美元。当年新马地区富敌陈嘉庚的不乏其人，但正如黄炎培先生所赞叹的："发了财的人，而肯全拿出来的，只有陈先生一人。""'大公无私'，先生真当得起这四个字。"[4]13

其次，陈嘉庚的无私奉献精神表现为他疼爱子孙，但教之以德，为我们树立了正确对待子女的楷模。陈嘉庚说过："父之爱子，实出天性，人谁不爱其子，唯别有道德之爱，非多遗金钱方谓之爱。且贤而多财则损其志，愚而多财则益其过，实乃害之，非爱之也。"[2]168 这是一种律己而醒世的育儿观。陈嘉庚很重视对子女进行"吃苦"教育，他不让子女养尊处优，认为青年人只有经过艰难困苦的锻炼，养成优良的品德，以后才能担当重任。陈嘉庚的第五子陈国庆回忆说，"父亲对待子女非常严厉"，他15岁在道南学校读书时，母亲给他买了一条领带，结果遭到父亲的严厉批评，直到他长大成人，自己开业经营后，父亲才允许他戴领带。[5]116-117 陈国庆初到自家企业学习经营时，陈嘉庚只给他15元薪水，相当于一个普通工人的月薪，且不允许司机送他去上工，整整半年，他每天就这样赶公共汽车上工。陈嘉庚的第三子陈博爱于厦门大学毕业后，当时的厦大校长林文庆建议让他出国留学，攻读学位，但陈嘉庚不允准，原因是自己"既负社会职务之重，尤当战战兢兢，力

思有可善其后"[2]369。陈嘉庚希望儿子能"继其志",为厦大和集美两校谋利益,"运用商利以造二校,岂值一己之学位哉!"[2]369陈嘉庚的为父之道令人感佩,他对待子女的态度至今仍然是我们的一面镜子。

最后,陈嘉庚的无私奉献精神表现为他追求不朽,却淡泊名利,为我们树立了实现人生价值的典范。中国古代把立德、立功、立言"三不朽"视为人生追求的至境,这种"三不朽"的人生价值追求,对陈嘉庚也有着深刻影响。他曾说:"夫荣耀于一时,或流芳于远代,人无贤愚,谁无此性。然当有相当之功绩,庶乎受之而无愧。"[2]361陈嘉庚一生"乐善好施",多有贡献。但他淡泊名利,不图一时之荣耀。他反对集美学校为他建亭祝寿;反对《南洋商报》刊登为他歌功颂德的文章;他为集美学校和厦门大学建造了无数校舍,却没有一栋以自己的名字命名。"陈嘉庚"三个字,成了"博爱"和"奉献"的代名词。陈嘉庚为我们留下了宝贵的物质和精神财富,他真正实现了"三不朽"的人生境界,必将流芳百世,永远为后人所称颂。

今天青少年学习陈嘉庚的无私奉献精神,就必要像陈嘉庚那样,树立正确的人生观和价值观。一个人只有把自己的命运和祖国的命运紧密联系起来,报效祖国,奉献社会,服务人民,才能成就崇高的人生境界。人生在世,要经受许多诱惑和欲望的考验。青少年要自觉抵制极端个人主义、享乐主义、拜金主义等思潮的影响,正确处理好个人和国家、集体的关系,正确对待金钱和名利,不要满足于个人狭隘的私利,而应志存高远,积极进取,自觉承担对社会的责任和义务,在为祖国和人民建功立业的同时,更好地实现自己的人生价值。

三、诚实守信、嫉恶好善的诚信重德精神

诚实守信是中华民族的传统美德,在中国传统文化中,诚信是一切德行的基础,也是每个人立身处世的根本。在历代圣贤看来,诚信不仅是一个人道德修养的起点,也是一切事业得以成功的重要保证。

陈嘉庚的一生,突出表现了"诚信公忠"的品格。他曾说:"无论个人、社会、国家、事业的发展,全赖'忠诚信义'四字。"[6]125还说:"我自己所能者仅为诚、信、公、忠四字。"[7]140陈嘉庚的一生是践履诚信美德的典范。他以诚立身,以信交友;重然诺,守信用;言必信,行必果。在经商、办学、社会活动等各个方面,处处表现了诚实守信的品格。

陈嘉庚履行诺言"替父还债"的举动,在华侨社会传为美谈。1903年,陈嘉庚父亲的企业因经营不善破产了,并负下债款20余万元。按当时新加坡的法律和习惯,父亲死亡或破产,儿子不必承担债务。但陈嘉庚却召集债权

人宣布:"立志不计久暂,力能作到者,决代还清,以免遗憾也。"[3]398 到 1906 年冬,陈嘉庚的经济状况有了较大好转,他毅然找到各位债主,郑重提出愿代还父债。延至 1907 年冬与债主达成协议,最终以折还 9 万元了结债务。当时全部家当只有十几万元的陈嘉庚,一下子拿出 9 万元代还父债,成为当时华侨社会的一大新闻。青年陈嘉庚的诚信品格,赢得了企业界的广泛赞誉。

陈嘉庚是诚实经商的典范。他主张诚信经营,反对唯利是图,强调"商人亦有商人之道德"[2]309。他说:"品质精究优美,则畅销自然可期,良好之成功必矣。"他对待产品价格的原则是"门市零售定价不二,以昭信用"。他认为"货真价实,免费口舌;货假价贱,招人不悦"。他严格规定:"货品损坏,买后退还,如系原有,换之勿缓。"[8]33 他为顾客负责,严把产品质量关,其公司生产的熟胶品,出厂前须经过化学房、试验房、药房部等多道检验,完全合格才能出厂销售。因处处为消费者着想,陈嘉庚公司的产品成了人们信赖的品牌。

陈嘉庚的诚信精神还表现在他具有嫉恶好善、明辨是非的品格。1940年,陈嘉庚回国慰劳考察。他先后访问重庆和延安,弄清了国共两党摩擦的真相,也看到了中国未来希望之所在。此后陈嘉庚考察所到之处,总是据实讲话,绝不指鹿为马。如陈嘉庚从延安回到重庆之后,应国民外交协会主席陈铭枢之约,到留法比瑞同学会礼堂作演讲"西北观感",他不怕得罪国民党的人,实事求是地谈了自己对延安的良好印象。重庆的国民党人对此很恼火,但陈嘉庚则坚持认为:"无论在何处,如有要余演讲回国所闻见,余决不能昧良指鹿为马。"[3]188 在广西,叶渊劝陈嘉庚"凡不利国民党者切注意勿言",但陈嘉庚回答:"余天性好直言不欺隐,勇于负责,不怕威胁。"[3]215 陈嘉庚嫉恶好善、明辨是非的品格令人赞佩。

陈嘉庚一生非常重视自身的道德修养,集美学校的校训"诚毅",厦门大学的校训"止于至善",既凝聚着他对全体师生的殷切期望,也是他自己人格精神的集中写照。"诚则人敬,信则誉满",陈嘉庚事业的成功与华侨领袖地位的确立,都与他具有这种诚信重德精神分不开。

今天青少年学习陈嘉庚的诚信重德精神,一要正确认识诚信对于每个人立身处世的重要意义。青少年要明白"万善诚为先、众德信为基"的道理,自觉按诚信道德要求来规范自己的行为,"以诚实守信为荣、以见利忘义为耻"。二要在日常生活中培育和践行诚信美德。诚信观念不是与生俱来的,而是离不开自觉的、理性的道德修炼。陈嘉庚常引"止谤莫如自修"[2]361 的古训来激励自己,没有这种高度的道德自律精神,就不可能塑造个人的诚信品质。青少年要像陈嘉庚那样,学会自省自律,从小事做起,从细微处着手,逐步培养诚实守信的良好品质。要将诚信的美德融入学习和生活的方方面面，使自己的视听言动、仪表风范都合乎诚信的要求，以自己的实际行动践履诚信美德。

四、坚韧不拔、刚健果毅的自强不息精神

自强不息精神是中华民族的优良传统，也是中华民族精神的根本要求。自强不息包含了中华民族所具有的独立自主、百折不挠、刚健有为、革故鼎新等精神因素，充分揭示了中华民族生存发展的动力来源。

陈嘉庚意志顽强，性格刚毅。他一生积极有为、奋发进取，生命不息、奋斗不止，为祖国富强、民族振兴做出了不朽贡献，陈嘉庚奋斗的一生集中体现了自强不息的民族精神。

陈嘉庚17岁出洋，随父经商。父亲的企业破产后，他以区区7000元的资本，开始了独立创业的历程。在企业经营中，陈嘉庚既兢兢业业，又敢作敢为；既善于捕捉商机，也勇于探索创新，经过20多年的艰苦奋斗，终于奇迹般地成长为东南亚华侨工商业的巨子。1912年之后，陈嘉庚"扩充志愿，为国效力"，回国创办了集美学校和厦门大学。在办学过程中，他筹集资金、迁坟建校、购置设备，遴聘师资，物色校长，克服了许多困难。虽屡遭挫折，却百折不挠，不断扩大办学规模，提高办学质量。

两校的办学经费全赖他辛苦经营所得。因承担沉重的校费，陈嘉庚经济状况长期不佳，乃至经常举债办学。在经济困难的时期，陈嘉庚勉励自己"世界无难事，唯在毅力与责任耳"[2]165，"公益事业，非艰难辛苦不为功，如孟子所云必先苦其心志也"[2]398。1929—1931年，陈嘉庚的公司受世界经济危机的冲击，陷入了困境，有人曾劝说他停办或缩小两校的规模，减少校费以济营业之急需，但陈嘉庚"不忍放弃义务，毅力支持"，他表示："果不幸因肩负校费致商业完全失败，此系个人之荣枯。"[3]420直到1937年，因经费困难日甚，陈嘉庚不得已把独力支撑了16年的厦大献给政府，改为国立。他常因"经济竭蹶，为善不终"而抱憾不已。

在战争年代，集美、厦大两校曾先后遭日寇和国民党的炮击轰炸，校舍破坏严重。陈嘉庚安慰师生说："敌人一边炸，我们一边建；今天被炸毁了，明天再建造起来！"[6]228面对危难，陈嘉庚总是乐观而自信。抗战期间，集美学校在艰苦的环境中坚持办学。陈嘉庚的爱国奉献精神，激励着广大集美校友以实际行动支持母校，集美学校得以弦歌不辍。

陈嘉庚一生不怕困难，顽强拼搏，对"毅"的真谛有深刻的领悟。他说："毅者乃困而不挠之谓也。""但知为人有道德毅力，便是世间上第一难

得之奇才。"[2]346 他的自强不息精神是对中华民族精神的继承和弘扬,他经常以孟子的一段话勉励自己:"天将降大任于是人也,必先苦其心志,劳其筋骨,饿其体肤,空乏其身,行拂乱其所为,所以动心忍性,曾益其所不能。"(《孟子·告子下》)他勇于在实践中磨炼自己的意志和品格,接受各种困难的挑战。陈嘉庚乐于承担责任,也勇于克服困难。他说:"正当之失败,并非耻辱,畏惧失败,才是可耻。"[6]73 他一生在经商、办学、从事社会公益事业中,曾屡遭困难和挫折,但他毫不气馁,绝不屈服;一旦认准目标,就百折不挠,一往无前,为"毅以处事"做了最好的诠释。陈嘉庚不愧是自强不息的典范。

今天青少年学习陈嘉庚的自强不息精神,首先是要培养坚毅的品格,学会正确对待挫折和失败。常言道"失败乃成功之母",只有经得起挫折和失败的考验,才有希望取得成功。青少年要像陈嘉庚那样,以积极的心态,从失败中总结教训,及时发现自身的问题和弱点,采取正确的态度去促进事物的发展。其次,要勇于在实践中磨炼和考验自己的意志品格。当年陈嘉庚在教育自己的子女时,很重视对子女进行"吃苦"的教育,他不给子女予特殊照顾,不让他们养尊处优,认为只有经过艰难困苦的锻炼,以后才能担当重任。当代青少年要学会在艰难的环境中磨炼自己,克服意志薄弱、贪图享受的弱点,增强承受挫折的意志和能力,这对个人一生的成长是十分重要的。

五、艰苦奋斗、克勤克俭的勤劳俭朴精神

勤劳俭朴是中华民族的传统美德,也是中华民族在长期历史发展过程中形成的一种吃苦耐劳、艰苦奋斗、克勤克俭、清廉自守的精神。在中华民族的意识中,勤俭是传家之宝和立国之本,是一切事业成功的保证。

陈嘉庚一生志存高远,奋发有为;而在个人生活方面,他秉承勤劳俭朴的传统美德,一生艰苦奋斗、克勤克俭,是勤劳俭朴的典范。他在《遗教二十则》里写道:"我毕生以诚信勤俭办教育公益,为社会服务","治家之道,仁慈孝义,克勤克俭",[2]300-301 表明了他毕生崇尚与信守勤俭这一传统美德。

早在青少年时期,陈嘉庚就养成了勤劳俭朴的好习惯。在随父学商期间,他"守职勤俭,未尝妄费一文钱"[3]394,因而深得父亲信任。及至后来事业成功,陈嘉庚仍旧保持着艰苦奋斗的本色。他生活在繁华的新加坡,都从来不尚奢华、不讲排场、不贪图个人享受。他不吸烟,不喝酒,粗茶淡饭,乐在其中。他平日身上的现款不超过 5 元钱,在新加坡几十年只看过一部电影,还是为抗战筹赈会义演的片子。

陈嘉庚常说:"人生在世,不要只为个人的生活打算,而要为国家民族

奋斗。"[9]307 "应该用的钱,千万百万也不要吝惜;不应该用的钱,一分也不要浪费。"[4]60 于公,他把千万资财献给祖国的教育事业,毫不吝惜;于私,则苛求自己,俭朴淡泊,锱铢必较。

1950年回国定居后,陈嘉庚在生活上仍自奉甚俭。他先后住在两处早年建造的朴实无华的二层小楼里,他的衣着、家具等都是旧的。衣服、鞋袜、蚊帐等破了就补,补了再用,有的是一补再补,且常常亲自穿针引线。他每日粗茶淡饭,爱吃地瓜稀饭,佐以青菜、豆豉、花生米、箭头鱼等。新中国成立后,陈嘉庚在中央政府任职,每月的工资与津贴有540元,但他交代炊事员每月伙食费不能超过15元,其余的全部存入集美学校账户,添为学校的办学费用。1951年3月的一天,陈毅元帅前来集美视察,陈嘉庚请陈毅喝茶,一位工友买了一块钱的糖果来。过后,他批评那位工友说:"陈毅同志是首长,至多拿一两块糖果吃,不像小孩一块接一块地吃,买两毛钱就足够了。我们要以事业上该花的钱应花,生活上该节约的钱就节约为原则。"[9]303 如此重视事业,不尚虚礼,是一般人做不到的。

陈嘉庚一生治事勤劳,从不养尊处优,直至晚年,生活上的许多事他都坚持自理,绝大部分信函文件也是自己处理、作复。到过陈嘉庚故居参观的人,目睹陈嘉庚晚年用过的件件遗物,无不为其克己奉公、克勤克俭的高尚品质而感动不已。[10]

陈嘉庚提倡勤俭节约,反对铺张浪费。在企业经营的过程中,他处处精打细算,厉行增产节约。他经常提醒员工"财有限而用无穷,当量入以为出","金玉非宝,节俭是宝"。[2]158 在创办两校的过程中,陈嘉庚规定师生务必俭朴,强调在艰难过渡时期尤当实行节约。1940年回国慰劳考察期间,陈嘉庚"历十余省,对欢迎及宴饮无谓应酬,概行辞谢"[6]131。"成由勤俭败由奢",陈嘉庚从重庆国民党的奢侈腐败和延安共产党的艰苦朴素之对比中,看清了中国的希望究竟在哪里,也实现了自己政治立场的转变。陈嘉庚的勤俭精神,为我们今天进行"以艰苦奋斗为荣,以骄奢淫逸为耻"的荣辱观教育,提供了宝贵的素材。

今天青少年学习陈嘉庚的勤劳俭朴精神,首先要发扬艰苦奋斗的精神,杜绝铺张浪费的行为。要增强节俭意识,"一粥一饭,当思来之不易;半丝半缕,恒念物力维艰"(朱柏庐《朱子家训》)。勤劳节俭要从细节做起,从节约一滴水、一度电、一张纸这些小事情做起,逐步培养勤劳俭朴的精神。其次要把勤俭精神转化为奋发向上、报效祖国的动力,为社会主义现代化建设多做贡献。无数事例告诉我们,与勤俭连在一起的往往是勤劳、坚韧和奉献,陈嘉庚的一生就是最好的榜样;相反,与挥霍形影不离的常常是懒惰、骄奢和自私,一些领导干部贪污腐化,就是从丢掉节俭、贪图享受开始的。

因此,"成由勤俭败由奢"这句古训值得我们思索和铭记。

六、革故鼎新、与时偕行的改革创新精神

革故鼎新、与时偕行,这是中华民族的传统精神之一。《周易》曰:"守则变,变则通,通则久",汤之盘铭刻:"苟日新,日日新,又日新",都反映了中华民族革故鼎新的精神。革故鼎新是自强不息精神的升华,也是自强不息精神的核心内容。中华民族所以能在五千多年的历史进程中生生不息、发展壮大,靠的就是这样一种发愤图强、革故鼎新、自强不息的精神。

陈嘉庚一生勤奋好学,重视实践,具有开拓创新的精神品格。在企业经营方面,他善于审时度势,未雨绸缪,调整战略,应对激烈的市场竞争;他善于把握商机,大胆创新,敢为人先,在经营决策上经常胜人一筹。他的橡胶企业包括种植、加工、销售等环节,是融农、工、商为一体的大企业,这种经营模式,在东南亚属首创,引得众多企业纷纷仿效。

在兴学育才方面,陈嘉庚善于学习借鉴中外文明成果,适应时代需要,改革旧式教育,形成了一套先进的、富有特色的教育思想。如陈嘉庚竭力打破宗派观念,反对"办学而分帮派",他劝说集美村民把陈氏各族私塾联合起来,创办了集美小学;他创办厦门大学,规定"大学生不分省界";他反对"女子无才便是德"的陈腐观念,在闽南首开女禁,设立女子小学、女子中学、女子师范;他反对旧式教育的内容和方法,提倡德、智、体、美全面发展的教育方针;等等。陈嘉庚的教育思想及其实践,在中国现代教育史上占有特殊的地位。[2]4-5

在改造社会方面,陈嘉庚崇尚科学,反对愚昧,提倡移风易俗,反对封建陋习,提出了一系列社会改革的主张,为推动社会文明进步做出了重要贡献。如避难爪哇期间,陈嘉庚写了专论《住屋与卫生》,并于1945年和1948年两次印刷,寄赠国内各省市,希望国内民众"知疾病健康以及寿命长短,与住屋卫生有密切之关系。共同注意,致力改善"[6]203。1948年,他又写了《民俗非论集》一文,从社会教育的角度出发,认为改革落后的风俗习惯乃"事关祖国兴替的大事",不可等闲视之。他尖锐地批评封建社会遗留下来的种种恶习陋俗,主张改革陋俗,树立良好的社会风气。

陈嘉庚的第五子陈国庆回忆其父亲是"一个敢挡风险的人,他喜欢冒险去做那种心中无数的事"[5]121。1957年,为了解决集美学校的用电问题,陈嘉庚试验利用海潮发电,兴建了集美海潮发电站,这项创新实践后来虽因各种原因失败了,但他那种勇于探索和创新的精神,永远值得后人学习。陈国庆还回忆说,他父亲留给他印象最深的一种品质,"便是他随时代应变的能

力,他能根据时代的潮流接受新思想"[5]126。陈嘉庚由拥护蒋介石转而追随共产党的政治抉择,他从爱国主义走向民主主义和社会主义的思想升华,充分体现了他一生紧跟时代步伐、矢志追求真理的品格。这些无不折射出陈嘉庚与时偕行、勇于创新的精神,是他一生能有诸多建树,为国家民族和华侨社会做出积极贡献的重要原因。

今天青少年学习陈嘉庚的改革创新精神,首先就是要树立学习无止境、创造无止境的思想。创新需要一定的知识基础和文化素养,为此,青少年要勤奋学习,努力掌握各种科学文化知识,不断提高自己的综合素质。要善于吸收借鉴古今中外的各种文明成果,开阔自己的视野,培养开拓创新的精神。其次要不怕失败、勇于实践。青少年要敢于打破条条框框的束缚,敢于怀疑和提问,善于寻找和发现问题;要培养独立思考、求新求变的创造性思维,并把创新精神贯穿于思想、学习、工作的各方面,这样才能为将来投身于社会主义建设事业打下坚实的基础,为中华民族的伟大复兴更好地贡献自己的聪明才智。

综上所述,陈嘉庚精神是我们弘扬和培育民族精神的生动教材,也是对干部群众进行社会主义核心价值观教育的宝贵资源。弘扬陈嘉庚精神,对于动员和激励全国人民和海外华侨华人,为实现中华民族的伟大复兴之梦而团结奋斗,具有重要的现实意义。

参考文献

[1] 张培春.传统孝道对青年陈嘉庚的影响[J].集美大学学报:哲学社会科学版,2011(1):17-22.
[2] 王增炳,陈毅明,林鹤龄.陈嘉庚教育文集[M].福州:福建教育出版社,1989.
[3] 陈嘉庚.南侨回忆录[M].新加坡:南洋印刷社,1946.
[4] 陈嘉庚先生纪念册编辑委员会.陈嘉庚先生纪念册[M].北京:中华全国归国华侨联合会,1962.
[5] 陈国庆.回忆我的父亲陈嘉庚[M].北京:中央文献出版社,2001.
[6] 陈碧笙,陈毅明.陈嘉庚年谱[M].福州:福建人民出版社,1986.
[7] 陈碧笙,杨国桢.陈嘉庚传[M].福州:福建人民出版社,1981.
[8] 林斯丰.陈嘉庚精神读本[M].厦门:厦门大学出版社,2007.
[9] 全国政协文史资料研究委员会,中华全国归国华侨联合会,福建省政协.回忆陈嘉庚[M].北京:文史资料出版社,1984.
[10] 王增炳,骆怀东.教育事业家陈嘉庚[M].北京:教育科学出版社,1989:412-420.

[本文发表于《集美大学学报(哲学社会科学版)》2015年第1期]

嘉庚精神与社会主义核心价值观的内在契合

肖仕平

(集美大学马克思主义学院　福建　厦门　361021)

摘要：爱国主义在人们的个体意识中有心理情感和价值判断两个部分，对祖国理想前景的积极期待则是其中价值判断的重要内容。嘉庚精神的核心是爱国主义，分析嘉庚对祖国理想前景的期许，可以探知其蕴含着国家价值目标、社会价值导向和公民价值准则三个方面的具体诉求，这些具体诉求恰又契合当下社会主义核心价值观的三个"倡导"内涵。据此，我们应该发挥嘉庚精神这一资源优势，以传扬嘉庚精神来助推社会主义核心价值观的培育。

关键词：嘉庚精神；爱国主义；社会主义核心价值观

被毛泽东誉为"华侨旗帜，民族光辉"的陈嘉庚先生，一生在教育、经济、政治、社会、文化等多领域都有卓越建树，为国家和民族建立了丰功伟绩。作为一代伟人，嘉庚先生有着伴随其一生的品质、态度、情操、风骨和追求。岁月变迁，嘉庚先生的生活年代离我们越来越远，但其风貌仍然生动清晰，其事迹依旧被广泛传扬。因此，细致领会和感受嘉庚先生的思想脉络，总结和提炼其蕴含的嘉庚精神，并结合现时代做出意义解读，仍具有现实价值。

一、嘉庚精神

"嘉庚精神"最早提出于抗战时期。回顾对"嘉庚精神"的研究，从"嘉庚精神"被研究开始，嘉庚先生的爱国情怀就是探讨的重点。

1940 年，陈嘉庚先生组织南洋华侨回国慰劳视察，顺道长汀探望内迁的厦门大学，校长萨本栋致《陈嘉庚先生莅汀欢迎词》时提道："先生伟大之精神可分数方面言之：……其爱国热情，公尔忘私，国尔忘家，是何等怀抱……负责、谦让、不辞劳悴……富贵不淫，贫贱不移，威武不屈者也。"[1]188-189 这里虽然没有直接使用"嘉庚精神"的词句，但已经提到"先

作者简介：肖仕平（1965—　），男，福建顺昌人，教授，博士，主要从事马克思主义中国化、传统文化研究。

生之伟大精神",并加以说明。在同一时间,厦门大学何厉生著文《"嘉庚精神"》,该文发表在《厦大通讯》"欢迎陈嘉庚先生专号"上,文章标题就直接使用了"嘉庚精神"一词,并将其总结为"牺牲精神""信义精神""勤俭精神""求实精神""奋斗精神""报国精神"六个方面[2]21-23,此文应是最早明确提出和总结"嘉庚精神"的。

经过40多年的沉寂,"嘉庚精神"一词于20世纪80年代被重提。1983年10月20日厦门大学校刊发表评论员文章《大力发扬"嘉庚精神"》,文章指出,嘉庚精神"不仅体现在他坚定的政治立场和嫉恶如仇的正义感方面,而且体现在他爱乡爱国、倾资办学的伟大事业上"[3],在这里,"爱乡爱国"作为"嘉庚精神"的重要方面也被突出出来。

两年后,"嘉庚精神"在嘉庚先生创立的集美学村也被提出。1985年《集美校友》第26期刊文《学习嘉庚精神的感受——纪念陈嘉庚创办水产航海学校65周年》,作者何远帆说:"所谓'嘉庚精神'的含义,应是集中在他强烈的爱国主义和他诚毅、大公无私、明辨是非、嫉恶如仇、不说假话、不畏强暴、言必信、行必果、与人相处肝胆相照的高风亮节,在兴学、经营工商业、政治态度、待人接物等场合,随时表现出来,感人肺腑。"[4]在他的"嘉庚精神"的总结中,"强烈的爱国主义"被置于首位。

1994年,杨立冰撰文《嘉庚精神及其特点》提出:"爱国爱乡、无私奉献、目光远大、坚持真理,是贯彻陈嘉庚精神的一条红线,也是陈嘉庚精神的核心。"[5]这里使用"陈嘉庚精神的核心"的提法,并将"爱国爱乡"置于首要位置。

1995年,林德时对嘉庚精神的概括富有创新性,他将概括出来嘉庚精神归为几个方面,然后对其性质加以细化,总结出本质特征等六个方面,他说:"爱国主义为其本质特征,倾资办学为其主要表现,诚信果敢为其精髓所在,勤慎俭约为其主体传统本色,尚义行廉为其主体的完善人格,开拓进取的改革观为其跨国界跨时代的显著特征。"[6]他将爱国主义视为陈嘉庚精神的本质特征。20世纪90年代,学术界对"嘉庚精神"研究开始提速,相关研究和总结增多。比如,1997年,朱立文在《陈嘉庚精神和当代海外华人》一文中概括了"嘉庚精神":"坚持正义、重铸民魂;开拓视野、服务社会;兴才育学、造福人类。其核心体现了维护人类进步为先,以维护国家民族利益为重的爱国主义精神。"[7]1998年,全国侨联顾问张楚琨概括了"嘉庚精神":"华侨旗帜、民族光辉,弘扬诚毅、振兴中华,教育为本、科技兴国,统一大业、造福人群。"[8]1999年,雷克啸编著《陈嘉庚精神》一书,将"嘉庚精神"的内涵归纳为爱国爱乡、嫉恶如仇、勇于进取、无私奉献和克己奉公等[9]。在大量的总结中,"爱国主义"始终被放在核心或首要位置。

21世纪以来,"嘉庚精神"的研究者力图将概括出来的每一个分项都尽可能用单字或双字加以精炼,从而更最简洁地表达"嘉庚精神",如林德时这样总结"嘉庚精神":忠——嘉庚精神的本质特征;公——嘉庚精神的重要体现;诚毅——嘉庚精神的精髓所在;勤俭——嘉庚精神的传统本色;改革观——嘉庚精神跨国界跨时代的显著特色[10]。2007年林斯丰主编的《陈嘉庚精神读本》将嘉庚精神的内涵总结为爱国精神、奉献精神、重德精神、自强精神、清廉精神和创新精神六个方面,同时指出"如果用最简洁的文字来表达,则可以概括为'忠、公、诚、毅、勤俭、革新'八个字"[11]179。

"嘉庚精神"的研究历久弥新。这两年来相关研究依然继续,2014年,林德时编写的《嘉庚精神简明读本》概括了嘉庚精神的五个方面:嘉庚精神之爱国爱乡、嘉庚精神之无私奉献、嘉庚精神之诚信果毅、嘉庚精神之勤俭清廉、嘉庚精神之改革创新。[12]目录 2015年,张培春则把陈嘉庚精神的内涵凝练成爱国主义精神、无私奉献精神、诚信重德精神、自强不息精神、勤劳俭朴精神、改革创新精神六个方面。在这六个方面中,爱国主义被置于首位,张培春进一步提出:"在陈嘉庚思想和行为的深处,始终激荡着这种爱国主义的主旋律。"[13]

关于"嘉庚精神"的大量讨论还促成了学者的研究综述。2015年张慧梅、刘宏的《陈嘉庚精神及其现代意义》就是一篇对"嘉庚精神"做研究综述的文章,文章梳理国内外的"嘉庚精神"研究,张慧梅、刘宏称:"纵观多年来讨论陈嘉庚精神的相关文献,学界对于嘉庚精神主要归结为以下几点:……若再深入阐述,则为:公——无私奉献;忠——爱国情怀;诚——诚实守信;毅——坚毅不拔;闯——勇于开拓。"[14]根据张慧梅、刘宏的综述,"无私奉献""爱国情怀"被学者当成"嘉庚精神"的重要方面,这实质上指的是嘉庚精神中的爱国主义内涵。据此,可以认为,把爱国主义作为"嘉庚精神"最核心的内容或本质特征,这是研究者的普遍共识。

爱国主义是对祖国的忠诚和热爱,爱国主义的要点是对民族和国家的生存发展、繁荣兴旺等根本利益的关心与维护。嘉庚精神的核心是爱国主义,在嘉庚先生那里,当然也有着对祖国的深情以及对国家利益全身心的投入。立足于个体意识的内容分析,作为社会个体,能够保持对祖国的忠诚和热爱,其个体意识之中,一定有着心理情感和价值判断两个方面,其中,心理情感体现为对祖国情不自禁地爱恋;而价值判断则不仅表现为把祖国的荣誉、尊严和利益置于优先地位,同时更显示为对祖国理想前景的积极期待。在以往的研究中,学术界对嘉庚先生的爱国心理情感方面有了足够的关注,对价值意识方面嘉庚先生如何把祖国的荣誉、尊严和利益置于优先地位也有过不少研究,但对嘉庚先生在祖国理想前景的期许上包含的丰厚内涵,以往的研究未尽详备。我们今天解读嘉庚精神,当站在时代要求上,从这个方面入手深入厘清。

二、嘉庚精神蕴含的国家价值目标

嘉庚先生对祖国理想前景的期许包含丰厚内涵,其中既有对国家价值目标的执定,也有对社会价值导向的冀求,还有对公民价值准则的期盼。

我们先看一下嘉庚先生对国家价值目标的执定。从当代视角分析,嘉庚先生的爱国精神里蕴含的国家价值目标至少有下列四项:

(一) 富强

富强是中华民族梦寐以求的美好夙愿,是现代化国家经济建设的应然状态,也是国家繁荣昌盛、人民幸福安康的物质基础,因此,富强应该成为当下重要的国家发展目标。在嘉庚先生那里,国家富强为他所注意。

鸦片战争以后,中华民族积贫积弱,生灵涂炭,面临亡国灭种的危机。嘉庚先生出生于1874年,少小的成长经历使他对国家积弱有深切的体验,他曾说:"祖国前受制于满清,政治腐败,国弱民贫。迨光复后,军阀专横,官僚贪污,农业破产,百业落后……"[15]弁言当时贫弱的中国在国际上毫无地位,饱受欺凌,嘉庚先生内心沉重,他说:"如我国在国际地位,素为列强所轻视,固然为讳,每逢交涉,无论理由如何充分,而结果莫不卿于我。"[16]120

面对如此局面,晚清以来,先进的中国人举起富国强民的旗帜,如洋务派提出中体西用的富强观;以康有为、梁启超为代表的维新派探索中国变法自强之路;孙中山号召革命,推翻帝制,继而探求实业救国,发展工商。与此这些仁人志士相同,嘉庚也思考着国家富强的方略。

在抗战之前,嘉庚先生将教育作为实现国家富强的手段,他说:"国家之富强,全在乎国民;国民之发展,全在乎教育。"[6]38-40又说:"尝观欧美各国教育之所以发达,国家之所以富强,非由于政府,乃由于全体人民。中国欲富强,欲教育发达,何独不然。"[6]38-40在抗战过程中,嘉庚先生开始把国家富强的希望寄托在中国共产党身上,延安之行后,他谈道:"余观感之余,衷心无限兴奋,梦寐神驰,为我大中华民族庆祝也。"[6]150-158在新中国即将成立之际,嘉庚先生对中国共产党引领国家走向富强的预想已有充分的信心,他说:"我国地大物博民众,内外恶势力铲除以后,复兴建国,突飞猛进,转危为安,转弱为强,转贫为富,指瞬间事。民国三十七年其或为由黑暗进入光明之转变年。"[6]211-216"兴衰之循环,必无一成不变之理。数百年前中国之富强,冠于全球,迨后则转而至西欧大陆,继而至于南北美。近数十年来,东至日本,以此类推,循序循环,将复至我中国,此乃已往事实之确证。"[6]211-216

(二) 民主

民主是人类社会的美好诉求,也是创造人民美好幸福生活的政治保障,所以当下我们以人民民主作为重要国家发展目标。而在嘉庚先生那里,民主也为他所注意。

晚清时期,专制统治导致社会腐败,王朝难以为继,嘉庚先生深感"吾华族受满清专制之桎梏"[16]87-90,在清覆亡前即"剪去发辫,示与满清脱离关系"[16]9-19,显示出他对封建专制的唾弃和未来民主政治的向往。

继变法运动、立宪运动之后,孙中山发动辛亥革命,但新建立起来的民国很快陷入连绵不断的军阀混战之中。民主政治并未实现,1922年嘉庚先生愤懑地说:"而现在人心,以为权利在军阀之手,无可奈何。"[16]71-74民国以后,嘉庚先生的故乡福建先是被军阀政客李厚基、臧致平等把持,任人唯亲,民不聊生。继二人之后控制福建政务的陈仪"统制运输残害民生""设军米田赋贸易专沽局""舞弊苛杂盐政",致民怨沸腾,所以福建一隅的情况尤令嘉庚先生愤慨。[15]287在抗战结束之后,嘉庚先生对蒋介石的独裁统治反感至极,他说:"国父孙先生推倒满清,建立中华民国,主权属民,为世界各国所公认,今不幸权操独裁者……"[16]286-288因此嘉庚热盼一个民主的新中国,他断言:"若一旦独裁政府崩溃,政府实行民主,贪污官吏财产,概予没收,移救饥饿濒死之民众,已绰有余裕。至于商民积存货物,以及交通运输,自能立随政治而改善。诚如斯,则我地大物博人众之国,五年十年后,必一纵而为东亚之模范矣。"[16]286-288这些话语表示了嘉庚先生对政治民主的渴求。

(三) 文明

文明是社会进步的重要标志,也是现代化国家的重要特征,是现代化国家文化建设的应有状态,因此,当下我们把文明作为重要国家发展目标。而在嘉庚先生那里,文明早被他所注意。

旧中国虽然号称拥有五千年文明史的泱泱大国,但是教育、科学、文化事业极为落后,总人口中90%以上是文盲。由于教育与科学的落后,社会被殖民文化、封建文化所主导,人们的思想普遍受到奴役。嘉庚先生对此有深刻感受,在谈到自己办学的直接动因时说:"余曾于暑天时,往游各乡村,见儿童裸体成群,或游戏,或赌博,询之村人,咸谓私塾久废,学校又无力举办。余思此情形,如不改善,十数年后,岂不变成蛮?"[16]44-48"欲求学每年非数十元不够,致平民界因限于经济问题,失学儿童,遍地皆是,顽劣万状,令人不胜感慨系之。"[16]62-65嘉庚先生捐资办学的发心立意就是以教育推动全民族文明水准的提升。他提道:"我侨胞久慕文明……万勿放弃天职,坐待沦亡也。"[16]31-33可见其热切期待文明日臻。

嘉庚先生事业起步和发展的新加坡一地开埠较早,风气开化,生活习惯相对文明，为此，嘉庚先生极力将它们介绍和引进国内，希望有助于文明提升。他著专论《住屋与卫生》约 8000 字，先后印了三次，分寄国内各省市当局，作为"战后建国首要"的参考。1949 年初拟重印该书 30 万本，寄赠解放区各县市当局以广泛宣传，要让乡村与城市居民了解健康与住屋卫生的关系，养成文明、卫生的生活习惯。他认为改革落后的风俗习惯乃"事关祖国兴替"的大事，"不可等闲视之"[17]136，所以除积弊、革陋俗都应坚决彻底，为此，他于 1948 年又撰写了 9000 字的专论《民俗非论集》加以阐述。他呼吁移除不文明的陈规陋习，如铺张的嫁娶、奢侈的喜丧事、迷信风水、烧纸钱、收童养媳、赌博、狂饮、嫖娼、吸毒等有害社会风气，乃至同席共食、不讲卫生、开会和宴请不准时等不良习惯。嘉庚先生疾呼："我人行此侮辱国体，妨害进步之丧仪，何异登大广告反对祖国政府？窃思即以电影宣传，亦不若此之甚也。我人爱国家，而不废除侮辱国体、妨害进步之丧仪可乎？"[16]94-96。新中国成立后，嘉庚先生依然在不同场合呼吁生活文明和精神文明，如 1950 年他在《集美学校国庆纪念会上的讲词》中特别提到，应改造农村露天厕所，去除迷信鬼神，取消婚姻礼节筵席的奢侈浪费等[18]。

（四）和谐

和谐是中国传统文化的基本理念，是中国人憧憬的良好愿望，它是经济社会和谐稳定、持续健康发展的重要保证，集中体现了社会的美好状态，因此，和谐应该是现代化国家的价值诉求。在嘉庚先生那里，他对和谐也有重视。

旧中国积贫积弱，社会无序，内忧外患，和谐只能是空洞的愿望。从清末到民国，在嘉庚先生所经历的时代，社会的各个层面上都动荡不安，与和谐无缘。20 世纪 30 年代，嘉庚先生谈到全国时感叹"政争不息，内乱纠纷，教育废坠，国民程度参差"[16]117-122，嘉庚先生看到抗战结束后的情况依然是"而独夫专政，卖国丧权，一党独裁，营私舞弊，贪污横行，上下争利，凭藉外力，残杀同胞，狼虎当道，饿殍盈野，内战惨祸普遍深入，实亦开史所未有之先例"[16]211-216。而福建一地的情况更令嘉庚先生痛心，嘉庚先生谈到 1940 年参访福建的这番观感："故乡甫返，又告别离，民生维艰，补救无术，欲依阿取容，则良心实难泯灭，欲批击逆鳞，则家乡不能再入，却顾徘徊，忧郁不堪言状。"他看到上层苛政、官吏腐败、强取豪夺和人民艰困等现象，这些与和谐气象相去遥远[16]160-167。

在中国传统文化中，"大同之世"是社会和谐的写征。《礼运大同篇》描绘了古人心中的梦想："大道之行也，天下为公，选贤与能，讲信修睦，故人不独亲其亲，不独子其子，使老有所终，壮有所用，幼有所长，鳏寡孤独废疾者皆有所养；男有分，女有归……是谓大同。"在这里，大同社会就是一个完美调节老幼、男女等自然差别和贤愚、公私等社会区分的和谐世界。嘉庚先生对这样的和谐大同世界充满向往。早在20世纪30年代,嘉庚先生分析世界性产生过剩的经济危机时就说:"战争属于治标,□□可以治本。然治标或可较易见的,唯非根本之解决,徒演人类之惨剧。至于治本,虽生效较迟,然目的一达,则世界大同。平均工作,则工人既免失业。工作至多四小时,衣食无缺,老幼疾病,公共负责。既无私业之竞争,复免患得与患失。尧天舜日,真人类无穷之幸福也。"[16]190-195 嘉庚先生认为在大同时代,劳动者免除失业之苦,也享有充分的福利保障,疾病健康皆由公共负责,因无私人资本的逐利,在经济上人类不必患得患失,社会臻至和谐状态。这些美好思考体现出嘉庚先生对国家和谐发展目标的追求。

三、嘉庚精神蕴含的社会价值导向

我们再看一下嘉庚先生对社会价值导向的希冀。从当代视角分析,嘉庚先生的爱国精神里蕴含的社会价值导向也至少有下列四项:

(一) 自由

自由作为一种价值追求,是对人关怀的最高体现,因此它成为当下社会的重要价值导向。在嘉庚先生那里,他对自由也时有关注。

近代中国沦为半封建半殖民地社会,外受外国列强的侵略和奴役,国家主权沦丧;内遭苛政束缚,人民的自由失去保障。1948年元旦,嘉庚先生这样描述民国时政:"抑自民国以降,内忧外患,纷至沓来,吾国所受创伤不可谓不巨,吾民所遭惨祸不可谓不重。"[16]211-216 自由既是一种个体存在状态的描述,也标志着一种社会状态。在自由的两个向度上,当时的社会既缺乏对作为个体生存状态自由的保障,也绝无能使人民享有自由的社会政治经济制度,嘉庚先生对此体验至深,由此激发了他对自由的向往。

嘉庚先生对孙中山先生的遗嘱情有独钟,嘉庚先生曾提及:"孙中山先生遗嘱里头说:'余致力于国民革命,凡四十年,其目的在求中国之自由平等,积四十年之经验,深知欲达到此目的,必须唤起民众,及联合世界上以平等待我之民族,共同奋斗……'看这几句话,就可以知道革命应该人人能够共同奋斗,事方有济……"[16]101-107 孙中山遗嘱的核心点是民族的自由平等,嘉庚先生念兹在兹,这说明了他对在中国实现社会自由、平等的期盼。新中国成立,嘉庚先生倍受鼓舞,其中重要的原因是,嘉庚先生深信新中国建立将带给全体人民享有自由的社会政治经济制度,因此,他说:"华侨一向期望祖国独立、自由、民主、强盛。现在这个希望完全成为事实了。因此,华侨已经不是所谓'海外孤儿',而是已经有了一个伟大的慈母,这就是伟

大的中华人民共和国！"[19]6-7

（二）平等

平等是现代社会的基本特征，是衡量人类文明进步的重要标准，因此，它为当下社会所必备。而对嘉庚先生来说，平等也为他所关注。

嘉庚青少年所处的晚清时代，在制度上就直接规定人与人的不平等。民国建立后，名义上的不平等消失，但事实上的不平等却没有改变，对此，嘉庚先生有痛彻感受，这也造成他自小就有追求平等的朴素情怀。此外，在立业的新马地区，嘉庚先生亦感受到殖民地政府对华人的不公平。当地巫人能获得水田，而华人被排斥在外，嘉庚先生对不公平现象倾力反对，在担任新加坡华民参事局员时，他呼吁"华人占马来亚一半人口，欲图马来亚粮食自足，非华人共同努力绝难到达目的"，提议殖民当局对待华人和巫人一视同仁，为此他推动华民政务司向殖民当局提出议案，议案未获批准后，嘉庚先生则坚辞职务。[15]28-29 由此可以看出，嘉庚先生对社会不平等现象毫不妥协的坚定立场。

谈到民国服饰改革的问题，嘉庚先生坚决抵制长袍马褂，其中一个重要原因就是在他看来，提倡这种服饰会带来有些人可以这样穿着，有些人却没有条件这样穿着，导致人与人之间的区隔，破坏平等，嘉庚疾呼："蔑视平等，妄生阶级，揆之情理，岂能安者？"[16]65-70 嘉庚先生的字里行间都显示出他对社会平等的呼唤。二战之后，嘉庚先生就痛陈："对于不平等苛政，不仁义权利，必须铲除或改善。"[15]弁言 此外，他关切海外侨胞所受到的不平等对待，提出："各属地限制华侨人口，征收人身税，禁止土地权，限制教育，及其他不平等条件，以及鸦片公卖等陋政，必须消除或改善。"[15]弁言 这些都体现出嘉庚先生在社会价值导向上对平等的渴求。

（三）公正

公正作为一种尺度，是衡量一个社会的制度安排是否正当合理的重要标准，因此，在当下社会，我们需要公正这一价值导向。在嘉庚先生那里，社会公正问题也极被重视。

在旧中国，社会公正难以企及。在嘉庚先生的笔下，就记载了许多社会不公正现象，如嘉庚先生率领南侨慰问团回国时的感受："年来苛政百出，民不堪命，为各省所无，征发壮丁，则用捆绑押解，如上刑场，前后征发一十五万人，逃走死亡，无数目可考。省营贸易公司，与民争利……公务员营私舞弊，相习成风，了不愧畏，苛捐什税，指不胜屈，教育文化，如普通师范学校，全省仅设一所，学生八百名，不足一县之分配，其政策乖谬如此。"[16]150-160 一个社会的公正，体现在经济、政治、法律等社会生活的各个领域、各个层次和各个方面，其核心是分配公正。因此，嘉庚先生从福建返回新加坡后，致电当时的福建省政府主席陈仪，要求改变不公正的社会现状。他说："贪官污吏，遍布要津，什税苛捐，多如毛发，在上海香港，开设和济商行，营私资敌，削弱外汇等，更不胜枚举……闽省苛政虽多，而本人用函电恳请陈仪取消者，只提统制运输一项，以此事害民最惨苦，而革除却比较容易，若有实效，然后再及其他。"[16]160-167

嘉庚先生憧憬社会公正，1948年元旦，陈嘉庚发表的《新岁献辞》进一步指出："共产主义之最终目的，在于将财富资产，收归政府统辖，然后公允分配，使民众咸享康强乐利之生活，而免社会发生'朱门酒肉臭，路有冻死骨'之畸形现象。然兹事体大，非咄嗟可期。"[16]211-216 这段话语表明了嘉庚先生要求公允分配社会财富，坚信人类终将进入公平、公正的历史时期，即在社会价值导向上对公正的要求。

（四）法治

法治是人类政治文明发展到一定历史阶段的标志，"法治"强调法律在国家和社会治理中的至上地位，要求根据法律的理性和权威治理社会，简单说就是要依法而治，法治在当代社会意义重大。对嘉庚先生来说，法治一向为他所极力主张。

法治一方面需要社会管理者依法行政；另一方面是社会成员应在法律的规范下活动。法治的这两方面内容都为嘉庚先生所强调，20世纪30年代时嘉庚先生就说过："以法治为前提，不但少却许多不白冤枉案，亦可久讼纠缠倾家荡产，为人民之不幸。"[15]126 这里提到了依法行政的重要性和必要性，嘉庚先生同时也强调"吾人应安分守法，以培后盛"，并自称"我居星数十年，未尝犯过英政府一次罪"。[20]117 他公司分行章程的眉头警语里强调："好国民守法律，好店员守规章。""人类有服从法规之精神，即有创造事业之能力。"[12]138-140

尽管嘉庚先生有着对法治的祈求，但在旧中国，真正落实法治只能是一种幻想，所以嘉庚先生热盼新中国能走向法治。新中国成立后，他指明宪法的重要性，"我海外华侨素来对于国家需要宪法，知者固多，而未知者恐也不少。然国家之必须有宪法……我国前朝专制时代，无有宪法规律，贪污腐化，致外侮内乱，国弱民贫。清末及国民党蒋介石政府有数次所谓宪法，写了若干民主条文、公司权利，但都是虚伪骗人的，结果都为全国人民所唾弃"[19]13。他坚信法治是国家长治久安、社会安定有序、人民安居乐业的重要保障，所以赞扬宪法的制定和落实。嘉庚先生参加1954年宪法的制定，认定这部宪法经过充分讨论，集思广益，只有落实和依靠这部宪法，"这样才有光明的前途，也才能得到应有的真正的权利，甚至对于在社会主义改造时期的资产阶级，也依法保障他们的生产资料和其他财产所有权"[19]13。这些话语都体现出嘉庚先生在社会价值导向上对法治的殷切期待。

四、嘉庚精神蕴含的公民价值准则

我们最后看一下嘉庚先生对公民价值准则的期盼,从当代视角分析,嘉庚先生的爱国精神里蕴含的公民价值准则至少有下列四项:

(一)爱国

国家是以成员的心理认同为基础组成的,国家的合法性源自于本民族成员对国家的认同,因此,在当前公民需要认同自己的国家,热爱自己的国家。而对嘉庚先生来说,爱国则是他高度强调的重点。

陈嘉庚本人是杰出的爱国者,他参加同盟会,捐资办学,支持祖国抗战,英勇无畏,这都体现了他伟大的爱国情怀。嘉庚先生不仅自己爱国,而且将爱国作为对人的基本要求,他说:"我侨胞久慕文明,号称爱国,而富商巨贾又不乏人,万勿放弃天职,坐待沦亡也。"[16]29-33 酷爱传统儒家文化的嘉庚先生这里用了"天职"一词。何为"天职"?"天职"最早来自《荀子·天论》所谓"不为而成,不求而得,夫是之谓天职"。可见,在嘉庚先生看来,爱国就是公民本然的、不容违逆的准则和义务。

(二)敬业

敬业是社会存在和发展的基础。一个人不敬业,就无法圆满完成自己分内的工作,从而顺利完成自己的岗位角色。因此,在当前,敬业是形成良好社会风气的前提,是社会成员的基本社会准则。在嘉庚先生那里,敬业亦常常被他所强调。

在敬业方面,陈嘉庚热爱和忠于职责,全力投入自己规划的目标,主张"不计成败利钝,勇往进行"[16]9-19。他叙述早年创业历程时说:"自来洋及回梓三年,守职勤俭……终日扑扑于事业。"[15]478 嘉庚先生不仅身体力行地敬业,同时还认为"做事敷衍是不负责任的表现","受人委托即当替人尽力,受本公司委托即当替本公司尽职"[16]138-140 他主张作为社会中的一员,必须要有敬业的品质和准则。

(三)诚信

诚信是立身处世之道,是人之为人的道德规定。诚信在社会生活中扮演着极其重要的角色,它为社会存续发展提供了基础。在当下社会,社会成员需要具备道德准则。而在嘉庚先生那里,诚信则更是他所竭力倡导的。

陈嘉庚自己就是诚信的典范,他一生诚实守信,言而有信。早年他就有"替父还债"的事迹为人所传颂;后来在办学、支持祖国抗战等各个方面也都显示出他的诚信风范。

嘉庚先生不仅身体力行，而且坚持认诚信是一个人必须坚守的品格，他说：" 就普通平民言，若无诚信，已失其作人之资格。我国古云'不诚无物'，又云人无信不立。自数千年前创造中国文字时即有此意，如诚字拆开为言与成，意谓所言必成行方谓之诚。又信字拆开，即人与言，谓人言必信是也。"[16]240-241因此，在嘉庚先生眼里，诚信之德应为社会成员所必备。

（四）友善

友善是高尚的个人美德，它在维系社会成员之间的和谐关系中扮演着不可或缺的作用。因此，当下社会离不开这一公民道德规范。在嘉庚先生那里，友善也是极其重要的。

嘉庚先生是友善待人的楷模，他自称："余素抱宁人负我宗旨。"[15]481《集美志》书末列举的陈嘉庚遗教20则都是他人生的至深体会或总结，其中第三则"宁人负我，毋我负人"；第四则"怨宜解，不宜结"；第十八则"凡做事须合情合理，如不合情理，应勿为之"[16]117；这些都体现了陈嘉庚友善待人的风范。

20世纪上半叶，我国以及嘉庚先生旅居的新马地区，灾害连连。陈嘉庚积极参与组织、领导赈济救灾活动。如1917年他被选为水灾游览会会长，组织筹赈天津水灾；1918年他担任新加坡同济医院筹赈广东水灾捐之财政；1923年他担任新加坡筹赈日灾会之名誉会长之一，同年担任为筹赈闽粤水灾的新加坡海天游艺会主席；1928年组织新加坡总商会山东惨祸筹赈大会；全面抗战开始后，陈嘉庚在新加坡组织了"南洋华侨筹赈祖国难民总会"并任主席。他说："古人之所谓救灾恤邻，原属慈善性质，不分畛域，一视同仁。换言之，即全世界人类所应尽之义务。"[16]108-110

嘉庚先生常常参与救灾赈灾，他坚持"待人要敬，自奉要约"[16]138-140。由这些话语可见嘉庚先生将"敬"作为基础建立友善，并认为友善是一个人必须坚守的品格和义务。

五、结语

党的十八大报告在谈到加强社会主义核心价值体系建设时明确指出："倡导富强、民主、文明、和谐，倡导自由、平等、公正、法治，倡导爱国、敬业、诚信、友善，积极培育和践行社会主义核心价值观。"[21]这"三个倡导"中的第一个倡导，体现了社会主义核心价值观在发展目标上的规定，是立足国家层面提出的要求；第二个倡导体现了社会主义核心价值观在价值导向上的规定，是立足社会层面提出的要求；第三个倡导体现了社会主义核心价值观在道德准则上的规定，是立足公民个人层面提出的要求。爱国主义是陈嘉庚精神的灵魂和核心，如前所述，嘉庚先生的爱国主义具体就是他对祖国的忠诚和热爱。对祖国的这种忠诚和热爱，除了体现为浓烈的心理情感外，嘉庚先生的个体意识还有着深邃的价值判断，这种价值判断不仅表现为把祖国置于优先地位，同时更显示为对祖国理想前景的积极期待。由前文的分析可见，嘉庚先生对祖国理想前景的这种期待既有对国家价值目标的执定，也有对社会价值导向的希求，还有对公民价值准则的热盼。具体来说，在国家价值目标上，嘉庚先生强调国家的富强、民主、文明、和谐；在社会价值导向上，嘉庚先生属意社会的自由、平等、公正、法治；在公民价值准则上，嘉庚先生要求爱国、敬业、诚信、友善。嘉庚先生所处的时代，没有社会主义核心价值观这个概念，也没有围绕核心价值观在国家发展目标、社会价值导向和公民道德准则三个方面上的清晰表述和概念提炼，但嘉庚先生爱国主义思想里蕴含的国家价值目标、社会价值导向和公民价值准则与当代提出的社会主义核心价值观的三个"倡导"在内涵上却有共通之处，或者说，以爱国主义为核心的嘉庚精神中蕴含的丰厚内容可以穿越时空与当前的社会主义核心价值观和谐共振。

长期以来，嘉庚精神是我们开展政治思想教育的宝贵资源，也是培育青少年优秀品格的生动素材。在深受观念多元化、信仰自由化冲击的今天，弘扬社会主义核心价值观任重道远。而嘉庚精神中的核心是爱国主义，进而，嘉庚先生爱国主义思想里蕴含的内容又与社会主义核心价值观有内在相通之处，因此，我们应该发挥嘉庚精神这一资源优势，以传扬嘉庚精神来助推社会主义核心价值观的培育，从而在全民中更好地普及和落实倡导富强、民主、文明、和谐、自由、平等、公正、法治、爱国、敬业、诚信、友善的社会主义核心价值观。

参考文献

[1] 黄宗实,郑文贞.厦门大学校史资料:第二辑[M].厦门:厦门大学出版社,1988.
[2] 何励生."嘉庚精神"[J].厦大通讯,1940(2):21-23.
[3] 本刊评论员.大力发扬"嘉庚精神"[N].厦门大学报,1983-10-20(B1).
[4] 何远帆.学习嘉庚精神的感受——纪念陈嘉庚创办水产航海学校65周年[J].集美校友,1985(5):3-4.
[5] 杨立冰.嘉庚精神及其特点[J].华侨华人与侨务,1994(2):13-14.
[6] 林德时.试论陈嘉庚精神的内涵[J].福建体育学院学报,1995(Z1):70-77.
[7] 朱立文.陈嘉庚精神和当代海外华人[J].集美校友,1997(1):21-23.
[8] 洪诗农.张楚琨先生谈陈嘉庚精神[J].集美校友,1998(4):8.
[9] 雷克啸.陈嘉庚精神[M].福州:福建人民出版社,1999.

[10] 林德时.论嘉庚精神的基本内涵[J].江西社会科学,2000(6):56-59.
[11] 林斯丰.陈嘉庚精神读本[M].厦门:厦门大学出版社,2007.
[12] 林德时.嘉庚精神简明读本[M].厦门:厦门大学出版社,2014.
[13] 张培春.陈嘉庚精神的内涵、表现及其时代价值[J].集美大学学报,2015(1):1-7.
[14] 张慧梅,刘宏.陈嘉庚精神及其现代意义[J].华侨大学学报,2015(3):95-100,121.
[15] 陈嘉庚.南侨回忆录[M].长沙:岳麓书社,1998.
[16] 陈嘉庚.陈嘉庚言论集[M].厦门:中国厦门集美陈嘉庚研究会,2004.
[17] 王增炳,陈毅明,林鹤龄.陈嘉庚教育文集[M].福州:福建教育出版社,1989.
[18] 陈嘉庚.集美学校国庆纪念会上的讲词[N].厦门日报,1950-10-07(1).
[19] 朱立文.陈嘉庚言论新集[M].厦门:厦门大学出版社,2013.
[20] 陈厥祥.集美志[M].香港:香港港侨光印务有限公司,1963.
[21] 胡锦涛.坚定不移沿着中国特色社会主义道路前进 为全面建成小康社会而奋斗[M].北京:人民出版社,2012:31-32.

[本文发表于《集美大学学报(哲社版)》2017年第2期]

嘉庚精神：培育和践行核心价值观的宝贵资源

林德时

(集美大学思想政治理论教研部　福建　厦门　361021)

摘要：嘉庚精神的基本内涵是丰富多元的，与社会主义核心价值观中"三个倡导"的内容是相契合的，是厦门培育践行社会主义核心价值观的本土化载体，因而是培育和践行社会主义核心价值观的宝贵资源。

关键词：嘉庚精神；社会主义核心价值观；宝贵资源

一、引言

2014年10月，值陈嘉庚先生诞辰140周年之际，中共中央总书记习近平给集美校友总会回信，希望广大华侨华人弘扬"嘉庚精神"。[1]随后，福建省委书记尤权就学习贯彻习近平总书记的回信精神做出批示，要求全省各级各部门认真学习贯彻习近平总书记的回信精神，继承和弘扬"嘉庚精神"。[1]同时，厦门市举行了纪念陈嘉庚先生诞辰140周年座谈会及其他纪念活动，集美区把宣传嘉庚精神与培育践行社会主义核心价值观有机结合起来，掀起新一轮学习、宣传、研究和弘扬嘉庚精神的热潮，最大限度地释放嘉庚精神的正能量和时代价值，极具现实意义。

陈嘉庚伟大的一生所建树的业绩是空前的，对中国、东南亚乃至全世界的进步事业都做出了不可磨灭的重要贡献。他一生忠贞爱国而为伟大的爱国主义者，一生艰苦创业而为成功的华侨工商业家，一生倾资兴学而为卓越的教育事业家，一生爱侨护侨而为杰出的华侨领袖，赢得了党和国家领导人的高度评价和称赞，被毛泽东同志誉为"华侨旗帜　民族光辉"。2009年，陈嘉庚入选由中宣部等11个部门联合评选的"100位为新中国成立作出突出贡献的英雄模范人物"。

陈嘉庚光辉的一生孕育了嘉庚精神。嘉庚精神是陈嘉庚在特定的社会条

作者简介：林德时（1965—　），男，福建安溪人，副教授，主要从事中国近现代史、陈嘉庚精神研究。

件下，经历长期复杂的历史阶段，集思想政治、经济实业、文化教育、社会公益诸方面之大成，形成的一系列崇高精神和高贵品质的统称。社会主义核心价值观是马克思主义与社会主义现代化建设相结合的产物，与中华优秀传统文化和人类文明优秀成果相承接，是我们党凝聚全党全社会价值共识做出的重要论断。如果说社会主义核心价值观是当今中国社会的"最大公约数"，那么嘉庚精神则是海内外华人的"最大公约数"，两者都是内容丰富的理论体系，在内涵上存在不少交叉点。笔者拟对嘉庚精神作为培育和践行社会主义核心价值观的宝贵资源议题进行初步探讨，以就教于方家。

二、嘉庚精神与社会主义核心价值观在内涵上相契合

社会主义核心价值观的基本内涵是：倡导富强、民主、文明、和谐；倡导自由、平等、公正、法治；倡导爱国、敬业、诚信、友善，积极培育社会主义核心价值观。这"三个倡导"中的第一个倡导，体现了社会主义核心价值观在发展目标上的规定，是立足国家层面提出的要求；第二个倡导体现了社会主义核心价值观在价值导向上的规定，是立足社会层面提出的要求；第三个倡导体现了社会主义核心价值观在道德准则上的规定，是立足公民个人层面提出的要求。这三个层次的理念相互联系、相互贯通，实现了政治理想、社会导向、行为准则的统一，兼顾了国家、社会、个人三者的价值导向和理想追求。[2]

嘉庚精神与社会主义核心价值观的部分内容有共通之处。总的来说，嘉庚精神的基本内涵是丰富而多元的，它既包含陈嘉庚"尤所服膺向往"的"轻金钱，重义务，诚信果毅，嫉恶好善，爱乡爱国诸点"，[3]弁言6 又包括他倡导和终生践行的无私奉献、急公忘私、勤敏俭约、艰苦创业等，可以浓缩为"忠、公、诚毅、勤俭、创新"八个字，表现在爱国爱乡、无私奉献、诚信果毅、勤俭清廉和改革创新五个方面：爱国爱乡是嘉庚精神的本质特征，无私奉献是嘉庚精神的主要体现，诚信果毅是嘉庚精神的精髓所在，勤俭清廉是嘉庚精神的传统本色，改革创新是嘉庚精神的时代特点。[4]17-18 陈嘉庚毕生忠于祖国和人民、拥护中国共产党、热爱社会主义，他与时俱进、追求正义和进步，从善如流；他心系统一、叶落归根、建设家乡，他居安思危，参政议政、献计献策、老而弥坚，他崇尚科学、倾资兴学、急公忘私、奉献社会，他克勤克俭、清廉朴素、艰苦创业、革故鼎新，他诚以为人、毅以处事、自强不息、敢拼会赢，他爱好和平、嫉恶如仇、思尽天职、遵纪守法……这些嘉庚精神的主要含义，也包含对国家、社会、个人三者的元素，与社会主义核心价值观"三个倡导"的基本要求

是相一致的,即嘉庚精神与社会主义核心价值观在内涵上是相契合的,[4]105具体表现如下:

(一) 从社会主义核心价值观倡导的富强、民主、文明、和谐内容看

陈嘉庚一生不懈奋斗的目标,是彻底改变祖国贫穷落后的面貌,改变专制独裁政府的腐败无能,改变人民大众的愚昧无知;是伟大祖国和中华民族的独立、富强、民主;是祖国社会的文明、公正、和谐。陈嘉庚早年重视教育、兴办学校,就是想改变祖国教育"前途之涂炭"、人民积贫积弱的状况,他要"急起直追以尽天职",以免遭到"天演之淘汰"。[5]160

陈嘉庚对官僚主义深恶痛绝。他在1957年全国人大一届四次会议上,作了题为"从治标治本两方面克服官僚主义"的长篇发言:"……因此官僚主义作风,旧者难改,新者又来,随时随地皆有发现。这种积重难返之势,非徒用口舌宣传所能奏效,要认真革除,应从治标治本两方面办法入手。"[6]237 "治标办法,除宣传告诫外,各省应设查访机关,犯此风者即应免职,送往特设训练所或学校学习改造,结训后方得试用。至治本办法,须从正规学校教育做起"。[6]237 "学校之中尤以师范学校为主要。师范学校为人民教师所自出,一个良好教师可以影响千百个学生,转移社会风气的潜力完全在此……要打破官僚主义作风,必先树立劳动观点。课外劳动必须有教师领导,才有计划性,才能经常化。"[6]241

陈嘉庚著专论《住屋与卫生》约8000字,在1945年12月印了3000本,分寄国内各省市当局,作为"战后建国首要"的参考。之后印了3版5.3万本还供不应求,1949年初拟重印《住屋与卫生》30余万本,寄赠解放区各县市当局以广泛宣传,要让乡村与城市居民"普遍知疾病健康以及寿命长短,与住屋卫生有密切之关系,共同注意,致力改善,此亦建设新民主国家要务也"。

陈嘉庚认为除积弊、革陋俗都应坚决彻底,并著专论加以阐述。他于1948年撰写了《民俗非论集》,全文约9000字。他认为改革落后的风俗习惯乃"事关祖国兴替"的大事,不可等闲视之。[5]136他对封建社会遗留下来的落后的风俗习惯,如操办喜事、丧事中的陋俗恶习等,提出尖锐的批评。为此他号召全社会共同驱除愚妄,宣传科学、相信科学,更显示了他重视社会教育、立志移风易俗的可贵精神。

陈嘉庚对祖国及南洋华侨社会中盛行的各种颓风陋俗十分反感,大力提倡移风易俗,树立良好的社会风气。他对社会生活领域的改革尤为广泛,认为奢侈无度的嫁娶、做生日、丧事、做功德、迎神等有损国计民生;迷信风水、烧纸钱、收童养媳纯属愚昧陋俗;赌博、狂饮、嫖娼、吸毒等有害社会风气;孟兰会习俗未见其福,唯见其祸;同席共食不讲卫生,开会、

宴请不准时等不良习惯都应革除。

陈嘉庚认为衣服样式是一个国家社会教化程度和文明高低的体现。1937年1月，他应《东方杂志》的约稿，撰写了《民族复兴与服制》一文，全面论述了服制的演变过程，指出"吾人欲谋民族之复兴，一切改革必须力求其彻底"[5]238。他曾经于1934年、1938年向国民政府提出废止胡服长衫马褂，主张妇女服装以便于工作、节约朴素为原则，质朴勤俭最为首要等。

以上事例都表明陈嘉庚崇尚国家富强、民主，期待社会达到文明、和谐的景象。

（二）从社会主义核心价值观倡导的自由、平等、公正、法治内容看

陈嘉庚在侨居海外的半个世纪中，为了反对殖民主义者对广大侨胞的歧视与压榨，以及维护广大华侨的自由、尊严和利益，曾多次大无畏地进行斗争，并大力促进广大侨胞的团结，所以堪为"华侨史上第一个勇敢地站出来捍卫华侨利益的领袖人物"。

1946年9月，陈嘉庚致电美国的总统、参众两院议长，劝告美国应立即撤退驻华军队，停止对国民党政府的一切援助，电文义正词严，震惊了全世界。11月，陈嘉庚创办了《南侨日报》，宗旨是本爱国真诚、求和平建设等。该报得到中国共产党的重视与支持，为加速中国人民解放战争的胜利做出了贡献。

陈嘉庚不务名、不居功、不损人利己，善于和乐于助人，有强大的人格感召力。他有强烈的法制观念，在南洋遵守侨居地的各种法律法规、在祖国居住期间也大力推崇知法守法。

在《集美志》的书末，列举了陈嘉庚的遗教二十则，系陈嘉庚关于家族、社会的处世经验与为人之道，兹重温这些遗教，又惊叹它蕴含着社会主义核心价值观的部分内容，极具现实意义。第一则"我居星数十年，未尝犯过英政府一次罪"；第五则"居安思危，安分自守"；第十三则"吾人应安分守法，以培后盛"，显示出陈嘉庚的法律意识强烈、法制观念浓厚，既遵守祖国的法律，又遵守居住国的法律。第四则内容虽短，但含义明确，即"怨宜解，不宜结"，体现了陈嘉庚爱好和平、和睦、和谐的精神。第七则"家庭之间，夫妇合好，互谅互爱；治家之道，仁慈孝义，克勤克俭"，体现了他讲究平等、和谐、友善的理念。第三则"宁人负我，毋我负人"和第十八则"凡做事须合情合理，如不合情理，应勿为之"，体现了他的民主、公正。第十九则"我毕生以诚信勤俭办教育公益，为社会服务"含有富强、诚信等多项内容。[7]117-118

（三）从社会主义核心价值观倡导的爱国、敬业、诚信、友善内容看

陈嘉庚一生奋斗中所体现出来的爱国、敬业、诚信、友善都有突出事例，与"三个倡导"中立足公民个人层面所提出的要求是相吻合的。

陈嘉庚是个杰出的爱国者，他对祖国的忠诚热爱源于他对祖国的信念。不管祖国处于何种境地，是积贫积弱、内部纷争，还是外敌入侵、面临亡国，陈嘉庚都没有放弃对祖国的希望、没有放弃尽"国民一分子"的社会责任，坚信自己一分一毫的努力都将有助于国家纾难。

在敬业方面，陈嘉庚热爱本职工作，有勤勉的工作态度、旺盛的进取意识、无私的奉献精神等。他有亲力亲为、身体力行的风范，有为民请命、忘我工作的激情，成为敬业者的模范。这可以从他倾资办学、经商置业、抗日救亡、参政议政的具体过程得到印证。

在诚信方面，陈嘉庚早年"替父还债"的故事为当时及后人所传颂；他一生诚实守信，言而有信、行必有果，以诚信为立身处世准则，成为诚信的榜样。诚信是社会主义荣辱观的内容之一，更是公民道德建设的重点，是"三个倡导"中第一个倡导的内容，契合当前的思想政治宣传与教育主流。以上三个方面的事例较多，恕不详述。

在友善方面，陈嘉庚能团结广大华人华侨和衷共济，成为独树一帜的华侨旗帜，当中包含了团结的旗帜、友好的旗帜。全面抗战开始后，陈嘉庚在新加坡组织了"南洋华侨筹赈祖国难民总会"并任主席，这是南洋各地华侨的第一个统一的组织，是南洋华侨空前大团结的标志。1940年，陈嘉庚率领南侨慰劳考察团回祖国考察，在重庆期间多次设法劝说国共两党要团结抗战，不要分裂，"'如不幸分裂，则无异自杀'，心中忧虑无穷"[8]109。"万望两党关系人，以救亡为前提，勿添油助火，国家幸甚，民族幸甚"。[3]122 他到延安后对毛泽东说过：希望国共合作，兄弟间一切摩擦都等打败了日寇再解决；他认为国共两党可以说是兄弟党、姐妹党。这些都体现了陈嘉庚以民族利益为重，关切国共团结抗战的精神。

陈嘉庚是海外华侨与侨居国人民友好相处的倡导者，他在从事种种爱国活动时注意引导华侨遵守当地法律，团结当地人民；他以和平手段审慎从事，得到当地政府的信任和支持。在对待战争的非正义力量时，他主张联合一切反法西斯力量，争取和维护世界和平。

陈嘉庚于1929年亲自制订了《陈嘉庚公司分行章程》，在各页眉头印有陈嘉庚亲自拟定的81条警语，引喻巧妙，含义精确，蕴含着社会主义核心价值观的爱国、守法、敬业、诚信、友善等精神内涵，特辑录几条如下："公司之规章，同于国家之法律""法律济道德之穷，规章作办事之镜""好国民守法律，好店员守规章"（体现守法、法治）；"能自爱方能爱人，能爱家方能爱国""惟有真骨性方能爱国,惟有真事业方能救国"(体现爱国);"人而无恒,终身无成""欲念愈多,痛苦愈大。在职怨职,无职思职。蹉跎到老,必无一得"(体现敬业);"与同业竞争,要用优美之精神与诚恳之态度""货品损坏,买后退还。如系原有,换之勿缓""招待乡人要诚实,招待妇女要温和""待人要敬,自奉要约"(体现诚信、友善)……[5]155-158

这些警语展现了陈嘉庚的经营理念、人生准则,耐人寻味、发人深省,是我们学习传承嘉庚精神的可贵资源,对于广大干部群众争当社会主义道德的示范者、诚信风尚的引领者、公平正义的维护者,培育和践行社会主义核心价值观都具有重要的引领作用和启迪意义。

三、嘉庚精神是厦门培育和践行社会主义核心价值观的本土化载体

培育和践行社会主义核心价值观只有落到细处、落到小处、落到实处,才能使核心价值观的影响像空气一样无所不在、无时不有。要使社会主义核心价值观成为广大人民群众的自觉追求和实际行动,需要积极探索有效载体和传播方式。

陈嘉庚是厦门人民的荣耀和自豪,也是厦门的重要名片和城市旗帜,厦门人对他的认知是十分广泛、持久的。对厦门人来说,陈嘉庚的光辉名字已融入现实生活,嘉庚精神是多么可亲、可近、可学,弘扬嘉庚精神需要将核心价值观落细、落小、落实。因此,厦门市应当把嘉庚精神作为深入开展社会主义核心价值观的生动题材,作为培育和践行社会主义核心价值观的重要着力点;要把嘉庚精神作为建设美丽厦门最接地气、最直接、最生动的切入点,作为推进社会主义核心价值观大众化、本土化的重要载体,从而营造有利于培育和践行社会主义核心价值观的生活情景和社会氛围。集美作为陈嘉庚的故乡和嘉庚精神的发祥地,在这一方面做得有声有色,值得推介。

2013年,集美区委宣传部、文明办抓住陈嘉庚创办集美学校100周年校庆的契机,在全区组织开展"弘扬嘉庚精神,加强思想道德建设"主题教育实践活动,取得了不俗的成绩。例如,组织制作13集电视动画系列剧《陈嘉庚的故事》和拍摄电影《侨女日记》。《陈嘉庚的故事》以寓教于乐的方式深度挖掘嘉庚精神,于2014年5月入选中宣部、人民网、新华网和光明网联合举办的"我们的中国梦——讲述中国故事"51件全国重点推荐作品之一,并在中央电视台少儿频道播放。青春励志电影《侨女日记》再现集美学校校友、抗日民族女英雄、新中国"双百"人物李林的感人事迹

及其精神，巧妙地将嘉庚精神、李林事迹融入当代中学校园故事之中，在引导当代青少年培育和践行社会主义核心价值观、努力实现中国梦等方面具有教育意义和价值，入选教育部、国家新闻出版广电总局公布的"第33批向全国中小学生推荐优秀影片片目"名单[9]（本批仅8部影片）。

2014年10月值陈嘉庚诞辰140周年之际，厦门市举行了隆重的纪念活动，并决定以后每年10月为"嘉庚精神宣传月"。集美区委宣传部、文明办共同开展了"弘扬嘉庚精神，践行核心价值观"主题教育实践活动，并开展"嘉庚精神宣传教育百日行动"（包括"图说嘉庚精神""嘉庚生平故事"等公益宣传系列广告几万幅和嘉庚精神系列宣讲活动100多场），成为推进社会主义核心价值观生活化、通俗化、本土化的生动载体。

四、结语

社会主义核心价值观践行的主体，包括政党、国家和广大人民群众，但最主要的主体应是个人，个人是三个层次中的基础。陈嘉庚重义轻利、无私无畏、不畏权势，因为他心中装的是国家、社会、人民的利益，是"公"字当头，存公心、讲公道、敢公开、求公正。这些都是时下官僚主义与腐败现象的天敌，是值得我们学习借鉴与弘扬的。

2014年3月，习近平总书记在河南省兰考县调研指导时强调指出，抓作风建设就要加强道德修养。为此他提出了四点要求，其中第二点是下决心减少应酬，保持健康的工作方式和生活方式等；第三点是实实在在做人做事，做到严以修身、严以用权、严以律己，谋事要实、创业要实、做人要实，堂堂正正、光明磊落，敢于担当责任，勇于直面矛盾……。[10]陈嘉庚一生的品行修养、立身人格、生活作风，是切合或接近习近平总书记的上述两点要求的。总之，陈嘉庚堪为我们当下培育和践行社会主义核心价值观的榜样，嘉庚精神是培育和践行社会主义核心价值观的宝贵资源。

参考文献

[1]胡斌.习近平总书记给厦门市集美校友总会回信[N].福建日报,2014-10-22(1).
[2]祝福恩,谢璐妍."三个倡导"助推"中国梦"[N].光明日报,2013-03-02(11).
[3]陈嘉庚.南侨回忆录[M].新加坡:南洋印刷社,1946.
[4]林德时.嘉庚精神简明读本[M].厦门:厦门大学出版社,2014.
[5]王增炳,陈毅明,林鹤龄.陈嘉庚教育文集[M].福州:福建教育出版社,1989.
[6]张其华.陈嘉庚在归来的岁月里[M].北京:中央文献出版社,2003.
[7]陈厥祥.集美志[M].香港:香港侨光印务有限公司,1963.

[8]陈碧笙,陈毅明.陈嘉庚年谱[M].福州:福建人民出版社,1986.
[9]教育部办公厅.国家新闻出版广电总局办公厅关于公布《第33批向全国中小学生推荐优秀影片片目》的通知[EB/OL].(2014-08-19)[2014-11-05].moe.gov.cn/srcsite/A06/s3325/2014081/t20140812_173945.html.
[10]习近平.教育实践活动的主题与焦裕禄精神是高度契合的[EB/OL].(2014-03-18)[2014-10-17].http://www.news.xinhuanet.com.

[本文发表于《集美大学学报(哲学社会科学版)》2015年第1期]

习近平关于嘉庚精神的重要论述探析

林清龙[1,2] 施彦军[3]

(1. 集美大学马克思主义学院 福建 厦门 361021；
2. 集美大学陈嘉庚与爱国主义研究中心 福建 厦门 361021；
3. 华侨大学马克思主义学院 福建 泉州 362021)

摘要：习近平总书记关于嘉庚精神的重要论述的形成具有思想渊源、历史渊源和价值观渊源，其核心要义包括爱国论、教育论、团结论和奋斗论，践行习近平总书记关于嘉庚精神的重要论述要以习近平新时代中国特色社会主义思想为指导，坚持党的全面领导，坚定"四个自信"，坚持以人民为中心，坚持知行合一、真抓实干。

关键词：嘉庚精神；时代精神；民族精神

习近平高度重视精神的力量，他指出："人无精神则不立，国无精神则不强。"[1]在陈嘉庚140周年诞辰之际，习近平给厦门市集美校友总会回信（以下简称回信），在回信中他高度评价陈嘉庚先生，对嘉庚精神做出了精辟阐述。"这封回信是党和国家最高领导人第一次把'嘉庚精神'提到国家层面，成为中华民族精神和时代精神的重要内容。"[2]125

一、习近平关于嘉庚精神的重要论述的形成渊源

习近平关于嘉庚精神的重要论述的形成有一个过程，是在动态发展中产生的，其产生逻辑与思想、历史和价值观融为一体。

（一）思想渊源：中国共产党对精神力量的深刻认识

精神力量的支撑作用是任何一个民族所必需的，是其生存根基，在其发展中不可或缺。我们党在革命斗争、改革奋斗和建设奋战中，深刻认识到精神反作用力量的强大，在实践中孕育并形成了一系列精神。毛泽东指出："人总是要有点精神的。"[3]邓小平指出"要有一股艰苦奋斗的创业精神"[4]，这是我国搞市场化改革和工业化大生产所必需的。江泽民深刻阐述了精神状

作者简介：林清龙（1980— ），男，福建龙海人，讲师，博士，主要从事科学社会主义研究。
施彦军（1984— ），男，山西阳泉人，讲师，博士，主要从事科学社会主义研究。

态的重要性，指出："要始终保持一种坚忍不拔、奋发有为的良好精神状态。"[5] 胡锦涛指出："只有始终保持知难而进、坚忍不拔、奋力拼搏、勇往直前的精神状态，才能保证各项任务的完成。"[6] 习近平指出："中国共产党的伟大革命精神跨越时空、永不过时。"[7] 当代中国正在党指引下开启建设社会主义现代化国家的新征程，在奋斗过程中能否保持良好的精神状态对实现伟大目标显得格外重要。正因为中国共产党高度重视精神的反作用力量，嘉庚精神作为特定历史时期形成的精神财富，必然得到党的高度重视和肯定。

(二) 历史渊源：习近平长期在福建工作，对嘉庚精神有切实感受

习近平同志在福建工作17年半，厦门、宁德、福州等地都留下了他的工作足迹，即使后来调离福建到其他地区工作，他仍然关心福建的现代化建设和改革开放事业，为此，他还专门两次回闽考察。因此，习近平对福建有深厚感情，对他到福建工作首站的厦门，更是感情特殊，他说自己曾是特区人，"厦门是我的第二故乡"[2]17。陈嘉庚祖籍集美，为家乡做出很大贡献，在厦门有很大的影响力和非常高的声誉。习近平在回信中说他对陈嘉庚先生为祖国特别是家乡福建做出的贡献有切实感受。

正因为习近平同志长期在福建工作，所以他很了解陈嘉庚的事迹和精神。1991年，习近平访问日本，在和日本实业家塚本幸司交流对儒商的看法时，习近平"就引用了陈嘉庚的例子"[8]70。陈嘉庚兴办实业，创办集美学校和厦门大学，不但为祖国培养人才，更为福建教育贡献巨大力量，在厦门影响很大。因此，习近平赞扬在厦门的同志创造的很多精神中，"最早是陈嘉庚精神"[2]51。陈嘉庚为祖国、为家乡做贡献的理念和行动得到了习近平的高度肯定，这可以作为他如此重视嘉庚精神的诠释。习近平在纪录片《民族之光——陈嘉庚先生归来的岁月》中指出，海外侨胞愿意一直给福建捐资助学，这"都是受嘉庚精神的影响"，"嘉庚先生是倾其所有来办学……我们现在说十年树木，百年树人，越往后越看到他的深远影响"，"不仅培养了一批一批的人才，而且影响了所有的海外赤子，大家都是学习嘉庚先生的精神来捐资助学的"。总之，习近平在福建的工作经历是其高度重视和大力弘扬嘉庚精神的历史渊源。

(三) 价值观渊源：嘉庚精神与社会主义核心价值观的内在契合

中国共产党重视价值观建设，不但坚持倡导之，而且积极培育之，更是坚定践行之，是因为党深刻认识到它承载着某种特殊的高层次精神追求，凝结着这个国家和民族的共同价值追求。社会主义核心价值观3个层次的深刻内涵集中体现党和政府的价值与精神追求，是当代中国精神的鲜明体现。嘉庚精神蕴含的价值观与社会主义核心价值观高度契合。陈嘉庚一生为国家富强而努力，他认为国民是富强的根基，但"国民之发展，全在乎教育"[9]38，

视教育为强国的切入点和基本途径。他极度反感国民党政府独裁专政,对新中国的民主政府充满期待。他毕生致力于提升中华民族文明水准,其不顾一切捐资办学的出发点即在于此。他追求国家和谐发展,其对古人描绘的大同世界里社会臻至和谐状态充满向往,并以此为奋斗目标。陈嘉庚向往自由,他最大的愿望就是中国能够实现自由平等,他坚信中国共产党领导的新中国能让"这个希望完全成为事实"[10]。他追求且呼唤平等,提出"必须铲除"不平等[11]15。他极为重视社会公平问题,强调社会财富要"公允分配"[9]211,鲜明地体现了他公正的社会价值导向。他崇尚法治,肯定和支持制定宪法和落实宪法,并亲自参加新中国1954年宪法的制定。陈嘉庚高度强调爱国,他本身就是爱国者的杰出典范。他提倡社会成员要有敬业的品质。在诚实守信方面,陈嘉庚不管是在替父还债还是在办学过程中,都显示了他的诚信风范。他友善待人,自称"余素抱宁人负我宗旨"[11]481,友善待人风范显露无遗。总之,嘉庚精神的丰富内涵与社会主义核心价值观明显相通且契合。

二、习近平关于嘉庚精神的重要论述的核心要义

习近平关于嘉庚精神的重要论述包含丰富的内容,主要包括爱国论、教育论、团结论和奋斗论四个方面。

(一)爱国论:爱国是嘉庚精神的践行基石

爱国是一种情感,这种情感是非常深厚的,且是特别针对祖国的。这种情感是长期形成的,是经过实践检验的,具有持续性。习近平指出:"在社会主义核心价值观中,最深层、最根本、最永恒的是爱国主义。"[12]在我国的民族精神中,爱国主义贯穿其中,深植其中,处于核心位置,是其基因。爱国主义不但是凝聚人心的精神力量,也是激励团结的精神旗帜,更是独立自强的精神支柱。在社会主义价值体系中,爱国不但是最根本的,还是最深层的,更是最永恒的。

陈嘉庚具有鲜明的爱国情怀,他为救国家于危难之中毫不犹豫地坚定支持抗战,他为使国家快速强大毫不犹豫地倾资兴学。在爱国方面,他对自己严格要求,也呼吁他人不能降低要求,"我侨胞久慕文明,号称爱国……万勿放弃天职,坐待沦亡也"[9]39。陈嘉庚认为爱国是公民的基本义务,是公民行为的基本准则。陈嘉庚对祖国感情深厚,他把自己的命运和祖国的命运紧密相连,竭力维护祖国的根本利益。他通过倡办华文教育弘扬民族精神,保存民族文化。他通过自身的爱国行为,在侨胞中树立典范,并极大地影响他们热爱、关心和支持祖国,东南亚侨胞和祖国的关系因他的带动而变得密切。陈嘉庚的爱国模范受到党和政府高度赞誉和肯定,毛泽东和邓小平都赞誉其

"华侨旗帜、民族光辉"。在纪念其诞辰140周年之际,习近平总书记在回信中继续肯定毛泽东和邓小平对其的赞誉,并称其为侨界的楷模和领袖。在回信中,习近平高度评价其爱国的精神、行动和功绩。总之,爱国这条红线贯穿于嘉庚精神始终,是其核心。习近平在回信中指出,弘扬嘉庚精神要"深怀爱国之情",鲜明地突出爱国的主题。总之,在习近平关于嘉庚精神的重要论述中,爱国的主题非常鲜明,爱国是嘉庚精神的践行基石。

(二) 教育论:以国家民族为导向,倾心教育事业是嘉庚精神的价值追求

党的十八大以来,习近平在治国理政中高度重视教育作用,把教育摆在很高的位置。他认为教育不单决定今天人类的态势,"也决定着人类的未来"[13]。在全国教育大会上,他强调教育处于"大计"的地位和作用,并把它提高到一个新高度,即它不单是民族复兴的基石,更是实现中国梦的决定性因素。

陈嘉庚是华侨史上兴办教育、热心教育、贡献教育的杰出楷模。他以兴办教育为行动宗旨,以教育立国救国为理想指南。从1894年算起,他办学长达67年,从创办惕斋学塾到集美学校、厦门大学,共资助过118所学校,他对家乡教育发展的贡献是卓越的。在兴办教育的过程中,他不管身居何处,都始终如一;不管面对何种困境,都从未改变决心;不管身处人生的哪个阶段,都不忘初心;在弥留之际仍坚定不移,嘱咐集美学校一定要办下去。陈嘉庚在作报告时教育学生不要成为国家的害虫或寄生虫,要求他们好好替国家、民族做事。这鲜明地体现了以国家民族为导向,倾心教育事业是嘉庚精神的价值追求。受陈嘉庚坚定意志的影响,东南亚侨胞踊跃跟进,设立3000多所华文中小学,多达40余万名学生受益,使华文教育得到极大普及。这不但大大提高了民族意识和文化水平,更是大大强化了国家认同,意义深远。他倾资兴学的行为,至今仍激励着侨胞捐资助学。"陈嘉庚先生的人生观与他一生的实践,都是符合近平同志治国理政的理念。"[2]129习近平在回信中高度肯定他"爱国兴学",强调他"关心祖国建设、倾心教育事业的诚心,永远值得学习"。总之,在习近平关于嘉庚精神的重要论述中,教育主题非常突出。

(三) 团结论:推动华侨团结是嘉庚精神的行动指向

"团结统一的中华民族是海内外中华儿女共同的根。"[14]63我国侨胞分布在世界各地,人数众多,他们不单是中国的成员,更是"社会主义现代化建设的一支重要力量"[15]242。习近平指出广大侨胞是实现中国梦的重要力量之一。广大侨胞在社会各个不同领域拥有广泛的人脉,在经济上拥有雄厚的实力,在智力上拥有丰富的科技资源,这些显著的优势对我国建设强国的作用是"不可替代"的[14]64,因此团结侨胞政治意义极其重大。团结侨胞的政治

根基是统一战线基础的夯实。

习近平在福建工作期间曾多次详细参观陈嘉庚故居，对嘉庚精神在海外的弘扬极其重视。对于侨情他更是认真洞察，对于侨务工作他也是尽心尽力。团结侨胞必须做好统战工作，这是基础，也是前提。当前，我们必须把侨务政策贯彻落实好，以侨益的维护和侨心的凝聚为工作立足点，更好地团结侨胞。陈嘉庚以民族解放为号召，广泛团结东南亚侨胞。1937年全国对日抗战，他在新加坡组织"南洋华侨筹赈祖国难民总会"，募集巨款，动员3000多名华侨机工回国支援抗战。他率领慰问团回国慰问抗日将士，足迹遍布17个省，历时10个多月，成为抗战统战的旗帜。中华人民共和国成立后，他作为侨胞代表回国参政议政，竭力为国家建设献计出力，成为爱国统战的旗帜。在回信中，习近平以党和国家最高领导人的名义继续肯定其"华侨旗帜"的地位、楷模的地位、领袖的地位。这是党和国家的最高领导人向全世界侨胞宣示，祖国没有忘记陈嘉庚和广大侨胞，希望侨胞为实现中国梦进一步发挥独特作用，这对于进一步凝聚侨心、汇聚侨力意义深远。习近平在回信中特别肯定了陈嘉庚"推动华侨团结"的重大贡献。总之，在习近平关于嘉庚精神的重要论述中，团结是一大重点，以民族团结为导向"推动华侨团结"鲜明地体现了嘉庚精神的行动指向。

（四）奋斗论：艰苦创业、自强不息是嘉庚精神的内生动力

实现民族复兴是艰巨的任务，是艰难的事业，需要全体中国人付出坚忍不拔的超常努力，需要无数中国人前仆后继、持续努力。即使现在我们已取得很大成就，但是着眼于未来，习近平强调虽然我们离梦想的步伐更近了，信心更足了，能力也更强了，但"'行百里者半九十'，中华民族伟大复兴，绝不是轻轻松松、敲锣打鼓就能实现的"[16]，强调仍不能懈怠，不能自满。习近平指出，为实现中国梦"必须再接再厉、一往无前"[14]39，不但要埋头苦干、实干，要锐意进取、谦虚谨慎，更要艰苦奋斗，并且要准备持续不断地付出更艰巨且长久的努力。

陈嘉庚是艰苦创业的典范，他"赤手空拳"地靠自强不息走向成功。他年纪轻轻就开始创业，在创业中，他坚毅果敢、永不言败，不但成为橡胶王国的佼佼者，还在经营领域全面开花。在创业中，他坚忍不拔、意志刚强，面对重重商业竞争与困难，他勇于拼搏，锐意进取。在办学过程中，他虽屡遭挫折，艰难困苦，但愈挫愈勇，百折不挠。这些都折射出他自强不息的意志特征，他受挫而不屈服，处逆境而抗争，处波折而不惊，奋斗不止、自强不息的精神在他身上体现得淋漓尽致。陈嘉庚勤俭节约，始终保持着艰苦奋斗本色，他从不尚奢华、不图享受、不讲排场，为当代年轻人树立了光辉榜样。1991年，习近平访问日本期间与实业家塚本幸司谈到对儒商的看法时，他说"作为儒商,陈嘉庚先生高明之处在于……敢于拼搏""有屡仆屡起,永不言败的精神",体现其"自强不息的儒家气质"。[8]70总之,在习近平关于嘉庚精神的重要论述中,艰苦创业、自强不息是嘉庚精神的内生动力,成就了陈嘉庚辉煌的人生。

三、践行习近平关于嘉庚精神的重要论述的价值

习近平在回信中指出实现民族复兴是陈嘉庚等先辈的追求,更是全体中国人的心愿,他希望侨胞弘扬嘉庚精神,立足爱国、报国,为实现中国梦共同努力。习近平的回信为践行嘉庚精神提供了遵循,指明了方向,是践行其关于嘉庚精神的重要论述的科学指南。

(一)践行习近平关于嘉庚精神的重要论述要以实现民族复兴为目标指引,以习近平新时代中国特色社会主义思想为行动指南

习近平在回信中期盼侨胞共圆中国梦,并以实现民族复兴这个宏伟目标来激励他们。习近平把强国梦形象地称为"中国梦",该梦想的本质就是追求国家富强,追求民族振兴,就是追求人民生活美好幸福。习近平指出该梦想是伟大的,它不但拥有丰富的思想内涵,更拥有深厚的历史积淀,体现了全体中国人的整体利益、期盼和夙愿,把国家、民族和人民的命运及三者的追求、向往和期盼有机地融为一体。因此该梦想不单只是国家、民族的梦想,也是每一个个体的梦想。习近平不但强调国家、民族好,个体才会好,同时也强调个体是该梦想的主体,更是该梦想的创造者、享有者,因此,习近平强调实现该梦想的根基在人民,群众才是根本力量。

在实现中国梦的事业中,每一位中国人都大有可为,每一位中国人都应该把自己融入为该梦想的奋斗中。因此,我们践行习近平关于嘉庚精神的重要论述要以这个伟大梦想为目标指引,"把个人梦与中国梦紧密联系在一起"[17]。习近平新时代中国特色社会主义思想立足中国实际,坚持问题导向思维和目标导向思维,对整体和局部问题进行全方位深刻审视,对理论和实践问题进行系统探索,对当前和长远问题进行科学谋划,在科学强化顶层设计的基础上,战略和战术并举,为风险的抵御、矛盾的解决、挑战的应对、阻力的克服等提供了科学指南。因此,该思想是实现中国梦的理论指导和行动指南,我们要坚持以该思想为指导。

(二)践行习近平关于嘉庚精神的重要论述要"深怀爱国之情,坚守报国之志",坚定不移拥护党的全面领导,坚定"四个自信",维护祖国统一,为强国建设做出积极贡献

习近平在回信中强调要"深怀爱国之情,坚守报国之志"。深怀爱国之

情就是要拥护中国共产党领导，坚定"四个自信"。民族复兴与党的领导具有内在统一性。我国近代历史赋予党的使命就是实现民族复兴，这不但是党的历史责任，更是党的主动担当和自觉选择。自党诞生起，党的初心和使命就确定为为中国人民谋幸福、为中华民族谋复兴，从未改变过。党的宗旨、理想及无产阶级性质就注定党必须以民族复兴为己任，必须为此付出全部心血和智慧，必须紧紧依靠人民、团结人民来实现该梦想。党的十八大以来，党继续朝着该目标奋勇前进，实现该梦想的前景一片光明。现实表明，在当代中国，只有中国共产党才能带领人民实现该梦想，因此，我们要拥护党、坚持党的全面领导。"四个自信"源于党的坚定信念，源于优异的政绩。实践证明只有坚定"四个自信"，我们才能以新成就达成梦想。对此，习近平指出，中国最有理由自信，强调"我们必须坚定不移走下去"[15]53。

坚守报国之志就是要维护祖国统一，为强国建设做出应有贡献。历史表明，广大侨胞在促进国家发展、维护祖国利益、促进祖国统一方面的贡献是很大的，其作用具有不可替代性。如香港建造业总工会牢记习近平在回信中的"以国家为重，以民族为重"的教导，发动6万多名群众投入反"港独"、反"占中"的爱国斗争中，而这个总工会就是集美校友领导的。当前祖国尚未完全统一，完成该任务仍艰巨且困难重重，对此，习近平指出在该道路上"我们弘扬嘉庚精神，就能进一步激发民族精神"[2]128，从而不断增强信心，激励全体中国人为民族的最高利益携手奋斗。

（三）践行习近平关于嘉庚精神的重要论述要"同祖国人民一道不懈奋斗"，坚持以人民为中心的立场，始终保持知行合一、真抓实干的实践品格

人民是历史创造者。人民即广大的劳动者不但是社会进步的主体力量，更是历史发展的主体力量，主体性是人民的显著特征。正如毛泽东所说，人民"才是创造世界历史的动力"[18]。习近平特别强调，真正的英雄是人民，真正的历史创造者是人民，唯物史观强调无产阶级政党要承认和尊重这种主体作用和主体地位，只有这样才能激发起磅礴的力量。习近平指出，党的根基、力量和血脉都在人民，要凝聚实现中国梦的伟大力量必须切实尊重人民的主体地位。人民是社会变革的决定性力量，是物质、精神财富的创造者。因此，"我们要始终把人民立场作为根本立场……团结带领人民共同创造历史伟业"[15]104。

民族复兴是奋斗出来的。习近平指出在实现中国梦的过程中，奋斗精神要贯穿始终，要在全国各领域形成竞相奋斗的态势，团结尽量多的积极力量不懈奋斗。习近平指出，梦想是喊不来的，梦想是等不来的，梦想是干出来的，梦想是拼出来的，要在实实在在的行动中落实，要在实实在在的行动中执行。我们要遵循习近平2019年9月在中央党校（国家行政学院）中青年

干部培训班开班式上对年轻干部的教导,要当奋斗者,不要当泥菩萨,要当行动者,不要当清谈者,要在实践中攻坚克难,在实践中起而行之,坚持真抓实干,坚持知行合一。

参考文献

[1] 习近平.在全国抗击新冠肺炎疫情表彰大会上的讲话[M]//中共中央党史和文献研究院.习近平关于统筹疫情防控和经济社会发展重要论述选编.北京:中央文献出版社,2020:11.
[2] 中央党校采访实录编辑室.习近平在厦门[M].北京:中共中央党校出版社,2020.
[3] 毛泽东.毛泽东文集:第7卷[M].北京:人民出版社,1999:209.
[4] 邓小平.邓小平文选:第2卷[M].北京:人民出版社,1994:257.
[5] 江泽民.江泽民文选:第3卷[M].北京:人民出版社,2006:282.
[6] 胡锦涛.胡锦涛文选:第1卷[M].北京:人民出版社,2016:356.
[7] 习近平.习近平论中国共产党历史[M].北京:中央文献出版社,2021:253.
[8] 中央党校采访实录编辑室.习近平在福州[M].北京:中共中央党校出版社,2020.
[9] 陈嘉庚.陈嘉庚言论集.厦门:中国厦门集美陈嘉庚研究会,2004.
[10] 朱立文.陈嘉庚言论新集[M].厦门:厦门大学出版社,2013:6.
[11] 陈嘉庚.南侨回忆录[M].长沙:岳麓书社,1998.
[12] 习近平.在文艺工作座谈会上的讲话[N].人民日报,2015-10-15(1).
[13] 清华大学苏世民学者项目启动仪式在京举行[N].人民日报,2013-04-22(3).
[14] 习近平.习近平谈治国理政:第1卷[M].北京:外文出版社,2018.
[15] 中共中央党校(国家行政学院).习近平新时代中国特色社会主义思想基本问题[M].北京:人民出版社,2020.
[16] 习近平.习近平谈治国理政:第3卷[M].北京:外文出版社,2020:12.
[17] 中共中央党史和文献研究院.习近平关于实现中华民族伟大复兴的中国梦论述摘编[M].北京:中央文献出版社,2013:15.
[18] 毛泽东.毛泽东选集:第3卷[M].北京:人民出版社,1991:1031.

[本文发表于《集美大学学报(哲学社会科学版)》2022年第3期]

论嘉庚精神的丰富内涵

郑爱莲

(集美大学学生处 福建 厦门 361021)

摘要： 被集美大学等学校奉为学校教育精神的"陈嘉庚精神"，其特质还有以下三点：仁慈忠勇的道义精神、躬行务实的事业精神、持久不衰的人生激情。研究和认识这些精神特质，不仅有利于对陈嘉庚精神的深入理解，而且特别有利于在现实环境中对学生进行思想教育。

关键词： 仁慈忠勇；躬行务实；人生激情

被集美大学等学校奉为学校教育精神的"嘉庚精神"，以切实、巨大的感召力教育了一代代学子。陈嘉庚精神的内涵，已经有很多精到的研究和恰当的概括，但是笔者认为内涵丰富的"嘉庚精神"还有一些没有被特别阐发的地方，所以本文试为论述，以期进一步弘扬"嘉庚精神"。

一、仁慈忠勇的道义精神

考察陈嘉庚先生一生的言行，可以看到他的身上表现了非常突出的仁慈忠勇的道义精神，这种精神与陈嘉庚极力推崇的为人的诚信品格有着密切联系，但又有其他的内涵特征，那就是它突出地表现为对弱者的关爱，对处于苦难中人的慈悲，从而自觉地伸出救援之手，或者自觉地表达道义上的声援；而对于奸邪之人、害民之辈，则以无畏之精神，斥责之，反对之，绝不计较个人的安危得失。这既表现在他因为民族的忧患而奋勇地为家国纾难的重大行为上，也表现在他以兴办教育为慈善事业上，还表现在他待人接物的具体细微之处。

在《南侨回忆录》中，陈嘉庚开篇记叙了"印赠《验方新编》"一事。他在二十多岁时，在新加坡看到一本药书《验方新编》，于是"窃念吾闽乡村常缺医生，若每村有此书一本，裨益不少"[1]8，就出资分几次印刷了几万本，无偿寄送给各地乡村。他认为自己不能以医术济世活人，便试图赠药书示民间以治病之方，这种仁慈之心一直贯穿在他的人生行事之中。

作者简介：郑爱莲（1956— ），女，山西省洪洞县人，副教授，主要从事大学思想政治教育与高校管理研究。

如1940年12月，陈嘉庚到滇缅公路视察时，不仅了解到华侨机工在为抗日前线运送物资的过程中的艰难困苦，设法救援他们，而且还特别救出一个无辜被关进黑屋子里的青年机工，并拿出钱来让他买衣服。这种仁慈忠厚的道义情怀是人类的一种基本的道德情怀，在他身上表现得特别突出，可以视作他崇高精神境界的重要基础。

人们非常敬仰陈嘉庚先生"倾资兴学"的人生壮举，并誉其为高尚的爱国主义精神，但是如果仔细分析他"倾资兴学"的整个言行，又必然看到这种壮举的精神底蕴中同样有着仁慈忠勇的道义成分。

陈嘉庚先生曾经说："余曾于暑天时，往游于各乡村，见儿童裸体成群，或游戏，或赌博，询之村人，咸谓私塾久废，学校又无力举办。余思此情形，如不改善，十数年后，岂不变成蛮野村落者乎？此为余办学之动机也。"[2]45-46 由此可以看出他兴教办学的动机就是避免民族陷入荒废教育的"蛮野"状态，避免同胞因为缺少教育而生活于苦难之中。这种状态，陈嘉庚从小就有着深刻的体验，使他终生不能忘怀，而且立志在有经济能力的情况下予以救拔。也就是他说的："余之经营商业，不过聊以度日。初非素封之家，唯自来抱社会主义，愿为公众服务，却为一生不移之宗旨。又念社会事业，当随时随力，积渐做去。如欲待富而后行，则无有可为之日。"[2]45 所以，在他经商与兴办企业稍有盈余时，就投资创办学校，以至于后来几乎到了"毁家兴学"的程度。这里体现着他的爱国精神、家乡情怀，也体现着他深厚的仁爱慈善之心。

再仔细研究陈嘉庚这种以兴教办学救拔民族和国家的行为与精神，还有非常重要的一点，那就是对当局衮衮诸公置教育于不顾的行为的强烈不满，这种不满而更加激发起他奋勇承担的精神。他在《实业与教育之关系》一文中说："民国以来，时局蜩螗，日滋扰乱，军阀伟人，地盘权力迷其心，更何暇注意兴国之根本。夫当局诸公，既不足与之言兴国，则国家兴亡，匹夫有责，自当急起直追以尽天职，何忍袖手旁观，一任教育前途之涂炭"[2]42。

纵然他也知道一人之力毕竟有限，时局颓败动荡，亦极有可能淹没自己以兴教办学来振兴国家的努力，但是他"不揣绵力"，"咨嗟太息，独怀生感"，始终"慨祖国之陵夷，悯故乡之哄斗，以为改进国家社会，舍教育莫为功"[3]184 乃至于"热忱勇往，有进尺无退寸，抱破釜沉舟之志也"[2]77，更显示了他以兴教办学来为家国纾难的高远情怀和赤诚精神，显示了他仁爱慈善与忠诚勇毅的道义精神。

在这种精神的驱使下，不论是在企产衰落的时候，还是在学校遇到人事危机、战争困境的时候，都不屈不挠，一意坚持到底，即所谓的"今日不达，尚有来日，及身不达，尚有子孙，如精卫之填海，愚公之移山，终有贯彻目的之一日"[2]176。正因为如此,才有了风景如画的集美学村和中外闻名的厦门大学;也正因为此,他才赢得了人们的敬仰和钦佩。

从另一个方面来说,他的投身于抗日救亡活动,为国纾难,也有着同样的精神体现。

他在新加坡加入同盟会的时候,就与胞弟陈敬贤一起表达了这样的誓愿:福建同安人陈嘉庚、陈敬贤当天发誓,驱除鞑虏,恢复中华,创立民国,平均地权。矢志矢忠,有始有卒。有渝此盟,任众处罚[4]。

这其中的"驱除鞑虏,恢复中华"的矢志不渝的精神,在后来的以募捐支援抗战、组织义工参加抗战等活动中得到了更为突出的表现。他在《南侨回忆录》中谈起这些行为的动机时说:"盖国家之大患一日不能除,则国民之大责一日不能卸;前方之炮火一日不能止,则后方之当刍粟一日不能停。吾人今后宜更各尽所能,各竭所有,自策自鞭,自励自勉,踊跃慷慨,贡献于国家,使国家得藉(借)吾人血汗一洗百年之奇耻,得藉(借)吾人物力一报九世之深仇,而吾人之生存与幸福,亦庶几有恃无恐。"[1]81-82

尤其令人深思的是陈嘉庚对汪精卫的态度的先后变化。

陈嘉庚先生在辛亥革命前就认识了汪精卫。1920年1月,汪精卫到漳州找陈炯明时,陈嘉庚不仅邀请他到集美参观,还聘请他担任厦门大学校长,汪精卫答应了,后因故辞去。但是在抗日战争中,汪精卫却以国民党副总裁、国防最高会议副主席的身份,鼓吹"战必大败"的投降观念,公开代表中国表示"愿意接受各国的和平调停和日本的和平条件",主张对日妥协。了解这一情况后,本来与汪精卫私交甚好的陈嘉庚,拍案而起,不仅多次去电质问,并且在1938年10月28日以华侨参政员的身份,给正在召开的国民党参政会第二次大会提出电报提案:"敌人未退出我国以前,公务员谈和平便是汉奸国贼",痛斥汪精卫的卖国投降行径。此案原为二十一字,后经大会议秘书处精简修改为举世闻名的十一字提案:"敌未出国土前,言和即汉奸",这一提案被邹韬奋先生誉为"古今中外最伟大的一个提案"。

陈嘉庚当年邀请汪精卫当校长,是为了借其名声办好厦门大学,以兴办高等教育来振救国家民族的衰亡;而后来斥责汪精卫,则是因为对汪精卫亲日、投降行为的不齿,在国难当头、民族危亡之时,唤起国人坚决与日寇奋战到底、坚决与投降派奋战到底。归根结底都是为了国家、民族的存亡,并非计较个人的情感好恶,耿耿情怀,日月可鉴;忠勇之气,人间所仰。

再看陈嘉庚先生从拥护蒋介石到反对蒋介石,以及后来发起的对祸闽罪魁陈仪的罢黜等,这种为国家、民族的前途和命运不涉前嫌、不惧危难、敢作敢为的行为及其表现出的磊落情怀与忠勇纾难的精神都令人肃然起敬。

仁慈忠勇的道义精神是中华民族传统的精神追求,深受这种精神濡染的陈嘉庚，不仅身体力行之，同时又赋予了其新的时代内涵；而且着意、着力地倡扬之，在倡扬时亦融汇了他独具的精神魅力。

二、躬行务实的事业精神

陈嘉庚还有着特别突出的躬行务实的事业精神。所谓躬行，就是事必躬亲，不畏劳苦；所谓务实，就是在他一生的行为中，不仅坚持实事求是的精神，而且一切国家大事、家乡大事均从具体而细微的地方做起，真正做到了"勿因善小而不为"。

最为突出的例证是他于1949年6月回到国内后，参加了第一届政协会议等重要政治活动，随即出外考察，写下了《新中国观感集》。从《新中国观感集》中我们可以看出，陈嘉庚不仅欣然地看到了祖国的解放，而且一开始就在考虑怎么样从一点一滴的实事做起，建设好一个新的国家。

《新中国观感集》记录了以下几项特别值得我们关注的内容：

第一，他参观了东北车胎制造厂之后，特别预见到："若此次革命成功，全国解放，人民政府成立，由农业国变为工业国，以土地之广，人民之众，政治之良，及团结之和协，力量之伟大，蓬勃发展，实无限量……而汽车修造之进展，必能迅速显著，而需用汽车轮胎之多，势所必然。"因而要将发展轮胎制造业一事"为当局言之，复贡献于地方领袖，以尽知无不言之责"[5]26-27。

第二，他在考察了一些城市后发现缺乏良好的菜市场，因而提出在城市里建设菜市场的建议。

第三，他发现一些地方在用混凝土修筑堤坝时，不是用粉碎了的石块，而是用从河里捞出来的光滑的"石蛋"，认为这样必然影响堤坝质量，因而提出修堤坝时以"石蛋代替碎石之疑问"，建议修建堤坝时必须用碾石机碾碎石头，不得用"流水漂光之石蛋"。

第四，提出修改高中厕所的问题。他在参观了一些中学之后，指出高中学校的厕所"用砖块筑而成墙，高可二尺余，阔约三尺，深约四尺，长三十余尺……露天无屏风，不但无门户，其中亦无间隔遮掩，似马槽一样，入厕下便，显露下体"[5]41，因而提出改进这种陋习的必要。

第五，提出城市里挑粪尿的习惯不良的问题，并建议政府予以改良："一、限定时间，上午须八时以前挑取，违者处罚；二、粪尿桶须有桶盖遮密，既免溢出，亦减臭味"[5]53-54，等等。

这是细致入微的观察，更是从关心民生、关心国家前途的大义出发的务实精神。没有空谈，没有高论，却从中见出一种非常珍贵的为人品格。

而这种精神既与他仁慈忠厚的道义情怀相辅相成，又与他崇尚科学、注重实效的人生睿智密切相连，构成了特别令人深思的精神亮点。

新中国成立以后，他积极进言，修建厦门海堤，修建鹰厦铁路，建设各种工厂，以切切实实的行动推动着国家的建设和发展。他的这些业绩已被载入祖国建设的史册中，这种躬行务实的精神也被熔铸在他所推行的一项项重要工程之中。

特别令人深思的是，在物欲潮流激荡、浮躁之风盛行的今天，许多青年学生也都期望自己有一个辉煌的明天，能够成就一番事业，但是缺少的却往往是嘉庚先生的这种躬行务实的精神。

所以，深思当年伟人之言，研究当年嘉庚之行，笔者认为陈嘉庚既具人生远大之理想，又有躬行务实之品格，理应将其奉以为楷模。

三、持久不衰的人生激情

陈嘉庚将"诚毅"定为集美学校的校训。他非常明确地认为："教育非仅读书识字，而尤以养成德性裨益社会。"[2]28 什么样的德性最为重要呢？他又说："为人有道德毅力，便是世界上第一难得的奇才。"[3]346 因此，他在《校主训词》中说："我培养你们，我并不想要你们替我做什么，我更不愿你们是国家的害虫、寄生虫；我希望于你们的只是要你们依照着'诚毅'校训，努力地读书，好好地做人，好好地替国家民族做事。"[6]

他把"诚毅"定为校训，要求学生养成优秀的品格，这不仅是从国家、民族的需要出发，而且是他一生为人行事的精神宗旨和道德准则，关于这一点，过去的研究已有很多论述。

但是鲜有人注意到陈嘉庚身上所表现的与之相辅相成的慷慨激越的人生情怀。也就是说我们更多看到的是"诚毅"包含的及在他身上所体现的诚信坚毅的道德定力，所表现出的执着不移的追求，却没有注意到这种道德定力与执着追求总是伴随着慷慨不息的人生激情，体现出特别的人生态度和人生价值观。他不仅慷慨大度地捐资，而且还充满激情地为国家、为民族的兴亡到处奔走呼号，从不疲累，从不消歇，从不计较，从不后悔，这就使得他倡导的"诚毅"精神更具活力，使他的人生情态更具光彩。

先看他的兴办企业与捐资兴学。他曾经明确地说："昔日本之兴也，提倡教育，亦不过数人耳。幸勿谓海外侨居，与视国家全无关系也。有志者更当再希望更进一等，他日于相当地点，续办专业大学，庶乎达到教育完全之目的。世界无难事，唯在毅力与责任耳。夫公益义务，固不待富而后尽，如欲待富而后尽，则一生终无可为之日……财既由我辛苦得来，亦由我慷慨输出。"[2]32 这里所说的以"毅力与责任""慷慨输出"兴办教育,绝非一般的富人向穷人施舍时的心理动机,而是在考虑国家、民族未来利益的重大前提下,一个精神境界高远的人,对自己所认定的人生目标持续不衰的激情追求。

在经营企业的过程中,他曾经受到种种经济危机、人事困厄,他的钱确实得之不易,但是他不仅在这种辛苦中体验着人生奋斗的乐趣,而且一直抱有一个明确的目的,那就是不论经受怎样的艰辛,都要把兴教办学的事业进行到底。对于厦大,他曾经有过变卖大厦以维持厦大的壮举;对于集美学校,他更是竭尽全力。到后来,校舍被炸,他说:"敌人一边炸,我们一边建;今天被炸毁了,明天再建造起来。"[3]465 这里所包含的是一种对金钱和人生的崇高的理解,即"金钱如肥料,散播乃有用"[2]207,也是一种追求人生价值,追求于国家、于社会有为的慷慨激越的情怀。

尤其是陈嘉庚先生关于在集美创建大学的设想,在今天看来,就更令人激动。早在1923年2月28日,陈嘉庚先生在致叶渊的信函中就说过:"故今日计划集美全部,宜以大学规模宏伟之气象,按二十年内,扩充校界至印斗山。"[3]335 当年在一个小小的渔村,陈嘉庚先生办小学、办中学、办师范、办专科,而且还设想建成大学,并且以"大学规模宏伟之气象"设计,可以想见他的脑海中有着多么炽热的社会激情与人生激情。今天的集美大学应该说已经有了"规模宏伟之气象",不仅使学校的地界超过了印斗山,还使一个现代化的宏伟、漂亮集美大学的新校区,南北绵延两公里,一直延伸到嘉庚先生当年走过的孙厝村北。先哲的意愿变成现实,更让人体味到先哲那种特别的精神与情怀。

当然,陈嘉庚先生不仅仅是不停地建设学校,他还在新中国成立后建议修建了厦门海堤、鹰厦铁路,推动建设了一系列工厂,参与了许多重要项目的设计和建设,乃至于在临终遗言里仍然叮嘱:"最要紧的是国家前途。"所以,从他身上我们既看到了诚信坚毅的为人品格,又体味到慷慨激越的人生情怀。

再看他在政治与抗日救亡活动中与"诚信公忠"相随的慷慨激情。

作为一个实业家、教育家,他又参加了大量的政治活动。不论是领导南洋华侨捐资救亡,还是回国参与政治活动,他都始终抱定诚信为政、诚信论政的品格。陈嘉庚先生在1936年南洋华侨筹赈祖国难民总会欢迎尼赫鲁大会的演讲中说:"余以为历史上凡能成伟大领袖者总不能离去'诚信'二字。就普通平民言,若无诚信,已失其作人之资格。我国古云,'不诚无物',又云人无信不立。自数千年前创造中国文字时即有此意,如诚字拆开为言与成,意谓所言必成行方谓之诚。又信字拆开,即人与言,谓人言必信是也。"[2]240

1947年2月，蒋鼎文在英国发表谈话，称蒋介石、毛泽东、陈嘉庚三人为中国的伟大人物，希望此三人合作。有记者问嘉庚先生的感想时，他说："人生大病在不自知。我虽然年老尚有自知之明，安敢与蒋毛二公相提并论？第人之品格往往不同。二公所能者，而我绝对不能，而我所能者，二公均能之，唯肯行与否耳。我自信所能者仅为'诚信公忠'四字，其他军事政治则全不谙……"[2]305

　　陈嘉庚将"诚信公忠"视为自己介入政治和社会活动的道德准则，身体力行，这已被社会、被人们所认识。然而，他在力行"诚信公忠"的同时，于政治、社会、民生亦充满慷慨激越的情怀。也就是说，他不仅以诚信从政，而且以激情从政，因这两者的结合，才赢得了"华侨旗帜，民族光辉"的盛誉。

　　1939年，陈嘉庚已经为抗战做了许多实实在在的工作，但他仍然不能尽意，于是准备组织一个回国慰劳团到国内访问。不料在得到许多人支持的时候，却遭到了当局的百般阻挠。陈嘉庚坚定不移，终于在1940年3月26日率团到达重庆。后来又去了西安等地，甚至冲破重重障碍，到了延安，了解了中国共产党抗日的真实情形，对中国的政治现状与国家前途做出了自己独立的判断。尤其是返回重庆后，在演讲中如实报告了在延安的所见所闻，表现出不惧重压，不怕招祸，唯以事实说话，唯以国家前途为重的诚信品格与政治激情，至今还被传为佳话。

　　1949年，年已75岁的陈嘉庚回国参加政治协商，他先在海轮上发电敦请家乡人民迎接解放，在电文中说："吾因匍匐于军阀统治三十余年，闽人疾首痛心，无法自救，今幸人民解放大军，横扫江南，前锋已入闽北，全省解放，指顾间事。庚适海外归来，道出香港，光明在望，曷胜欢欣。惟念闽人如欲于以后新中国占一员，新政治参一语，值此黎明前夜，宜当奋发有为，不限任何方式，各就本位努力，从速策进和平，迎接解放。在闽蒋党之军政大员，尤宜放下屠刀，立功自赎，保存国家元气，减少地方损失。人民和平大道，处处予以自新。倘执迷不悟，作恶到底，身败名裂，闽人决不宽恕。福建乃华侨之故乡，闽人有救省之责任，坐待解放，识者之羞；恳切进言幸速奋起。"[7]从这封电文里，我们可以充分体味到陈嘉庚对新中国的热情憧憬，对家乡人民的殷切期待，以及对参与国家政治"奋发有为"的充沛激情。

　　陈嘉庚先生将这种慷慨激越的人生情怀一再保持到人生的最后。

　　反观今天的文化氛围和精神状态，诚信品格严重缺失，浮躁心理流布于整个社会，在种种过分张扬的娱乐激情下真正有价值的人生精神疲软。因此，以陈嘉庚这种富有特质的人生精神为典范来修炼崇高的精神境界，始终保持昂奋的人生精神状态,于自己、于国家、于民族的未来都有莫大的意义。

参考文献

[1]陈嘉庚.南侨回忆录[M].新加坡:南洋印刷社,1946.
[2]陈嘉庚.陈嘉庚言论集[Z].厦门:中国厦门集美陈嘉庚研究会,2004.
[3]王增炳,陈毅明,林鹤明.陈嘉庚教育文集[M].福州:福建教育出版社,1990.
[4]陈碧笙,陈毅明.陈嘉庚年谱[M].福州:福建人民教育出版社,1986:13.
[5]陈嘉庚.新中国观感集[Z].厦门:中国厦门集美陈嘉庚研究会,2004.
[6]黄金陵,王建立.陈嘉庚精神文献选编[M].福州:福建人民出版社,1996:67.
[7]陈天授,蔡春龙.陈嘉庚之路[M].武汉:湖北人民出版社,2005:336-337.

[本文发表于《集美大学学报(教育版)》2008年第1期]

政治抉择篇

陈嘉庚对中华民族抗日战争的重大历史贡献

林斯丰

(集美大学宣传部 福建 厦门 361021)

摘要：陈嘉庚（1874—1961）被誉为"华侨旗帜、民族光辉"。抗战爆发前，他领导华侨赈济灾民、抵制日货，唤醒侨民、激励爱国。抗战全面爆发后，他领导南洋华侨全方位支持祖国抗战。抗战胜利后，他组织调查委员会，调查日军暴行和侨胞损失，留下铁证。他对中华民族抗日战争做出了重大历史贡献。

关键词：陈嘉庚；抗日战争；历史贡献

陈嘉庚一生艰苦创业、倾资兴学、忠贞爱国，是成功的实业家、卓越的教育事业家、杰出的社会活动家和伟大的爱国主义者。他一生有许多事迹为人们所称颂、所尊崇，但他之所以被毛泽东誉为"华侨旗帜、民族光辉"，则缘于他对中华民族抗日战争所做出的卓著贡献。笔者将全面回顾陈嘉庚投身抗日救亡斗争的历程，归纳总结他对中华民族抗日战争的重大历史贡献，并以此纪念中华民族抗日战争胜利70周年。

一、抗战爆发前赈济灾民、抵制日货，唤醒侨民、激励爱国

陈嘉庚一向热心公义，曾参加同盟会，支持孙中山领导的民主革命。辛亥革命胜利后，他"爱国意识猛醒勃发"，"思欲尽国民一分子之天职"[1]15。1923年，他创办《南洋商报》，号召抵制日货，在华侨社会产生很大影响。

1928年初，日本为了阻止北伐军北上平津，借口保护侨民，派兵侵占山东青岛和胶济铁路沿线。5月3日，日军开枪导致中国军民7800多人死伤，并公然杀害前往交涉的国民政府外交特派员蔡公时，制造了"济南惨案"。新加坡侨团发起召开全侨大会，组织"山东惨祸筹赈会"，陈嘉庚被选为会

作者简介：林斯丰（1964— ），男，福建福清人，副研究员，主要从事宣传思想工作和陈嘉庚精神研究。

长。他谴责日本"侵略我主权,惨杀我同胞,无异乘危抢劫,落井下石。其野心凶暴,险恶蛮横,实全世界所未有"[1]50。他一方面通过怡和轩俱乐部发出传单,揭露日军暴行,号召侨胞捐助、救济遭祸之灾民;另一方面,号召全侨抵制日货,实行经济绝交,以洗雪国耻。在他领导下的新加坡"山东惨祸筹赈会"9个月内共募集了逾117万元的巨款,汇交南京国民政府财政部,用于赈济山东灾民。南洋华侨团结一致,持续抵制日货,致日本在新加坡"与华人之贸易已完全断绝"[1]51。

1931年九一八事变发生后,陈嘉庚在新加坡以福建会馆主席的名义召开声讨日本的侨民大会,讨论对付日本的办法。大会决议通电国际联盟及美国总统罗斯福,要他们出面伸张正义,履行条约,保障和平。他明知开会通电无丝毫效力,"然祖国遭此侵暴,海外侨民不宜塞耳无闻,自应喊醒侨民,鼓动志气,激励爱国,冀可收效于将来"[1]68。不久后,为了揭露日本侵华阴谋,陈嘉庚授意《南洋商报》印刷了5000本"田中奏折"(陈嘉庚认为这是日本觊觎中国领土野心的证据),交给福建会馆及怡和轩俱乐部广为分发。

1932年1月4日,陈嘉庚在《南洋商报》上发表《对日问题之检讨》一文,驳斥日寇借人口过剩而疯狂侵华的强盗逻辑,反对"东三省若失全国必亡"的悲观论调,说明中国无亡国之理。1月28日,日军进攻上海,十九路军迎头痛击侵略者,海外华侨人心振奋,陈嘉庚积极筹款支援。3月6日,陈嘉庚致函集美学校秘书处,谈上海失陷后的中日关系和国际形势,指出:"守土之责,义所难辞;牺牲虽大,分所甘受。时至今日,任何人皆应抱牺牲精神,各尽所能以与暴日抗。希勉励学生,激励勇气,勿畏葸自扰!"[1]70

1936年,他致电陈济棠、李宗仁、白崇禧等,指出"外侮日迫,万万不可内讧","敌人得陇望蜀,应共筹抵御,不可自生内战"。[1]82受正统观念的影响,陈嘉庚把御侮救亡的希望寄托在国民政府和蒋介石身上,曾担任新加坡、马来亚"购机寿蒋会"主席,共筹捐国币130余万元,汇交国民政府,约可购飞机13架。他在"购机寿蒋会"游艺会上致辞时指出,开会的目的在于"唤醒同侨,使知国之当爱"[1]83。

从以上史实可以看出,陈嘉庚在抗战全面爆发之前即已洞察日本侵华阴谋,并以筹赈"山东惨祸"受害者、发起抵制日货、发表时事评论等方式唤醒民众,激励爱国,为海外华侨支持祖国抗战做了思想发动和组织准备。

二、抗战全面爆发后,领导南洋华侨全方位支持祖国抗战

抗战全面爆发,陈嘉庚先后担任"新加坡筹赈会"和"南侨总会"主

席，历史性地担负起"领导华侨、抗日救亡"的重任，成为南洋华侨抗敌救亡的杰出领袖，以及抗日民族统一战线的一面旗帜。

（一）领导南洋华侨募集财力、物力、人力，支援祖国抗战

1937年10月10日，陈嘉庚在新加坡发起召开侨民大会，成立"新加坡筹赈会"，宣布"今日大会目的专在筹款，而筹款要在多量及持久"[2]51。在陈嘉庚的领导下，各帮分头劝募，筹赈运动如火如荼，每月可募十七八万元。他还要求福建华侨多做贡献，指出"抗战重要在出钱出力，我闽省出兵力不及他省，我闽侨应多出钱，以补省内出力之不足"[1]90。

1938年10月10日，"南侨总会"成立，公举陈嘉庚为主席。他在成立大会上指出："抗战严重期间，凡我侨胞自应精诚团结，集思广益，俾能加紧出钱出力，增强后方工作。"[2]63他号召南洋800万侨胞，坚定"最终胜利必将属我"的信念，善尽道德义务和国民天职，"国家之大患一日不能除，则国民之大责一日不能卸；前方之炮火一日不能止，则后方之刍粟一日不能停。吾人今后宜更各尽所能，各竭所有，自策自鞭，自励自勉，踊跃慷慨，贡献于国家，使国家得藉（借）吾人血汗一洗百年之奇耻，得藉（借）吾人物力一报九世之深仇，而吾从之生存与幸福"[2]65。

"南侨总会"名为"筹赈祖国难民"，实则以财力、物力、人力支援祖国抗战。其最大的贡献是募集巨款援助祖国抗战。据1945年南京国民政府财政部统计，1937—1945年侨捐款共达国币13亿元，其中南洋华侨捐献比重最大，有力支持了祖国抗战。当时华侨捐献情形正如陈嘉庚描绘的那样："对祖国战区的筹赈工作，风起云涌，海啸山呼，热烈情形，得曾未有；富商巨贾既不吝啬，小贩劳工也尽倾血汗。"[3]105南洋华侨在物力方面对祖国抗战的贡献也甚为可观。据不完全统计，截至1940年10月，共捐献飞机217架、坦克27辆、救护车1000辆、运货汽车310辆、大米10000包，以及大量中西药品、救伤绷带、雨衣、胶鞋等。

征募华侨机工回国参战是陈嘉庚领导的"南侨总会"的又一重大贡献。1939—1940年，通过"南侨总会"从新加坡、马来亚等地招募"经验丰富、技术精良、胆量亦大"[3]106的华侨司机和汽车修理工（简称"华侨机工"）12批共3200多人。这些华侨机工满怀爱国热情，回到祖国大西南，在滇缅公路异常崎岖艰险的千里运输线上，克服种种难以想象的困难，运送各种国内急需的战略物资，平均每天300吨以上。他们中有1000多人为抗战的胜利而献出了宝贵的生命。

（二）揭露和攻伐汪精卫投降卖国阴谋，鼓舞全国军民斗志

1938年10月，广州、武汉沦陷后，身任国民党副总裁、国民参政会议长的汪精卫公然发表对日和平谈话，一时间妥协气氛弥漫重庆，出现了抗日统一战线中的最大危险。陈嘉庚于10月22日致电向汪精卫质询："路透社电传先生谈和平条件，侨众难免误会，谓无抗战到底决心，实则和平绝不可能，何若严加拒绝，较为振奋人心也。"[2]77汪精卫回电狡辩。陈嘉庚确信传闻属实，于25、26日接连发了两封电报予以驳斥和奉劝。严厉指出："一言兴邦，一言丧邦，关系至大，倘或失误，不特南侨无可谅解，恐举国上下，皆不能谅解……万望接纳老友忠告，严杜妥协之门，公私幸甚。""今日国难愈深，民气愈盛，宁为玉碎，不为瓦全。继续抗战，终必胜利，中途妥协，实等自杀。孰利孰害，彰彰明甚。"[2]77他极不客气地指汪精卫为"秦桧卖国求荣"，将与汪精卫来往的5封电文交各日报发表。

10月28日，第二次国民参政会议在重庆召开，陈嘉庚以国民参政员身份，向国民参政会发去电报提案："在敌寇未退出国土以前，公务人员任何人谈和平条件者当以汉奸国贼论！"[2]76陈嘉庚的电报提案震撼了被"亡国论""主和论"的阴云笼罩的陪都重庆，有力地打击了妥协投降派的嚣张气焰，进一步鼓舞了全国军民的斗志。12月31日，陈嘉庚又致电蒋介石，指汪精卫为"总理之叛徒""中华民族之国贼"，要求"宣布其罪，通缉归案，以正国法，而定人心"。[2]79

（三）劝说国共两党弭止内争，加强团结，凝聚抗战合力

1940年3月，陈嘉庚为了解国内军事、政治、团结三大问题，发起组织回国慰劳视察团。

慰劳期间，他先后与蒋介石等国民党首脑人物会谈，拜访各战区正副司令长官、中央各院部及各省行政长官和社团领袖等，利用各种大小欢迎会、个别交谈、参观访问等机会，报告华侨支持抗战的情况，表达海外华侨对祖国军民的慰问之情，视察国内实施抗战的状况，劝说国共两党团结抗战，不要分裂。他说在南洋风闻国共摩擦严重，以为是汉奸造谣，到这里之后才知道情势确实危急，心中忧虑无穷。指出"如不幸分裂，则无异自杀"，"深望极力斡旋，若得化险为夷，一致对外，实国家民族无穷之福也"。[2]118在参加中共驻重庆办事处的欢迎茶会上，陈嘉庚说："万望两党关系人，以救亡为前提，勿添油助火，国家幸甚，民族幸甚。若国共两派意见日深，发生内战，海外华侨必痛心失望。"[2]129他指出："我们所希望的是国内团结一致，枪口对外。日本侵略，大敌当前，好比一个人患了心脏病，不医就会亡命，国共之争，好比皮肤病，可待抗战胜利后再解决。只有枪口对外，我们海外侨胞才会增加捐款，支援祖国。"[1]129

5月31日，陈嘉庚一行抵达延安。他在欢迎会上指出："南洋广大华侨有钱出钱，有力出力，全力支持祖国抗战。现在日寇占领我大片领土，我方内部却不断发生摩擦，汪精卫又叛国当汉奸，形势可虑。广大华侨迫切希望国共两党坚持合作,坚持抗战。"[1]115在延安期间,陈嘉庚边慰劳考察,边与各界人士交谈,还多次与朱德促膝谈心,了解国共摩擦的真相。在拜会毛泽东时,陈嘉庚恳切地说,一是希望坚持抗战,把日寇赶出中国去;二是希望国共合作,兄弟间一切摩擦都等打败了日寇再解决。毛泽东认同陈嘉庚的观点,说"共产党是主张国共合作团结抗战的",对蒋介石和国民政府"并无恶意"。他请陈嘉庚见到蒋介石时代为表白,并将在延安所见所闻向侨胞报告。[1]118

陈嘉庚通过对重庆和延安两地的深入考察对比,终于弄清了涉及抗战前途与祖国命运的两大关键问题:一是中国的希望究竟在哪里,二是国共两党摩擦的真相究竟何在。离开延安后,陈嘉庚在重庆等地发表演讲,实事求是地谈了自己对延安的良好印象,再次疾呼"举国一致,枪口对外,团结到底,抗战到底",认为"这不仅是关系于国家一时的安危,而且关系今后民族永久的存亡"。[1]122

1941年2月5日,陈嘉庚致电国民参政会,再次呼吁国共团结息争。他指出:"抗战之初,获闻国共两党统一对外,莫不踊跃欢呼,不意中途摩擦,谣诼繁兴,遇至热望冰消,义捐停缴,咸且疾首蹙额,骇汗相告。庚总侨团,义难坐视,乃于回国期中,分谒渝延两党领袖,垂涕而道,苦劝息争,用以顾全大局,蒋委员长表示优容,毛泽东先生托述拥戴,庚闻之良慰,且亦以此引告国人,期勿相惊伯有。乃南归未逾一月,危机又遍国中,值此敌焰犹张,国仇未雪,如复自为鹬蚌,势必利落渔人。民族惨祸,伊于胡底?……尚祈一致主张,弭止内争,加强团结,抗建前途,实利赖之。"[4]181-182

从以上史实可以看出,抗战时期特别是1940年回国慰劳期间,陈嘉庚以"南侨总会"主席的身份,遍访国共两党首脑和军政长官,动情晓理,苦口婆心,力劝两党息争,为凝聚抗战合力、维护抗日民族统一战线做出了不可磨灭的贡献。

(四) 发起援英运动,为祖国抗战争取国际支持

1941年9月1日,陈嘉庚在新加坡发起华侨援英大会,200多个侨团的1300多人参加大会。陈嘉庚指出,发起援英运动的目的,一方面是表示对英国援华抗战的报答,另一方面则是宣传中英苏美反法西斯阵线。他在大会上致辞说,现在中英两国同属民主阵线,相互合作,理所应当。更何况马来亚为华侨的第二故乡,援助英国为打倒法西斯而战,不但有助于维护马来亚华侨的利益,也有助于祖国抗战,有助于加强世界民主阵线。

12月8日,日本发动了对马来亚的侵略战争。陈嘉庚分析当时的形势,指出:"盖我大中华民国对敌抗战不孤,最后胜利决可属我也。"[1]167 16日,陈嘉庚发出《通告侨胞协力扑灭法西斯强盗》,指出:"我国抗战四年余,侨胞义捐,未尝间断,虽以我国之单独作战,侨胞尚抱胜利决心,而源源输将,不达胜利目的不止。今则英美荷澳诸友邦,已共同作战,实力陡厚,日寇败亡,久则年余,暂则数月,可书铁券,不待蓍龟。故我侨胞对祖国之赞助,尤当与救济当地战灾同时加进,万勿稍懈,庶以完成祖国抗战之功,共达民主国家之域。"[1]168 17日,应英国驻新加坡总督汤马士的要求,陈嘉庚召开华侨大会,组织侨胞清除废墟、挖掘壕沟、搬运物资,协助英军守城。30日,陈嘉庚在中华总商会召开华侨大会,主持通过成立"新加坡华侨抗敌动员总会",并被选为主席。抗敌动员总会下设劳工服务团、保卫团、民众武装部、宣传部、总务部,容纳了各方人马,大家团结一致共同御敌,献身于各自的战斗任务中。抗敌动员总会成立后做了很多工作,为后来3年6个月马来亚抗日游击战争开了先河。

新加坡沦陷后,陈嘉庚避匿印尼爪哇等地。日军悬赏百万荷盾捉拿他,因此他经受了不少恐惧、忧虑、困扰和虚惊,但在当地华侨和厦门大学、集美学校校友的掩护和照料下,安然度过了3年8个月"潜踪匿迹、安危未卜"的避难生活。避难期间,陈嘉庚为"使后人知道祖国抗战之时,南洋华侨之工作情况",动笔撰写《南侨回忆录》。他在该书"弁言"中说,此书"不但使海内外同胞知南侨对抗战之努力,以及对祖国战时经济之关系,亦可免后人对今日侨胞之误解也"[2]2。

三、组织调查日军暴行和华侨损失,为审判和索偿留下铁证

1945年8月12日,日本无条件投降,陈嘉庚结束了匿居生活。在离开爪哇岛之前,他发出《南侨总会战后通告第一号》,指出:南洋各属沦陷三年余,损失惨重,我侨经此困苦浩劫,应舍弃前昔泛散之积弊,加强团结组织,协力同心。俾于两三年内,恢复前业,效力建国,实践侨民天职。他指出,沦陷期间,在敌寇的淫威之下,有的侨胞"或迫于压力,或因于生计,不得已在营业上与敌交易,不足为怪",而那些为虎作伥,任敌走狗,利己害人者,"虽可恶,然谅极少数,政府有相当之处置","不可吹毛求疵,造作构陷,互相排挤","尚有获利侨胞,对于救济援助,捐输教育,尤希格外慷慨,因富成仁"。至于侨胞惨被敌寇酷刑虐待,或被掠劫货物,应当给予严惩,并索求赔偿。"各处侨领宜速组调查委员会,呈请中外政府,务期达到目的。此为战后侨胞首要之任务也。"[2]377

同年10月15日,陈嘉庚主持召开新加坡筹赈会委员会,议决组织调查委员会,调查敌寇占领期间华侨所受生命财产的重大损失,限年底完毕,并发出《南侨总会通告第二号》,敦促马来亚其他11区筹赈会从速办理。他认

为有了这些资料才能尽早地向日本政府索偿,有关日军暴行的资料亦可供提审战犯之需。21日,新加坡有500个社团联合举行欢迎大会,陈嘉庚出席并演讲,特别提出日本前首相近卫是七七事变的罪魁,现仍"逍遥法外,且仍为高官,居尊处优,威势煊赫",要求"严惩此寇,以谢我国"。[2]380 12月,又发出《南侨总会通告第三号、第四号》,登报征求敌寇占领期间对华侨所施暴行的有关材料,内容分军事、刑杀、贪污、奸淫、奸贼、损失、政治七项。各地征集的材料汇编成《大战与南侨》一书,陈嘉庚亲自作序,概述第二次世界大战期间南洋侨胞所做出的巨大贡献与牺牲。他指出:"兹者大战告终,胜利已达。此后中外各国战史,必多记述,然各国各有立场,编述各有所重,欲求其详载我华侨之惨遇与牺牲,永为后人观感之者,料不可得。纵吾侨另有私人记载,恐亦囿于见闻,一地之情况尚恐未周,况南洋地域之大,网罗更为不易,本总会有鉴于是,爰拟集合此项记载,编辑成书。"[2]385

《大战与南侨》成为战时东南亚人民损失的历史见证,也是日本帝国主义发动侵略战争、对华侨华人犯下滔天罪行的铁证。

抗战胜利后,陈嘉庚还着手处理了两件事:一是自乱葬岗、集体坟场及海边收集遇害者遗物,俾妥善安置之;二是为战争中蒙难之华人建立一座纪念碑。这两项由战争引起的工作任务虽延宕多时,但在各方的不懈努力下终于在1967年完成。

1945年11月18日,旅渝福建同乡会、厦大集美校友会等10个团体在重庆发起召开"陈嘉庚安全庆祝大会"。毛泽东派人送来了一幅单条,题"华侨旗帜　民族光辉"[1]172,高度评价陈嘉庚对中华民族抗日战争的重大历史贡献。1984年10月,邓小平同志为陈嘉庚先生110周年诞辰纪念画册题词,2014年10月,习近平同志在纪念陈嘉庚先生140周年诞辰之际给厦门市集美校友总会回信,都沿用"华侨旗帜、民族光辉"来评价陈嘉庚。陈嘉庚不愧是华侨爱国的旗帜、兴学的旗帜、艰苦创业的旗帜和团结的旗帜;不愧是发扬民族传统、维护民族利益、伸张民族正气、坚持民族气节的光辉典范。

参考文献

[1]陈碧笙,陈毅明.陈嘉庚年谱[M].福州:福建人民出版社,1986.
[2]陈嘉庚.南侨回忆录[M].北京:中国华侨出版社,2014.
[3]林斯丰.陈嘉庚精神读本[M].厦门:厦门大学出版社,2007.
[4]陈嘉庚.陈嘉庚言论集[Z].厦门:中国厦门集美陈嘉庚研究会,2004.

[本文发表于《集美大学学报(哲学社会科学版)》2015年第1期]

陈嘉庚与孙中山交往考

贺春旎[1] 王珏[2]

(1. 陈嘉庚纪念馆 福建 厦门 361021；2. 中国人民大学艺术研究所 北京 100080)

摘要：20世纪初，陈嘉庚接受并追随了孙中山的革命理论，政治生涯与社会公益活动从此深受三民主义的影响。陈嘉庚对孙中山的崇敬之情并不因孙中山的逝世而消散，反而不断得到升华。从林文庆就任厦大校长与集美学村名称由来两个事件上可知，陈嘉庚与孙中山虽然未有深厚私交，但是他们的友谊建立在对民族大义的关怀上，显得尤为珍贵。

关键词：陈嘉庚；孙中山；三民主义；革命事业；教育事业

19世纪末20世纪初，清政府腐败无能，中国社会国弱民穷，在列强欺凌之下，中国人民身处水深火热之中。各路仁人志士皆为救亡图存而奔走，海外华侨亦心系祖国。如何拯救祖国，各家都有主张：以康有为、梁启超为代表的改良派，主张保留帝制，走君主立宪之路；以孙中山为代表的革命派，则主张用革命的手段推翻帝制，建立民主共和国。双方从国内到海外进行了激烈的论战。

一、相知

1898年，怡和轩的陈楚楠、张永福、林义顺等人开始接受孙中山的革命理论，从此走上了革命的道路。1904年，陈楚楠等创办《图南日报》，通过该报的宣传，南洋华侨界开始了解孙中山的革命理论。两年后，中国同盟会新加坡分会成立，陈楚楠、张永福为正、副会长，林义顺为外交主任。怡和轩的主要人物在同盟会新加坡分会兴起及发展的过程中扮演着极其重要的角色。办报及开设报馆是当时革命派宣传自己政治主张的主要方式。为巩固《图南日报》开拓的革命理论阵地，1907年，孙中山邀集胡汉民、居正、陶成章、田桐等人主持笔政，创办了《中兴日报》。次年，孙中山自河内移居新加坡，亲自撰文，以《中兴日报》为阵地，开始了反击保皇派的论战。论战掀起了宣传革命、批驳保皇谬论的热潮，孙中山的革命思想由此深入人心。

1907年，陈嘉庚替父还债的义举轰动南洋侨界。此举不但使陈嘉庚获得了"诚信"这一无形资产，也使其接替父亲进入怡和轩俱乐部，与林义顺等

作者简介：贺春旎（1976— ），女，福建同安人，高级经济师，主要从事旅游管理研究。

人成为好友。当时怡和轩俱乐部成员所推崇的救国思想是孙中山的革命理论。身处其位，陈嘉庚有更多机会了解孙中山及其三民主义。1909年，在林义顺的介绍下，陈嘉庚正式与孙中山见面。关于这次会面的详细情况，在不少研究陈嘉庚的论著中都有颇带感情色彩的描述。根据洪永宏所著的《陈嘉庚的故事》，在这次会谈中，孙中山向陈嘉庚极其详细地阐述了三民主义的含义，获得了陈嘉庚的认可和尊敬。在陈碧笙与杨国桢著的《陈嘉庚传》的叙述中，第一次会面则涉及党旗方案的确定，孙中山一言九鼎的形象给陈嘉庚留下了极其深刻的印象。

陈嘉庚经过与孙中山的详谈接受三民主义的说法有待考究，他参与党旗方案设计的说法也值得商榷。《南侨回忆录》中有章节专门谈到"国旗之意义"。文中，陈嘉庚十分肯定地认为党旗甚为重要，却没有直接叙述其参与党旗设计的过程。通读全文，唯有淡淡一句"余深知青天白日党旗，系光复前孙总理在新加坡晚晴园议定"[1]26与之相关。以陈嘉庚对党旗的重视程度来看，若其参与了党旗方案的设计，这种做法不甚合情理。由此可以推论，陈嘉庚没有直接参与党旗设计，至多是旁观了国民党党旗诞生的过程。

尽管上述两件事目前看来均无定论，但是陈嘉庚深受孙中山的影响却是毋庸置疑的。1910年，陈嘉庚毅然剪掉了象征顺服清朝统治的发辫，以示与清政府决裂。随即，他到晚晴园参加了同盟会的宣誓仪式，正式加入中国同盟会新加坡分会。

1911年，武昌起义爆发。此时，正是中国革命初起步之时，孙中山为革命事业跑遍北美几十个城市，作了上百次募捐演说，筹得10万元钱款。此时，也是陈嘉庚事业刚起步之时，陈嘉庚应允了孙中山途经新加坡时的偶然请求，在孙中山急需用款时，立即如数汇款5万元。捐款数额是孙中山北美募捐所得的一半，孙中山对此感动不已。但这件事在《南侨回忆录》中只有简单的记录：

> 孙中山先生自欧洲回国，途过新加坡将赴上海，曾言到国内时如私人需款可否帮助，余许筹五万元。其后来电告予，将赴南京需费，予即如数汇交。[1]3

为祖国的革命事业积极筹款是陈嘉庚支持革命的重要表现。20世纪初，陈嘉庚的事业刚刚起步，存款尚不多，然而，其为革命捐款的热情极高。有学者统计，辛亥革命期间为革命捐款，数陈嘉庚居冠。[2] 都说锦上添花之事容易，雪中送炭之举艰难。在革命刚刚开始最为困难的时候，陈嘉庚为祖国的革命事业慷慨解囊。这源于他对祖国的深情，也源于他对孙中山的敬重。

二、追随

加入同盟会后,陈嘉庚即投身于民主革命运动,出钱出力,积极支持中国国内的革命活动。孙中山的三民主义作为革命派的政治宣言,指导了当时南洋的抗日救国运动,也成为引领陈嘉庚致力于抗日救亡运动的政治信仰。

自1911年资助孙中山革命开始,陈嘉庚支持祖国革命事业、救助受难同胞的义举再也没有间断。1928年,济南惨案发生后,陈嘉庚担任了山东惨祸筹赈会主席,积极筹款救济难民。他在南洋侨界发起了抵制日货的运动,甚至连工厂被焚也在所不惜。抗日战争爆发后,他在新加坡组织南侨总会,南洋侨界自此不分贫富贵贱,争相为祖国的抗日救亡运动捐款捐物。1938年,为表示对汪精卫妥协抗日的强烈不满,陈嘉庚在国民参政会第二次大会上提出了"敌未出国土前,言和即汉奸"的著名提案。这个提案在当时产生了广泛的影响,极大地鼓舞了主战派的士气,发扬了卓然不屈的雄武精神和民族傲气。1939年,3000多名南侨技工在陈嘉庚的号召下回国服务,为抗日战争做出了卓越的贡献。统观陈嘉庚的政治活动,其间充满了救国救民的爱国情怀和无私高尚的民族气节,与三民主义之首的"民族主义"精神紧密契合。就这个意义而言,孙中山的"三民主义"倡导之行为与弘扬之精神可以视为陈嘉庚政治活动的精神指南。

周恩来曾赞誉陈嘉庚"为民族解放尽了最大努力,为团结抗战受尽无限苦辛,谁言不能伤,威武不能屈"。陈嘉庚支持祖国革命的努力,不容抹杀。他的贡献不单表现在个人对祖国革命的支持上,更多地表现在团结南洋华侨共同参与祖国的救亡运动上。若救国之行为局限于个人之行动,也许仅仅是源于其对家乡的深切眷恋,此乃一人之小爱;若将救国之行为通过个人之努力,推己及人,凝聚一群人,带动一群人,则绝对出自对祖国的无限忠诚,对民族命运的无上关怀,此乃一人之大爱。孙中山在阐述三民主义之精神时有言:"虽纬经万端,要其一贯之精神,则为自由、平等、博爱。"[3]289 尽管没有明言,陈嘉庚的一言一行皆与三民主义之宗旨相互印证。陈嘉庚的政治社会活动,是早年加入同盟会三民主义对其潜移默化的影响,还是在不断的政治实践中履行三民主义的自觉行为?考察陈嘉庚的政治生涯,似乎很难分清两者的区别,然而,陈嘉庚深受孙中山三民主义的影响却是不容置疑的。

1906年,孙中山等制订《同盟会宣言》,为"三民主义"做出了具体阐释,并提出具体的实施次序,即军法之治、约法之治、宪法之治。在最初的军法之治时期中,孙中山列举了一系列具体的改革方案,如扫除积弊,"并施教育,修道路,设警察、卫生之制,兴起农工商实业之利源"[3]287。这些改革方案都能在陈嘉庚的社会实践中找到相应的事迹,可以说三民主义对陈嘉庚的影响程度之深。

兴办实业,积极响应孙中山提出的实业救国思想,是陈嘉庚践行三民主义的突出表现。众所周知,陈嘉庚在南洋的商业王国实力雄厚。1912年,陈嘉庚回家乡集美创办的制蚝罐头厂,是我国较早的民族工业之一。而陈嘉庚的社会慈善事业亦不胜枚举,概括而言,主要可以分为以下几大部分:兴办教育、支援家乡基础建设、维护华侨权益、移风易俗,等等。其中,支持教育的成绩最为突出。自1910年担任道南学校总理一职以来,陈嘉庚在南洋创办华侨中学,在祖国创办集美学村、厦门大学……几乎将教育事业视为生命,相比之下,橡胶生产、航运、银行等商业帝国的建立皆为教育事业而存。至今在闽南及东南亚等地流传的"为办厦大,变卖大厦"的故事是这个论断最好的佐证。在扫除积弊、修筑道路等方面,陈嘉庚亦有涉及,如担任福建会馆主席时,发起的改良丧仪、抵制鸦片等运动;担任闽侨总会主席时,带领闽侨为家乡基础建设出谋划策、捐资捐款;等等。设警察、卫生之制一项,由于陈嘉庚并不担任公职,所以无法参与制定相关法令法规,但是其为福建之治安与卫生事业所做的贡献亦巨大。在治安方面,1911年,他担任福建保安捐款委员会领导人之时,其筹集的巨款汇入闽省,安定了民心。更为突出的例子是1945年,陈嘉庚带领闽侨开展抵制陈仪祸闽的运动。论及陈嘉庚在卫生事业方面的贡献,最为人所道的是其曾经自费出版简明中医书并免费发放的义举,尽管此事由于种种原因未能彻底落实,却仍可见其对家乡卫生事业的关心。陈嘉庚的社会事业自然不止于此,但限于篇幅,不再赘述。

孙中山之三民主义对陈嘉庚的影响深远而持久,当信仰化为社会行动时,也许当事人自己都未能完全意识到。如果说陈嘉庚对照着三民主义的改革方案进行社会实践,也许过于牵强,但是三民主义使陈嘉庚接触到新的科学的革命理论,在其心中播下民主、平等、博爱的种子,所起的作用不容低估。

三、升华

1925年3月12日,孙中山逝世,但其对陈嘉庚的影响却依然存在。甚少谋面的两人有着相同的信仰——对祖国的无限热爱和对革命的坚决追求。对孙中山,陈嘉庚始终怀有崇敬之心。

经营报业,也许是陈嘉庚从孙中山的政治实践中吸取的经验之一。如果说办报之初,陈嘉庚的动力在于"力争在华侨社会中拥有政治上和经济上的发言权"[4]16,那么随着陈嘉庚参与革命实践的深入,其所属报业的政治色彩也愈加浓厚。抗战之后,他更是亲自为《南洋商报》《南侨日报》撰写政论文章,如

《对日问题之检讨》《民主团结与独裁反共》等。陈嘉庚以报纸为战斗阵地，表现出了强烈的爱国情操和高度的政治责任感，一如当年的孙中山。

伊人已逝，继承了同盟会主体的中国国民党积弊重重，陈嘉庚心中的愤懑不得消解。陈嘉庚不是政治理论家，却有着朴素的处事原则与高度的政治敏感。他回到家乡，走访基层，踏遍祖国的山山水水；他立足南洋，周旋于各方势力的纠葛之中，政治信仰也悄然发生了变化。

陈嘉庚一生诚以待人，毅以处事，在是非大义面前，极有原则。陈嘉庚曾道："天下兴亡，匹夫有责，身家可以牺牲，是非不可不明。"在是非选择面前，陈嘉庚将人民利益看得很重，而孙中山革命理论对其影响不可小觑。

1940年，陈嘉庚带领南洋华侨回国慰劳团参观了国民党的统治区，也走访了共产党的根据地。在参加中共欢迎会时，陈嘉庚站在人民利益的角度上，分析了三民主义和共产主义的异同：

> 至三民主义与共产主义，虽略有不同，然均为废除独裁帝制，资本权利，奴隶阶级等流弊，而实行人民自由平等之幸福。[1]121

他有意强调孙中山的三民主义，对其寄予了深厚的希望：

> 民国光复孙总理既改革国体，而提倡三民主义，我国当局如能忠实奉行，将来亦可为他国之模范。[1]121

"国家兴亡，匹夫有责"一直为陈嘉庚所遵循、坚守。为天地立心，为生民立命，实乃陈嘉庚孜孜追求的目标。在陈嘉庚眼中，孙中山的三民主义和中国共产党的共产主义都是可以引领中华民族走向希望的革命蓝图。与共产主义相比，陈嘉庚更早接触三民主义，对三民主义有比较透彻的了解，将其作为辨明是非的准绳，也在情理之中。

1940年，陈嘉庚亲笔作一函寄蒋介石，谈到"国民外交协会演说事件"：

> 余所言乃据所闻所见事实，他等（指中国共产党）已改行三民主义，凭余良心与人格，决不能指鹿为马也……余所要求者完全为国家民族计，与共产党毫无关系。[1]191

之后，在答昆明记者问时，陈嘉庚再次强调：

> 彼（指中国共产党）已实行三民主义。[1]203

在走访延安之时，陈嘉庚对共产党的清廉和爱民印象极其深刻，反复强调"中国共产党已实行三民主义"。这是陈嘉庚委婉地表达支持中国共产党的方式。抗战时期，陈嘉庚将蒋介石视为孙中山的继承人，视国民政府为领导中国的正统。然而，国民党"误民弊政，无所忌惮，较之君主时代，苛殃更甚"[1]332，与孙中山所提之"三民主义"背道而驰。陈嘉庚对此深恶痛绝，深为国民党不能遵照孙中山的三民主义行事而痛心疾首：

> 余上台致辞云，每开会读总理遗嘱，不免愤恨与抱愧。愤恨者何，党政中不照遗嘱举行，多系口是心非，实系挂羊头卖狗肉。抱愧者何，余每逢开会亦须依例而读，究实绝不遵行，自问良心能不抱愧乎……[1]331

通过慰劳团的实地走访，陈嘉庚以为，中国共产党的执政理念与实践和孙中山的三民主义精髓更加吻合。由此，陈嘉庚在南洋华侨界提出辨明是非的问题。1945年，在吧城欢送会上，陈嘉庚多次强调：

> 国共果能真诚合作实行三民主义，则中立者可无问题，设不幸仍旧背道而驰，则三民主义必能露出真伪，谁是谁非，我侨不可不分别认清也。[1]362

抗战结束之后，陈嘉庚的政治态度由拥蒋转为亲共。这个转变通常被认为是其政治生涯的第二次转折。其间，陈嘉庚的言论凡涉及敏感的政治问题必提及"三民主义"，屡次就"国民党与共产党谁能更好地贯彻三民主义"进行论述。可以认为"由拥蒋到亲共"的政治转变是陈嘉庚对孙中山"三民主义"理解的升华。

1946年，在《南侨日报》创刊号中，陈嘉庚写道：

> 我海外华侨本爱国真诚，求和平建设兹故与各邦侨领创立《南侨日报》，其目的在团结华侨，促进祖国之和平民主，俾内战早日停止，政治早日修明，国民幸福早日实现，以达到孙国父建国之主旨。[4]18

时隔数十年，陈嘉庚仍然宣称他的政治理想以孙中山的建国主旨为蓝本，是出于尊敬孙中山的习惯，还是仅仅呼应自己早年的政治宣誓？无论如何，难能可贵的是，陈嘉庚对孙中山的崇敬不因孙中山的逝世而消散，反而助其调整革命信念、升华政治理想。

四、互助

在陈嘉庚与孙中山的交往中，直接的交流甚少，更多的应属于神交之范畴。在两人为数不多的交往中，有两件事情值得一提。

陈嘉庚对于教育事业的感情与投入众所周知。教育事业被陈嘉庚奉为立国之本，"是千秋万代的事业，是提高国民文化水平的根本措施"[5]6。集美学村与厦门大学的创立与发展凝聚着陈嘉庚一生的心血。在办学事业上，孙中山曾给予陈嘉庚无条件地支持与帮助。

1921年4月6日，厦门大学借集美学校校舍开学。刚开办的厦门大学面临着许多困难，矛盾最集中的是校长的任免问题。陈嘉庚原本属意在同盟会结识的好友汪精卫出任厦大的首任校长，然而，汪精卫后因热心政治请辞了。之后，陈嘉庚委任邓萃英担任厦大首任校长。无奈，邓萃英一心多用，与陈嘉庚在教学和管理上产生了矛盾，于1921年5月辞职，所聘教师亦跟着离校。厦大创办不到一年，三换校长，陈嘉庚压力极大。此刻，他想起了在新加坡的好友林文庆。

此时，国内的政局正出现新的转折，孙中山在广州就任中华民国非常大总统，新组了中国国民党，创办了黄埔军校，着手组织政府各部，决心推翻由北洋军阀控制的北京民国政府。1921年5月，孙中山电召林文庆回国襄赞外交。林文庆与孙中山的关系可上溯至19世纪晚期。1900年，孙中山与日本朋友宫崎寅藏在新加坡被拘捕，林文庆出面与殖民地政府疏通，使孙中山与宫崎寅藏很快获释。辛亥革命前，林文庆加入了同盟会，民国成立后被孙中山任命为南京临时政府卫生部长。1916年，又出任外交部顾问。

面对着两份同时到来的请聘，林文庆无法抉择。他一方面愿意接受陈嘉庚的邀请，为祖国的教育事业贡献力量；另一方面又无法拒绝孙中山的好意。两难之下，林文庆特发电报到广州，向孙中山征询意见，请大总统代为决定。出于对教育事业的关怀，也出于对陈嘉庚的支持，孙中山给林文庆复电，赞成他到厦大主持校政。在征得孙中山的同意之后，林文庆欣然接受陈嘉庚的聘请。林文庆校长主政厦门大学16年，自始至终勤勤恳恳，忠于职守，开拓创新，使厦门大学的声誉与日俱隆。在林文庆选择厦大校长一事上，孙中山起到了关键作用。举贤让贤，孙中山没有丝毫犹豫，完全凭借其对陈嘉庚事业的支持做出了决定，在陈嘉庚创办厦大最困难的时候给予了极大的支持，这种雪中送炭的情谊尤为珍贵。

20世纪初，陈嘉庚醉心于兴办教育。从1912年筹办集美小学校起，至20世纪20年代集美学校扩展成为拥有11所独立学校的"学村"。今天，人们习惯将当时这个系统完备的教育体系称为集美学村。而集美学村的名称由来与孙中山亦有一段割不断的联系。

1923年夏，闽军和粤军在闽南发生混战。两军隔海对峙，形势紧张。闽军以数千人驻扎集美学校，诛求无厌，严重影响学校的正常教学秩序。9月3日，集美学校中学部华侨学生李文华乘船至厦门，途中被闽军开枪打死。此事引起集美师生极大义愤。远在新加坡的陈嘉庚邀林义顺以中华总商会的名义分别致电闽军、粤军首领，要求他们把驻军撤出集美村界外。

鉴于战祸蔓延，教育辍废，为谋安全，根据陈嘉庚的函示，集美学校校长叶渊倡议划集美学校为永久和平学村，并缮具请愿书及各种文件，派代表分别向南、北军政当局请求承认。同时，向本省军政各机关、各长官，请其签名承认，请求全国实力派领袖、名流签字赞同，并向驻厦领事团申明，如有犯及集美学村之事发生，请其主持公道。请愿书申明，请求承认"集美学村"公约。这是"学村"的提法首次出现。

1923年10月20日，孙中山批准此案。同日，又由大本营内政部以第三十六号批文，电令闽粤两省省长及统兵长官对集美学校给予特殊保护。电文摘要如下：

> 该校创设有年，规模宏大，美成在久，古训有徵，芽蘖干霄，人才攸赖。兴言及此，宁忍摧残！应请贵省长、统兵长官，对于该校务宜特别保护，倘有战事，幸勿扰及该校，俾免辍废，则莘莘学子，永享太平之利。

孙中山的电令与批文使得陈嘉庚倡议的集美永久和平学村的地位得到官方的承认。在那个军阀混战的年代，这个承认在较大程度上保证了集美各校的安全。"集美学村"的名称也由此沿用下来，影响日盛。

史料中并未发现陈嘉庚与孙中山有深厚的私交，仅有的几次会面也属于公众聚会的范畴。然而，这并不影响两人的友谊。他们的友谊建立在对民族大义的关怀上，建立在对祖国人民的热爱中。古人云"君子之交淡如水"，当如是也。

参考文献

[1] 陈嘉庚.南侨回忆录[M].新加坡:南洋印刷社,1946.
[2] 陈天绶,蔡春龙.陈嘉庚之路[M].武汉:湖北人民出版社,2005:86.
[3] 中国社会科学院近代史所.孙中山全集:第一卷[M].北京:中华书局,1986.
[4] 沈继生.陈嘉庚办报思想初探[M]//陈嘉庚研究文选.厦门:厦门大学出版社,2007.
[5] 张楚琨.回忆陈嘉庚[M].北京:文史资料出版社,1984.

[本文发表于《集美大学学报(哲学社会科学版)》2010年第2期]

陈嘉庚报刊言论对创建新中国的重要贡献
——以《南侨日报》为中心的研究

张建英[1,2]

(1. 集美大学陈嘉庚研究院　福建　厦门　361021；
2. 集美大学海洋文化与法律学院　福建　厦门　361021)

摘要：陈嘉庚注重报刊舆论作用，解放战争时期他在《南侨日报》上频频发表言论，揭露蒋介石政府腐败独裁、祸国殃民，称赞共产党廉洁民主，有能力建设新中国；反对外国干涉中国内政，捍卫国家主权、民族独立；宣传中共良善政治，将祖国复兴大任寄望于新政府；构想政治、经济、文化等方面的改革以建设新中国。陈嘉庚在《南侨日报》上的言论从海外舆论领域强有力地参与了人民解放战争，为创建新中国做出了重要历史贡献。他在《南侨日报》上的评论文具有鲜明的时代特色和创作特点，奠定了他著名时政评论家的地位，体现了中国传统知识分子匡世济民、救国安邦的本色和秉性。

关键词：陈嘉庚；时政评论；《南侨日报》；新中国创建

孙中山赞誉海外华侨为"革命之母"，华侨在辛亥革命、抗日战争、解放战争等重大历史时期均发挥了重要作用。陈嘉庚（1874—1961）是其中的杰出代表，毛泽东誉之为"华侨旗帜、民族光辉"。作为海外报业资本家，陈嘉庚创办的《南洋商报》《南侨日报》位列马来亚乃至东南亚最重要、最具影响力的三大报之列。陈嘉庚向来注重报刊舆论的宣传作用，在人民解放战争时期，他在《南侨日报》上频频发表言论，反独裁、反腐败，力推建立独立、民主的新中国，以此奠定了他著名时政评论家的地位。近些年海内外学者开始注重陈嘉庚与传媒的研究，而对他在海外华文报刊上发表的言论的专项研究，目前成果寥寥，几乎为学术空白。本研究通过对陈嘉庚1946—1949年在《南侨日报》上发表的评论文、演讲稿、公文、函电及访谈等言论的研究，分析陈嘉庚在解放战争时期对建立新中国的重要贡献，有助于促进陈嘉庚研究的进一步拓展。

一、迎风而上，奋笔东南亚华人舆论主战场

海外华文报纸报道华人的在地活动、中国社会面貌，同时担负着中华文

作者简介：张建英（1966—　），女，福建龙岩人，副教授，硕士，主要从事东南亚华人文化与文学、陈嘉庚研究。

化海外传承的使命,在华人社会中发挥了重要舆论作用。二战后,以新加坡为中心的东南亚华文报业重获繁荣。1946 年 6 月 26 日,蒋介石政府依仗美国的偏袒和援助,撕毁"双十协定",全面内战爆发。9 月,南洋华侨筹赈祖国难民总会主席陈嘉庚致电杜鲁门总统,劝告其停止援蒋以使中国内战终止。由于国民党海外机关的长期经营,当时新加坡"所有各报多偏于国民党人方面。吠影吠声,势所难免"[1]5。这些报刊发表《斥陈嘉庚狂妄举动》《陈嘉庚晚节堪悲》等文,罗列陈嘉庚十大"罪状"[2],进行谩骂、围攻,以达到削弱他的政治威望和社会影响的目的。国民党"倒陈"宣传在一些华侨中引发思想混乱。随即拥护陈嘉庚的阵营组织反击,东南亚各地的华侨迅速召开大会并以各种方式支持陈嘉庚,他再次赢得侨界信任。

鉴于缺乏宣传中国民主革命事业的进步华文大报,陈嘉庚在挚友和助手的劝说下,于 1946 年 11 月 21 日在新加坡集资创办《南侨日报》,并任报社董事会主席。《南侨日报》的主编和编辑大多是民盟成员,该报很快成为马来亚第三大报纸,尤其是在知识分子和工人中影响较大。该报强烈的政治倾向以及浓厚的中国意识,引发了英殖民地政府的密切关注和强烈不安,于 1950 年 9 月 20 日被查封,总计出版发行三年零十个月。《南侨日报》是宣扬民主、声援维护中国主权和侨民权益的重要窗口,是马来亚以及东南亚华侨了解中国时局不可或缺的平台,是中国民主革命事业谋取国际传播话语权的重要载体之一,被民众誉为"民主堡垒""南天木铎"[3]。

1923 年 9 月 6 日,陈嘉庚在新加坡独资创办《南洋商报》,强调以"无党无派"的立场为办报宗旨。一直到 20 世纪 40 年代初期,他以"无党无派"的身份在报刊上发表言论,几乎不涉及政治主张方面的内容。而《南侨日报》的创刊以及陈嘉庚在《南侨日报》等报刊上所发表的一系列旗帜鲜明的言论,则标志着他从社会活动家向政治活动家的转型。陈嘉庚在《南侨日报》创刊号上发表《告读者》,明确办报宗旨:"我海外华侨本爱国真诚,求和平建设,兹故与各帮侨领,创立《南侨日报》,其目的在团结华侨,促进祖国之和平民主,俾内战早日停止,政治早日修明,国民幸福早日实现,以达到孙国父建国之主旨。"该报成为陈嘉庚发表时闻政见的重要阵地,他公开反对国民党、拥护共产党,反对美国介入国共战争,寄望建立和平民主的新中国。新加坡学者韩元山的《陈嘉庚与〈南侨日报〉》一文评价陈嘉庚是一位"影响力很大的政论家",他在《南侨日报》上发表的多篇政论文"在当时受到广泛注意",远在中国的国共两党领导人"都要阅读"[4]。1949 年 5 月,他在"蒋政府即将倒台,全国即将解放,革命大功瞬将告成"之时,"回国观光前夕,爰将三年来发表意见汇印,名曰言论集"[1]5。

时事评论是面向广大受众的政论性新闻体裁,与客观社会现实密切联系,它肩负着"引导社会舆论、指导社会实践的使命",针对当前社会关注的焦点、疑难问题,力求收到"兴利除弊、推动社会持续前进的舆论效果"[5]。在新、马独立建国前,英属殖民地马来亚的华侨大多尚未形成对侨居地的归属感,他们关心中国的局势,固守落叶归根的观念。马来亚华文报刊深受中国政治文化背景的影响,政治色彩鲜明、立场迥异的政治论战时有发生。对于国共战争时期马来亚华文报刊的政治论战,有学者肯定其在特定历史背景下有独特的历史作用,但又认为此时华文报纸分裂为"亲共"和"亲蒋"两大派别,两派论战"严重影响到族群的团结,也削弱了争取族群整体权益的力量,造成了许多重大的政治利益的损失"[6]。该学者站在"传媒专业主义"角度,强调媒体应保持中立态度,却忽略了当时的中国形势和华侨所处的特定社会背景。对于华人社会在中国问题上的分裂,陈嘉庚有其深刻的洞察和鲜明的立场。1947年9月30日,《南侨日报》刊载了他接受上海记者的采访,谈及华社团结问题,他重申"只有中国本身团结,华社才能获得团结",这是陈嘉庚近半个世纪的痛彻感悟。在关系中国命运重大转折时刻,海外舆论领域的斗争尖锐复杂,陈嘉庚审时度势,为了国家、民族的利益,他锲而不舍地通过《南侨日报》发表评论文、演讲稿、公文、函电以及访谈等。他的这些言论与人民解放战争进程紧密配合,讲述客观事实,精辟分析形势,强力纠正长期独霸海外舆论话语权的国民党媒体在华侨中灌输的谬论和偏见,树立中国共产党的积极正面形象,帮助海外华侨明真相、辨是非,增进了华侨对新中国的认同,同时也促进了海外华人族群的团结,这是特定历史环境中的正确选择。

二、秉持忠公,凝聚海外华侨对新中国的共同意识

陈嘉庚爱国爱乡,为了国家和民族的利益,秉公直言,刚正不阿。他在《南侨日报》上的言论,揭露国民党政府的腐败黑暗,谴责外国干涉中国内政,宣传共产党解放区的廉洁民主,向海外华侨传递国民党军队节节败退、共产党武装走向胜利的最新资讯,勾画中国的光明前景,从舆论上凝聚了海外华侨对共产党的共同意识,强有力地配合了"打倒蒋介石、解放全中国"的人民解放战争。

(一)揭露蒋介石独裁无信,与腐败专制的国民党政府公开决裂

陈嘉庚秉持古语"不诚无物",坚信历史上能够成为伟大领袖者不能离开"诚信"二字。抗战结束之初,陈嘉庚就公开表示,要求国民党"还政于民"、与蒋政府谈和平是"谋皮于虎"[3]。《南侨日报》创办后,他更有多篇言论使用谚语"谋皮于虎",重申国共无和平可言,内战难避免。这是基于

他对蒋介石入木三分的观察和对蒋介石政权独裁专制反动本质的深刻认识。1947年2月,《南侨日报》记者就蒋鼎文在美国发表言论"蒋介石、毛泽东、陈嘉庚三人为祖国伟大人物,希望此三人合作"一事采访陈嘉庚。陈嘉庚自信地评价自己为"诚信公忠",而"蒋委员长与我绝对相反,我知之最深",毛泽东则"言信行果"。告诫那些存有"蒋毛合作"就可"国事安定"幻想的人思想不要太简单[1]305。人无信不立,蒋介石领导的国民政府在抗战胜利后不到4年就丧失民心、土崩瓦解,有其必然性。

战后,国民党政府腐败专制的本性肆无忌惮地暴露。1947年5月,国统区"反内战、反饥饿、反独裁"的爱国民主运动高涨,沪宁平津等地青年学生的和平呼吁竟遭国民党军警的军法镇压。28日,陈嘉庚以南侨总会主席的身份致电国民参政会,痛斥国民党当局独裁贪污、发动内战,致使民不聊生等种种罪行,吁请全国各界同胞"响应全国学生正义主张"[1]293。1948年1月1日,他在《新岁献辞》一文中,详细列举蒋政府劣迹:蒋介石以下的党政要津"朋比为奸"乱政,早已"声名狼藉";军事将领在抗战中将大片国土"沦陷敌手",战后"贪污腐败"丧失民心;"国家岁出"80%以上用作"内战军费",以至"工商凋敝,农村破产",导致"民不堪命",海外华侨汇款严重缩水,"损失与年俱增";中国人"存款美国,总数达十五亿美元",多为"四大家族及蒋府官僚剥削所积累之私产"[1]211-214。

独裁者与卖国息息相关。陈嘉庚在《新岁献辞》中谴责蒋介石"卖国固权,罪恶昭彰",与美国签订丧权辱国条约,拱手奉送全国"国防秘密、交通主权、工商优惠、经济命脉",使中国成为"菲律宾第二"。他痛批蒋介石"较之石敬瑭、秦桧、吴三桂、汪精卫,犹有过之"[1]212;蒋政府军事、政治、经济各方面已"颓败无可挽回",卑鄙妄想借助美国力量挽回败局,不过是苟延残喘,"终必惨败"[1]211。陈嘉庚作为孙中山三民主义的信徒,曾以蒋介石为孙中山的继承者,以国民党政府为"正统"。国民党的政治腐败、党同伐异令他彻底失望,更叱责蒋介石名为"奉行三民主义"、实为祸国殃民"有甚于暴君",是"孙中山先生之叛徒"[1]215。抗战结束后,在蒋介石及南京政府仍在海外华侨中具有很高威望的时候,为了公理正义、国家和民族的独立,陈嘉庚公开揭露蒋介石的罪行,绝不"苟安缄默",强硬表达了对以蒋介石为代表的国民党统治集团的极度愤慨和与之决裂的鲜明立场。

(二) 反对外国干涉内政,捍卫国家主权、民族独立

自1840年以来,中国受外国列强的侵略,积贫积弱,侨胞大多为生活所迫而流落异邦谋生,"帝国主义、殖民主义和种族主义的压迫,使他们具有强烈的民族感和爱国心"[7]。陈嘉庚对战后世界政治的构想是公平道义与世界和平:"以公平道义为依据,消除不平等及无理之旧状态,方能熄灭战争

之导火线,而达到弭兵之期望。"[8]弁言5 陈嘉庚坚决反对一切外国势力干涉中国内政,认为美国干预是导致战后国共关系恶化、国共战争爆发的主因,国共血战正烈,陈嘉庚在南洋华人社会中发起了大规模抗议美国干涉中国内政的运动,也促成了统一战线组织"新加坡华人促进祖国和平民主联合会"的成立。

美国援蒋源自"趁火打劫",援蒋必败。陈嘉庚在《美借款与我国纸币》一文中揭露,二战结束后美国剩余军火以及缴获的日军军用物资不可胜数,供给国民党政府,"藉(借)此废物利用,既可握债主权,又可助长我国之内战,一举两得",其处心险恶与"昔之日寇及希特勒,实有过之而无不及"[1]204-205。陈嘉庚在1948年的《新岁献辞》中从国际政治的宏观视野,犀利剖析美国选择支持"贪污无能之中国亲美政府"暴露了其对华野心,征服世界的野心[1]215。他通过厘清历史事实,拆穿美国暗中破坏和平以谋私利的卑劣、阴险行径,提醒侨胞对美国企图控制中国的阴谋保持警惕,不要被美援假象所蒙蔽。针对华侨中关于美国若出兵军事援蒋将引发第三次世界大战的疑虑,陈嘉庚的《从未来世界大战形势论美国不敢以军事援蒋》(1948年3月15日)一文,从"民主与反民主""正义与非正义"等方面详细分析后指出,美国政府如果"无所顾忌"地"军事援蒋",必将"迅即随蒋介石而同归于尽"[1]220-221。他以中国古话"多行不义必自毙"警告美国政客们悬崖勒马。

陈嘉庚争取国家主权、民族独立的言论、活动,展现了他的前瞻性眼光和国际性视野。法西斯主义的重要表现和直接结果是殖民地的存在。身在南洋,陈嘉庚能结合东南亚政治环境和华侨所处的特殊境况,投身于国际反法西斯斗争之中。二战结束后,东南亚殖民地民族运动日益高涨,陈嘉庚屡屡在《南侨日报》上发表言论,坚决支持东南亚殖民地人民的独立运动,积极推动华侨与当地各族人民的大融合,此举维护了华侨在居住地的正当利益,也为捍卫中国主权争取了国际盟友,对美国干预中国内政起到了震慑作用。

(三)宣传中共良善政治,将祖国复兴大任寄望于新政府

陈嘉庚早年加入同盟会,追随孙中山,致力于孙中山三民主义理想的实现。据海外学者杨进发考证,在20世纪30年代,陈嘉庚对"马克思主义、共产主义理论的书刊亦曾有涉猎"[9]。他对马克思列宁主义有一定的认识和良好的印象,认同共产主义以财富公有、公允分配,民众都"康强乐利"为最终目的,但也认为这一终极目标在我国还"言之过早"。1940年3月至12月,陈嘉庚率领南洋华侨回国慰劳视察团走访重庆及延安等地,经实地考察,他认为中共在解放区施行的是"改良政治,铲除贪污,平均地权,复兴农村,振兴工业,整顿交通,安定民生,普及教育",与孙中山先生所主张的三民主义"并无二致"[1]215。正如毛泽东所言:"不但在过去和现在已经证明,而且在将来还要证明:中国共产党是革命三民主义的最忠诚、最彻底的实践者。"[10]陈嘉庚曾将复兴祖国的全部希望寄托于蒋介石领导的国民政府,但是1940年的重庆和延安之行促发了他一生中最重要的一次思想转变,也是他政治态度发生重大转变的开端。世界反法西斯战争胜利后,社会主义阵营高举民主旗帜,陈嘉庚称社会主义国家是真正的民主国家,加之受民盟政治立场转变的影响,他走上了坚决支持中国共产党领导的新民主主义革命的道路,政治态度上也从"拥蒋"转向"拥共反蒋"。

陈嘉庚长期寻求救国之路。1940年的9天延安之行,他深入考察了中共的权力中心延安,以及作为中共新民主主义试验田的陕甘宁边区。他确信中共夺取全国政权后有能力治理好中国,他看到了民族复兴的希望所在。国共战争爆发后,陈嘉庚彻底摆脱以蒋政府为"正统"的观念的束缚。他在《论美国救蒋必败》(1947年12月25日)等多篇文章中回顾、比较国共在政治、军事等方面的差异,赞美中共辖区内"吏治之清廉"实为"民心之归向"[1]209。《新岁献辞》开篇即预言1948年"实为我国历史上巨大变革之年,或亦竟为中华民族大革命胜利成功之年"[1]211,对革命成功指日可待充满信心。1948年3月28日,陈嘉庚在新加坡福建会馆职员就职典礼上的致辞《祖国光明在望》,态度坚决地表达了对新中国的希望与期待:"在此届新职员任期之二年中间,中国良好政府必能建立起来。"[1]244陈嘉庚非常重视领导者的作用,希望在中国能有目光远大、良好贤明的领袖出现,以改变中国积重难返的现状。为迎接1948年新年,他在新加坡怡和轩俱乐部居所内悬挂毛泽东画像,将《与毛泽东主席来往电四件》刊登于1949年2月10日出版的《南侨日报》上,均表达了对以毛泽东为代表的中国共产党人的信赖和拥护。1949年2月22日,他接受美联社星洲分社主任马斯特逊的采访,称赞毛泽东是"好人""好领袖",与"一贯不守信义"的蒋介石"完全不同"[1]308。关于"谁方是匪"这个问题,陈嘉庚对中共取得最后胜利充满信心:新政府成立后,以台湾为地盘的蒋政府"更无异叛逆之匪类",四大家族则为名副其实的"四大匪族"[1]239。

针对海外一些媒体有关中共的负面宣传在华人社会中引发的顾虑和恐惧,陈嘉庚连续发文给予拨正。他在《南侨日报》创刊2周年纪念会的致辞《南侨报任务与中国前途》中,阐明中国共产党领导下的新中国是主权国家,不会沦为苏联的附庸,中国革命的胜利有利于世界和平,等等[1]252。陈嘉庚以《南侨日报》为舆论阵地,以华侨领袖的身份亲自传递中国革命的正确声音,在侨胞中展示中国共产党的真实面貌,自觉走上宣传中共良善政治的道路,对于以毛泽东同志为代表的共产党人形象的海外正面塑造及在海外华侨中确立即将诞生的新中国政权的正统地位，发挥了不可替代的作用。

三、构设新中国，"以达到孙国父建国之主旨"

1917—1920年孙中山所著《建国方略》是"社会建设"、国民"心理建设"及全面发展经济的"物质建设"的宏伟纲领，在当时的中国成为"空想"。解放战争时期，孙中山的坚定追随者陈嘉庚，积极为即将到来的新中国的建设献言献策，从政治、经济、文化等方面展开具有科学性、可行性、可操作性的前瞻设计。

（一）期盼国强民富，建言新中国的政治建设

"复兴建国"是陈嘉庚一生的理想。陈嘉庚多次公开表示他政治"不谙"，是政治的"门外汉"。他在《南侨日报》上发表的言论，证明他是出色的政治评论家、社会实干家。陈嘉庚在《新岁献辞》中提出，民主政府成立后，"尤应首先宣布取消各项非法条约及借款，没收四大家族及贪官污吏财产，以救济饥饿流离之民众"，国家很快就会"突飞猛进，转危为安，转弱为强、转贫为富"。[1]216 他预言国共战争的结束期限并构设新政府施政要点，以实现国家富强、国民福祉。陈嘉庚接受美联社星洲分社主任马斯特逊关于新政府的采访时，更是显示了不同寻常的政治远见和政治认识水平：新的联合政府当由中共握有控制权，"因为他们具有十数年之丰富经验，对中国实际情况有充分之了解，而且拥有甚多优秀的人才"；胜利后中共"最多不过一年余，就可将中国局面改善"；只要英美及欧亚各国"以平等原则对待中国"，"当然欢迎他们与中国通商"；[1]308-310 他对世界人民之间的良好感情和新政权开放的国际态度给予乐观展望。陈嘉庚对民主中国寄予厚望，1949年3月16日，他在新加坡福建会馆常年大会上发表演讲《新中国必能兴利除弊》，所提6项除弊措施多关乎政治改革，预测新政府实施后"三数月"就可使人民"安居乐业"[1]259。"陈仪祸闽"令爱乡情切的陈嘉庚一直耿耿于怀。1949年4月，他致电毛泽东，请求"选择贤能闽人，训练多士"到福建兴利除弊[1]301，这有闽人惨遭祸害的教训，更显现的是陈嘉庚的政治才干，管理者要深入民间了解乡情，在感情上尊重民众，善待民众意见，真心实意造福一方百姓，才能得到民众的信任和支持。

（二）重视发展实业，献策新中国的民生振兴

作为著名华侨实业家，陈嘉庚把"实业兴国"的理念寄托于新中国。国民党治理下的中国政治腐败，主权丧失，各行各业凋敝落后，衣食住行全依靠舶来品，为外国买办掌控。他的演讲《新中国必能兴利除弊》中所提六项兴利措施，其中四项为发展实业，如农林水利、水陆交通、轻重工业、矿产

海利，由小而大、由远而近，积极实行，"五年十年之后，当略有可观，再加二三十年，无难与欧美先进国并驾齐驱"，将来"或可居世界第一位"。[1]259-260陈嘉庚主张因地制宜发展工农业，以实现利益最大化。他以福建为例，详细地阐述了利用海洋优势开展地方建设的总设想及实施的具体方案。

陈嘉庚积极动员华侨投资祖国实业，由此可以使财产保值、增值，也以此加强海外华侨与祖国的密切联系，增强中华民族的凝聚力。1949年4月28日，陈嘉庚在回国观光欢送会上的长篇演讲"明是非辨真伪"，专门谈及华侨回国投资的方式和前景。例如，厦门拥有海上交通便利优势，将来铁路网完成，造船业、矿业、海洋生物、农渔、轻重工业等"定必随之勃兴"。他认为华侨回国投资是祖国建设的需要，也是华侨爱国爱乡的实际行动，应该得到国家的热情引导和优惠政策，达到双赢[1]265-266。在《与毛泽东主席来往电四件》里，陈嘉庚恳切建议发挥海外侨胞的力量建设新中国、新福建。行源于心，拳拳之心，饱含着深切爱国与爱乡情怀；力源于志，灼灼之见，展现出世界眼光与阔大境界。

(三) 倡导文明教化，致力新中国的文明进步

陈嘉庚的"教育兴国"理念在中华人民共和国成立前夕有了新的内涵。中华优秀传统文化养育了陈嘉庚，他在《南侨日报》上的言论常常以传统儒家思想立论。陈嘉庚在英殖民地新加坡生活近60年，对资本主义现代文明感同身受，注重汲取世界各国先进文化。他痛感传统中国落后习俗不适应现代社会发展，在全国即将解放之时，他决定将所编著的《民俗非论集》再次印刷，赠送给新民主政府，希望新政府能"表同情"，则"事半而功倍矣"[1]263。摒弃鄙陋习俗，树立文明生活新风尚，有益于国民身心健康，有益于建设文明进步新中国，在国际上展现中国人的良好形象，维护国体国威。

国家富强，需依仗国民健康的体质。陈嘉庚对中国的卫生观念和卫生状况十分忧虑，在他的演讲稿《新中国必能兴利除弊》中，"兴利"的第一、二项措施为教育普及和卫生养成，只有做到人民不"孱弱"，才能达到"富国强兵"。他撰写小册子《住屋与卫生》，从城市住宅建设规划、民众运动健身、个人卫生习惯养成等方面进行系统、具体的设计，以切实提升国民寿命和生命质量。1949年回国前，他"再印《住房与卫生》三十万本"，并希望增加印刷量，送至县区乡镇社团学校及图书馆宣传普及卫生知识。[1]262以上措施，立足国情，深谋远虑，普及了科学知识，提高了国民的科学素养，有益于塑造良好国家形象，促进新中国早日进入现代文明国家的行列。陈嘉庚发挥报刊言论的作用并身体力行地将促进社会的点滴进步落到实处，不愧是杰出的社会改革家、实干家。

四、言论特色鲜明，引领海外华侨对新中国共情与共鸣

陈嘉庚发表在《南侨日报》上的言论，围绕着反独裁、反腐败，争和平、争民主等中心词语，就热点时事新闻即时评论，标题铿锵夺目，观点立场鲜明，内容剀切精辟，论述逻辑谨严，行文旁征博引，语言通俗平易，具有鲜明的时代特色和创作风格，体现了中国传统知识分子匡世济民、救国安邦的本色和秉性，引领海外华侨对新中国的共情共鸣，社会效应显著。

（一）为文"但凭事实真相""诚信"服人

时事评论的基础是事实本身。1940年，67岁的陈嘉庚历时10个月，行程数万公里，亲自调查研究国共及中国社会各方面的情况。陈嘉庚在《南侨日报》上的言论不畏强权但凭事实。《蒋介石的"最大错误"》（1948年3月31日）一文，针对蒋介石在国民参议会结束的会议上所言"最大的错误，就是容忍共产党"从而导致"今天的处境"这一新闻，从6个方面批驳蒋介石死到临头还不悔悟是"咎由自取也"，再次揭露蒋氏"虚伪诈欺"的真面目[1]225-228。该文将具体新闻事件与历史真相及现实环境串联起来，深入事件内里，揭露蒋介石此举"实乃不得已而为之"。在国共战争时期，他主要是凭借政治上民心的向背、军事上有生力量的消长这两项事实，具体问题具体分析，对国共战争结局形成了具有深度和广度的分析判断，并得出了契合实际情况的结论。陈嘉庚的时局预测建立在坚实的事实基础上，其结果的准确每每令人叹服。陈嘉庚博览群书，他的评论文借古论今、中西贯通，有很强的吸引力和感染力，是"事实胜于雄辩"的典范。

（二）说理剀直入肌理，逻辑谨严

"事理结合"是时事评论的文本特征。陈嘉庚评的论文从热点新闻事件扩展到社会整体，从事件表象细剥密梳至深层本质，分析诚恳率直，说理清晰缜密。蒋介石独掌军政大权，专断成性，在伪国大开幕后"突然表示不做大总统"，国内外对此有多种推测。在《蒋介石表示不要做总统》（1948年4月8日）一文中，陈嘉庚犀利指出只有一个原因：蒋政府"败局已成，无可挽救"[1]223，蒋介石退位是为自己做"日后之退步"[1]225。这篇评论，他以不同的身份、立场、角度观察，以国共双方军事力量消长的具体数据、客观事实为依据推出观点，具有超越事件本身甚至超越时代的价值。《中国内战何日告终》（1948年7月17日）、《再论中国内战前途》（1948年8月9日）、《徐州大会战与全局决定性》（1948年11月1日）3篇，他结合国民党、共产党、美国等方面的媒体报道，对中共取得全国性胜利之日，做出了有理有据的推论。"人的思维是否具有客观的真理性，这

不是一个理论的问题，而是一个实践的问题。人应该在实践中证明自己思维的真理性，即自己思维的现实性和力量，自己思维的此岸性。"[11]陈嘉庚时事评论主要以事实为论据展开分析，但发挥主导作用的是严密的逻辑推理，他对时局的准确判断和对未来走势的成功预测基于理性的思考和严谨的推理。这是陈嘉庚在华人社会中拥有公信力与影响力的保证，也增强了民间舆论在国际社会中的冲击力和穿透力。

（三）言论联动桑梓，触动侨胞心灵

时事评论时效性强，强调因时应势以增强影响力，"言当其时"也是中国传统政论文的优良传统。海外华文报纸的读者是当地华侨，陈嘉庚发表在《南侨日报》上的言论，注重为华侨的现实需要、切身利益服务。他在《南侨日报》创刊2周年纪念会上的致辞中坦言，当下华侨受内战影响，与辛亥年武昌起义清政府即将倒台时相似，当蒋介石政权倒台后，一定也有一部分人受蒙蔽而忠诚拥护。该演讲言辞恳切：祖国政府腐败，海外侨胞在国内难以保存财产，"视桑梓为畏途"，长期孤掷海外"再世后已忘祖"；祖国政治良好，"华侨两地为家"，子女教育、血汗资产立业皆为易事。他承诺南侨日报报馆"在此数月内，逐日或每隔数日必有内战重要确切消息，报告爱护本报诸侨众"[1]251；待新中国施政后，家乡新貌"可惊可奇之确实佳音"及时向侨众传播，受重视程度当"不亚于现下之战讯"[1]254。在祖国政权发生巨变的时刻，海外侨胞迫切希望有社会领袖、权威人士为他们答疑解惑、指明方向，陈嘉庚在第一时间就国共战争的实情、华侨财产保护、中华文化传承等华侨最为关心的问题发声，起到了端正视听的舆论作用。其言论亲切平易，近乎谈心，很有亲和力和感召力。他将时政评论的理性思索与传统士人的人文情怀相融合，坦荡殷切，正所谓润物细无声，易引发华侨对新中国的共情与共鸣。

爱国主义和社会责任始终是陈嘉庚报业活动主旋律。在解放战争时期，陈嘉庚是著名的华侨社会活动家、时事评论家，他在《南侨日报》上的言论，从舆论上强有力地参与了创建新中国的伟业，为新中国的建立做出了重要贡献。受他的言行影响，一大批海外爱国华侨对祖国的解放事业和新中国的建设做出了历史性贡献。陈嘉庚的这些言论，带有鲜明的时代烙印，对其展开研究，可以进入"历史现场"，还原马来亚地区尤其是新加坡华侨华人社会的历史轮廓，进一步了解这一时期华侨华人历史文化的真相。

参考文献

[1]陈嘉庚.陈嘉庚言论集[Z].厦门:中国厦门集美陈嘉庚研究会,2004.

[2] 南洋华侨筹赈祖国难民总会.南侨正论集[M].新加坡:新加坡新南洋出版社,1948:20-23.
[3] 张楚琨.陈嘉庚光辉的一生[G]//中国华侨华人研究所,中国华侨历史学会.陈嘉庚纪念文集.北京:中国华侨出版社,2021:209.
[4] 韩元山.陈嘉庚与《南侨日报》[C]//谢小建,张秀明.陈嘉庚研究国际学术研讨会论文集.北京:中国华侨出版社,2016:280.
[5] 李舒.新闻评论[M].北京:中国人民大学出版社,2013:11.
[6] 陈步伟.从陈嘉庚与胡文虎的华文报纸论战看当时南洋华人的政治分裂[G]//刘泽彭.世界华侨华人研究:第3辑.桂林:广西师范大学出版社,2010:58.
[7] 李昕,黄革新.海外华侨在抗日战争中的伟大贡献[J].长安大学学报(社会科学版),2004(3):87-90.
[8] 陈嘉庚.南侨回忆录[M].郑州:中州古籍出版社,2019.
[9] 杨进发.战前的陈嘉庚及其政治与社会思想[G]//陈嘉庚研究文集.北京:中国友谊出版公司,1988:190.
[10] 毛泽东.毛泽东选集:第3卷[M].北京:人民出版社,1991:1061.
[11] 卡尔·马克思.关于费尔巴哈的提纲[M]//中共中央马克思恩格斯列宁斯大林著作编译局.马克思恩格斯选集:第1卷.北京:人民出版社,1995:58.

[本文发表于《集美大学学报(哲学社会科学版)》2022年第5期]

救亡与复兴：陈嘉庚爱国实践的双重面向

刘汇川[1,2,3]

(1. 集美大学马克思主义学院　福建　厦门　361021；
2. 集美大学陈嘉庚与爱国主义研究中心　福建　厦门　361021；
3. 集美大学陈嘉庚研究院　福建　厦门　361021)

摘要：陈嘉庚致力于民族救亡与复兴的双重面向，既彼此交织，又相互衔接，统一于他的爱国实践，构成"华侨旗帜、民族光辉"的现实基础。陈嘉庚投身民族救亡和复兴的实践，在逻辑线索上契合近代以来中国社会发展的历史脉络，在方式、方法上经历了"复兴—救亡—复兴"的辩证过程，在依靠力量即主体结构上实现了从个体到群体的历史飞跃，在相互关系上是一个有机整体。

关键词：救亡；复兴；陈嘉庚

对陈嘉庚"华侨旗帜、民族光辉"的评价，由毛泽东1945年为庆贺陈嘉庚安全时提出，邓小平1984年为《陈嘉庚画册》题字时引用，习近平2014年给集美校友总会回信时重申，贯穿于中国共产党领导中国人民站起来、富起来到走向强起来的各个时期。陈嘉庚为民族救亡和复兴所建立的卓越功勋，是这一评价的历史依据。笔者认为，立足中国共产党成立100周年的新起点，面向中华民族伟大复兴的新征程，进一步梳理和揭示陈嘉庚爱国实践中救亡与复兴的双重面向，不仅有助于深刻理解"华侨旗帜、民族光辉"评价的历史意义，而且有利于凸显其对民族复兴的现实价值。

一、陈嘉庚爱国实践的救亡面向

救亡图存是近代中国社会的主题。资本主义工业化、全球化与积贫积弱、闭关锁国的封建社会之间的深刻矛盾，随着鸦片战争一同爆发，释放出"影响着中国的财政、社会风尚、工业和政治结构的破坏性因素"[1]780。紧接着造成旧的封建社会体系的迅速消亡，"正如小心保存在密闭棺材里的木乃伊一

作者简介：刘汇川（1988—　），男，河南周口人，助教，硕士，主要从事马克思主义中国化、陈嘉庚精神研究。

接触新鲜空气便必然要解体一样"[1]781。继之而起的是内忧外患愈演愈烈，国家、民族面临政治、经济和文化等全方位的危机。因此，救亡图存是近代中国人面对的一个亟待解决而又需要持续推进的系统问题。

陈嘉庚投身民族救亡运动，改变国家、社会的政治旨向是其主线，这种旨向的变化与社会历史条件的发展密切相关。"从反清，到拥蒋，直至最终支持中国共产党，在陈嘉庚先生每一次政治抉择的背后都有着一致而深刻的思想基础。"[2]陈嘉庚不断的政治抉择表明他对政治现实保持着持续关注，而其抉择的思想基础则是能够体现"以德治国和民心向背"的传统正统意识。民心是最大的政治，在唯物史观和人民史观的视角下，陈嘉庚的正统意识和政治旨向与他所处的社会现实相互影响，在推动救亡运动的总体进程和具体活动中，完成了从民族主义者到支持旧民主主义进而赞成新民主主义的历史演进。

生长于内忧外患时局之下、深受儒家传统和家乡爱国英雄事迹熏陶的陈嘉庚，自青少年时代就"对乡党祠堂私塾及社会义务诸事颇具热心"[3]弁言1，后虽身处海外却无时不"热诚内向，思欲尽国民一分子之天职"[3]4。陈嘉庚早年剪掉发辫、加入同盟会、资助孙中山革命，是他明确反清立场、公开进行政治活动的起点，也是他正式开始爱国救亡实践的标志。辛亥革命之后，陈嘉庚认为"政治清明有望"，基于这一前提，他随即于1912年开始在家乡创办实业、兴办学校①。无实业则教育费用无所出，无教育则实业人才无所来，实业与教育是相辅相成的两条具体救亡途径。两相比较，陈嘉庚认为发展实业具有基础性和工具性，而兴办教育更具有目的性和长远性②。

身处资本全球扩张的年代，陈嘉庚反而扬弃了追求利益最大化的资本逻辑，他把物质财富当作工具而不是目的。出于强烈的天职意识，陈嘉庚"在金钱问题上，处处闪烁着热爱祖国、热爱民族的光辉"[4]5。他按照"先有营业而后能服务社会，继而后得领导南侨襄助抗战工作"的思路[5]37，围绕民族救亡开展企业活动。把"惟有真骨性方能爱国，惟有真事业方能救国"作为眉头警语写进公司章程，营造充满家国情怀的企业文化。从黄梨罐头制造销售到熟米加工经营，再到进军橡胶业、航运业，并涉足地产、报业、医药、

---

① 辛亥革命后,陈嘉庚谦称自己"愧无其他才能参加政务或公共事业,只有自量绵力,回到家乡集美社创办小学校,及经营海产罐头蚝厂"。见陈嘉庚. 南侨回忆录[M]. 上海：上海三联书店,2014:4.

② 陈嘉庚曾专门论述"实业与教育"之间的关系,强调教育的重要意义,指出"捐资一道,窃谓莫善于教育,复以平昔服膺社会主义,欲为公众服务,亦以办学为宜"。他详细列数自己的办学经历及花费,强调企业"资本实力丧失殆尽",并非因为教育费用拖累,而是源自资本市场的起伏。办学之志,始终如一,无憾无悔。见陈嘉庚. 南侨回忆录[M]. 上海：上海三联书店,2014:439-442.

木材、皮革等诸多领域,陈嘉庚通过企业经营奠定了办学的经济基础。

同时,陈嘉庚以"变卖大厦维持厦大""企业可以收盘,学校不能停办"的决心和毅力,持之以恒地兴办新式教育。以厂为校,贯彻"训练职员工人,如师范学校之训练学生"的理念[3]429。开办水产、航海、商业、农林等行业急需的专业教育。践行"为了实现社会发展,需对社会全体成员进行'全面教育'"的社会教育理念[6]378,创办民众夜校,全面规划家乡房屋、道路、医院,改进龙舟运动,改造旧茅厕,兴建图书馆、科学馆,筹建博物院等等[3]187-188,397-405。此外,他还在怡和轩、中华总商会等南洋华侨社团实施禁抽大烟、使用公匙公筷等改革措施。更重要的是,陈嘉庚创办的集美学校、厦门大学等学校也成为孕育进步思想的土壤。学校积极邀请蔡元培、黄炎培、鲁迅等学界名流讲学,公开传阅《共产党宣言》《新青年》《湘江评论》等进步书刊,促进新文化运动、五四运动的发展和马克思主义在中国的传播。罗明、李觉民、罗扬才、郭滴人等一大批先进青年迅速成长,并走上为民族解放而奋斗的道路[7]。

若辛亥革命后中国民族资本主义的发展未被外力中断,或中国资产阶级的政权能够阻挡外敌入侵,陈嘉庚的实业和教育实践尚有继续发展的空间。然而,以上两个假设条件在20世纪上半叶的中国都没有可能,帝国主义不允许中国通过发展资本主义摆脱民族危机、实现国富民强,国内的资产阶级政权日益官僚化、买办化。如此,面对列强尤其是日本的步步紧逼,陈嘉庚开始新的救亡探索。在南洋,他唤醒华侨华人,慷慨捐输南京政府,创办《南洋商报》,号召抵制日货,发起山东惨祸筹赈会筹捐施赈,通电国际反法西斯联盟制裁日本,印发"田中奏折"揭露日本狼子野心,筹款支援十九路军抗战,发起新加坡筹赈会,成立南侨总会,征召南侨机工回国,等等。在国内,他立足民族大义,呼吁团结抗战,助力西安事变和平解决,提案"敌人未退出我国以前,公务员谈和平便是汉奸国贼",谴责国民党顽固派发动皖南事变,等等。

新的救亡实践促成了陈嘉庚新的政治展望。1940年,陈嘉庚回国慰劳,"在他周围环绕着的是中国全国性与地方性的政治。他被牵卷入中国的政治漩涡,将他的政治嗅觉磨炼得更加敏锐"[5]229,其中,延安之行是陈嘉庚政治立场蜕变的关键。他实地了解延安街道布局、风土人情、商业经营、政府行为甚至军事活动的具体情况[3]157-166。重庆与延安的强烈反差在他心中形成了鲜明对照——"迨至延安则长衣马褂,唇红旗袍,官吏营业,滥设机关,及酒楼应酬,诸有损无益各项,都绝迹不见"[3]167。陈嘉庚"由是断定国民党蒋政府必败,延安共产党必胜"[8]4。抗战胜利后,陈嘉庚指出寄希望蒋介石还政于民无异于"谋皮于虎",发出反独裁、反卖国的号召,要求美国停止干涉中国内政,并建议毛泽东筹备民主联合政府,支持共产党夺取全国政权。

二、陈嘉庚爱国实践的复兴面向

民族复兴是近代以来中华民族和中国人民的不懈追求。"1840年鸦片战争以后,中国逐步成为半殖民地半封建社会,国家蒙辱、人民蒙难、文明蒙尘,中华民族遭受了前所未有的劫难。从那时起,实现中华民族伟大复兴,就成为中国人民和中华民族最伟大的梦想。"[9]2经过太平天国运动、戊戌变法、义和团运动、辛亥革命及国民大革命的不断试错和探索,中国人民最终选择了中国共产党,以马克思主义为理论指引,通过新民主主义和社会主义革命走上社会主义道路。陈嘉庚作为海外华侨的杰出代表,在中华民族复兴道路的探索过程中,与祖国人民休戚与共。

支持中国共产党是陈嘉庚致力于民族复兴的新起点。从陈嘉庚投身爱国实践的历程来看,抗日战争之前他把希望寄托于标榜"三民主义"的蒋介石政府,以教育和实业来改变国家、改造社会。然而,无论是抵御外辱还是内部统治,蒋介石及国民党的表现都让他大失所望,这促使他重新审视自己的政治旨向。同时,在延安的所见所闻,让陈嘉庚喜出望外,直言"梦寐神驰,为我大中华民族庆祝也"[3]弁言4。以此为基础和起点,陈嘉庚进一步思考、追问,"设共产党若握着东南富庶市场,区域广大,不知能如此廉洁,兴利除弊,为人民造福如延安之精神乎?"[3]168这表明陈嘉庚已将思路延伸到未来,希望中国共产党在夺取全国革命胜利、成为执政党之后,能够一以贯之地保持为人民造福的精神,带领中华民族和中国人民实现民族复兴。陈嘉庚的"延安之问"与郭沫若的"赶考之问"、黄炎培的"兴亡周期率"一样,都是爱国人士对民族独立和复兴的珍视与向往,也反映出中国人民对中国共产党的拥护和期待。

投身新中国建设是陈嘉庚致力于民族复兴的新征程。中华人民共和国成立后,陈嘉庚充满信心,认为"我国地大物博民众,内外恶势力铲除以后,复兴建国,突飞猛进,转危为安,转弱为强,转贫为富,指瞬间事"[8]216。他推动统一财经和稳定物价、抗美援朝、"一五"计划及宪法颁布等重大决策的出台和实施,并提出在全国各中学普设科学馆、引致华侨回国投资等7项贴近现实而又富有远见的提案[8]157-160。他主张把发展工业和对外贸易结合起来,加强对航海、水产和会计技术人才的培养[10]15-20。在他的主持或推动下,鹰厦铁路、高集海堤、杏集海堤等一批基建工程相继立项、完工。1955年,陈嘉庚发表《伟大祖国的伟大建设》一文,坚定地表示"只有社会主义才能使国家富强,使人民幸福。社会主义是完全适合中国国情的"[10]138。1957年,他响应整风运动的号召,从具体的交通、教育事业项目及行政行为入手,分析官僚主义背后的原因,提出整风运动的建议思路和治本之法。在生命的最后几年,他仍然不断思考港口、水库等重要工程,撰写了《厦门的将来》《厦门供水问题》等文章。晚年陈嘉庚全身心投入祖国建设大潮之中,为新中国各项事业的奠基鞠躬尽瘁。

促进文化复兴是陈嘉庚致力于民族复兴的重要途径。中华民族在历史长河上绵延不绝、顽强生存的一个重要原因是"我们民族有一脉相承的精神追求、精神特质、精神脉络"[11]119。文化作为民族精神的载体,是民族复兴的深层动力和重要表征。文运同国运相牵,文脉同国脉相连。陈嘉庚认为,民族的延绵和发展,全赖文化之重力,故保留文化,乃能维持民族精神,指出"吾民族赖以维系于不堕者,统一之文化耳"[8]46,故"于兴学一事,不惜牺牲金钱竭殚心力而为之,唯日孜孜无敢逸豫者"[12]15。"理论一经掌握群众,也会变成物质力量。理论只要说服人,就能掌握群众"[1]9-10,文化通过影响人、塑造人而改变世界。陈嘉庚以"诚毅"校训、校园建筑名称等传统文化因素潜移默化地影响青年学生,并通过创办集美学校国学专门部、道南、爱同等学校传播中华传统文化。直到晚年,他仍亲自主持修复并扩大厦门大学和集美学村,新建华文补习学校等。陈嘉庚致力于繁荣优秀传统文化的愿望与实践,体现着"一个爱国、爱乡的福建赤子对'吾道南矣'文化意识的历史继承与时代推进",也涵养着民族复兴的精神力量。

造福海外侨胞、解决台湾问题是陈嘉庚致力于民族复兴的美好愿景。日本投降之后,南洋一千多万华侨仍"受殖民地政府苛待,被当地民族排斥,损失惨况,不可胜计",陈嘉庚呼吁政府"派出使领以正常外交手续,予以切实保护"[10]4。中华人民共和国成立后,陈嘉庚积极为侨民建言,鼓励新加坡和印尼华侨争取当地合法权益。同时,陈嘉庚继续兴办华文教育,号召华侨在家乡捐建华侨博物馆,回国投资、就业、求学[10]29-30。陈嘉庚爱护侨民的态度、团结侨民的做法,对"形成海内外全体中华儿女心往一处想、劲往一处使的生动局面"仍有很强的现实价值。陈嘉庚晚年一直关注台湾问题,从1950年回国定居到1961年逝世,11年间公开发表相关谈话就有9次之多。他充满感情地提到"周恩来总理提出了和平解放台湾的号召,我相信,这个号召很快就会深入台湾同胞的心坎。800万台湾人民之中有将近600万闽南人,很多是当时追随民族英雄郑成功到台湾去的后代,他们在那里反抗过清朝统治,也抵抗过日本殖民统治者,他们还有不少人是在台湾有家,在闽南也有家的"[10]20。在陈嘉庚看来,解决台湾问题、实现祖国完全统一同样关系到海峡两岸每一个乡亲的内心情感,这对解决台湾问题仍是一个值得深入探讨的思路。

三、陈嘉庚救亡与复兴双重面向的内在逻辑及相互关系

（一）在逻辑线索上契合近代以来中国社会发展脉络

中国的近代化是一个在不断摸索中前进的历程，其内在逻辑也在不断发展变化。"一个人口几乎占人类三分之一的大帝国，不顾时势，安于现状，人为地隔绝于世并因此竭力以天朝尽善尽美的幻想自欺。这样一个帝国注定最后要在一场殊死的决斗中被打垮。"[1]804 从1840年鸦片战争到1911年辛亥革命，腐朽衰败的清王朝在这场"决斗"中挣扎了71年，这也是中国人民为拯救民族危亡而奋起反抗、无数仁人志士前赴后继的71年，从林则徐、魏源等人的"睁眼看世界"、主张"师夷长技以制夷"，到洋务派的"中体西用"、创办近代企业和新式教育，再到维新派的政治改良、革命派推翻帝制。

陈嘉庚青少年时代的生活环境就处在这样急剧变化的历史进程中。辛亥革命后陈嘉庚早期的爱国实践也正是对这一历史逻辑的反观和应用——在推翻帝制的大前提下，以教育和实业为抓手改造国家社会，培养发展实业的劳动者、社会进步的改革者和开创未来的先行者。其思路和效果契合近代中国从发展实业到思想启蒙的逻辑线索。日本侵华加剧，通过对国共两党在抗战中表现的切身观察和深入比较，陈嘉庚重新调整了对挽救民族危亡政治前提的认知，转向支持新民主主义革命的立场。中华人民共和国成立后，陈嘉庚根据"一五"期间祖国各项事业蓬勃发展的事实，明确主张中国应该走社会主义发展道路。

（二）在方式、方法上经历了"复兴—救亡—复兴"的辩证过程

中国人民和中华民族自1840年以后救亡图存的每次斗争都蕴含着复兴的梦想。[9]2 从"师夷长技以制夷"到"驱除鞑虏，恢复中华，创立民国，平均地权"，中国人民不断探索民族复兴的具体方式、方法。如前所述，陈嘉庚在辛亥革命之后，以教育和实业为救亡与复兴的具体路径。中日民族矛盾成为主要矛盾后，救亡图存便成为最迫切的任务。因此，陈嘉庚的爱国实践全面转向救亡运动。这一方面说明，在推翻封建帝制之后，仅依靠经济层面的发展和制度层面的变化，还不能使中国社会摆脱危机、走上正轨；另一方面说明，资产阶级革命派仍然无法真正解决民族独立和解放的问题，更承担不起民族复兴的重任，需要更深层次的变革。陈嘉庚继续深入探索民族复兴的道路，最终与中国共产党同向、同心、同行。

陈嘉庚自"延安之行"后作为中国共产党的诤友直到逝世。其间有令人警醒的"延安之问"，也有中华人民共和国成立之后对形式主义和官僚主义的痛斥和直言，更多的是为祖国发展殚精竭虑和辛苦操劳。他的提醒和"谏

言"至今仍有振聋发聩的效果,中华人民共和国成立后他参与的一系列奠基工作,已成为中国特色社会主义事业的基础工程。同时,陈嘉庚一生兴办的教育事业,不但为民族复兴提供了精神动力和文化支撑,同时为中国共产党在新时代推进马克思主义中国化保存了独具民族和地方特色的传统文化资源。此外,出于对海外侨胞和台湾同胞的天然情感及文化认同,陈嘉庚对侨务工作和台湾问题的思考与实践,对于当下中国共产党坚持大团结大联合、构建新时代爱国统一战线、汇聚海内外民族复兴力量,都是有益的探索和可资借鉴的经验。

(三) **在依靠力量上实现了从个体到群体的历史飞跃**

唯物史观是马克思主义区别于其他理论样态的本质特征之一,而人民立场则是唯物史观的必然要求。历史证明,唤醒群众、组织群众、依靠群众、为了群众是解决近代以来中国社会所面临的问题,挽救民族危亡、实现民族复兴的最终答案。"人民是历史的创造者,是真正的英雄"[9]9,中国共产党是马克思列宁主义同中国工人运动紧密结合的产物,其根基在人民、血脉在人民、力量在人民,从诞生之日起,"就把为中国人民谋幸福、为中华民族谋复兴确立为自己的初心使命"[9]3。这种特征感召和凝聚了一批批在民族解放和复兴道路上探索的仁人志士,陈嘉庚就是其中之一。对中国共产党的宗旨、立场和方法的认同,代表着陈嘉庚心中民族救亡和复兴依靠力量的根本转变。

陈嘉庚经历了晚清、民国和新中国三个历史时期。其间,他对救亡和复兴主体即依靠力量的认知,也随着实践的深入而不断推进。陈嘉庚早期个人倾资创办实业、兴办教育、支持孙中山革命,随后号召同乡、学生、亲友共同出资、出力继续爱国实践,继而在统领南洋华侨支援祖国抗日战争的过程中逐渐凝聚起人民群众中蕴藏的磅礴力量,其主体范围不断扩大。同蒋介石政权的决裂及对中国共产党的衷心拥护,标志着陈嘉庚超越资产阶级的狭隘立场,更加科学和紧密地依靠人民群众投身救亡和复兴运动。时至今日,陈嘉庚的爱国情、报国志仍与马克思主义中国化的历史进程紧密相连,为实现民族复兴而不断凝聚起海内外中华儿女的爱国力量。

(四) **在相互关系上有机统一于与时俱进的爱国实践**

鸦片战争后,文明古国的灿烂历史和农业大国的落后现实之间的落差及由此带来的深刻矛盾,让中国社会陷入了整体迷茫和深度思索。随着中国全面卷入资本主义市场,军事较量、经济冲突背后更深层次的政治博弈及文明碰撞愈发凸显。这样的历史境域,决定了中国发展路径探索的长期性和复杂性,也注定了中国的救亡与复兴必须是一个更加紧密的有机整体。救亡不但蕴含复兴的元素,更是复兴的必要前提,复兴则是救亡的自然要求和必然结果。没有救亡作为基础的复兴,梦想就如同空中楼阁,无法落到实处;没有民族复兴、国家富强的最终实现,救亡的任务也很难真正完成,甚至已经取得的救亡成果都有丧失的危险。

近代以来,包括陈嘉庚在内的无数仁人志士的爱国实践探索证明了救亡与复兴的不可分割性。这也是中国共产党自成立之初,就在内忧外患的环境中把"实现中华民族伟大复兴"确立为初心使命的原因之一。作为爱国华侨的杰出代表,家国同构的思维认知是陈嘉庚爱国实践的底层逻辑,救亡与复兴同时并举则彰显出其爱国实践背后的远见卓识。爱国与爱乡,在陈嘉庚的精神中水乳交融,因其紧密,愈益真切;救亡与复兴,在陈嘉庚的实践里顺理成章,因其深邃,更显力量。陈嘉庚致力于救亡与复兴的活动,既彼此交织,又相互衔接,其救亡的具体活动包含于复兴的整体进程,二者有机统一于陈嘉庚与时俱进的政治抉择和矢志不渝的爱国实践之中。

参考文献

[1] 马克思,恩格斯. 马克思恩格斯选集:第1卷[M]. 中共中央马克思恩格斯列宁斯大林著作编译局,译. 北京:人民出版社,2012.
[2] 肖仕平. 正统意识与陈嘉庚的政治抉择[J]. 集美大学学报(哲学社会科学版),2007(2):11-14.
[3] 陈嘉庚. 南侨回忆录[M]. 上海:上海三联书店,2014.
[4] 王毅林. 中华英杰华侨领袖陈嘉庚[Z]. 厦门:集美印刷厂,1996.
[5] 杨进发. 华侨传奇人物:陈嘉庚[M]. 李发沉,译. 厦门:陈嘉庚纪念馆,2012.
[6] 马克思,恩格斯. 马克思恩格斯全集:第42卷[M]. 中共中央马克思恩格斯列宁斯大林著作编译局,译. 北京:人民出版社,1979.
[7] 中共厦门市委党史研究室. 民主堡垒 革命摇篮:集美学校与厦门大学[M]. 北京:中央文献出版社,2001:7-13.
[8] 王增炳,陈毅明,林鹤龄. 陈嘉庚教育文集. 福州:福建教育出版社,2004.
[9] 习近平. 在庆祝中国共产党成立100周年大会上的讲话[M]. 北京:人民出版社,2021.
[10] 朱立文. 陈嘉庚言论新集[M]. 厦门:厦门大学出版社,2012.
[11] 中共中央文献研究室. 习近平关于社会主义文化建设论述摘编[M]. 北京:中央文献出版社,2017.
[12] 林斯丰. 集美学校百年校史[M]. 厦门:厦门大学出版社,2013.

[本文发表于《集美大学学报(哲学社会科学版)》2022年第1期]

陈嘉庚的民族复兴意识及实践路径转变
——以党百年奋斗主题为视角

肖仕平[1,2,3] 周 煜[1]

(1. 集美大学马克思主义学院 福建 厦门 361021；
2. 陈嘉庚与爱国主义研究中心福建 厦门 361021；
3. 集美大学陈嘉庚研究院 福建 厦门 361021)

摘要：陈嘉庚憧憬民族复兴，抗战前，他主张以教育提升民族素质、以实业发展国家实力、以改革促进社会进步、以文化确保民族精神，通过四者，最终臻至民族复兴大业。陈嘉庚依此艰难实践，但最终体会到独靠一己之力无以成效，1937年日本全面侵华更致其复兴梦想破灭。至此，陈嘉庚领悟到民族复兴当有两大前提：抗日救亡，政治清明。1921年以来，中国共产党义无反顾地肩负起实现中华民族伟大复兴的历史使命，1940年的延安之行让陈嘉庚看到解决两大前提的坚实力量。由此，中国共产党的民族复兴实践形成对陈嘉庚先生强烈的思想感召及坚定的行动汇入。在中国共产党的领导下，陈嘉庚开始了民族复兴的新实践。陈嘉庚民族复兴的实践路径转变在当下具有重要的启示意义。

关键词：民族复兴；陈嘉庚；中国共产党

习近平总书记在庆祝中国共产党成立100周年大会上的讲话中指出："一百年来，中国共产党团结带领中国人民进行的一切奋斗、一切牺牲、一切创造，归结起来就是一个主题：实现中华民族伟大复兴。"[1]习近平总书记同时说："1840年鸦片战争以后，中国逐步成为半殖民地半封建社会，国家蒙辱、人民蒙难、文明蒙尘，中华民族遭受了前所未有的劫难。从那时起，实现中华民族伟大复兴，就成为中国人民和中华民族最伟大的梦想。"[1]陈嘉庚作为海外华侨的杰出代表，痛彻思考民族复兴问题，并为此进行实践探索。2014年，习近平总书记在给厦门市集美校友总会的回信中就指出："实现中华民族伟大复兴，……也是陈嘉庚先生等前辈先人的毕生追求。"[2]毫无疑问，陈嘉庚是鸦片战争以来期盼中华民族实现伟大复兴的仁人志士的典型代表。探

作者简介：肖仕平（1965— ），男，福建南平人，教授，博士，主要从事马克思主义中国化、中华优秀传统文化、嘉庚精神研究。
周 煜（1996— ），女，福建漳州人，硕士生，主要从事马克思主义中国化研究。

讨陈嘉庚民族复兴意识和实践路径的转变，对我们进一步深化认识中国共产党的百年奋斗主题有启发意义。

一、抗战前陈嘉庚民族复兴意识及实践探索

陈嘉庚生于1874年，他的思想形成时期正处在国家饱受欺辱和磨难的历史年代。幼年时期陈嘉庚在家乡读私塾9年，私塾读物中蕴含的家国观念给他留下深深烙印；成人后在东南亚的生活经历又使他目睹殖民地在老牌资本主义国家——英国统治下的工商业繁荣面貌。1923年陈嘉庚任怡和轩总理后，"挚友孙崇瑜偶亦翻译中国政治之英文书刊，口授之以陈氏，以供陈氏参考。陈氏不仅对中国政治感兴趣，对一般的西洋文化亦然"[3]。处于这一内外背景下，中外政治、文化和社会发展的对比，更让陈嘉庚深怀民族复兴志向，并立志为之践行，他自信"诚能抱定宗旨，毅力进行，……以四万万人之民族，决无甘居人下之理。今日不达，尚有来日，及身不达，尚有子孙，如精卫之填海，愚公之移山，终有贯彻目的之一日"[4]449。他坚信，四亿中华同胞目标专注，齐心协力，一同奋斗，民族复兴终会有时。在抗战前，陈嘉庚对民族复兴的积极思考及实践探索可归结为如下几个方面：

（一）以实业发展国家实力

鸦片战争以后，一方面，清政府昧于国际大势，无以正确认识及有效应对世界；另一方面，西方列强用武力打开中国大门，通过一系列不平等条约，攫取种种特权，严重侵害了中国主权，国家日益陷于贫穷衰弱。面对此种状况，强烈的民族主义意识催生了许多实业救国论者，他们反思西方列强对中国的经济侵略，将优胜劣汰的国家之间的竞争归结为经济的竞争。当时就有论者指出"今之论者，莫不曰中国亡于外交失策，亡于武备不修。夫岂知商务弗兴，漏卮不塞，实足亡中国而有余也"[5]，把国家的败落归于经济落后、工商实业不发达。他们认为，只有振兴实业，才能救亡与复兴。《盛世危言》的作者郑观应断言："兵之并吞，祸人易觉，商之掊克，敝国无形，我之商务一日不兴，则彼之贪谋一日不辍。"[6]131为此他提出："习兵战不如习商战""欲制西人以自强，莫如振兴商务"[6]129，认为只有振兴商务，才能收回利权，国家富强。"论商务之原，以制造为急，而制造之法，以机器为先""宜设专厂制造机器"[6]129处于当时所处时代，陈嘉庚也有这样的看法，积极发展实业。

1904年，陈嘉庚自营创业，先后开设黄梨罐头厂、米店，种植黄梨和橡胶，经营熟米厂等。1905年，新加坡华侨社会发起停买美货运动和追悼反美烈士冯夏威的集会，陈嘉庚参与了该次活动。通过这些活动，陈嘉庚对国家

兴衰与个人荣辱之间的关联及实业和国家富强之间的联系有了更清楚的认识。1910年，陈嘉庚参加同盟会，这一年，他在商业上也大有斩获，积资近百万元。在后来的访谈中，陈嘉庚坦诚当时自己"振兴工商业的主要目的在报国"[7]。对于何以发展工商业能够增进国家实力，促进国家富强，陈嘉庚在1923年的《南洋商报》开业宣言中有所阐述，他说："夫文明国之所谓商者，既能经营天产之原料，兴厂制成器物，复益以航业之交通，银行之便利，保险之信用，发行机关之完备，凡诸商业上种种之原理，又莫不洞若观火，而具有世界之眼光，故其物品优良，大促供社会之需要，博国际之欢迎始是以居商战之地位，执其牛耳矣。其经济上势力与精神，尤能辅助国家……"[8]17也就是说，工商业发达，国家能够开采原料，兴办工厂，制成产品，再发展航运交通、银行、保险等，从而促进社会需要，使社会充分发育成熟，通过在世界上赢得商战中的一席之地，博得国际上的认可和欢迎。

1911年，陈嘉庚筹款资助福建革命军政府和孙中山就任临时大总统，陈嘉庚在思想和行动上都跃上了实业报国的新高度。1912年，孙中山开始推行实业建国方略，提出发展实业、振兴中华的具体方案。陈嘉庚则"尽国民一份子职责，拟在集美社创办制蚝厂及集美小学校"[9]420，他原本已经在新加坡筹备设备，从日本聘请了技师，但因集美本地的海蚝生长期短，不耐高温，加上技师缺乏经验，试制仅十余天，即告失败。陈嘉庚曾在南洋经营米业、罐头业、种植橡胶，1914年第一次世界大战爆发，商船运输困难，他又敏锐投资运输业等。虽然他侨居南洋，但他感觉在南洋经营实业也是建设中国的重要一环，"南洋实业，日益发达，……则中国欲发达实业，南洋实为重要之地"[4]181-182。基于这种认识，陈嘉庚实业的主营产品与祖国的建设相连，他特别将公司的胶品制造业务同国家振兴、祖国富强并联考虑，他说："橡皮熟品制造厂之创办，我亦为一种理想之提倡。20世纪称为橡皮之时代。欧美之盛，固不待言，岛国日本亦已设厂至数百家，独我国则尚未萌芽。新加坡为橡皮出产地，且距离我国不远，男女侨胞数十万人，若能设备大规模制造厂，不特可以利益侨众，尤可以为祖国未来工业之引导。"[8]17陈嘉庚的这段话意涵深厚，他期待以橡胶产业训练技师，使技师工人他日返国时可以发展现代工业，增强国力。

（二）以教育提升民族素质

对于教育在国家富强、民族复兴中的重要作用，清末在知识分子中就形成广泛共识。郑观应提出教育救国，称："学校，造就人才之地，治天下之大本也。……中国亟宜参仿中、外成法，教育人材，文武并重。"[6]129盛宣怀也说："自强之道，以作育人才为本。求才之道，尤宜以设立学堂为先。"[10]公车上书时，康有为强调："欲任天下之事，开中国之新世界，莫亟于教育。"[11]

在接触马克思主义思想之前,青年毛泽东也曾撰文称:"窃我国今日要务,莫急于图强;而图强根本,莫要于教育。"[12]清末民初,寄望于兴学办教,坚信教育救国是社会的高度共识。

面对灾难深重的祖国,陈嘉庚痛心疾首,他说:"全世界各事业,最落后者,莫如我国,此事尽人都知。"[4]125但他抱定中华民族不是劣等民族的信念,认定民族不兴、国势不张、国家积弱的原因在于当政者不重视教育,民智未开。陈嘉庚通过各国识字率数据醒目而强烈的对比,说明教育对民族复兴、国家富强的重要性,他说:"欧美先进各国,统计男女不识字者不及百分之六七,日本为新进之邦,亦不满百分之二十,我国则占百分之九十余。"[8]17在调查全国教育状况的基础上,陈嘉庚还进一步指出:"江苏教育,可谓发达矣。然平均而论百人之中至多亦不过十数人受教育,即多至百分之二三十。若与欧美较,则仍远甚。"[8]183陈嘉庚忧心教育,牵挂国家,1918年6月,他在《筹办南洋华侨中学演词》中痛陈:"我国政府既不注意教育,国民复自顾私利,视财如命,互相推诿,袖手旁观,以致教育不兴,实业不振,奄奄垂危,以迄于今日,此诚堪痛哭流涕者。"[8]31-32

陈嘉庚认定"教育之盛衰与国家社会有密切关系"[4]176,20世纪20年代,他就指出:"国家之富强,全在乎国民。国民之发展,全在乎教育。"[8]38他认为,要改进社会,富强国家,最根本的办法是办好教育。办好教育,才能启迪和培养国民的智慧,使落后贫穷的国家走向先进和富强。在《致集美学校诸生书》中,他说:"吾国今处列强肘腋之下,成败存亡千钧一发,自非急起力追难逃天演之淘汰。鄙人所以奔走海外,茹苦含辛数十年,身家性命之利害得失,举不足撄吾念虑,独于兴学一事,不惜牺牲金钱竭殚心力而为之,唯日孜孜无敢逸豫者,正为此耳。"[4]160

1894年冬,陈嘉庚在家乡集美创办惕斋学塾,这是他办学之始。1913年,陈嘉庚创立集美小学。此后,他又陆续增办各种类型的学校。到1927年,集美已有男小、女小、男师范、男中、女中、水产航海、商业、农业、幼稚师范等十余所学校,还另设幼稚园、医院、图书馆、科学馆、教育推广部,合称"集美学校",成为规模宏大、体系完整的"学村"。此外,陈嘉庚还为福建省70多所中小学提供资金支持,为学校办学提供指导方案。陈嘉庚以一人之力,促进地方教育发展,但即便如此,陈嘉庚还是感叹国内基础教育不张,教育师资匮乏,20世纪初,他以时不我待的紧迫感,决心创办大学培养更多的师资,"私心默察,非速筹办大学高师实无救济之良法"[4]183,"夫教育之急切如彼,而师资之缺乏又如此,设政府欲实行兴学,不能不多设初级师范,以制造小学教师。而初级师范之教师亦必在千名以上,方敷分配。作十年计算,每年高等师范毕业生应有百名之外,寻源反本,则高等师范决不能不先为计及。吾闽高等师范设而旋废，留学他省或外国毕业者，又寥寥无几。师范教师之缺乏，无异于小学教师。……当轴者既不能为我谋，则吾民不可不早自为谋，兴学责任讵有旁贷。鄙人于是不揣冒昧，爰敢倡办高等师范"[4]170-171。为了培养更高级的人才，他捐出自己当时几乎全部的资产——400万元创办厦门大学。厦门大学于1921年4月6日在集美学校开学，陈嘉庚独立维持厦门大学16年的费用，其间，即使生意遭遇重创，他仍不惜变卖家产，维持厦门大学运转。

（三）以改革促进社会进步

鸦片战争以前的中国，基本上是个自我封闭的体系，"与外界完全隔绝曾是保存旧中国的首要条件"[13]。早在嘉庆年间，龚自珍已经警觉地注意到"与其赠来者以劲改革，孰若自改革"[14]。鸦片战争之后，清王朝"天朝上国"的迷思被打破，林则徐是近代中国睁眼看世界的第一人，他倡导对西方资本主义国家做认真细致的了解，其后魏源系统地提出"师夷长技"的主张。龚、林、魏主张学习西方的新思想，开启了近代思想变革。随变革呼声迭起，又有洋务运动、维新运动等兴起。康有为在《请告天祖誓群臣以变法定国是》中说："若当变不变，必有代变之者矣。与其人为变之，何如己自变之为安适。"[15]20世纪以后，清末开始的社会变革思潮风起云涌，已经成为社会的主导思潮，变革思想影响政治、经济、文化及社会生活的方方面面，并且促成一系列更为深刻的社会运动。清末民初，以变革救民族、以变革求复兴，成为时人流行的观念，陈嘉庚也不例外。

1937年，陈嘉庚借讨论中国的服制问题谈到改革，他说："故吾人以为欲谋民族之复兴，一切改革必须力求其彻底。大而一国之政体，小而一身之衣服，举凡悖理之法，失时之制，皆宜以大刀阔斧，斫伐而铲薙之，务使全部皆呈新气象；然后'复兴'二字，始有足言。"[8]67-68这段话表明，在陈嘉庚看来，改革的范围是广泛的，从国家政体到日常的服饰都应改革；改革的目的是明确的，改革的彻底性首先归因于改革的目的性。

陈嘉庚以改革为要务，在力所能及的范围内，他都积极推动改革。针对旧社会的种种陋习，他广开社会教育，大力倡导种种公序良俗，推动人们的生活习惯和思维方法变革。如创办民众夜校，取缔烟赌恶习，禁绝游神烧纸钱，全面规划家乡房屋、道路、医院，改进龙舟运动，改造旧茅厕，编订医书《增广校正验方新编》，兴建图书馆、科学馆。在侨居地，他禁抽大烟，提倡公匙公筷，设立图书阅览，破除以籍贯地缘划分的学校、社团，成立中华总商会，促进华侨社会的移风易俗和长远发展。

（四）以文化确保民族精神

鸦片战争爆发后，面对资本主义国家不断升级的挑战，中国社会内部的危机日渐加剧，关于文化的争论也开始兴起并渐渐白热化，鞭挞旧文化、讴歌新文化成了一股重要思潮，但这一时期也有观点主张应该立挺中国固有文化，从而实现救亡和复兴。如康有为说："庄子曰：'哀莫大于心死'，而身死次之，亡莫大于国魂亡，而国亡次之。意大利不亡于奥乎？而国魂不亡，则今复立国而再强。"[16]他以意大利为例，说明坚守固有文化对于保国存种、民族复兴的决定作用。章太炎也要求"用国粹激动种性，增进爱国热肠"[17]，要以固有国粹来激励和发动种性，增进人民爱国的自觉。当时的文化名人许守微说："国粹者，一国精神之所寄也。其为学，本之于历史，因乎政俗，齐乎人心之所同，而实为立国之根本源泉也。"[18]他以国粹为国家精神的寄托，称其为立国的根本源泉。

1935年，陶希圣、萨孟武等10位著名教授在上海的《文化建设》月刊上署名发表《中国本位的文化建设宣言》，随后又发表《我们的总答复》等文章，将文化之争推到新的高度，声言："中国本位的文化建设是一种民族自信力的表现，一种积极的创造，而反帝反封建也就是这种创造过程中的必然使命。"[19]因此，要使中国在文化领域中抬头，就必须从事中国本位的文化建设，要"用文化的手段产生有光有热的中国，使中国在文化领域中能恢复过去的光荣，重新占着重要的位置，成为促进世界大同的一支最劲最强的生力军"[20]。这股文化思潮以中国文化为本位，强调要以中国传统文化来立国、救国，实现民族复兴。

陈嘉庚早年也关注文化讨论，他甚至还加入过康有为的孔教会。在陈嘉庚看来，文化的确是一个国家、一个民族深层的强大力量，一个民族要求复兴，必须要有民族文化作为根脉。1933年，陈嘉庚痛感"吾国国运危如累卵，存亡未可预卜"，为此他提出："然吾民族赖以维系于不堕者，统一之文化耳。今日一人之文化，则他日可传千万人之文化。"[8]46陈嘉庚以波兰亡国、复国为例，说明传统文化在民族复兴中的重要性："昔波兰为强邻所灭而今日得以复国者，为能保存其民族之文化故也。"[8]46"是故吾人，对于我国文化前途，应加注意，吾在事实上曾告诉吾人，如俄灭波兰，并亡其文字。当时波兰之人民，虽于强俄压迫之下，民间对于波国固有之文化，不忍放弃，多冒险私授波文，午夜深更，尚且父母教其子女，兄长教其弟妹，孜孜不倦。今波兰之复国，多有归功于其文化保存之力者，可见国虽亡，而固有文化尚未灭亡，终以文化之力量，而得恢复祖国也。"[8]63-64同年，陈嘉庚在《星福建会馆举行改组四周年纪念会上之演词》中又以"文化与国家关系"为题，谈到文化与民族复兴的关系。他以中国历史为例，称："就以我中华民族而论，考诸历史，我汉族亡于元清之手，两度之恢复，亦全赖于文化之重力。"[8]63-64因此，他提出："世界任其如何变动，我国固有之文化精神，万不能残缺，此理甚明也。"[8]64 "将来世界如何变动，祖国当局，无论走那条路，亦须保留我国文化，乃能维持民族精神，盖今日一人能保存文化，即他日千万人之文化，赖以保存，而传播于无穷也。"[8]65

（五）实业、教育、改革和文化四要素的相互关联及其在民族复兴中的地位

以实业发展国家实力，以教育提升民族素质，以改革促进社会进步，以文化确保民族精神，除此之外，陈嘉庚还进一步构思了民族复兴进程中四个要素之间的相互关联。

实业发展国家实力，在陈嘉庚看来，它能积累起一个国家的财富，实业强则国家富，因此，它是国家国力的重要尺度，"人身之康健在精血，国家之富强在实业"[4]155，陈嘉庚将实业视为国家富强的核心。

实业固然具有核心地位，但陈嘉庚也特别重视教育在民族复兴中的重要作用。他强调，实业离不开教育。他说："实业也，教育也，固大有互相消长之连带关系也明矣。"[8]44一方面，实业为教育注入财力，使教育有日益增加的经费支持，"教育之命脉系于经济。如经济处理得法，即易而解决也"[8]81；另一方面，如果没有教育为实业提供人才，则实业也无法取胜，陈嘉庚自言他兴学就是要为国家培养精通商业、建设实业的人才，他说："我国商业之不振，推原其故，地非不大也，物非不博也，人非不敏也，资本非不雄且厚也。所独缺乏者，商人不知商业原理与常识耳。吾人深知此弊，以为补救之法，莫善于兴学。"[4]41因此，通过对教育与实业关系的把握，陈嘉庚把教育视为国家富强的根本，提出"教育为立国之本"[4]144。

在陈嘉庚看来，要确保实业和教育的发展，乃至社会的全面发展，则必须依靠改革。陈嘉庚说："革命一事，殊未如此简单，工业需要革命，文化也需要革命"，"工业的革命，文化的革命，政治的革命，这是公的；心理的革命，人格的革命，这是私的。公的革命个人做不来，不能做，可以让别人去做，至于私的革命，如心理的革命，人格的革命，这些不能让别人去做，应该自己来做"。[8]102陈嘉庚所说的"革命"，意味着深刻的改革，他主张对工业、文化、政治等各方面进行改革，从而推动社会的发展。因此，可以看到，在陈嘉庚看来，改革是国家富强的发展动力。

实业发展国家实力，是国家富强的核心；教育提升民族素质，是国家富强的根本；改革促进社会进步，为国家富强提供动力。因此，很长一段时间以来，陈嘉庚认为，以改革提供动力，发展教育，做强实业，确保国家富强，加之在文化向度上守护文化根脉，延续民族精神，民族复兴大业始能完成。

二、中国共产党的民族复兴实践对陈嘉庚的思想感召及行动汇入

习近平总书记在庆祝中国共产党成立100周年大会上的讲话中将中国共产党的百年奋斗归结为一个主题——实现中华民族伟大复兴,他指出:"为了实现中华民族伟大复兴,中国共产党团结带领中国人民,浴血奋战、百折不挠,创造了新民主主义革命的伟大成就。……新民主主义革命的胜利,彻底结束旧中国半殖民地半封建社会的历史,彻底结束了旧中国一盘散沙的局面,彻底废除了列强强加给中国的不平等条约和帝国主义在中国的一切特权,为实现中华民族伟大复兴创造了根本社会条件。"[1]面对当时的旧中国,要实现民族复兴,摆在中国人民面前的首要任务就是彻底结束旧中国半殖民地半封建社会的历史,彻底结束旧中国一盘散沙的局面,否则,我们将无以具备实现中华民族伟大复兴的根本社会条件。联系到陈嘉庚的复兴愿望,同样,如果没有旧中国半殖民地半封建社会的历史的终结,没有一盘散沙局面的打破,陈嘉庚复兴思想中涉及的振兴实业、发展教育、立意改革、赓续文化命脉等理想根本无从谈起。

其实,自民国以来,陈嘉庚倡导实业和教育兴国,呼吁革新,而且亲力亲为。他办实业、兴教育、倡改革、吁文化,奋力顽强,固然取得一定的成绩,但他个人的努力并没有也无法改变旧中国的整体面貌。1923年,陈嘉庚说:"鄙人未研究商学,何敢言商,又非教育家,更何敢言学。惟内观国家过渡时代之艰危,外鉴列强文明事业之焕发,未尝不咨嗟太息,独怀生感,而弗能已于言者也。"[8]40面对国内实业不振、教育不兴、政治落后的现实,陈嘉庚还是咨嗟叹息,深知独靠一己之力难以实现理想。1927—1937年尽管被某些学者称为经济建设的"黄金十年"[21],但实际上,国民党统治下的这10年其取得的成绩是非常有限的①。1936年,陈嘉庚对中国实业发展就有这样的评论:"对于政界中人,如部长、厅长、师长,每言每日办公时刻多少,成绩如何,说得天花乱坠。可是,实际上,中国农村破产、经济破产,一些应做的重要工作,都未做到。轮船、飞机、汽车,不惟不能造,而且不能用,大逾千吨的轮船,已经无法开到南洋,飞机无论空军空邮,自己也都不能驾驶,动辄聘用外人。至如汽车,欧美竞赛,每小时开行二百余英里的,我们那个开得,这些这些,朝野上下,应该引为奇耻大辱,而后乃足以言改革。

---

① 有学者就指出,所谓"黄金十年"的高经济增长,其实"某种程度上只不过是货币贬值造成的经济幻想而已"。见路瑞锁. 都是货币惹的祸:透过金钱看历史[M]. 北京:现代出版社,2012:294.

又如广东来说，粤汉路是中国交通上的脊骨，全线不过一千多里，满清时代，筑成甚多，所余也属无几，却是迁延至今，尚未造好。"[8]103他比较当时成立才20年但已经稳固整合社会的新兴国家——苏联，心生感叹，他说："试看苏联，苏联从黑海到西伯利亚铁路，长七千余里，三年之间，居然完成，等到通车，才向世界宣布。"[8]103对于教育，陈嘉庚也同样失望。1940年，他根据自己对福建的视察得出结论："教育文化，如普通师范学校，全省仅设一所，学生八百名，不足一县之分配，其政策乖谬如此。"[8]157至于国内无法取得长足进步的原因，在陈嘉庚看来，政治腐败是一大重要原因，"公务员营私舞弊，相习成风，了不愧畏，苛捐什税，指不胜屈"[8]157。

如果说1937年以前，一盘散沙的社会状态和政治腐败还没有浇灭陈嘉庚以实业、教育及社会革新为手段促进社会进步的信念，那么，1937年日本发动全面侵华战争则完全打碎了陈嘉庚的梦想。正如陈嘉庚说："寻常对外战争，战败亡国，今日若战败，则非只亡国，实将亡族。"[8]123至此，对陈嘉庚来说，国家富强、民族复兴的希望首先在于创造两大前提：第一个前提是抗日救亡，第二个前提是政治清明。诚如陈嘉庚所说："今日凡我华侨之有树胶园者，谁不欲其树胶之茂盛，收成之丰富，而对恶草白蚁，绝不留情，庶可达其愿望，祖国之抗战建国，何莫不然。本人亦希望祖国树胶（政治）之繁荣滋盛，故不能为恶草白蚁而留情，诸君爱国，必不后人，愿共勉之。"[8]179陈嘉庚一是强调"祖国之抗战建国"，二是以"恶草白蚁"比喻政治腐败的毒瘤，认为抗战胜利后，国家发展必以"对恶草白蚁，绝不留情"。

谁能够担当抗日救亡和实现清明政治这两个重任呢？中国共产党从成立那一天开始，就义无反顾地肩负起实现中华民族伟大复兴的历史使命，团结带领人民进行艰苦卓绝的斗争。1937年5月，根据国共达成的国共合作协议，中国共产党将陕甘根据地改名为陕甘宁边区，9月6日成立边区政府。1940年3月底，陈嘉庚率南洋华侨回国慰劳视察，5月31日到6月7日，陈嘉庚展开了七天八夜的延安之行。短短几天的延安之行给陈嘉庚带来强烈震撼，以致数年以后，陈嘉庚撰写《南侨回忆录》时依然心潮澎湃，还"衷心无限兴奋，梦寐神驰"[9]4。在延安，他不仅深切感受到中国共产党坚持抗日的坚定决心，也充分目睹了边区政府建立的清明政治。面对中国共产党的领袖毛泽东，陈嘉庚尤其被他朴素真诚、虚怀若谷的精神气质所打动。事实上，毛泽东洋溢出来的精神气质就是中国共产党精神品质的高度浓缩。延安之行，使陈嘉庚笃信，中国共产党是抗日的中坚力量，是充满人民情怀的廉能政治的建设者，真正与自己理念契合的就是中国共产党。延安的所见所感浇筑了陈嘉庚对中国共产党堪当民族复兴大任的牢固信赖。1948年，陈嘉庚说："内战解决后，新中国政务之设施，福国利民，兴利除弊，当为蒋政府统治廿年所未有,近则闽粤江浙侨胞之桑梓,远则全国区域,势必日新月异。"[8]254他还以苏联发展为例,称"比如苏联,内乱一平,在英明的领导者领导之下,经过十余年之经营,终于成为最强盛之国家"[8]246,显示了陈嘉庚对中国共产党领导实现民族伟大复兴的坚定信心。

理念契合使得陈嘉庚和共产党站在一起,并认同中国共产党,不仅如此,陈嘉庚在行动上也汇入了中国共产党的民族复兴实践。1949年5月,陈嘉庚应毛泽东主席的邀请,回国参加中国人民政治协商会议第一届会议,共商国是,并当选为中国人民政治协商会议委员会常委。陈嘉庚以华侨首席代表名义致辞,表达了广大海外华侨心向祖国、决心为建设祖国贡献力量的殷切心情;同时积极提出建设性提案7项。1950年,他为了新中国的繁荣富强,毅然放弃了优裕的物质生活,回国定居。此后,陈嘉庚担任过中国人民政治协商会议全国委员会副主席、全国人民代表大会常务委员会委员、中央华侨事务委员会委员、全国归国华侨联合会主席等职务。在回国期间,他前往全国参观、视察,对祖国的新生、民族的复兴充满了信心。在自己的分工领域,他贯彻党的方针政策,团结广大爱国华侨,为祖国建设事业做出了卓越贡献。他曾以坚定明确的态度说:"毛主席领导全国人民做我们前人没有做过的极其光荣伟大的事业,已经取得重大的成就。事实证明,只有社会主义才能使国家富强,使人民幸福。"[22]

三、陈嘉庚民族复兴意识和实践路径转变的当下启示

延安之行前,现实中的政治腐败和外患使陈嘉庚先生不断受挫,希望落空;延安之行后,陈嘉庚转变思想,将希望寄托在中国共产党人的身上,和中国共产党坚定地站在一起,在中国共产党的领导下,与中国人民一道推进民族的伟大复兴。陈嘉庚民族复兴探索中的这一转变带给我们深刻的启示。

(一)坚持中国共产党的领导,是民族复兴的根本保证

一部中国近现代史就是中国人奋力以改良和革命的手段摆脱屈辱、走向民族复兴的历史。抗战之前,陈嘉庚以实业发展国家实力,以教育提升民族素质,以改革促进社会进步,以文化确保民族精神,思想恢宏,立意高远。陈嘉庚的这些思想彰显了他挚爱国家和民族的拳拳之心,但总体上其思想脉络仍然属于当时的改良思潮,在没有改变社会结构的大前提下,陈嘉庚的努力是无法达到预期目标的。一个时代有一个时代的社会主要矛盾,中国共产党自诞生以来,就坚持不懈地探索实现民族复兴的道路和方法,通过对半殖民地半封建社会的国情分析,准确把握社会主要矛盾;由此提出社会主要矛盾的解决路径。作为抗日战争的中流砥柱,中国共产党解决民族矛盾,领导

解放战争,解决了阶级矛盾,最终使中国人民取得了民族独立和人民解放。民族独立和人民解放,是实现中华民族伟大复兴的基本政治前提,没有民族的独立,没有政治的民主,关于民族复兴的一切努力都无从谈起。对此,陈嘉庚通过个人经历和思考已经有了深切的认识,如前所述,陈嘉庚1948年欣喜地说过:"内战解决后,新中国政务之设施,福国利民,兴利除弊……,势必日新月异。"[8]254因此,在解放战争中,他积极支持中国共产党,拥护中国共产党的领导。中华人民共和国成立以后,在推进社会主义事业中,陈嘉庚更加清楚在旧中国徒靠教育、实业等无法救国,救国和民族复兴一样,都需要有可信赖的领导核心,需要有这个领导核心动员出强大的政治力量,否则无法取得抗战的胜利,也无法实现清明政治,最终无法实现中华民族的复兴。因此,在陈嘉庚看来,中国共产党的领导是民族复兴的根本保证,他在《伟大祖国的伟大建设》一文中直言:"我的总观感是,毛主席领导全国人民做我们前人从没有做过的极其光荣伟大的事业,已经取得重大成就。事实证明:只有社会主义才能使国家富强,使人民幸福。社会主义是完全适合中国国情的。"[23]

今天,中华民族的复兴道路就是中国特色社会主义道路,党的领导是中国特色社会主义的本质特征和最大优势,也是我国社会主义现代化不同于西方资本主义现代化的根本所在。西方资本主义的现代化模式以往长期占据着世界历史发展的主流,发展到21世纪,在资本主义周期性经济危机凸显和国家间零和博弈的思维模式下,西方模式已暴露出不可调和的弊端。在这种情形下,我国的社会主义现代化建设和中华民族的伟大复兴更应坚持党的领导,坚持社会主义方向。在新征程中,我们唯有坚持党的领导,才能够最大程度地克服现代化过程中资本发展和市场盲目竞争带来的无序性,克服政党轮流执政下互相掣肘、倾轧及效率低下的弊端,保证国家大政方针的稳定性和延续性,发挥全国一盘棋的战略统筹优势,从而目标坚定地实现我们的百年目标,确保中华民族的伟大复兴。

(二)必须团结最广大的人民,共绘民族复兴蓝图

陈嘉庚并不是一开始就认同中国共产党的,一直到1940年赴延安之前,他对国民党恶意污蔑共产党的说辞依然"亦是疑信兼半"[8]184,但是因为中国共产党充满人民情怀,坚守正道、坚持抗战,建立廉能政治,最终赢得了延安之行后的陈嘉庚的认可,至此,陈嘉庚也将中华民族复兴的愿望完全寄托在中国共产党的身上。习近平总书记在庆祝中国共产党成立100周年大会上说:"以史为鉴、开创未来,必须加强中华儿女大团结。在百年奋斗历程中,中国共产党始终把统一战线摆在重要位置,不断巩固和发展最广泛的统一战线,团结一切可以团结的力量、调动一切可以调动的积极因素,最大限

度凝聚起共同奋斗的力量。爱国统一战线是中国共产党团结海内外全体中华儿女实现中华民族伟大复兴的重要法宝。"[1]当年，陈嘉庚被中国共产党所感召，汇入中国共产党实现民族复兴的历史进程中。陈嘉庚极大地影响了广大海外华侨的选择，中华人民共和国成立伊始，就有许多学有所成的华侨放弃国外的优渥生活，回国参加国家建设。据统计，中华人民共和国成立的5年内，回到祖国参加建设的华侨就有18万。其中1949年9月到1952年底，学成回国的留学生达到2400人，占当时在国外留学生总数的一半。新中国成立初期，归国华侨日益增多，到1955年底约有21万华侨回到国内[24]。他们毅然回归祖国，在党的领导下参加新中国的建设，这些归国华侨为国内社会主义建设做出了突出的贡献。改革开放以来，海外华侨华人对祖国建设的支持又形成了一个新的历史高峰。正如习近平总书记称赞的："我们的改革开放和发展建设事业同大批心系桑梓、心系祖国的华侨是分不开的。"[25]总之，正是因为有以陈嘉庚先生为代表的华侨华人的杰出贡献，才有我们事业的勃勃生机。同样，新的征程上，我们必须继续坚持大团结大联合，坚持一致性和多样性统一，加强思想政治引领，广泛凝聚共识，广聚天下英才，努力寻求最大公约数、画出最大同心圆，形成海内外全体中华儿女"心往一处想、劲往一处使"的生动局面，汇聚起实现民族复兴的磅礴力量。

参考文献

[1] 习近平.在庆祝中国共产党成立100周年大会上的讲话[N].人民日报,2021-07-02(2).
[2] 习近平总书记给厦门市集美校友总会回信[N].福建日报,2014-10-22(1).
[3] 杨进发.战前的陈嘉庚史料与分析[Z].新加坡:南洋学会,1980:3.
[4] 王增炳,陈毅明,林鹤龄.陈嘉庚教育文集[M].福州:福建教育出版社,1989.
[5] 李书城.论中国商业不发达之原因[G]//张枬,王忍之.辛亥革命前十年间时论选集:第1卷·上册.北京:北京三联书店,1960:471.
[6] 郑观应.盛世危言[M].呼和浩特:内蒙古人民出版社,1996.
[7] 陈达.浪迹十年[M].上海:商务出版社,1946:470.
[8] 陈嘉庚.陈嘉庚言论集[Z].厦门:中国厦门集美陈嘉庚研究会,2004.
[9] 陈嘉庚.南侨回忆录[M].北京:中国华侨出版社,2014.
[10] 郑振铎.晚清文选:第3册[M].北京:西苑出版社,2003:520.
[11] 中国史学会.中国近代史资料丛刊·戊戌变法:第4册[M].上海:上海人民出版社,1953:9.
[12] 中共中央文献研究室,中共湖南省委《毛泽东早期文稿》编辑组.毛泽东早期文稿[M].长沙:湖南出版社,2008:669.
[13] 马克思,恩格斯.马克思恩格斯文集:第2卷[M].中共中央马克思恩格斯列宁斯大林著作编译局,编译.北京:人民出版社,2009:609.

[14] 龚自珍.龚自珍全集[M].上海:上海人民出版社,1975:6.
[15] 汤志钧.康有为政论集:上册[G].北京:中华书局,1981:256.
[16] 汤志钧.康有为政论集:下册[G].北京:中华书局,1981:797.
[17] 汤志钧.章太炎政论选集:上[G].北京:中华书局,1977:272.
[18] 许守微.论国粹无阻于欧化[G]//张枬,王忍之.辛亥革命前十年间时论选集:第2卷·上册.北京:北京三联书店,1960:52.
[19] 王新命.我们的总答复[J].文化建设,1935,1(8):372-376.
[20] 王新命.中国本位的文化建设宣言[J].文化建设,1935,1(4):9-16.
[21] 秦孝仪.中华民国经济发展史[M].台北:近代中国出版社,1983:2.
[22] 陈嘉庚.新中国观感集[Z].厦门:中国厦门集美陈嘉庚研究会,2004:25.
[23] 朱立文.陈嘉庚言论新集[M].厦门:厦门大学出版社,2013:138.
[24] 石汉荣.探解中国侨务[M].香港:中国评论学术出版社,2004:254-255.
[25] 楠娅.继续凝聚更多"侨"力量[N].人民日报,2020-10-25(6).

[本文发表于《集美大学学报(哲学社会科学版)》2022年第5期]

教育强国篇

论陈嘉庚兴学的历史功绩

陈毅明

（华侨博物院　福建　厦门　361005）

摘要：著名华侨领袖陈嘉庚"倾资兴学"的事迹广为人知，备受称颂。本文着重从陈嘉庚所处时代华侨与祖国关系的角度，分析其兴学动机、目标、功绩及影响。论述陈嘉庚以一介侨商的身份，把教育强国作为自己的事业而奋斗一生的国民自觉精神，以社会一员的身份，不为名利不求回报，甚至不惜牺牲企业和个人全部财产的敬业精神，是他兴学活动的突出特点和可贵之处。

关键词：华侨；陈嘉庚；兴学；强国

著名华侨领袖陈嘉庚（1874—1961），厦门集美人，旅居新加坡60年（1890—1950），晚年回国定居，是20世纪海外华侨最为杰出的代表，被毛泽东同志赞誉为"华侨旗帜，民族光辉"[1]。他一生的奋斗，可分成创业海外、教育救国、抗日救国、教育建国几个阶段。教育兴国是贯穿于他多姿多彩人生的主旋律。

一、创建独具特色的教育伟业

陈嘉庚倾注毕生的财力和心血创建的教育伟业，独具特色。既有学校教育设施，又有社会教育设施；学校明确规定优待农村贫寒子女和华侨子女。这在中国个人捐资兴学历史上是独一无二的，为福建，特别是闽南地区教育的普及和东南亚华侨学校的发展，起到了示范和推动的作用。1912年1月1日，中华民国成立。中央教育部第一任部长蔡元培于3日上任后，颁布改革教育令，实行新的教育方针，提出了德、智、体、美四育的教育理论。

陈嘉庚迅即用行动为民国政府的教育改革出力。1912年秋，他从新加坡回到故乡集美，动员村中房长摈除成见，废止各房私塾，协力合办乡立集美两等小学校（1913年1月开学）。这是他在国内兴办新式学校的开始，也是他在海外接触西方文明之后，为改变福建经济文化的落后状况走出的第一步。

至1927年，他在集美共办10所学校，统称福建私立集美学校。经过30

作者简介：陈毅明（1935—　），女，海南琼海人，副研究员，主要从事华侨史研究。

年代的整合和 50 年代的调整，私立集美学校包括：学前教育的幼稚园，基础教育的小学和中学，中等与高等职业教育的师范、水产、航海、财经和轻工业，另有配套设施图书馆、科学馆、体育馆、医院等。1918 年创办的集美师范与中学，每年招生两次，规定师范招收的对象应是立志服务教育者，并规定名额，闽南大县五六名，小县三四名，以利普及。20 年代末 30 年代初，集美学校规模较大，全校教职员 200～250 人，在校学生 2000～2700 人。至 1949 年，从集美各级各类学校毕业的学生共 8094 名（其中女生 1362 名）。学生大多是闽南本地人，但地域分布很广，包括闽、台、粤、桂、苏、浙、湘、鄂、豫、冀、赣、皖 12 个省籍和来自马来亚（今马来西亚、新加坡）、菲律宾、荷属东印度（今印尼）、安南、暹罗、缅甸和锡兰（今斯里兰卡）7 国的华侨子女（即侨生）。

陈嘉庚于 1921 年创办的私立厦门大学，是一所综合性高等学府，至 1930 年初，陆续设文学、理学、法学、教育学及商学 5 个学院，有历史、中国文学、外国语言文学、哲学、社会学、法律、政治学、政治经济学、会计学、银行学、商业学、工商管理学、教育学、教育原理学、教育心理学、教育行政学、教育方法学、国学、化学、植物学、动物学、生物学、数学和物理学共 24 个系。至 1937 年献给政府改为国立时，共培养毕业生 635 名。

集美学校和厦门大学的毕业生大多分布在闽南地区从事教育工作，或在沿海、沿江地区从事商业和航运业，还有到东南亚经商、从教的。他们是文化教育的种子，撒播到哪里，就在哪里开花结果。20 世纪 20—50 年代，东南亚华侨学校有很大的发展，与集美、厦大的毕业生和任职过的教员所做出的贡献是分不开的。

陈嘉庚非常重视博物馆在文化教育上的作用，认为它与图书馆、学校一样重要，施教的对象包括男女老少和社会的各个阶层。他于 1956 年创办的华侨博物院，主要展示华侨的历史及其为所在地和祖国的社会发展创建的业绩。他于 1951—1961 年建成的集美鳌园，是一座集中国历史、自然百科知识、现代社会文明和人的行为规范于一体的露天博物馆和石雕艺术馆。

今天，中外游人来到集美学村和厦门大学校园，领略着坐落在滨海自然美景中的独特人文景观时，无不赞叹陈嘉庚为国兴学抱负之大、起点之高、耗资之巨。那是陈嘉庚建树的报效祖国的丰碑，是他为厦门留下的宏大教育遗产，也是他人格与精神的映衬。

二、献身教育的承载心理是国民自觉

陈嘉庚的兴学活动并非一般的行善积德，而是在尽国民天职，是在不断地承受着民族的危机与屈辱的心理煎熬下形成的一种国民自觉行动。他从小接受中华传统文化的熏陶，从年轻时起就关注家乡的公众事务。他于1890年出国学商，3年后第一次回乡期间曾出资2000元在集美设惕斋学塾；其后，他为解除农村人民缺医少药的痛苦，又先后3次花了3600元编印医书，免费赠送到闽南各地农村。虽然这都是他"出乎生性之自然，绝非被动勉强"[2]的一种善行，但也是他后来有高度国民自觉的一种个人修养基础。

辛亥革命推翻了中国的封建帝制统治，海外华侨欢欣鼓舞。新加坡华人纷纷剪辫子，公开烧掉象征"大清皇上"的黄龙旗，大放鞭炮庆贺。华人区几条主要街道的鞭炮纸屑像铺了地毯似的，有的积到膝盖那么厚[3]。民国成立了，华侨以为自己从此不再是昔日备受凌辱的"大清帝国""子民"、"海外弃儿"，而是中华民国国民了。他们摆脱了"家国"视野的束缚，开始有了国家的观念，知道了国家之当爱。"开发亚东中华早，揖美追欧，旧邦新造……鼓舞文明，世界和平永保。"革命派当时通过国歌表达的正是中华民族海内外同胞的意愿。陈嘉庚兴奋不已。他在寻思："政治有清明之望矣，而匹夫之责何如？"[4]他"热诚内向，思欲尽国民一份子之天职"[2]4。他从家乡贫穷落后的实际和自己不适合从事政务及公共事务但有一定财力的实际出发，决定通过办学和办实业来服务国家。他回到阔别多年的故乡，创办了制罐头厂，但因技术不过关而停办，于是专心办集美学校。

可是民国成立之后，祖国政治并没有走上清明之路，在国际上仍然毫无地位可言。1915年，袁世凯的北京政府接受日本意在亡我中国的"二十一条"（5月9日生效），海外华侨为之震惊，痛心疾首。国家民族的命运一再激烈地牵动着海内外有良知的中国人的心。陈嘉庚此后的言论，表明他的忧患意识更趋强烈和深沉。他以当时进化论的眼光审察世界，清醒地看到"吾国今处列强肘腋之下，成败存亡千钧一发，自非急起力追难逃天演之淘汰"[5]160。1921年，他在兴建厦门大学校舍时，选在五九国耻日这一天奠基。他当年题刻的青石板奠基石如今仍然镶嵌于厦门大学群贤楼中厅墙脚，警醒着无数学子。

蔡元培、黄炎培是他所敬重的国内颇有影响的文化人，他们倡导的"教育救国"思想被他接受，直接地反映在他20世纪20—30年代的言论和行动中。他曾经做过这样两个对比：（1）英、美、德、法等欧美发达国家识字者超过了总人口的90%，连日本小国人口中的识字者也有70%~80%之多。反观中国，文盲竟占总人口的96%！（2）欧美各国不仅政府重视教育，而且民间捐资办学也形成社会风气，美国有大学300多所，其中由商家捐办的就有280多所。在我国，政府不重视教育，公办学校很少，大多又办得不好；国民视财如命，对教育公益事业持推诿、观望态度，少数热心人办起了学校却因经费不济难以维持。他为此而慨叹:"教育不兴,百业不振,奄奄垂死,迄于今日,言念及此,诚堪痛哭流涕!"[5]168他认为,国家要免于被淘汰,必须兴教育、兴实业;先兴教育,而后实业才可措手。[5]170随着厦门大学筹办工作的进展,他对国情、省情及教育与实业、国民生计、国家实力的关系有了更多的了解和思考,他的这种认识越来越深刻,表达越来越明确:"国家之富强,全在乎国民。国民之发展,全在乎教育。"[5]182"以为改造国家社会,舍教育莫为功。"[5]184他还从中外商人的成功与失败中进一步考察到,欧美国家科学发达,各业昌盛,注重产品质量,其商家在商战中总是居主导地位。商人成功了,又从经济上和精神上帮助国家,所以民殷国富。我国商人则"听天由命,因人成事,甚至一身命脉,均操纵于外人"。我国商业之所以无法振兴,究其原因,地非不大,物非不博,人非不敏,资本非不雄厚,而是"商人不知商业原理与常识"。[5]184 1940年11月5日,他率南洋华侨回国慰劳视察团来到福建漳州崇正中学,在集美厦大校友的集会上发表题为"集美学校与厦门大学创办经过"的演讲,开宗明义的第一句话是:"教育为立国之本,兴学乃国民天职。"[5]244这是陈嘉庚从近代中国刻心之痛的历史中得出来的结论,是他用骨血凝练出来的至理名言,也是他对孙中山"扩张教育,振兴实业,以立民国国家百年根本之大计"思想的吸收与升华。循着陈嘉庚为国兴学的足迹,缅怀他的教育伟业,品味着这句话的内涵,我们不难感受到他那"天下兴亡,匹夫有责"的爱国激情。

三、倾资兴学,贵在善始善终

陈嘉庚捐资兴学不以谋取任何私利为目的,而是作为自己履行国民职责的任务,作为应尽的社会义务,作为他终生奋斗的一种事业,并以敬业的精神对待,不惜代价,负责到底。

他不是在积蓄了相当数量的钱财之后才贡献出其中的一小部分,而是边赚钱、边办学;大赚钱,大办学;甚至按预期的盈利目标,先行扩大办学支出、扩大办学规模。1919年,他拥有资产400万元,他认捐创办厦门大学的开办费100万元(当年交清)和经常费300万元(每年25万元,分十二年交清),加起来也是这个数(均为新加坡币)[2]13,410,420。

他不是以捐资创办私立集美学校和厦门大学作为手段,以求回报,而是完全付出。现在的民办学校是作为教育产业经营的一种模式出现的,两者的经脉完全不同。在做法上,他不是将捐款交由某个组织或某些个人负责建学校或部分教学楼,然后冠以自己或家族的名字,以彰显门第和功业。他生前在集美、厦大捐建和督建的校舍有数百座,没有一座以自己的名字命名。

他不是以交出善款的方式捐资办学，而是有目标、按计划，亲自"经营"，除了提供经费之外，还在选址、购地、确定校舍图纸，以及花岗岩石哪里的最好、专用砖瓦在哪里烧制、施工过程怎样管理才省钱，直至教学科研设备和设施的保障、校长和教师的聘用、总务主任职责的规定等事项上，无不躬亲筹划和安排。他不但"倾资"，而且尽心尽力。

集美学校作为私立学校，在1910—1930年除了执行国家教育法令和规章之外，陈嘉庚还通过一些措施来实现自己的愿望，即在文化教育最落后的地方普及教育、让最没有机会读书的孩子有读书的机会。例如，对师范、水产的学生实行免收学、宿、膳费并发给蚊帐、草席和校服的优待；职业学校，特别是师范生，以农村贫寒子女为招收重点。规定对从海外回国就读侨生的优待永不变，为其提供预科补习，直至达到跟班或插班的要求。学校还附设两个机构，一是"成人之美储金"，帮助贫困学生完成学业或升上高一级学校，或出国留学；二是"教育推广部"，资助闽南20个县市的118所中小学。据集美大学陈延杭教授的调查，当年由"教育推广部"创办和资助的学校，一直办到现在的还有33所。

陈嘉庚独力承担集美学校和厦门大学的创办费、经常费。这种开支，对他而言绝非"九牛一毛"，而是伤筋动骨。1923—1925年是陈嘉庚公司的鼎盛时期。根据他的《南侨回忆录》一书提供的资料统计，这3年他赚了1070万元，花掉360万元（包括校费270余万、付银行利息70余万、义捐10万、家用5万）。两校花费占其总收入的25.23%和总开支的75%。在陈嘉庚公司江河日下、完全无利的情况下，各项支出并没有停止，其中校费仍是支出中的最大项，而他的家用仅占支出的2.6%[2]416-420。

当年的中国内忧外患，旅居海外的华侨仍是奴役由人的"海外孤儿"。新加坡是英国的海峡殖民地，它给了陈嘉庚创业的机会，也使他的企业航船倾覆。20世纪20年代后期，陈嘉庚的公司屡遭重挫，自1926年起连年亏损。究其原因首先是世界经济不景气和英国、荷兰两国对橡胶生产的限制与反限制造成橡胶产品的大跌价，使以橡胶为主业的陈嘉庚的公司直接遭受打击；其次是1928年济南惨案发生后，他领导山东惨祸筹赈会发动侨胞筹款救济受害同胞、抵制日本货，遭到敌特的报复，最大的一间工厂被烧毁，损失巨大；再次是同行竞争激烈，公司里的一些管理人员离职另立门户，成为其竞争对手。在这种特殊的困难时期，陈嘉庚不是去屈从于债权银行的要求和服从于公司的实际需要，而是坚持保障两校的经常费，终因拖欠银行债款，资不抵债，以至于不得不接受以英国汇丰为主的8家债权银行的条件，将自己的公司改组为股份公司。他从此失去了对公司的控制权，也失去了重振公司业务的良机。他的个人资产从1925年的1200万元，到1934年公司收盘时仅存61万元[2]416-420。

1937年，他在无法继续支撑的情况下，将花了400万元、办了16年的厦门大学无偿地献给了政府，改私立为国立。他以"为善不终"而自愧。集美学校的全部经费仍由他负责。

陈嘉庚为什么不听从银行的警告和亲友们的劝阻，停止提供校费，保住企业呢？他说："余不忍放弃义务。"他认为，两校如果关了门，很难有恢复的希望，误了青年前途、影响社会之罪大，而企业即使完全失败，也只是个人的荣枯[2]416-420。

在必须做出选择时，在公与私之间，他选择公；在学校与企业之间，他选择学校。

他创办和维持集美学校的困难，除了经费拮据之外，还有合格的校长、教师难找，以及战乱的破坏、社会动荡的影响。1950年他回国定居，面对满目疮痍的集美学校，他感到重建乏力，决定交给人民政府接办。当时国家的政策是鼓励华侨办学，在祖国获得新生形势的鼓舞下，在为国家、社会尽义务责任心的驱使下，年逾古稀的他又重新承担起扩建两校的任务。他动员女婿李光前捐250万元（600万港元）用于建厦门大学校舍6.26万平方米，使厦大扩大了一倍；由他出资293.8万元、政府拨款803.2万元用于集美，使校舍建筑面积增加了16万平方米（等于新中国成立前的3.5倍）；另又立下遗嘱指明香港集友银行股本的85%（共370万元，由李光前、陈六使捐出）属于私立集美学校基金户[6]，为集美学校继续办下提供财力支撑。1956年，他自捐10万元，另募集27.05万元，创办华侨博物院。自捐50万元给全国侨联作为创办北京华侨历史博物馆的经费。

他以兴学为天职，为事业，为生命。他办学遇到困难，不仅没有后退，撒手不管，反而以破釜沉舟的精神，牺牲企业，甚至变卖私宅，保住学校。更难能可贵的是，他还为学校的继续发展做了长远的安排。

四、毕生兴学，志在强国

陈嘉庚的兴学活动并非只凭一腔念祖报国的热忱，而是有明确的目标，那就是使中国实现现代化，使中华民族自立于世界民族之林。

他在阐明为什么要创办厦门大学时，把"专制之积弊未除，共和之建设未备，国民之教育未遍，地方之实业未兴"列为改变国弱民贫面貌的四大障碍。他认为，非有受过高等教育的专门人才，不足以使国家逾越这些障碍[5]169。他当时能洞察出中国走向现代化的这四种障碍，足见他在海外对所见和所闻的观察与学习、对中国和欧美的分析与对比十分独到。

华侨是最早放眼看外部世界、最早接触到异域文明和最早与"国际接轨"的一个群体。近代以来，华侨在东南亚一方面承受着殖民地制度的压榨，另一方面又浸润在欧风美雨中。他们由此形成了自己的经验，因而智慧过人，在同代人中和许多方面都能够引领潮流。

他在兴学的同时，设计并发动了一系列社会改革，最初的行动表现为革除愚昧、粗野、与文明社会格格不入的陋习，改变社会风气。例如，在集美迁坟建校舍、办女子学校。1923年，他当选为新加坡怡和轩俱乐部总理后，即宣布几条规定：禁吸鸦片；星期六晚宴准八点入席；宴会或平时用餐一律使用公筷；设图书馆，供会友借阅书报。在他的推动下，这个创办于1895年的"百万富翁俱乐部"被改造成团结各省籍侨领，凝聚侨胞力量，开展政治、经济、文化和慈善活动的中心。他还以福建会馆主席的名义发动了改革华侨丧仪，反对迷信、赌博和婚嫁铺张等社会运动。他认为这些颓风陋俗，"事关祖国兴替"，并为此出版了《民俗非论集》。

在他看来，环境卫生影响着国家的现代化。环境卫生与人的生活、健康、寿命、体质及民族的精神面貌直接相关。他观察和分析了新加坡数十年间，由于在市政建设中注重规划、卫生，改善居住条件，从而使死亡率逐年下降的事实之后，写出了《住屋与卫生》，提出了我国城乡建设的方案。他说，一个人从出生到成长须20多年，除非天资、才干超常，否则一般都得四五十岁才有一定的经验阅历，到能做大事、造福国家民族时已六七十岁。而我国人"年未五十，老气横秋，安得不事事落后也？"[2]388

一般人离开家乡看到的是人（包括肤色、语言、穿戴、行为方式）、物（包括吃的、用的、街道、房屋、工厂、交通工具）的不同。起初，华侨对此感到新奇、陌生与不适应。这种陌生与不适应，有自然环境和社会环境方面的，但主要是文化环境方面的。

在中国文化和异域文化的差异与隔膜中，特别是在中西文化的差异与碰撞中，陈嘉庚的观察不是局限于人种或器物的层面，而是注意到文化、精神和制度的层面。他从中认知和吸收了现代社会的科学、民主知识与精神，并运用到企业经营管理、兴学办教育、社团组织和社会活动中。

陈嘉庚是一位竞争意识很强的智者、思想者。从他的言论中可以读到他关于要竞争科学、人才、利权、制度、民族精神、国家实力的言语和思想，而讲得最多的是个人和社会既要竞争财利，也要竞争义务。他在新加坡目睹侨胞中的一些人，辛辛苦苦几十年稍有积蓄或成了富翁之后，对社会公益不闻不问，一毛不拔，而让子孙坐享其成，养尊处优，生活奢侈，乐不思蜀，结果不出三代就家产散尽，或竟不知祖国为何物。他又见富侨衣锦还乡，购良田，建豪宅，大操大办婚嫁，结果造成攀比奢华、败坏乡里的社会风气，而贫者因失去土地而逾益贫困，所以华侨富了也无益于故乡和祖国[2]250-251。他认为华侨之所以富贵不过三代，最终一事无成，于子孙、于社会都无益，是因为陈陈相因着把财产留给子孙和当守财奴的陈腐财产观、育儿观。他说，谁不爱自己的孩子？但要看是有道德的爱，还是无道德的爱？给孩子很多钱，那不是爱，而是害。"贤而多财则损志，愚而多财则益过。"孩子养成了安乐怠惰、不顾公益义务、只顾一己挥霍的性格，那是对父辈的背叛、对国家的不忠[2]167-168。

他说，人民没有受教育，立国建国和强国就无从做起。但是没有钱，兴学也是不可能的。教育是国家的事、社会的事，要靠政府、靠社会来做。他就是要带这个头。带头光在口头上喊不行，还要出钱。钱出少了，不足以感动一般的华侨富商。所以他倾尽家财用于兴学，有一种意图，那就是以牺牲自我的行动来警醒华侨社会，激起侨胞的爱国、爱乡热情和关注下一代命运的责任感，用行动来竞争义务[5]306。他曾引西方谚语："金钱如肥料，散播才有用。"他说的不是散财摆阔，他对钱财的使用是有原则、讲是非的。他说，吃喝嫖赌，以金钱使意气，是非理行为。他要求集美学校校长叶渊在使用经费上要掌握的原则是：无为之费，一文宜惜；正当之用，千金慷慨。要求对教师不仅诚挚相待，而且以优俸酬其劳[2]308-319。

陈嘉庚回国定居后集中精力扩建集美、厦大两校，同时为党和政府建言献策、为建设国家担承责任。他因此而经常遭遇到官僚主义的梗阻。他对官僚主义深恶痛绝。1957年7月2日，陈嘉庚响应毛主席关于帮助党整风的号召，在第一届全国人民代表大会第四次会议上作了题为"办教育与反对官僚主义"的发言。他不顾当时大会的主题是组织力量反击"右派的猖狂进攻"，而是讲他想讲的话。他对鹰厦铁路推延了几年才建设这件事提出批评："我通过会议、写信给毛主席，呼吁了好几年，'不敌党友一时片言'。上方虽有命令，下属偏不奉行。"

他对教育部于1953年撤销厦门大学工学院、集美福建航专学校，以及集美航海水产商科学校停止招生的决定表示不满，认为政府不应该不考虑福建工业缺乏、就业难的情况，将原先优待学生免费就读的中、高等技术学校撤了、停了，那么所在地的学生和贫苦侨生"只有失学流浪而已"。他说，人民政府成立后虽力图革除官僚主义，通过会议、文件，三令五申，无年不有，可是效果甚微，甚至变本加厉。因为这些做法只是治标。官僚主义病源在于怠慢成性，却又不知其为弊。治本办法，须从整肃正规学校教育做起。学校之中最主要的是培养人民教师的师范学校。"一个良好教师可以影响千百个学生，转移社会风气的潜力完全在此。"他以我国学校的校长、教员和美国人在新加坡办的教会学校及日本人在厦门办的旭瀛书院的校长、教员做对比，认为我国的教育工作者，在敬业、勤勉及教具制作、标本采集、环境的卫生保洁与绿化、美化方面，远远不如人。以我国人不讲卫生、生活懒散、官员怠于执笔而惯于盖章、批复公文和新加坡英国殖民地的教育官员对学校环境卫生的重视及官员、富人自己动手做卫生的习惯做对比，认为为官者有懈怠傲慢之弊，虽清白，也难免误国病民。学校的领导和老师首先要养成勤劳的习惯，这样方可影响学生和社会[5]288-294。

五、为国兴学，垂范后人

陈嘉庚兴学的功绩与精神，影响广泛而深远。

直接继承他这种精神的是他的女婿李光前和族亲陈六使。他们不仅从财力上支持陈嘉庚，帮助集美学校渡过难关，使集美学校和厦门大学得到扩充与发展，而且在当地或故乡大力办学。李光前在他的家乡福建省南安县梅山乡芙蓉村创办了幼稚园、小学（2所）和中学，以及医院等配套设施，形成"光前学村"。李光前还支持陈六使在新加坡创办了海外第一所华文大学——南洋大学。

至今，还有许多东南亚华侨华人和港澳同胞，在慷慨捐资办学或设立奖教、奖学基金时，仍说自己之所以这样做，是因为受陈嘉庚精神的感动，是以陈嘉庚为榜样。在马来西亚，华人为争取华文教育的合法地位进行了长期不懈的努力，并付出了巨大的代价。目前60所华文独立中学和100多所华文小学，全靠华人的捐款创建和维持。

改革开放以来，我国社会主义经济建设发展迅速，社会稳定，交通方便。海外侨亲通过探亲、观光、考察、寻根谒祖，对祖籍故乡有了更多的了解，纷纷以捐赠或投资的方式兴办文化教育事业。我国政府制定了归侨侨眷权益保护法，福建地方政府还出台了华侨捐赠兴办公益事业管理条例，使侨亲的捐资兴学、助学活动蔚然成风。虽然时代不同了，但以陈嘉庚为榜样回馈社会者，仍大有其人。

陈永俊是一位曾经追随陈嘉庚参加抗日救国组织——南洋华侨筹赈祖国难民总会活动的老人，对陈嘉庚非常崇敬。他于1979年辗转从国外回国，捐巨资在北京设立振兴中华科学教育基金会。20多年来，他用于办学、助学的钱财已逾亿元。有数十位青年得到他的资助出国留学，而且大多已学成回国服务。他在家乡南安诗山兴建了2所小学、1所中学、1间医院，改建、扩建了南安师范学院和3所中学，又在贵州和广西各捐建1所振华侨心小学。

华侨富商黄仲咸今年84岁。他从1959年以来，已在南安、长汀、安溪建成40座教学楼，资助60位贫困学生。1995年，他变卖了在印尼和香港的家产，携眷回国，在南安和厦门各兴建一座必利达大厦，作为教育基金产业。厦门必利达大厦高35层，建筑面积4.5万平方米。关于这座大厦，黄老先生由儿子签名、经过公证的遗嘱规定：永不出售、不抵押、不典让或转换，产权永远归厦门黄仲咸基金所有，妻子儿孙不得要求继承和分割该产业，常年租金所得利润全部用于扶持科学、教育事业，资助和奖励特困、特优学生。

集美学校校友李尚大和李陆大两兄弟在海外创业有成之后，不忘母校师恩，更不忘校主陈嘉庚的精神哺养，努力按校主的教导做人，回馈社会。在为居住地做了大量公益事业的同时，他们斥资超亿元在祖籍安溪湖头镇创设慈山学园，包括小学、中学和中等职业学校财经与农中；捐建安溪第一中学、兰溪中学等校的科学楼、图书馆和其他教学楼；集资创办泉州黎明大学、厦门大学医学院、集美大学工商管理学院和北京燕京华侨大学；捐建厦门中山医院医技大楼。

陈嘉庚离开我们虽然已经43年了，但我们从来没有忘记他。他亲手创建的教育伟业受到重视，得到发展。他创建这些伟绩的理念、经验和精神，是我们不可多得的宝贵财富。

集美学校和厦门大学的校友遍布世界各地，他们是受陈嘉庚爱国主义精神滋养的学子，对校主、母校、故乡有着深厚的感情。东南亚许多华侨华人熟悉陈嘉庚，崇敬陈嘉庚。一些政要也常在不同场合表达他们对陈嘉庚的景仰之情。这些校友、华人、政要和他们的新生代，或多或少都与福建有着联系，他们之中不少人以陈嘉庚的业绩与精神激励着自己，积极帮助建设福建。这是福建独有的人缘优势和人文优势。

陈嘉庚这面"华侨旗帜"仍然引领着人们为社会的进步和世界的文明竞争着义务。他以一介华侨商人的身份，自觉地将兴学作为救国、建国的事业并为之奋斗一生的精神；以社会一员的身份，自觉地遵循"取诸社会，用诸社会"的道德准则，竞争义务，为社会做贡献的精神，放射出的"民族光辉"，将永远闪耀在海内外炎黄子孙的心中。

参考文献

[1] 毛泽东. 毛泽东选集：第3卷[M]. 北京：人民出版社, 1991.
[2] 陈嘉庚. 南侨回忆录[M]. 新加坡：南洋印刷社, 1946.
[3] 宋旺相. 新加坡华人百年史[M]. 叶书德, 译. 新加坡：加坡中华总商会, 1923: 387–388.

[4]陈碧笙,陈毅明.陈嘉庚年谱[M].福州:福建人民出版社,1986:15.
[5]王增炳,陈毅明,林鹤明.陈嘉庚教育文集[M].福州:福建教育出版社,1990.
[6]张其华.陈嘉庚在归来的岁月里[M].北京:中央文献出版社,2003:15,129-130.

[本文发表于《集美大学学报(哲学社会科学版)》2004年第4期]

陈嘉庚教育思想与高校和谐校园建设

洪文建

(集美大学团委 福建 厦门 361021)

摘要：陈嘉庚教育思想为构建高校和谐校园提供了丰富的思想资源。深入研究陈嘉庚教育思想，可以清晰地认识当前和谐校园建设中存在的主要问题。和谐校园的建设应该以育人而不是以逐利为目的；应当坚持以马克思关于人的全面发展理论为指导，培养合格人才；应当从提高办学治校主体的能力、加强师资队伍建设、科学管理等方面进一步做到科学治校。

关键词：陈嘉庚教育思想；和谐校园；科学治校

构建社会主义和谐社会是社会主义现代化建设必然的要求和目标。从根本上说，社会主义和谐社会的建设还得依靠对人的培养与教育。没有人的塑造与培养，和谐社会建设将难以实现。高校作为专门的教育机构，它承担着对人的塑造与培养的重要职责。高校是社会的一个重要组成部分，因此，和谐社会的建设必然要求推进高校和谐校园建设。

早在1972年，联合国教科文组织国际教育发展委员会就提出："未来的教育必须成为一个协调的整体，在这个整体内社会的一切部门都从结构上统一起来。这种教育将是普遍的和继续的。"[1]构建和谐校园正是与此要求相适应的。一般说来，和谐校园是一种以和衷共济、内和外顺、协调发展为核心的素质教育模式；是以校园为纽带的各种教育要素全面、自由、协调、整体优化的育人氛围；是学校教育各子系统及各要素间的协调运转；是以学生发展、教师发展、学校发展为宗旨的良性整体效应。具体而言，构建高校和谐校园，就是要解决高校现存的种种矛盾，消除现存与和谐校园要求不相符的因素，使高校教育各要素之间协调发展。

陈嘉庚先生作为一个伟大的爱国者，一生致力于教育事业，积累了丰富的经验。在办学过程中，形成了其具有鲜明特色的教育思想和教育理念，对高校各项工作有直接而重要的指导和借鉴意义。其中许多闪光的宝贵精神并不因时间的推移而磨灭。深入研究陈嘉庚先生的教育思想，可以为当前高校和谐校园的构建提供丰富的思想资源，对构建和谐校园具有多方面的指导意义。

作者简介：洪文建（1971— ），男，福建厦门人，副研究员，硕士，主要从事教育管理研究。

就高校教育而言，概括来说，当前存在的比较突出的现实问题主要有：1. 高校教育的逐利性与高校教育目的之间的矛盾；2. 高校管理模式与高校现状之间的矛盾；3. 高校学生学习的功利性与大学生的心理问题日益突出之间的矛盾等。陈嘉庚先生的教育思想中包含着许多这些方面的论述，对解决这些问题具有现实的指导意义。

一、关于教育为了谁的问题

百年大计，教育为本。教育作为一种公共资源，担负着为国家民族培养合格建设者的重任。胡锦涛同志在中国共产党第十七次全国代表大会上的报告中指出：要"优先发展教育，建设人力资源强国"。并明确强调："教育是民族振兴的基石，教育公平是社会公平的重要基础。要全面贯彻党的教育方针，坚持育人为本，德育为先，实施素质教育。提高教育现代化水平，培养德、智、体、美全面发展的社会主义建设者和接班人，办好人民满意的教育。"

教育作为一种公众事业，其本身不能以营利为目的，而应以育人的成败为根本的评价标准。但现今，部分高校在实践中对高等教育性质的理解出现了一些偏差，"今日，大学之流行的形象不是'象牙塔'，而是'服务站'了。社会要什么，大学就给什么；政府要什么，大学就给什么；市场要什么，大学就给什么。大学不知不觉就社会化了、政治化了、市场化了"[2]。大学渐渐地转变成单纯承担经济发展责任的"企业"。一旦大学沦为追求利益的机构，成为市场上的利益追逐者，就只能顺应市场，而不能承担学术追求等使命，大学理念将逐步淡化乃至丧失。

高校承担着科研的任务，把科研成果转化为生产力自然是应该的。但片面地追求经济效益，背离了教育事业的根本目的。对教育与经济关系的片面理解，是当前高校许多矛盾的根源所在：

首先，高校一旦成为追求私利的经济主体，必然导致教育投资的趋利化。以营利为主要目的，把公共资源作为牟利的手段，导致技能的传授是主要的，精神的传播可有可无。大学理念和大学精神日益淡化。

其次，高等教育一旦成为经济机构，学校和学生之间的关系将成为一种经济主客体之间的关系，两者之间成为利益交换的关系。这与高校本身担负的公众教育职责构成矛盾。高校势将仅仅成为知识的培训机构，难以培养和塑造受教育者的"人的公众性"。

再次，教育功能和性质一旦扭曲和异化，必然造成高校的教职员工定位不清，工作难度增大，同时也将危害广大老百姓，成为引发社会矛盾的一个重要根源。因为教育机构如果只是逐利，必然导致教育所需经费急剧上升，这就剥夺了贫困家庭学生接受教育平等的机会。所以党的十七大的报告中明确阐释：要"健全学生资助制度，保障经济困难家庭、进城务工人员子女平等接受教育"，其针对性是非常明确的。

最后，教育一旦以逐利为目的，必将改变学生的学习观念，使学习目的趋向功利化。对学生而言，接受教育成了一种投资行为，只需考虑个人事业的成功和财富的获得，功利思想浓厚，导致多数学生在选择专业的时候考虑的是短期见效、经济效益好的专业。学生难以树立正确的学习目的，影响国民素质的提高，将危及基础学科的发展，最终损害国家和民族的利益。

当前高校资源不足和亟须接受教育者人数众多构成的矛盾，促使我们采取鼓励社会力量兴办教育的方法。但其中蕴含的商机，使得一些民办院校兴办教育的目的是逐利。正是从教育的根本目的出发，十七大报告强调在"鼓励"的同时，要求"规范"社会力量兴办教育。

教育是为了谁？在这方面，陈嘉庚先生为我们树立了一面旗帜。他深刻认识到举办教育对国家具有战略意义。"兴学即所以兴国，兴国即所以兴家。世之积金钱以遗子孙者，莫非为兴家计，既要兴家则对兴国之教育不可不加注意焉。"[3]169 他认为国民没有受到教育无法使国家强盛。"国家之富强，全在乎国民，国民之发展，全在乎教育。"[3]182 "教育为立国之本，兴学乃国民天职。"兴国的根本在于教育，没有了教育，国家兴盛就失去了基础。教育对于国民的作用，与教育对于国家的作用是一致的。教育最终是以服务国家为目的的。陈嘉庚先生看到，教育是与国家强盛联系在一起的。这与温家宝总理在十届全国人大五次会议政府工作报告中再次强调的"要坚持把教育放在优先发展的战略地位"并采取促进教育发展和教育公平的重大措施认识的基础是一致的。

教育目的是教育思想的核心部分，陈嘉庚很早就确定了为国、为民办教育的方向。也正是基于这样的认识，使陈嘉庚先生毕生倾资兴学。即使企业经营失败，经济陷于困境，他仍然斩钉截铁地坚持："企业可以收盘，学校不能停办！"他的教育为国、为民的思想表现出他的远见卓识，直到今天仍然有着重要的启示和警示作用。如果要讲办产业，陈嘉庚先生本身就是个实业家，如果他兴学是为了金钱，获利也当可观。伺时而动，不利辄止，这有何难？但这样一来，世界上只多了一个富豪，而少了一个伟大的爱国者和教育家，我们必将无法看到厦门大学和集美学村。正是对教育为国、为民这个理念的坚定不移，使他把其他方面投资所得全部投入教育之中。

陈嘉庚教育为国、为民的理念及其实践，对今天的高等教育仍然具有重大的指导意义，高等教育背离了为国、为民这一根本点，社会主义高校和谐校园的构建也就无从谈起。

二、关于培养什么样人的问题

教育的根本任务是为国家培养人才，其基本内容不仅是培养学生掌握基础知识和业务能力，锻炼科学思维方法，还应包括教育学生如何做人、怎样做事等。社会主义高校人才培养目标的确立，也是以马克思的人的全面发展理论为理论依据的。但在市场经济条件下的实践之中，出现了许多问题。在当前构建和谐校园中亟待解决的问题主要有：

1. 德育工作成效不足。德育在高校育人工作中一直发挥着重要的作用，但目前总体状况不容乐观。由于德育方法和德育模式未能及时有效地加以改进，导致德育工作实际上失去应有的成效。过去所倡导的集体主义、为他人服务等观念由于受到社会上现实的道德价值观念的影响，在一部分学生身上逐渐淡化。在耀眼的物质光环下，曾经激励人们奋斗的道德精神被一些人视为虚无缥缈的东西。

2. 学生整体素质有所下降，在为人和处事方面出现了许多问题。"有知识没能力，有文化没修养，有青春没热血"的现象在不少学生身上存在。相当多的学生应对挫折的能力不足，与人和谐交往的能力缺乏，社会责任感淡化。

3. 大学生心理问题突出。不少学生的心理健康状况存在一定程度的问题，一部分人甚至蔑视生命。早在1989年国家教委对12.6万名大学生的调查显示，有心理问题的学生占总人数的20.23%。而1992—1998年，北京、上海、成都、重庆等地高校抽样调查表明：大学生中心理健康水平低于常规者占35%，有轻度障碍者占15%，偏严重者占5%，严重者占2%，有悲观情绪者占0.5%。北京、上海、江苏、山东、广东和江西等省市高校的跟踪调查表明：大学生中有抑郁、焦虑、恐惧、自卑、依赖和精神衰弱等心理疾病的人数占16%以上，高于社会青年群体。研究表明，20世纪80年代中期，我国有23.25%的大学生患有心理障碍，90年代上升到25%，近年来上升到30%，呈上升趋势[4]。

重温陈嘉庚先生的教育思想，特别是其中的教育原则和培养目标，可以使我们在解决这些问题的时候获得许多有益的启迪。陈嘉庚先生根据自己对教育任务的独特理解，提出了具有自己特色的培养人才的教育原则，这就是在"诚毅"思想指导下，德、智、体、群、美五育全面发展，这既是嘉庚先生教育思想的一个重要组成部分，又是他的教育思想的另一个重要特征[5]。

在育人的指导思想上，陈嘉庚先生把"诚毅"确立为校训，明确表明教育培养人才的根本宗旨，体现了陈嘉庚先生办学育人的指导思想。"诚毅"最基本的含义是诚以待人，毅以处事。《集美学校八十年校史》一书解释为：

"诚毅"即诚以为国，实事求是，大公无私；毅以处事，百折不挠，努力奋斗。这其实都是讲如何做人、如何做事，实际上也就是强调教育培养出来的人应具有的素质。这样的指导思想具体而直接、简单而明了。

在这一指导思想下，陈嘉庚先生提出了德、智、体、群、美五育并举的教育原则。在五育全面发展的基础上，德育排在首位，突出对辩证关系的透彻理解，具有深刻的意义；智育和体育排在其次，科学地处理好如何培养学生各方面基本素质的关系。可以说，德、智、体是全面发展的基本面，群、美是全面发展的锦上添花，这样五育协调全面发展便可以使学校教育特别是育人工作达到很高的水准。

陈嘉庚自从办教育开始，即确立了五育并重，德育为先，培养爱国的人才。他指出："教育不仅读书识字，而尤以应养成德性，裨益社会。"[6]66 "为人有道德毅力，便是世间上第一难得的奇才。"[6]67 强调辨明是非是做人的基本条件。在对学生的训词中，他说："我培养你们，我并不想要你们替我做什么，我更不愿你们是国家害虫、寄生虫；我希望于你们的只是要你们依照着'诚毅'校训，努力地读书；好好做人，好好地替国家民族做事……希望诸位要抱着大公无私的精神，凭着'诚毅'二字校训，努力苦干。我们集美学校创办的动机和目的跟普通学校不同，希望诸位深深体会。"[6]68 应该说，陈嘉庚先生创办的学校的德育是比较成功的，许多校友无论身处何地，都表现出浓厚的爱国、爱乡、爱校之情。这方面的成功，与陈嘉庚先生个人以身作则、身体力行的人格魅力和言传身教的熏陶是分不开的。以最淳朴的语言，从最现实的条件，提最殷切的希望，收到了良好的效果。

群育也是陈嘉庚先生非常重视和强调的一个方面。群育是近代始提出来、但在传统文化中早有体现的一种教育理念。荀子说的"人之身也不能无群"即为其一。近代以来，人际关系日益复杂，社会活动也日益频繁，于是协和人群，讲求公益，成为教育实施的重大目标。归结群育的主要内容，可以说就是合群、合作、和平共处、宽容和宽忍。

当前，我国的教育是以德、智、体、美、劳五育为主要内容的，尚未有明确的群育要求。严格地说，在我们的教育中不是没有群育，而是没有系统而独立的群育，群育更多地被纳入了德育范畴。由于群育和集体主义教育的某些相同之处，人们往往干脆简单地把群育等同于集体主义教育，因此群育在我国一直没有作为系统、独立的教育组成部分引起人们的重视。而实际上，两者虽然有着密切的联系，但又是有着明显的区别的：德育侧重于"育什么样的人"，而群育侧重于引导形成良好的人际关系，化解社会矛盾。当前大学生心理问题的突出，从某种程度上讲，与我们对群育的重视不足有着密切联系。因为心理问题往往是因为自闭不合群、无法与他人很好地交流和沟通、无法很好地融入群体所造成的。其最主要的表现就是不能合群、不能与人很好地合作、缺乏宽容和宽忍的精神。当前，我们在寻求大学生心理问题的解决时，更多的是从家庭和社会背景方面寻求原因，认为这是德育不力造成的。实际上，这与我们长期以来群育的模糊和错位有关。在新加坡的教育中，德育和群育是两个相互独立，也是办得最有特色、最有成效的组成部分，这也能从侧面说明一些问题。因此，陈嘉庚先生对群育的强调可以说为今天校园里学生心理问题的解决提供了一条具有重要借鉴意义的思路。

三、关于坚持科学治校的问题

从高校发展的趋势来看，科学治校是深化高等教育改革、建设和谐校园的内在要求。只有坚持科学治校，才能不断提高管理水平和教育教学质量，保证高校培养目标和规格的实现。

科学治校，对承担办学治校任务的主体提出了高要求。我国的《高等教育法》明确规定，我国大学内部管理体制是实行党委领导下的校长负责制。这是社会主义大学的一个特点和优势，虽然与西方大学主要实行董事会领导下的校长负责制不同，但同样都对办学治校的主体提出了高要求。实行科学治校，就是要按照科学的治校规律、治校理念、治校制度和治校方法来办学和治校。学校发展面临的决策问题复杂多变，管理问题千头万绪。切实树立科学发展、科学决策的意识，将科学精神贯穿其中，提高科学判断和科学决策能力，才能真正把握办学方向，才能准确判断教育的发展趋势，才能科学确定学校发展战略。

科学治校，要求保证师资队伍建设。随着教育事业的发展，近年来各高校对教师的学历要求普遍有很大的提高，师资建设取得了长足进步。但是师资队伍建设方面仍存在一些比较突出的问题。首先，各高校之间发展不平衡，阻碍了师资队伍建设整体水平的提高。其次，教学管理体制不尽合理，阻碍了师资队伍的建设和发展。教学型的大学相对来说科研经费较少，为了获得较高收入，绝大部分教师忙于教学。繁重的教学任务使得他们没有时间和精力投入科学研究和提高自身素质，结果也就阻碍了师资队伍建设水平的提高。而且在我国目前的大部分公办大学中，人事流动率相对低。封闭的管理体制因没有相对合理的竞争机制，使相当大部分教师的工作失去积极性和创造性。没有竞争，教师的努力就没有了动力，教师的素质就无法得到更大的提高。至于民办高校，由于其办学经费主要来源于学生的学费，绝大部分民办学校为保证有足够的生源，招生费用较高，真正能用于教学的费用大量减少，难以聘请到高素质的教师。由于这些限制，师资建设受到很大影响，教学水平也因而受到限制。

科学治校，还应当采用科学管理的方法。没有科学的管理，一所高校就肯定不会有理想的发展。科学管理要求依法治校。在社会主义和谐社会的六个特征中，民主法治和公平正义是法治精神的充分体现，是实现诚信友爱、充满活力、安定有序、人与自然和谐相处的基础。学校要实现民主法治与公平正义，依法治校就是必然途径。

陈嘉庚先生在如何科学治校上有自己独特的思考和见解。他始终抓住选好校长、建设一支高素质的师资队伍、严格教学管理三大教育要素，形成了一整套科学的教育管理思想。这三者的有机结合是他能够兴办教育和办好教育的重要原因。

首先，慎选校长，专家治校。陈嘉庚先生一生中创办了许多学校，但是不论什么学校，他都十分重视校长的选择，他认为要办好一所学校，首先要选聘一个可以胜任的校长。他对校长的选择慎之又慎，要求有道德、有学问、有才力。选聘校长的方法多种多样：有从全国范围聘请著名教育家蔡元培、黄炎培等名师，有从自己结识的志同道合的人中选聘，有从留学生中选聘，也有从本校优秀人才中选用，等等。

其次，师资第一，重视师资建设。高水平的师资队伍是办好学校的一个基本要素，所以办好教育必须选好教师。对教师的重用，他认为：独有师资一项，最为无上第一要切。因教育之母，将来概由此产生。关于师资建设，他主要采取三个途径：一是自力更生培养师资。二是选送资助毕业生升学或留学。三是不惜重金，从全国各地聘任教师或高级人才。许多知名学者如钱穆、吴文棋等都在聘请之列。马寅初、林语堂等人都曾到校演讲。

最后，陈嘉庚还非常重视管理。他在长期的教育实践中探索和总结出来的科学的教育管理思想及一整套管理制度，其中包含依法治校的精神。陈嘉庚先生不但亲自过问学校的一些重要事务，还派其弟弟陈敬贤负责学校的相关工作。他善于根据实际情况的变化决定管理措施。从建校到抗日战争爆发期间，集美学校始终保持有严密的组织机构和有一个强有力的领导班子，它通常采用校主—各校长或校主—校董(会)—各校长的组织机构这一模式，行使整个学校管理工作，这样各学校发挥自己的专长，为教育事业的发展做出贡献。

陈嘉庚先生管理学校的思路遵循教育规律，收到了良好的效果，是他所创办的学校能够取得成功的重要原因。今天我们建设社会主义和谐高校，倡导和谐教育理念，在保证社会主义办学方向的前提下，依然可以结合形势和社会发展的要求，借鉴陈嘉庚先生教育理念和办学经验中的有益内容，真正以学生和教师为中心，努力提高办学水平和教育质量，以高校的和谐发展有力促进社会主义和谐社会的构建。

和谐校园的构建是以社会的现实为基础的。陈嘉庚精神作为中国大学精神的组成部分,是中国校园文化的积淀。在当前构建和谐校园的过程中,研究陈嘉庚教育思想,可以为构建和谐校园提供许多有益的思路和经验,从而以和谐校园建设的实际成果为构建社会主义和谐社会发挥应有的积极作用。

参考文献

[1]联合国教科文组织国际教育发展委员会.学会生存——教育世界的今天和明天[M].北京:教育科学出版社,1996:203.
[2]金耀基.大学理念[M].北京:三联书店.2001:23.
[3]陈嘉庚教育文集[M].福州:福建教育出版社,1989.
[4]陶福胜.当代大学生心理健康教育问题探析[J].社科纵横,2002(6):76.
[5]姚安泽,苏荷叶.陈嘉庚教育思想的基本特征[J].鹭江职业大学学报,2000(4):80.
[6]王建立,黄金陵.陈嘉庚精神文献选编[M].福州:福建人民出版社,1996.

[本文发表于《集美大学学报(教育版)》2007年第4期]

抗战时期集美学校内迁办学研究

陈 呈

(陈嘉庚纪念馆 福建 厦门 361021)

摘要：1937年卢沟桥事变，中国抗日战争全面爆发，1938年5月，厦门沦陷。在日军侵华的隆隆炮火声中，为保存国家文化血脉和闽南教育精华，爱国华侨领袖陈嘉庚创办的集美学校举校迁往安溪、大田等福建内地继续办学。师生们在嘉庚精神和"诚毅"校训的感召与鞭策下，克服重重困难，坚持为国育才，谱写了一曲"抗战烽火，弦歌不辍"的气壮山河的光辉乐章。铭记历史，启示未来，回顾那段荡气回肠的历史过程，探索八年内迁办学的独特经验，具有深刻的历史价值和重要的现实意义。

关键词：抗日战争；集美学校；内迁；办学

集美学校是陈嘉庚先生创办的。从1913年创办小学至1933年建校20周年时，集美学校已发展成为一个包含幼稚园、男女小学校、男女中学校、水产航海学校、商业学校、农林学校、幼稚师范学校、试验乡村师范学校等在内的普通与职业教育并重、男女学兼备的体系完备的教育机构[1]。集美学校因规模宏大、设备先进、师资雄厚、教学质量高而名扬海内外，被誉为"闽南教育之中心""东南文化之中枢""福建及南洋文化之摇篮"[2]。但因抗战，集美学校被迫内迁安溪、大田办学，谱写了一曲"抗战烽火，弦歌不辍"的气壮山河的光辉乐章。回顾那段荡气回肠的历史过程，探索八年内迁办学的独特经验，具有深刻的历史价值和重要的现实意义。

一、烽火燃起，辗转内迁

1937年6月3日，受校主陈嘉庚委托，原在新加坡华侨中学任职的集美校友陈村牧返厦赴任集美学校校董，主持校政[3]，并将遵循校主指示着手开展革新计划。未料抗战全面爆发打乱了计划，迫使陈村牧校董首先肩负起关乎全校师生安危与集美学校存亡的内迁办学重任。9月3日，日本飞机、军舰炮轰厦门。同日，陈村牧校董立即召开临时全校校务会议，讨论对时局应取态度，派办事员赵雾岑赴安溪商借临时校舍[4]，开始着手筹划内迁具体事

作者简介：陈 呈（1960— ），男，金门人，厦门市集美学校委员会副主任、陈嘉庚纪念馆馆长，主要从事博物馆建设与管理、公共展览策展研究。

宜。5日、6日，陈校董连续两日紧急致函请示校主陈嘉庚："生少而抗战长期应移安溪"[5]。陈嘉庚随即电报回复"函悉，移安溪可主张"[6]。20日，陈校董又与王瑞璧等赴安溪察勘临时校舍。27日，陈村牧将校主促进职业教育的改革思想融进他所拟就的《改进集美计划大纲草案》，与校主制定的《校主所示复兴集美学校守则十二条》，一并刊于《集美周刊》[7]，昭告全校师生。校董陈村牧主持校务联席会议，负责全校所有重大决策的制定，全体议员同心同德和勉力履职，为集美学校的顺利内迁和持续办学奠定了基础。

10月9日，集美学校校董会即将内迁计划呈报国民政府审批。经校董会多次往周边地区考察，最后确定距厦门不远又地处山区、隐蔽性好的安溪，作为内迁办学的首选地点。在校董会的努力和安溪校友的多方协助下，安溪县政府将原拟作储盐仓库的安溪文庙和安溪中学、中心小学的部分校舍借给集美学校作临时办学用房。

校舍解决后随即招生开学。集美学校原有新旧学生700余人，因战事纷纷回南洋的侨生300余人[8]，内地学生到校者也大减，估计400余生迁往安溪文庙应可足用。但为收容内地失学青少年，集美学校特增加招考次数。9月，师范、中学增加了两次新生招考[9]。10月6日又在安溪招考新生[10]。开学报到后，新生达500余人致安溪文庙校舍严重不敷。校董会故另觅安溪后垵、同美、官桥三地，分别安置商业、农业、水产航海三校师生，文庙则专为师范中学所用。之后，又因时局变化和教学发展需求，学校再辟大田、南安等校区，扩大办学规模。在大田，也经多方努力获当地政府和乡民支持与配合，腾让文庙、朱子祠及43座民宅、祖祠等，经修葺整治，作为水产航海、商业、农林学校的临时校舍。

在战火硝烟中，学校几经搬迁，数度分合，经历了八年内迁山区艰难办学的历程。集美师范、中学先于1937年10月13至17日，借助安溪和同美汽车公司汽车[11]，后用两个月时间完成了部分员生、图书、仪器、桌椅等的迁运工作，以文庙、安溪中学、中心小学各一部分校舍为临时校舍，以文庙、民宅为宿舍，因陋就简得到安顿，于10月20日先行复课。10月26日，日本海军陆战队强行登陆金门，厦门成东南沿海最前线，通往内地的公路被迫逐一自毁[12]，后续内迁的师生只能依靠徒步实现多地迁移。10月27日，商业学校迁至安溪后垵小学临时校舍。12月7日、16日，农林职业学校、水产航海职业学校也分别迁至安溪同美小学、官桥乡官郁小学临时校舍。1938年1月，商业、农业、水产航海三校又再迁至安溪文庙，改校为科，与师范中学合并，更名为"福建私立集美联合中学"。1939年1月，水产航海、商业、农林三科由安溪迁至大田，合并为"福建私立集美职业学校"，于2月19日开学。1941年8月，中学高中部由安溪文庙迁至南安诗山，次年2月，改为高级中学。1942年3月,集美职业学校三科独立设校。同年8月,为照顾沿海学生就读,高级水产航海职业学校由大田迁回安溪,直至抗战胜利。

因学生年幼不便远离家人,集美小学至1938年5月11日厦门沦陷后的次日才迁至同安第三区石兜。同年8月,分设同安石兜、霞店、珩山三处开学。1940年10月30日,回国慰劳的陈嘉庚返集美视察,发现滞留集美的儿童失学严重,遂指示将集美小学迁回集美。1941年2月,集美小学由同安石兜迁回集美,另在孙厝、崙上两处设立分校。留在集美的师生们在损坏程度较小的美术馆上课,挖防空洞随时避难,坚持至抗战胜利。

事实证明,集美学校及时内迁是正确的。因集美学校校董会组织有力、工作得法、策划有效,在内迁前即对全校实行军事化管理,及时安排避炸应急措施、合理筹划内迁步骤等,使集美学校师生未因炮火而伤亡、可移动财物未因炮火而损失。

二、艰苦支撑,弦歌不辍

集美学校从设备精良的海滨学区迁至贫困的边远山区,各方面反差巨大,使教学和师生生活都面临极大挑战。在校舍、宿舍问题解决后,校董会又逐一排解师资、经费等主要困难,创造条件,确保教学质量,形成了独具特色的战时山区办学方式。

1. 解决师资不足。抗战爆发后,教员数量锐减,师资严重不足。远在南洋的校主陈嘉庚通电各地校友会"勿忘母校"。俞文农等很多校友响应校主召唤,放弃优厚薪俸和安稳生活,纷纷来校以解燃眉之急。陈维风肩挑行李和幼女,从广东徒步跋涉10多天到达大田,担任水产航海科主任,成为德师楷模。

八年内迁时期中,很多教师坚守教学岗位,不离不弃,为学校内迁办学的维持和发展奠定了基础。学校董事长陈村牧受命于危难之时,不辞劳苦地到安溪等地勘察临时校舍,组织各校搬迁;带头减薪,号召教师认领与海外家人失去联系的侨生;冒着生命危险、只身前往交涉,要回被劫匪抢走的学生口粮[4]9等,为学校做出奉献。教师王瑞璧、黄毓熙、陈延庭等,八年如一日,坚守教学岗位,以身作则、艰辛耕耘,成为内迁时期学校生存与发展的中坚力量。英语教师陈大弼,舍弃诸多良机,在母校坚持服务25年,于1943年10月21日集美学校"三庆"(校主七秩、建校25周年和陈大弼执教25周年同庆)时获"良师兴国"巨型宝鼎一座及现金两万元奖励[12]。在内迁时期病故的教师林醒民、陈朝内、任克诚等更是几乎将生命奉献给了集美学校。擅长诗词歌赋的温伯夏在安溪染肠炎病故时年仅28岁。学校为其举行了隆重的追悼会，发布"追悼温伯夏先生特辑"[13]，募集遗孤教育金[14]，显示了深厚的师生情和母校情。集美师生共同历经苦难岁月的磨砺，携手并肩，同舟共济，保证了正常的教学秩序、维系了集美学校的生存与发展，也建立了情同手足的友谊。

2. 克服经费困难。除了师资，经费是最大的困难。内迁初期，校主汇款及政府不定期拨款维系着学校运行，但之后物价飞涨、物资匮乏，政府资助或减或停[1]10，学校经费逐渐入不敷出。为此，学校多方设法解决经费紧张问题。

（1）校友募款。1939年8月，陈嘉庚在新加坡发布《复兴集美学校募捐200万启事》。海外校友相继成立校友会分会[1]11，纷纷捐款汇回母校，为校主分忧、为母校出力[15]。1942年1月，集美学校校友会第二届代表大会发出了《告全体校友书》[15]，提出了"校友养校"的倡议，成为各地集美校友永恒、长久地报答校主和母校的自觉之举[2]。"校友养校"运动收效甚著。据1946年10月统计，各地校友分会捐献母校基金共计3439.6万元[12]。海内外集美校友同心同德，以实际行动帮助母校度过艰难岁月。

（2）在校集美师生主动为学校分忧，想方设法节衣缩食：调整战时膳食制度，节约膳食费用；教师主动减薪；学生自己动手制作文具，集中自习，节省油灯费等；通过各种方式，自给自足，克服万难。

（3）陈嘉庚亲友汇寄的投资款，后同意被支取用作校费。早在太平洋战争爆发前夕，陈嘉庚就力劝亲友移资祖国，以发展实业。族亲陈六使、女婿李光前、长子陈厥福、次子陈厥祥共出资国币855万元，谓既可投资亦可用作校费。1942年2月，校主陈嘉庚避难印尼爪哇，侨汇断绝，集美学校经费陷入空前困难。陈六使等人的这批款项历经多方努力才辗转到账[16]，虽因汇率变化严重缩水，但为集美学校顺利度过最艰难时期起了至关重要的作用，且为之后创办集友银行"以行养校"，从根本上解决办学经费问题[17]发挥了更具深远影响的作用。

3. 保证教学质量。诚毅精神，教学相长。1918年，陈嘉庚与胞弟陈敬贤亲定"诚毅"校训，成为抗战期间集美学校师生坚持到底的精神支柱。"诚毅"校训匾额也与学校一并随迁至安溪文庙[18]直至复员。而大田学生则在临时校舍教室墙上题写"诚毅"校训，留存至今。校训、校歌深植于全体师生心中，规范着他们的言行。学校应战时因地制宜，提出"操行重于学业""自修重于上课""实习重于书本""劳动重于运动"的办学方针，将教学与实际结合，实行独具特色的战时山区教学方式。

（1）教学生活实行军事化管理。制定完备、有效的规章制度，聘请军事教官[4]2，严格军事训练，使校风严谨、秩序井然。师生一律着利于隐蔽的草绿色军装、童子军校服，常举行军训操练、远足、急行军演习[4]13、夜间紧急集合演习[19]等，坚持不懈地开展军事训练，强健体魄，锤炼斗志，培养野外生存能力，验证了日本人所想象的"集美学校是中国一个最大的兵士厂……"[20]。

（2）坚持高水准办学，维持正常的教学秩序。无论时局如何动荡，各种考试、测试、抽考等都如期举行，如初中毕业考试、全校学期考试、借读生测验[6]、同安全县抽考等，保证素质教育水平不因战乱而有所降低。

（3）因地制宜制定教学方式。为应对敌机不时来袭、骚扰，大田职校师生因势利导，总结敌机来袭时间规律，空袭警报一响，5分钟内登上玉田村旁的仙亭山；或早上5点起床背上干粮登上仙亭山，在密林深处的森林课堂里展开一天的教学生活，落日后下山返回宿舍。师生们记录下生活和学习的点滴，如《生活在山间》[4]14等，成为珍贵的时代记忆。

（4）重视教学与实践相结合。集美学校教师结合当地情况，将教学与实际结合，组织学生开展生产劳作、实地调研等，理论联系实践，提高综合能力。如1939年，安溪后垵发现唐代古墓，历史教员庄为玑率学生进行考古发掘及研究。水产航海科主任杨振礼率领学生赴泉州、厦门沿海调查非常时期的渔村经济。教师李哲带领农业科学生赴参内考察农作状况[6]。

（5）坚持在内陆办水产航海学校。抗战爆发后，沿海城市相继沦陷，全国仅有的几家航海学校几近停办。集美水产航海学校师生攻坚克难，坚持高水准办学，创造了在远离海岸线的深山密林里教学水产航海知识、培养高素质航海人才的奇迹，为国家培养了300多位高素质航海人才，避免了我国航海人才的断层。

（6）在贫瘠、偏远的山区创造丰富多彩的校园生活。物质条件贫乏，生活环境艰辛，更激发了教师与学子蓬勃的力量，他们开展了既锻炼体魄又陶冶情操的多姿多彩的文化体育活动。学校在加强爱国主义和形势教育的同时，注重培养学生多方面的兴趣与能力，成立了文艺、绘画、音乐、演说、时事、日本、南洋等13种课题研究会。还配合教学内容，举办各种科目的学习竞赛；成立集美剧团进行文艺演出，宣传抗日，鼓舞士气；坚持举办年度运动会，强健学生体魄，激发竞技精神，组派学生参加安溪县全运会等，均取得佳绩[6]。

在大家的共同努力下，尽管办学条件异常艰苦，但集美学校的学生人数却有增无减。战时全校在读学生人数最多时比战前多了862人[4]11，在山区八年的艰苦抗战内迁时期，集美学校仍为国家培养了大批人才。

三、复仇血热，许国心丹

集美学校师生在节衣缩食、艰苦办学的同时，积极组建抗日组织，开展形式多样的抗日宣传和救亡活动,为有力支持抗战胜利贡献了自己的力量。

1. 成立抗敌后援会、战时青年后方服务团等抗敌后援组织。全面抗战爆发后,集美学校召开"集美抗敌后援会支会"成立大会,开展积粮、防空演习、抵制仇货、消防训练、慰劳募捐等多种抗敌后援活动。内迁后,集美抗敌后援会印发《全民抗战后援运动推行办法》等宣传资料,积极推进全民抗战后援运动的广泛和深入开展。内迁各校均组建分工明确的"集美学校战时青年后方服务团",时常带领学生上山远足拉练、野外军事训练,对学生进行"精神训练"与"业务训练",培养青年学生敢于奋斗、勇于牺牲的精神及战时应付紧急事变的能力。在学校的有序组织下,全校师生自上而下、有条不紊地开展各项抗敌后援活动,为抗敌宣传和救亡活动提供了有力组织保障。

2. 利用一切可利用的方式和手段,开展形式多样、丰富生动的抗日宣传活动,扩大抗战建国宣教。师生在校内创办各种刊物、举办各种抗敌主题的漫画、论文、地形地图绘制、演讲等比赛,出壁报、板报等;到校外,则利用标语、演讲、歌咏、演剧、晨呼、火炬游行等宣传方式,将抗战救国的呼声传遍校内和民间。

校长鼓励学生多看书读报,了解国家大事。学校增设"抗战读物部",各校相继创办各类刊物,学校校刊《集美周刊》更适时转变成重要的抗日宣传阵地,刊发"抗敌专号""抗战建国特辑",并在1937年10—11月周刊的首页登载劝募救国公债广告"购买救国公债或捐助衣物药品等是便利又有效的救国良法",极大地促进了抗战宣传。而于1938年5月发刊、成为当时抗日宣传重要园地的《血花日报》更是影响极大,该报木刻、插画作者黄永裕日后成长为享誉海内外的著名画家黄永玉(后改用此名)。

集美学校通过抗敌漫画、论文、壁报、板报比赛等方式加强抗日宣传,印发《抗战标语丛编》,将抗敌标语刷遍山城南北、校园内外。至今大田集美职校旧址墙上仍留存的当年学生题写的"抗战雪耻""抗战建国"标语成为历史的见证。

另外,集美学校选派各组别同学参加省里统一举办的省民训总队集训、民教干部训练,结束后或附设战时民校[4]8,9,12,3,或分赴全省各地民校任教,对内地民众进行了广泛的宣传、教育和发动。

3. 捐衣捐物、输财、投军,师生用具体行动践行对抗战建国的支持。内迁期间,在各项经费短缺的情况下,分处多地的集美师生响应校主号召,从财力、物力和人力方面为抗日救亡贡献力量。据不完全统计,1937—1945年集美学校师生参与的各类名义的捐款活动至少达65次以上,所捐助金额达62.22余万元国币。特别是1944年秋学校发动"节食献金购机运动",短短半个月募得国币近60万元,用于购置"集美学校"号飞机三架。学校还采用多种方式,多次认捐生猪、小麦、棉衣等慰劳前方将士[2]。

此外,师生更踊跃投笔从戎、奔赴战场杀敌。一时间,设宴饯别、合照留影、欢送从军同学成为各校区里的独特风景。1944年底,在学校召开的从军宣传大会上,现场签字报名参军的师生就有267人[21],涌现出了"北上抗日五侨生"[1]2,成为集美学校的骄傲。

无数集美学子在时代洪流下参加革命组织,在白色恐怖中坚持斗争,传播革命火种,带动了各地的革命运动,涌现出诸多抗日积极分子和革命先驱,为集美学校赢得了"民主堡垒、革命摇篮"的光荣称号。

四、嘉庚精神,诚毅之光

内迁八年,校主陈嘉庚的精神始终激励着全体师生艰苦支撑,毅力前行。他们铭记"诚毅"校训,遵循校主的谆谆教诲和弘扬爱国的精神,与当地人民齐心协力,共克时艰,坚持办学,弦歌不辍,走出了一条战时的奋斗发展之路。

陈嘉庚识足以辨奸,才足以服众,德望足为群伦钦式,无愧为"华侨旗帜、民族光辉"。抗战期间,陈嘉庚领导南侨总会,宣传抗战,为中国抗战输财、输物、输将,贡献昭昭于世。1938年10月,参议员陈嘉庚向国民参政会第二次大会发来电报提案,沉重打击了投降派气焰,被称为"古今中外最伟大的一个提案"。校主以种种实际行动支援祖国抗战,激励着全体师生在抗战时期不遗余力地为抗战建国贡献力量。

在战火纷飞中,校主陈嘉庚依然不断来函,对集美学校全体师生寄予殷切期望。校主的谆谆教诲,坚定了师生们必胜的信心。而1940年校主回国慰劳,更带给集美学校师生无尽的喜悦和期盼。1940年4月,陈嘉庚率慰劳视察团回国慰劳,10月回福建,先后视察了在安溪、集美、大田的中学师范、小学和集美职业学校,每到一处均演讲报告抗战形势,高瞻远瞩地向集美师生传递抗战必胜的信念:"抗战胜利属于我,这是一万分之一万的肯定!"[22]"我培养你们,我并不想要你们替我做什么,我更不愿你们是国家的害虫、寄生虫;我希望于你们的只是要你们依照着'诚毅'校训,努力地读书,好好地做人,好好地替国家民族做事。"[23]"希望诸位要抱着大公无私的精神,凭着'诚毅'二字的校训,努力苦干。"[24]校主恩,师生情,汇集于《欢迎校主歌》的歌声中[25]。

1945年8月13日,日本宣布投降,中国取得抗战胜利。历史最终验证了陈嘉庚的预言。在抗战局势逐渐明朗时,学校即开始了复员集美的准备。1945年6月,高级中学、高级商业学校分别从南安诗山和大田迁回安溪;高级农林学校从大田迁回集美天马山；秋季，高级水产航海职业学校从安溪迁回集美；1946年1月，高中、初中、商业学校从安溪迁回集美。历经战争涂炭，昔日的校园满目疮痍，复员之初百废待兴，医治战争创伤，修复重建校舍，恢复教学秩序，集美学校终于结束了八年内迁办学历程。

在八年内迁的日子里，集美学子与当地民众同甘共苦，结下了深厚的鱼水情。在最危险时刻，山区人民接纳、帮助了集美学校，学校师生予以深情回报，经常帮助村民农作，如指导冬耕、堆肥；帮助村民修路，便利民众；指导村民科学耕作，鼓励农民垦荒和冬耕等。学校还开办国民学校，提高当地民众的文化水平，且特在内迁地区增加招生人数，极大地促进了当地文化教育事业的进步和社会经济的发展。

复员前夕，师生将文具、课桌椅、箱子、柜子等留给村民作纪念，陈村牧也把所用砚台奉送房东，鼓励其后代好好学习。大田玉田村村民将依然矗立的一座座斑驳、破旧的民居校舍命名为"第二集美学村"，并自发以"集美"命名道路、建筑等，小小的玉田村里"集美路""集美井""集美堂"蔚为景观。而当年陈嘉庚回国慰劳视察时坐过的竹椅，也被细心保留，并被尊为"嘉庚椅"；甚至集美商校学生遗落在农舍墙缝中的陶瓷汤匙也被村民刻意保存、珍藏，成为那段历史的见证。今天，大田民众珍视这段历史，自发组织力量保护当年的临时校舍，并广泛收集图片、史料，设立"大田第二集美学村旧址陈列馆"，还原、诉说这段不该忘却的往事。

日寇炸毁的是集美学校的物质，炸不毁的是集美学校的精神。集美学校内迁办学八年，"收栋梁，拾榱桷，储群材以为国用，道济天下，匪异人任"[4]序页，担纲天下、为国育才、不畏艰险、安贫乐道、严谨治学、爱生如子，复仇血热，许国心丹，心怀感恩、回报民众。在抗日烽火中历经磨砺、淬炼和升华而焕发出无穷生命力和深远影响力的集美学校"诚毅"精神，应为历史所铭记而"中心藏，大家勿忘"，应被后人传承并扬光大。

五、集美学校八年内迁史的历史地位和意义

集美学校八年内迁办学史是一段艰难困苦、可歌可泣的光辉篇章，不仅发挥了重要历史作用，而且蕴含着诸多宝贵的精神，值得深入总结、发扬光大。结合西南联大内迁史作比较，集美学校八年内迁的历史作用和精神意义是独特的。

1. 集美学校八年内迁史是陈嘉庚办学史的组成和延续。从时间上来看，西南联大是临时组合，只有短暂的八年生命，抗战结束后其也随之解散复原。而集美学校的八年内迁史不仅是校主办学史的延续，也是集美学

校百年办学史的一个重要组成段落。抗战结束后，集美学校迁返原地，一直延办至今，它的生命历程和精神特质更具有长久性、延续性和继承性。

2. 集美学校八年内迁史是陈嘉庚"教育救国"办学理念和精神的延续。西南联大是两所国立大学和一所私立大学的临时合体，其经费由国家补给，受政府统领。而集美学校是侨领陈嘉庚独资创办和维持的私人学校，是他"教育救国"的实施载体，承载着作为校主的陈嘉庚的殷切期望和重托。他对学校师生的厚望与牵挂、鼓励与支持，以及不辞辛劳回来看望，都反映着他对学校师生的关切，展示着他的爱国精神光芒。因而，集美学校的弦歌不辍很大程度上是他的精神和期望的延续，具有与西南联大不同的特殊历史使命。

3. 集美学校八年内迁史是师生对校主精神和"诚毅"校训的一次不同寻常的发扬光大和集中展示。对于西南联大的成功，亲历者和学者都总结其关键是几乎云集了当时中国知识界的学术精英，名流汇聚，开创了中国教育史的一个新纪元[4]。与西南联大的国立性质、迁师于京都、名师荟萃相比，偏隅一方的集美学校远没有诸多名师，但它仍以自己的坚毅和独特感召力吸引着校友等诸教师与学校共克时艰，同甘苦、共命运，将自己的宝贵年华奉献给为国育才事业，使集美学校在内迁时期得以延续。这与受校主陈嘉庚的精神感召和诚毅校训的激励分不开。八年艰辛办学历程，集美学校内迁史并不能与西南联大相提并论，但它以自己独特的方式书写了师生共奋斗、同命运的辉煌篇章，这种独特的精神力量源泉是西南联大所没有的。集美学校八年内迁史昭示了师生们的爱国精神及不屈不挠的奋斗拼搏精神，是"诚毅"精神的一次极致发挥和展现。"诚毅"是校主陈嘉庚自身恪守的人生信条，也是他对师生的殷切勉励和期望，他敦促师生谨记心中，成为引领师生走出重重困难、激励他们奋勇前行的明灯，是集美学校精神的核心，具有深远的影响力。

4. 特色教育教学方式对特色学科的延续，是集美学校内迁办学的精髓。与西南联大在学术自由[26]模式下培养学术人才不同的是，集美学校是一所融小学、中学、师范、专科及侨生教育在内的综合类学校，其最终目的是培养专业人才，虽不是大学，却为大学奠基。而在陈嘉庚办学理念下诞生的水产航海、商业、农林特色学科，在内迁的艰苦条件下，克服重重困难，采取因地制宜的教学方式，保证了学科的延续，填补了中国航海教育的空白。这些特殊学科的延办，为其他学校所无法企及。

5. 集美学校八年内迁史对亲历师生影响深远。和西南联大内迁史相比，集美学校虽是私人办的中学校，资金来源有限，规模有限，但为国育才的作用却毫不逊色。独特的八年内迁办学史也同样丰富了集美师生亲历者的人生阅历，磨砺了他们的意志和斗志，也改变了很多人的人生道路，诞生了许多卓有成绩的著名校友，如大师级画家黄永玉在安溪度过的人生经历是他的文学佳作《八年》的来源。而包括白刃在内的"北上抗日五侨生"的故事反映了集美师生投笔从戎的内情，彰显了那一代人的抗战热情和时代精神。内迁期内走出校门的学生也走向世界，遍布世界各地的集美校友在共同的精神支柱——嘉庚精神和诚毅校训的影响下，成为对社会和国家贡献卓著的侨领和杰出人才，也成为嘉庚精神的继承者和自觉弘扬者。

6. 集美学校八年内迁史是中国抗战史的组成部分。集美师生积极支持抗战和建国，捐款献物，投笔从戎，为抗战胜利做出了不可磨灭的贡献。除了第一、第二战场及海外战场，学校内迁历史本身就是抗战历史的必然产物和结果，为全面了解和研究抗战史的历史影响提供了依据，也丰富了抗战史研究的内容和对象。

历史是时代的教科书，集美学校八年内迁史对现代人也具有深刻的教育和启迪意义。前事不忘后事之师，勿忘历史，正是为了更好地继续前行。回顾历史，总结经验，吸取教训，激励我们正视历史，铭记历史，继续前行。

参考文献

[1]《集美学校二十周年纪念刊》编辑部.集美学校二十周年纪念刊[G].厦门:集美印务公司,1933.

[2]黄村生.校友养校[J].集美校友,1942(5):1.

[3]陈校董接收校政纪[J].集美周刊,1937,22(1):7.

[4]集美学校校董办公室.集美学校最近三年来概况[Z].厦门:福建私立集美学校,1940.

[5]王增炳,陈毅明,林鹤龄.陈嘉庚教育文集[M].福州:福建教育出版社,1989.

[6]陈嘉庚致陈村牧函[J].集美周刊,1937(10):2.

[7]校主所示复兴集美学校守则十二条[J].集美周刊,1937,22(1):1.

[8]陈延庭.集美学校的前三十年史·陈延庭手稿(一)[Z].厦门:集美航海专科学校陈嘉庚研究小组,集美学校委员会藏,1986.

[9]招考消息[J].集美周刊,1937,22(1):9-10.

[10]在安溪招生结果[J].集美周刊,1937,22(4):7.

[11]全校移安溪办理[J].集美周刊,1937,22(5):7.

[12]母校三庆志盛[J].集美校友,1943(6):1.

[13]追悼温伯夏先生特辑[J].集美周刊,1938,24(9):1.

[14]募集伯夏遗孤教育金近讯[J].集美周刊,1939,25(10):5.

[15]告全体校友书[J].集美校友,1942(创刊号):1.

[16]董事长因公赴渝[J].集美周刊,1942,32(第1,2期合刊):5.

[17]陈厥祥校友主持集友银行[J].集美校友,1943(12):3.

[18]诚毅校训匾额移到悬挂[J].集美周刊,1938,24(5):12-13.
[19]举行夜间紧急集合演习[J].集美周刊,1939,25(8):14.
[20]叶戒耽讲,陈悌豪.集校的精神[J].集美周刊,1939,25(4-5):4-5.
[21]员生从军消息丛志[J].集美周刊,1944,35(9-10):5-6.
[22]李互.校主莅安记[J].集美周刊,1940,28(5-6):13.
[23]叶友德.校主印象记[J].集美周刊,1940,28(5-6):14-15.
[24]江培萱,陈秀锦.校主训词[J].集美周刊,1940,28(5-6):3.
[25]欢迎校主歌[J].集美周刊,1940,28(5-6):20.
[26]刘祚昌.西南联大忆旧:兼论西南联大精神[J].学术界,2000(1):230-235.

[本文发表于《集美大学学报(哲社版)》2017年第2期]

陈嘉庚精神与当代大学生的品质养成

张培春[1]　张劲松[2]

(1. 集美大学政法学院　福建　厦门　361021；
2. 集美大学诚毅学院　福建　厦门　361021)

摘要：陈嘉庚在其奋斗的一生中形成了一系列优秀品质和伟大精神。学习和弘扬陈嘉庚精神，对引导当代大学生树立忠诚爱国的政治信念、恪守诚实守信的处事原则、塑造坚强勇毅的个人品质、培养艰苦朴素的生活作风及发扬与时偕行的创新精神等，具有宝贵的示范与教育意义。在进行社会主义荣辱观教育的今天，弘扬陈嘉庚精神契合了时代发展对大学生提出的新要求。

关键词：陈嘉庚精神；当代大学生；品质养成

陈嘉庚是被毛泽东誉为"华侨旗帜、民族光辉"的杰出华侨领袖，他不仅为中华民族建立了丰功伟绩，而且为后人留下了一笔宝贵的精神财富，这就是穿越时空、历久不衰的"嘉庚精神"。嘉庚精神的内涵是十分丰富的，主要包括：热爱祖国、矢志报国的政治态度；服务社会、无私奉献的价值取向；诚实守信、明辨是非的处事准则；坚韧不拔、自强不息的意志品格；勤劳节俭、朴实无华的生活作风；与时偕行、革故鼎新的进取精神；等等。爱国主义是陈嘉庚精神的核心与灵魂。本文拟结合当前社会主义荣辱观教育的新要求，从几个侧面浅谈嘉庚精神对当代大学生品质养成的作用。

一、弘扬嘉庚精神，树立热爱祖国的政治信念

纵观陈嘉庚的一生，爱国主义是贯穿其始终的一条红线。陈嘉庚是一位赤诚的爱国者，他一生热爱祖国、热爱人民，始终维护国家和民族的根本利益，并为祖国的独立、统一和富强事业贡献了自己的毕生精力。在陈嘉庚爱国主义精神的熏陶下，集美学校和厦门大学涌现出了无数心系祖国、奉献社会的栋梁之材。我们今天学习陈嘉庚，就是要像他那样，"以热爱祖国为荣、

作者简介：张培春(1954—2022)，男，福建惠安人，副教授，主要从事哲学、儒家文化及陈嘉庚思想研究。
张劲松(1976—　)，男，福建惠安人，助教，硕士，主要从事马克思主义理论研究。

以危害祖国为耻",弘扬光大以爱国主义为核心的民族精神。

首先,要树立报效祖国的人生志向,增强振兴中华的历史使命感和社会责任感。陈嘉庚对国家和民族怀有深厚的感情,他热爱祖国的壮丽河山、灿烂文化和勤劳勇敢的人民。目睹近代中国内忧外患、国弱民穷的现实,陈嘉庚萌发了强烈的忧患意识和高度的社会责任感。他秉承"天下兴亡,匹夫有责"的古训,发扬"先忧后乐,公而忘私"的优良传统,始终把个人命运同祖国命运紧密相连,努力践行"报效祖国、服务社会"的人生诺言。我们今天弘扬嘉庚精神,首先就要弘扬他那高度的"国民自觉精神",忠于祖国、忠于人民,时刻为国家和民族的利益着想,把振兴中华的历史责任自觉担在肩上。在今天新的历史条件下,爱国主义最本质、最重要的表现是对国家经济发展、社会全面进步和祖国统一富强的追求和贡献。我国经济、社会的发展已经取得了举世瞩目的成就,但在发展过程中仍然存在不少困难和问题。当代大学生要把握时代脉搏,认清我国全面建设小康社会进程中面临的机遇和挑战,进一步增强忧患意识,明确自己肩负的历史使命和社会责任,居安思危、奋发图强,牢固树立为中国特色社会主义事业、为祖国统一富强而奋斗的人生理想。

其次,要脚踏实地、由近及远,把爱国之情化为报国之行。从来就没有天生的爱国者,陈嘉庚的爱国主义是从爱亲人、爱家乡逐步升华为爱国家、爱民族的。当代大学生培养爱国之情,要像陈嘉庚那样从身边做起,即从爱亲人、爱家乡、爱学校做起,关心、支持家乡和学校的建设和发展。爱国主义从来不是一句空洞的口号。当年陈嘉庚为了践行"国民天职""匹夫之责",倾资办学、支援抗战、积极参加新中国建设,以一生尽忠竭诚、无私奉献的实际行动,为国家民族建立了丰功伟绩。当代大学生学习嘉庚精神,要进一步激发强烈的民族自尊心、自信心和自豪感,并把对国家民族的社会责任感付诸实践,转化为实际行动。大学生在校期间,首先要认真学习现代科学知识,努力掌握为人民服务的本领。国家的发展,民族的强盛,不是靠坐而论道。只有爱国的良好愿望,而缺少报国的素质才能,那么爱国只能沦为一句空话。建设社会主义和谐社会、实现社会主义现代化,需要的是德才兼备的各种人才,大学生只有刻苦学习,努力掌握专业知识和技能,不断提高自身的思想道德素质,才能担当起历史赋予的重任。大学生还要把爱国与敬业统一起来,把爱国之情转化为学习和工作的动力。今后不论做什么工作,都应干一行爱一行,脚踏实地、勤勤恳恳地做好本职工作,为祖国、为社会、为人民多做贡献。

二、弘扬嘉庚精神,恪守诚实守信的处事原则

诚实守信是中华民族的传统美德,在中国传统文化中,诚信是一切德行

的基础，也是每个人立身处世的根本。在历代圣贤看来，诚信不仅是一个人道德修养的起点，也是一切事业得以成功的重要保证。陈嘉庚一生诚信待人、诚信处事；重然诺，守信用；言必信，行必果，是践履诚信美德的典范，他的诚信精神是今天对大学生进行诚信教育的宝贵资源。

我们学习陈嘉庚的诚信精神，首先要认识到诚信对于每个人立身处世的重要意义。陈嘉庚一生是非分明、忠奸必辨，他曾说："我自己所能者仅为诚、信、公、忠四字。"[1]他曾在怡和轩的寓所里，写了《论语》的两句话："言必信、行必果。"[2]他一生只说老实话，极端鄙视口是心非、表里不一的人，这就是"言必信"的表现；他履行诺言替父还债，在企业收盘后仍勉力维持两校经费等举动，都是"行必果"的表现。大学时代是人的价值观念、品质养成的重要阶段，当代大学生要想真正提高自己的各种素质特别是思想道德素质，首先应当懂得"人无诚信而不立，社会无诚信则人人自危，道德无诚信势必流于空伪"的道理，从心灵深处树立起万善诚为先、众德信为基的观念，"以诚实守信为荣、以见利忘义为耻"，自觉地按诚信道德的要求来规范自己的行为，将诚信的品质和精神贯彻到对其他道德规范的信守中，为纠正和改变社会的假冒、虚伪风气做出自己的贡献。[3]

其次，要在日常的学校生活中培育和践行诚信美德。陈嘉庚一向恪守诚实守信的原则，以经商为例，他主张诚信经营，反对唯利是图，强调"商人亦有商人之道德"[4]309。《陈嘉庚公司分行章程》的眉头警语有："待人勿欺诈，欺诈必败；对客勿怠慢，怠慢必招尤"；"与同业竞争，要用优美之精神与诚恳之态度"；"货真价实，免费口舌；货假价贱，招人不悦"等行为规范。[4]156可见，陈嘉庚之所以能在企业经营中获得成功不是偶然的，他一生事业的成功和华侨领袖地位的确立，都与他具有这种诚信的品格分不开。诚信观念不是与生俱来的，而是离不开自觉的、理性的道德修炼。陈嘉庚常引"止谤莫如自修"的古训激励自己[4]361，没有这种高度的道德自律精神，不可能塑造个人的诚信品质。当代大学生学习陈嘉庚精神，也要做到自省自律、知耻改过，重视自身修养，并从小事做起，从细微处着手，逐步养成诚实守信的良好品质。要将诚信的美德融入学习和学校生活的方方面面，使自己的视听言动、仪表风范都合乎诚信的要求。"诚信建设，人人有责"，大学生是中国特色社会主义事业的建设者和接班人，要以自己的实际行动践履诚信美德，在生活实践中增强诚信观念，修正不符合诚信的思想和行为，实现从认知到行为的转换和统一，把自己培养成一个有诚信的人。在待人接物中要讲求诚信，信守承诺；在学习生活中要遵守校规校纪，做到不逃课、不抄袭、不作弊；尤其是在申请助学贷款、缴纳学费及自荐择业等关键时候，要讲求诚信，实事求是，对自己的承诺负责，把自己培养成一个具有诚信美德且能为建设诚信社会做出贡献的优秀大学生。

三、弘扬嘉庚精神，塑造坚强勇毅的个人品质

陈嘉庚性格刚强，意志坚定。在经商过程中，他锐意进取，勇于拼搏，成就了东南亚大工商业家的成就和地位；在办学过程中，他艰难困苦，屡遭挫折，却百折不挠，愈挫愈奋，使学校弦歌不辍。为了祖国的抗战事业，以及新中国的社会主义建设，他更是不顾年迈之躯，呕心沥血，鞠躬尽瘁。陈嘉庚一生屡受挫折而绝不屈服，身处逆境而奋起抗争，几经波折而处变不惊，为"毅以处事"做了最好的诠释，也为当代大学生树立了一个良好的学习榜样。

大学生学习嘉庚精神，首先是要培养坚毅的品格，学会正确对待挫折和失败。陈嘉庚对"毅"的真谛有深刻的领悟，他说过"毅者乃困而不挠之谓也"，"公益事业，非艰难辛苦不为功，如孟子所言必先苦其心志也"。[4]398 面对事业中的种种挫折，陈嘉庚表现出了顽强的毅力和超人的胆魄。如在而立之年其父的企业破产了，陈嘉庚立下誓言，重新创业替父还债；当自己的企业收盘后，他不忍放弃义务，"出卖大厦，维持厦大"。在陈嘉庚身上，体现了一种自强不息、奋斗不止的精神。他认为"世上无难事，惟在毅力与责任耳"[4]165，他乐于承担责任，也勇于克服困难。当代大学生学习嘉庚精神，要重视培养自己的坚毅品质和性格，正确对待生活中的挫折和失败。常言道"失败乃成功之母"，只有经得起挫折和失败的考验，才有希望取得成功。世上之事纷繁复杂，当代社会更是竞争激烈，挫折和失败总是难免的。正如陈嘉庚所说："正当之失败，无可羞耻，畏惧失败，转（才）可羞耻也。"[4]393 我们要像陈嘉庚那样，以积极的心态，从失败中总结教训，及时发现自身的问题和弱点，采取正确的态度去促进事物的发展。

大学生学习嘉庚精神，还要勇于在实践中磨炼和考验自己的意志品格。陈嘉庚一生从事的诸多事业都不是一帆风顺的，他是在挫折和失败的反复考验中，塑造了自己刚毅坚忍的品格。陈嘉庚在其奋斗的一生中体现出来的百折不挠精神，对于当代大学生塑造坚强勇毅的个人品质具有重要启迪作用。当年陈嘉庚在教育自己的子女时，很重视对子女进行"吃苦"教育，他不给子女特殊照顾，不让他们养尊处优，认为只有经过艰难困苦的锻炼，以后才能担当重任。他对待子女的态度至今仍然是我们的一面镜子。当代大学生也要学会在艰难的环境中磨炼自己，克服意志薄弱、贪图享受、承受力和自制力不足的弱点。大学生在校期间，要积极参加各种社会实践活动，如智力扶贫、暑期调查、青年志愿者活动等，以提高自己的思想和道德品质；积极参加学校组织的野营远足、素质拓展、军事训练等活动，以提高自己的适应能

力和承受能力。毕业后,也要勇于到基层、到最艰苦的地方去接受锻炼,磨砺自己的意志和品格。实践证明,当代大学生培养坚毅的品质,增强自身承受挫折的意志和能力,对个人的成长是大有裨益的。

四、弘扬嘉庚精神,养成艰苦朴素的生活作风

勤俭节约是中华民族的传统美德,古人说"淡泊明志""俭以养德""成由勤俭败由奢"。陈嘉庚继承并发扬了这种勤俭美德,他的一生,是艰苦奋斗、无私奉献的一生。他常说:"人生在世,不要只为个人的生活打算,而要为国家民族奋斗。"[5]他一生始终保持艰苦奋斗的优良作风,为国家和民族做出了无私奉献。陈嘉庚的精神境界和道德情操,为我们今天进行"以艰苦奋斗为荣,以骄奢淫逸为耻"的荣辱观教育,提供了宝贵的教材。

大学生要以陈嘉庚为榜样,培养艰苦朴素的生活作风。陈嘉庚从小就养成了勤俭节约的好习惯,经商成功后仍旧保持艰苦奋斗的本色。他生活在繁华的新加坡,却从来不尚奢华、不讲排场、不贪图个人享受。他一生"公而忘私、国而忘家",对于教育事业,他献出千万资财而毫不吝惜;对于自己,他俭朴淡泊,锱铢必较,这已是众所周知的。今天,我国的综合国力已经明显增强,人民的生活水平也有很大提高,我们不能提倡人们再当"苦行僧",但艰苦朴素的优良作风不能丢。因为我们还是一个发展中国家,还面临着艰巨的建设和发展任务,我们应该铭记"成由勤俭败由奢"的历史教训,勤俭办一切事业,努力建设一个节约型的社会。现在社会上铺张浪费、吃喝玩乐的奢侈之风渗入校园,影响所及,在少数大学生中也存在讲排场、比阔气、挥霍浪费的不良现象,这与我们党一贯倡导的艰苦奋斗精神是相悖的。当代大学生应以陈嘉庚为榜样,增强节俭意识,从节约一滴水、一度电的小事做起,"一粥一饭当思来之不易,半丝半缕恒念物力维艰",努力养成文明、健康的消费方式和生活方式。在校园生活中,我们应该大力倡导勤俭节约光荣、奢侈浪费可耻的荣辱观,形成尊重劳动、勤俭节约、合理消费、保护环境、珍惜资源的良好风气。

当代大学生学习陈嘉庚精神,要把勤俭朴素作为加强思想道德修养的重要内容,使勤俭精神转化为自己奋发向上、报效祖国的动力,为社会主义现代化建设多做贡献。当年陈嘉庚十分重视以艰苦奋斗的精神来教育集美学校的学生和自己的子女。他把"省俭"作为集美学校办学的方针,要求学生以国家民族利益为重,"种种举动应以节俭为本"[4]177。他认为要教育孩子艰苦朴素,使之养成优良的品德,才是父母对孩子真正的爱。古人有"俭以养德"之说,表明艰苦朴素不仅是简单的生活方式,而且是个人思想道德修养

的重要基础。无数事例告诉我们,与节俭连在一起的往往是勤劳、坚韧和奉献,陈嘉庚的一生就是最好的说明。相反,与挥霍形影不离的常常是享乐、骄奢和自私,一些领导干部贪污受贿、腐化堕落,就是从丢掉节俭、贪图享受开始的。"成由勤俭败由奢",古人的这句话值得每个大学生深入思索。在大学校园里提倡树立艰苦朴素作风,每一个党员和教师理应率先垂范。大学生也应该从自身的健康成长出发,增强节俭意识,发扬艰苦奋斗的精神,反对骄奢淫逸之风,杜绝铺张浪费行为,以自己的实际行动,为建设一个节约型社会,为实现民族振兴和国家富强,做出自己应有的贡献。

五、弘扬嘉庚精神,培养开拓进取的创新精神

陈嘉庚一生求真务实,积极进取,"言人之所不敢言,为人之所不敢为"。在企业经营方面,他善于把握商机,眼光敏锐,勇于创新,因而能在激烈的竞争中卓然立于商界;在兴学育才方面,他善于借鉴中外文明成果,关注社会发展的需要,形成了一套富有特色的教育思想,为祖国和侨居地的教育事业做出了重要贡献。在社会改革方面,他崇尚科学,反对愚昧,提倡移风易俗,反对封建陋习,提出了一系列积极合理的改革主张。尤其是他从爱国主义走向民主主义和社会主义的爱国道路,充分体现了他一生紧跟时代步伐,矢志追求真理的品格。这些无不折射出陈嘉庚勇于创新的精神,是他一生能有诸多建树,为国家民族和华侨社会做出积极贡献的重要原因。

人类社会已经进入知识经济时代,世界各国综合国力的竞争也日趋激烈,创新成为这个时代所需要的核心特征。江泽民同志指出:"创新是一个民族进步的灵魂,是一个国家兴旺发达的不竭动力",缺少创新,一个民族就难以发展,更不可能屹立于世界先进民族之林。当代大学生肩负着全面建设小康社会、实现中华民族伟大复兴的历史使命,大学生创新素质的高低不仅影响着自己人生价值的实现,更影响着国家综合竞争力的提高。

大学生培养创新理念,首先要树立学习无止境、创造无止境的思想。创新需要坚实的理论基础和知识素养,只有各种学科的融会贯通才能激发创造的激情、开拓崭新的视野。陈嘉庚就是一个"活到老,学到老"的榜样。他一生好学不倦、博览群书。他只读过九年私塾,完全是靠勤奋自学,才能不断提高自己的文化水平。出洋之后,陈嘉庚虽忙于商战,但在闲时亦不忘读书进修。抗战期间,陈嘉庚心系民族危亡,在繁忙的工作之余,还经常在怡和轩挑灯夜读,直至晚年还孜孜不倦地学习有关的知识,是终身的学习促成了他宽阔的视野和丰富的经验。他敢想敢干、敢为人先的创新精神,与他勤于学习、善于学习分不开。陈嘉庚勤奋好学的精神,值得大学生认真学习。

在当今的知识经济时代,新知识层出不穷,知识更新周期不断加快,只靠在校的学习已不能满足人们创新的需求,必须树立终身学习的理念,只有不断学习、不断拓宽视野,才能实现不断创新。

其次要提高自己的创新心理素质,打破思维定式,敢于尝试、勇于实践。陈嘉庚的第五子陈国庆回忆父亲是"一个敢挡风险的人,他喜欢冒险去做那种心中无数的事"[6]121。"他的一个早为常人所有的品质,也是留给我印象最深的品质,便是他随时代应变的能力,他能根据时代的潮流接受新思想。"[6]126陈嘉庚由拥护蒋介石转而追随共产党的政治抉择就证明了这一点。1957年,为了解决集美学校的用电问题,陈嘉庚试验利用海潮发电,兴建了集美海潮发电站,后来虽因各种原因失败了,但他那种生命不息、探索不止的创新精神,永远值得后人学习。大学生在求知的过程中要敢于打破条条框框的束缚,敢于怀疑和提问,善于寻找和发现问题;要树立科学的世界观和思维方法,培养独立思考、求新求变的创造性思维,并把创新精神贯穿于思想、道德、学习、工作的各个方面。总之,大学生只有树立求真务实的精神,培养开拓创新的能力,才能为将来投身于社会主义建设事业打下坚实的基础,才能为中华民族的伟大复兴更好地贡献聪明才智。

综上所述,陈嘉庚精神是我们今天弘扬和培育民族精神的生动教材,也是对大学生进行社会主义荣辱观教育的宝贵资源。宣传陈嘉庚的光辉事迹,弘扬陈嘉庚的崇高精神,对于促进社会主义思想道德建设和良好社会风气的形成,对于激励当代大学生知荣弃耻、近荣远耻,树立健康向上、积极奋进的人生观具有宝贵的示范与教育意义。

参考文献

[1] 陈碧笙,杨国桢.陈嘉庚传[M].福州:福建人民出版社,1983:140.
[2] 陈嘉庚先生纪念册编辑委员会.陈嘉庚先生纪念册[M].北京:中华全国归国华侨联合会,1962:58.
[3] 王泽应.大力加强高校诚信教育[N].光明日报,2004-06-23(19).
[4] 王增炳.陈嘉庚教育文集[M].福州:福建教育出版社,1989.
[5] 王增炳,骆怀东.教育事业家陈嘉庚[M].北京:教育科学出版社,1989:412.
[6] 陈国庆.回忆我的父亲陈嘉庚[M].北京:中央文献出版社,2001.

[本文发表于《集美大学学报(教育版)》2007年第2期]

陈嘉庚教育社会学思想基础探微

邱邑亮[1]　关瑞章[2]

(1. 集美大学水产学院　福建　厦门　361021；2. 集美大学　福建　厦门　361021)

摘要：一代社会活动家陈嘉庚，以其侨居海外心系祖国之志，更由他操盘实业洗练的劳动经济观念、爱乡情怀对国内外教育情况之洞察，以及其爱民与民、爱国兴国的强烈责任认知，奠定了其倾资兴学的坚实基础。从这个基础出发，我们能够更全面地把握陈嘉庚先生的教育壮举。

关键词：陈嘉庚；教育；社会学；基础

重读陈嘉庚先生于1946年1月15日在新加坡怡和轩自序的《南侨回忆录》，陈校主亲录30万言；爱国兴学、服务社会，折射出他一生的光辉，于今世人观照仰顶，极具生动感人势魄。

陈嘉庚1874年出生于同安集美社，9岁入读私塾，17岁师亡辍学出洋，在新加坡其父所营顺安号米店学商，31岁春即自立营业，操盘商业及工厂，种植黄梨树胶，计创设商店百余处，各项工厂30余所，垦树殖胶及黄梨园万余亩，雇佣职员工人常达数万人。在侨居地形成产业规模同时，陈嘉庚在第四次回乡时于1911年在集美创立小学，继于1913年创办集美师范及中学，后添办水产航海学校、农林学校及女师范、幼稚师范和商科，1919年始发起倡办厦门大学并于1921年正式开办，其间也参加捐办英国政府在新加坡开办的星洲大学，以及发动南洋华侨倡办新加坡道南学校和南洋华侨中学校，开辟了他人生中先营实业而办教育的服务社会的实践道路。抗日战争爆发后，陈嘉庚先生号召南洋华侨各属赈济、救乡筹款会，于1938年成立"南洋华侨筹赈祖国难民总会"，领导侨民以物质、人力和金钱，与国共两党紧密联结，投身全国抗日统一战线。在特定的社会环境中，他心系祖国安危，以"竭诚努力，以尽职责，大可以救祖国危亡，次可以减将士之死伤"[1]1，其"为民族解放尽最大努力，为团结抗战受无限苦辛，诽言不能伤，威武不能屈"(重庆各界1945年11月18日庆祝大会，周恩来、王若飞题)的壮举，享誉为"华侨旗帜、民族光辉"(重庆各界1945年11月18日庆祝大会，毛泽东题)，得到抗战胜利重庆各界联合召开

作者简介：邱邑亮(1966—　)，男，江西赣州人，副研究员，教育学博士，主要从事高教理论研究。
　　　　　　关瑞章(1953—　)，男，福建莆田人，教授，博士生导师，博士，主要从事水产教学与研究。

安全庆祝大会之公叩。陈嘉庚先生爱国、爱乡的信念与实践活动,奠定了他在中国现代史上著名实业家、教育家和社会活动家的崇高地位。陈嘉庚先生一生勤俭自勉,不畏艰辛操持实业,倾资举办教育,领导侨民筹赈祖国抗争,蕴含着他丰富而质朴的教育社会学思想。感悟和缕析其思想要义,对于当今中国教育与社会发展,当有重大的时代意义。

陈嘉庚教育社会学思想,源自他对国内外教育状况的深刻洞察和对家乡发展的翔实调查,以及他操盘实业中勤勉质朴的劳动经济观念和爱民与民、爱国兴国的强烈责任认知。这三大来源交合于他经年侨居他乡异国,处于民族资本主义经济与世界范围市场经济交汇的南洋劳动生活之中,比较互动及倡明发展是他教育社会学思想的动力机制。

一

陈嘉庚先生晚年回忆自己年少受私塾教育时,"塾师来一月余,即回家一月或半月","所读三字经及四书等,文字既深,塾师又不解说,数年间绝不知其义",及至20岁从南洋回家完婚后还在家"复从塾师补习多少"。在他的家乡集美社"男女二千余人,分六七房,各房办一私塾","男生一二十人,女子不得入学"。[1]393在他家乡所在的同安县立小学,"学生一百余名,十余年未有一班毕业生"[1]4。他常到诸乡村,所见皆是"十余岁儿童成群游戏,多有裸体者,几将回复上古野蛮状态,触目惊心,弗能自已"[1]5。而相形之下,在远隔重洋的南洋各处,同属殖民地域,"不但中等学校继起设立,而小学亦更形发展,几如雨后春笋,(至1915年)计三千余校,学生男女数十万人,较我国内地任何地方普及",英殖民地对南洋华侨教育"较形宽放","美属菲律宾政府重视教育,一律待遇,有教无类"。[1]20为尽国民一份天职,陈嘉庚先生"自愧无其他才能参加政务或公共事业,只有自量绵力,回到家乡集美社创办小学校"[1]4。为求师资,他先行到福建全省唯一的福州师范学校"查问师校成绩,及闽南学生如何难入",得知该校每年招生两班80名,"即使每年七八十人肯出任教师,亦是杯水车薪,况其中多属膏粱子弟,教职非其所愿"[1]8。在小学新制教师难求的情况下,嘉庚先生恳请相知的时任江苏教育会副会长黄炎培先生,及函至北京高等师范学校校长查询"闽籍有何科毕业生若干人,肯来集美服务否",广延师资,急欲扩大集美师范学校的规模。在对比广东、浙江等邻省大学设置情况后,陈嘉庚感到他省"公私立大学林立,医学校亦不少,闽省千余万人,公私学校未有一所,不但专门人才缺少,而且中等教师亦无处造就"[1]8,乃决意认捐开办费一百万元,倡办厦门大学。

对教育现状考察详解,尤其是对当时同安县立小学"权操县长"、县长委任乡绅任校长、教员学生全由该绅招来、县长更动致使无一班毕业之腐化,及参加美国教会欲倡办星洲大学，而英殖民政府以"最高学府容外国人设立，于国体有关"[1]19为由未予准设所带来的震撼，推动了陈嘉庚先生做出捐建集美学村的抉择。

二

陈嘉庚先生一生操盘实业中勤勉节约、获利图报的劳动经济观念是他教育社会学思想的第二个重要来源。自下南洋学商开始，他便"守职勤俭，未曾妄花一文钱，亦无私带一文回梓"。他对胞弟陈敬贤先生养病日本时因增开支，也在不明事因前明电不允，引为节俭家训范典。[2]一贯力主劳动谋生的陈嘉庚先生，在1921年视察厦门大学建筑校舍途中发现厦门市政会准备开彩票，当即走访各日报负责人，致函市政会坚决反对，并撰文力劝当局取消以消弭惨祸，发表后加印分发送市民及市政局董事，受人敬爱。[1]23不仅如此，在侨居南洋属地，陈嘉庚对新加坡涌现的跳舞营业，"乃呈函坡督详述跳舞营业及祸害，请其设法限制"，坚持"凡事当先论利害"，[1]36不可无谓效仿。另外，陈嘉庚先生对获利富商认捐办学的不理想现实及抗战期间组织慰劳团回国不愿消耗政府经费的想法与做法，也反映出他质朴的经济利益观念。他三次发动其他南洋富商募捐共襄厦门大学办学无效，也曾同粤侨数人向一富商募捐倡办南洋华侨中学校而空手而归，对该富商谢世"遗产新加坡币六千余万元，被当地政府新增遗产税，抽去四千万元"及不少富侨在第一次经济危机后破家荡产未能"为社会计"，痛感"真其愚不可及"。[1]17 1940年，嘉庚先生率团30人回国慰劳至嘉陵时，得知政府各机关拨费八万招待应酬，"至为不安"，除向记者及各界表示不承外，还报登启事"愿实践新生活节约条件，极力节省无谓应酬"，"希望政府及社会原谅"，[1]99并雇来伙夫，菜定标准，一切开支概由慰劳团自理，时时处处为国与民谋利之心念更为彰显。

三

陈嘉庚先生爱民与民、爱国兴国的强烈责任认知，是他教育社会学思想的第三个也是最为重要的来源。

嘉庚先生与伟大的民主主义革命先行者孙中山先生相知，也极力信奉"三民主义"，关乎民生之事在他的回忆录中占据重要的席位。在他20岁时，见友人珍藏一本药书《验方新篇》，尚未印售，"窃念吾闽乡村常乏医生，若每村有此书一本裨益不少，乃备款托香港友人汇往日本定印"[1]1，计定印五千本，不幸书寄香港无主问领。此后，嘉庚先生不惜报费，在天津、北京、汉口、郑州、南昌、长沙、上海、广州、南洋几十大埠，登日报广求经验良方,"惠世济众",计划托上海商务印书馆代印,后由上海世界书局印成,该书印错不少,又思自编重印,也雇专人全书修正,不料因有限公司收盘失于保存,未就心愿。从热忱关注人的卫生健康到人居建筑环境,以及侨民在海外的生活来源与习惯改良,嘉庚先生分别通过会见到马来西亚调研"鸦片利弊"的欧洲国际联盟代表陈述华人的主张,以参事员身份向新加坡华民政务司之华人参事局提案并通过华人与马来亚人一视同仁获水田权利之议谏,实践自己的爱民与民主张。抗日大战告终,陈嘉庚即以其领导的南侨总会发出第四号通告[1]78,分军事、刑杀、贪污、奸淫、奸盗、损失、政治七项,广求爱国侨贤撰文惠交,以查明侨民生活惨状、思图有效赈济。

由民生问题而国家统一主权问题的态度与主张,充分体现了陈嘉庚先生爱国图强的精神本质。1928年南京国民政府成立后,汪精卫在法国遥与南北诸不服从者,互相利用、煽动反对,陈嘉庚即与林义顺联名发电劝止,以为"汪精卫自身既奸庸愚昧","无异小孩弄火"。而对于抗战前夕陈济棠派员到南洋探访对军阀异动之侨情意向,更遭陈嘉庚先生召集华民大会表决趋向,发电力劝"外侮日迫,万万不可内哄(讧)"、电责"司马昭之心路皆见",[1]33力主共筹抵御,不可自生内战。日寇入侵中华两年后,陈嘉庚先生即联络南洋各界侨领,成立南洋华侨筹赈祖国难民总会,先后计捐11亿元抗亡图存,并于1940年不顾舟车劳顿,辗转仰光启程,率团回国,踏遍国统区,历时一个多月,分三路,或厂矿,或军械、学校、乡村、部队,与祖国人民和国共两党政要广泛接触与交流,凝聚海内外华人抗日众志,表诉侨民爱国心向。及至抗战胜利,陈嘉庚主席签发南洋华侨筹赈祖国难民总会第八号通告,以为保全国土,方有胜利可言。

陈嘉庚先生在中国及国际社会剧烈动荡的年代,勤俭操业直至公司收盘,把捐办的集美学校、厦门大学无条件捐给政府,其倾资兴学的行为一如上述,有着伟大而厚实的基础。囿于教育自身的范畴,我们难以沟通嘉庚校主深邃的心灵,以教育社会学的阐释,在教育—经济—社会和教育—人—社会等关系里,也许有助我们熔解并汲取陈嘉庚的慧独。把握陈嘉庚教育社会之思想基础,利于我们发扬嘉庚精神,振兴今日中华教育。

参考文献

[1]陈嘉庚.南侨回忆录[M].新加坡:南洋印刷社,1946.
[2]王增炳,陈毅明,林鹤龄.陈嘉庚教育文集[M].福建教育出版社,1990:498-500.

[本文发表于《集美大学学报(教育版)》2007年第3期]

基于语料库的陈嘉庚教育思想核心词研究

韩存新[1,2]　樊　斌[1]

(1. 集美大学外国语学院　福建　厦门　361021；
2. 集美大学陈嘉庚研究院　福建　厦门　361021)

摘要：陈嘉庚的教育思想集中体现在他的论说中。基于自建的"陈嘉庚教育文献语料库"，运用语料库语言学方法中的词表分析、主题词分析、词簇分析、搭配分析等技术，识别陈嘉庚教育思想中的核心词，并以"教育"一词为研究个案，说明基于语料库的大数据分析是对以往以定性为主的研究的一种有益补充。个案研究通过语料库特有的KWIC分析，揭示了陈嘉庚在华侨教育、师范教育、中学教育方面的思想特点，以及对教育与实业关系的深刻认识。

关键词：语料库；陈嘉庚；教育思想；核心词

陈嘉庚先生是著名的爱国华侨领袖，被誉为"华侨旗帜、民族光辉"。他同时也是著名的教育事业家和教育实践家，毕生致力于兴办教育事业。他以"教育为立国之本，兴学乃国民天职"为信念，将一生中通过实业积累的财富都用在兴办教育的事业上。陈嘉庚"倾资助学"的光辉事迹被广为传颂，在长达67年的捐资助学实践中，陈嘉庚直接和间接资助的学校多达118所，所捐出的经费约合一亿美元[1]。2007年，在"陈嘉庚教育思想研讨会"上，时任教育部副部长、中国高等教育学会会长周远清教授指出："陈嘉庚先生虽然没有留下教育理论专著，也没有专门论教育问题的文章，但他对教育独特的见解和做法，构成了他科学、先进丰富且具有鲜明特色的教育思想，即便是今天仍然对我们的教育实践具有指导意义。"[2]陈嘉庚的教育事业蕴含着明确而深邃的教育思想[3]。因此，对陈嘉庚教育实践与教育思想的研究，不但对总结相关历史有贡献，而且有重要的现实指导意义。

一、文献综述

对陈嘉庚教育思想和实践的研究不在少数。从研究主题上来看，早期研

作者简介：韩存新（1978—　），男，湖北蕲春人，教授，博士，硕士生导师，主要从事语料库语言学与英语教学研究。
　　　　　樊　斌（1979—　），女，湖北黄冈人，副教授，博士，主要从事英语教学研究。

究以实践介绍为主,例如,1919年黄炎培发表于《东方杂志》的《陈嘉庚毁家兴学记》。后期研究则教育实践与教育思想研究并举。如陈朱明、张其华写的《陈嘉庚先生与集美学校》一文,详细描述了陈嘉庚创办集美学校的事迹。厦门大学王增炳和余纲合著的《陈嘉庚兴学记》,系统阐述了陈嘉庚教育实践与思想。最近的研究则以教育思想研究为主,并且纵深探索其在新时代的应用价值和实践指导意义。例如,周远清探讨了陈嘉庚教育思想与当代教育之间的关系。他指出,陈嘉庚教育立国的思想与科教兴国的战略不谋而合;陈嘉庚重视职业教育的思想,对加强我国职业技术教育具有现实指导意义;陈嘉庚一贯重视学风、校风、校园文化建设的思想对于我们今天建设大学文化、提高大学的文化品位具有一定的指导意义[2]。李延保认为,学习陈嘉庚精神和陈嘉庚教育思想,联系当今的教育,要加大高校教育改革的"国际化"进程,增强文化自信,坚持开放[4]。

  从研究内容上来看,前期研究比较感性、零散,只叙述陈嘉庚教育思想的零星内容。后期研究则比较理性、系统,开始对其教育思想产生动机、由来等方面进行深入探讨。如郭玉聪认为,陈嘉庚倾资助学的思想动机非常明确,就是为了救国[5]。至于陈嘉庚教育思想的由来,潘懋元有过非常精辟的论述[3]。他认为:"陈嘉庚教育思想,是在一定历史条件下,继承中华民族文化传统中的精华,兼采西方现代文明思想而形成的。"最初的研究主要对陈嘉庚教育实践及思想从总体方面进行阐述。例如,姚安泽、苏荷叶对陈嘉庚教育思想基本特征的论述[6]。他们认为,陈嘉庚教育思想的基本特征包括为国、为民办学育人的爱国教育思想,五育全面发展的教育原则,民族的、世界的办学道路,严格的教育教学管理体制和较为系统的教育思想体系。刘德华、施若谷也从教育理念和教育方针等方面对陈嘉庚教育思想进行了评述[7]。杨雪萍则探讨了陈嘉庚教育思想中的几个核心理念,即"有教无类""综合发展""诚信公忠"[8]。后期的研究在内容上也不断细化,研究者力求从更小、更细致的角度对陈嘉庚的教育贡献和教育思想进行剖析和理解。其中比较显著的是对陈嘉庚师范教育、体育教育、民办教育、职业教育、素质教育及科学教育思想的研究[9-11]。

  综上所述,对陈嘉庚教育思想的研究已取得较丰硕的成果,研究也越来越理性化、细致化和具体化。但是从研究方法上来看,还是以定性研究方法为主,如文献分析、叙事、回忆,少有实证研究。另外,研究材料的选取普遍带有零散性,不够系统、全面。对陈嘉庚教育思想的研究虽然有所分类,但是依旧不够聚焦、具体,缺乏对核心教育思想内涵的研究。本研究将收集陈嘉庚关于教育的论述,制作成"陈嘉庚教育文献语料库",并以此为基础展开以定量为主、定性为辅的语料库语言学分析,试图以"教育思想核心词"为突破点发掘陈嘉庚教育思想的核心理念和内涵。在一定程度上,本研究将弥补陈嘉庚教育思想研究在实证和材料方面的不足,因此具有重要的方法论意义和现实意义。

二、研究设计

(一) 研究问题

本研究拟回答以下两个问题:

1. "陈嘉庚教育文献语料库"中有哪些核心词?
2. 这些核心词反映了陈嘉庚什么样的教育思想?

(二) 语料库及检索工具

为了构建陈嘉庚教育文献语料库,我们前期搜集整理了陈嘉庚研究文献《陈嘉庚教育文集》[12]。"《陈嘉庚教育文集》对他一生的教育言论广征博集,认真校勘,系统辑录,提供后人学习、研究陈嘉庚教育思想以翔实、丰富原始资料。这本文集,除辑自己经公开发表的专书、文章外,大多摘自尚未发表的书札、文稿中,从中我们更可以了解这位教育事业家的教育思想。"[13]我们使用 OCR 识别技术完成了对《陈嘉庚教育文集》的电子化,并聘请专业人员对电子版进行了仔细校对。之后使用中科院研发的分词软件 Yasci 0.96 对语料进行了分词,然后另存为 UTF8 格式以便语料库软件检索和分析。在语料整理过程中,去除了文集中所有的注释、附录等部分,只保留了陈嘉庚关于教育论述的正文,以确保陈嘉庚教育文本的纯洁性。构建好的"陈嘉庚教育文献语料库"库容为 285538 字。

(三) 研究步骤

对陈嘉庚教育思想核心词的研究步骤如下:

第一步,确定教育思想核心词。所谓教育思想核心词,指的是那些与教育思想密切相关、蕴含丰富教育思想和内涵的词语。本步骤主要使用的是语料库语言学中的词表分析和主题词分析。利用词表分析,可以找出语料库中的高频词,而通过主题词分析,可以识别语料库中反映主题意义的主题词汇。然后,通过分析高频词和主题词中的重合词汇确定核心词。

第二步,对核心词进行语料库语言学分析。1. 词簇分析:通过语料库软件自动切分,可以识别那些显著的 2 词、3 词乃至 N 词词簇,从而得知教育话语语料中的块状表达。通过对块状表达的分析,可以揭示核心词的部分搭配意义。2. 搭配分析:通过语料库检索软件,可以找出与核心词共现的搭配词中哪些词语是显著搭配词,即非偶然与核心词频繁共现的词语。词语的搭配往往反映人脑对事物之间联系的认识。通过搭配分析,可以了解陈嘉庚如何看待教育与其他事物的关系。

第三步，对核心词分析得出的结果进行解读和解释。对所发现的相关现象及其语言型式规律做深入的解释或理论推断，同时更好地结合教育话语本身所处的社会文化语境阐述本研究的启示。

三、结果与分析

（一）教育思想核心词

观察语料库中的高频实词表不难发现：首先，与学校相关的词语多达9个，分别是学校、学生、教育、先生、校长、大学、校舍、教师、本校（表1）。创办学校和培养学生始终是陈嘉庚特别牵挂的一件大事，从以上词语可以发现，在兴学的过程中，陈嘉庚特别重视教师的聘用和校舍的建设。其次，关于区域的名词有5个，分别是南洋、我国、厦门、新加坡、祖国。作为南洋华侨的领袖，陈嘉庚首先关注的是南洋特别是新加坡华侨子女的教育。1919年，陈嘉庚创办的"新加坡南洋华侨中学"是当时南洋地区华侨最高学府，也是新加坡第一所华文学校。之后他又创立和资助了南侨师范学校、南侨女子中学等。除了在南洋兴办学校，陈嘉庚心系祖国，试图以兴办教育的方式帮助祖国发展。从1913年创办集美小学校开始，陈嘉庚在自己的家乡厦门集美创办了女子小学、师范、中学、幼稚园、水产、商科、农林、国学专科、幼稚师范等一系列学校。最后，与教育相关的部门与团体词汇有3个，分别是华侨、政府、社会。还有3个词语：建筑、问题、卫生，也显示了陈嘉庚比较关注的问题。

表1 与教育相关的前20位高频实词表

排序	词语	频次	排序	词语	频次
1	学校	595	11	建筑	209
2	学生	542	12	校舍	204
3	教育	484	13	教师	194
4	华侨	403	14	厦门	177
5	政府	400	15	新加坡	175
6	先生	375	16	社会	163
7	南洋	334	17	问题	157
8	校长	286	18	本校	153
9	大学	279	19	卫生	149
10	我国	222	20	祖国	147

接下来，以现代汉语平衡语料库 Torch 2014 作为参照语料库，对陈嘉庚教育文献语料库进行主题词分析。利用 AntConc 软件的 KeywordList 功能可以计算出"陈嘉庚教育文献语料库"中比较凸显的主题词（表2）。

表2　语料库前 20 位主题词表

排序	主题词	频数	对数似然率	排序	主题词	频数	对数似然率
1	华侨	403	1514.580	11	新加坡	175	493.649
2	南洋	334	1175.233	12	教员	139	489.056
3	学校	595	1101.513	13	教育	484	403.001
4	校长	286	839.918	14	鄙人	102	389.567
5	校舍	204	740.884	15	祖国	147	388.598
6	学生	542	686.120	16	诸君	107	382.097
7	厦门	177	595.749	17	师范	102	329.982
8	本校	153	563.617	18	今日	135	322.754
9	先生	375	562.387	19	建筑	209	320.067
10	闽南	137	502.947	20	会馆	87	306.934

陈嘉庚是华侨领袖，他认为团结华侨、振兴华文教育对于华侨领袖来说责无旁贷。陈嘉庚领导的华侨组织为东南亚的华文教育做出了杰出的贡献。表2中的前两个词语正好反映了这个特点。除了南洋，陈嘉庚兴办教育的主要地区还有厦门及其他地区。陈嘉庚兴学办教育、办学校、选校长、建校舍、确定建筑风格皆亲力亲为。他最关爱的是学生，最尊敬的是校长和教员，这些都体现了中国尊师重教、礼贤下士的儒家思想传统。在前20位主题词中，师范一词也格外突出，彰显出陈嘉庚优先发展师范教育的思想。因为他很早就认识到，要办好学校，培养人才，就得先办好师范教育[14]。师范乃教育之母。陈嘉庚重视师范、优先发展师范的思想，与党中央新时代深化教育改革的重要决策不谋而合。教育部先后出台"强师计划""优师计划"，旨在加强师范教育和促进师范生培养。2022年教师节前夕，习近平总书记给北京师范大学"优师计划"的师范生回信，这充分体现了以习近平同志为核心的党中央对教育和师范的高度重视。

比较表1和表2可以发现，两表中的大部分词汇是重合的。如图1所示，重合的词汇有13个，大致可以分为三个语义域，分别是学校语义域，包含学校、学生、校长、校舍、建筑5个词。其实还应该包括教师，因为两个词表中的教师和教员是近义词。它们一同构成了学校的主体部分。另一个语义域是地区，包含了南洋、新加坡、祖国和厦门。这些是陈嘉庚兴办教育的主要地区。先生和本校这两个词常常用于称呼，构成单独的称呼语义域。表1与表2排名前10位的词汇中有7个词是重合的，依据表1，按照频次高低排列分别是学校、学生、教育、华侨、先生、南洋、校长。这些词汇可以看作陈嘉庚教育思想中的"核心词汇"。限于篇幅，接下来仅以"教育"一词为例展开进一步分析。

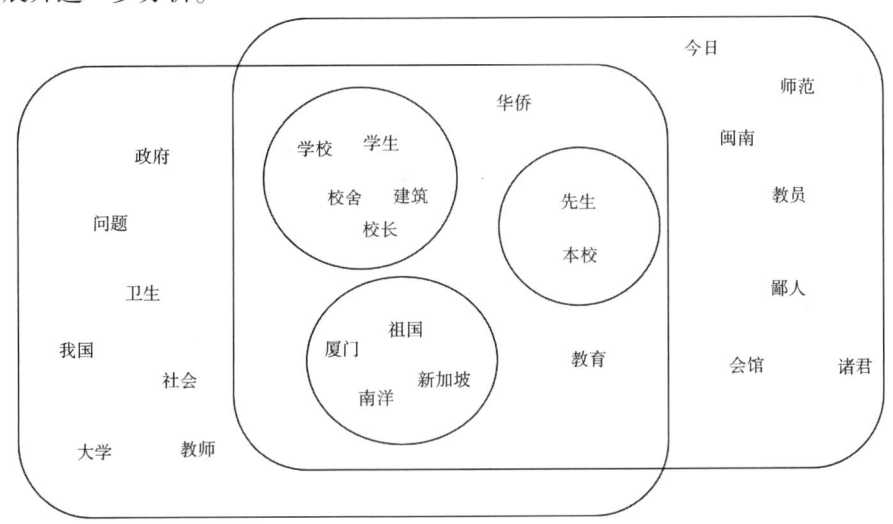

图1 高频词和主题词中的重合词汇

(二)"教育"的语料库语言学分析

1. 词簇分析

词簇是计算机自动切分的词语线性序列。通过AntConc软件的Clusters功能，对语料库中的2~6词词簇进行了切分。其中出现频次在10次以上的词簇有10个，分别是：教育之、华侨教育、教育会、之教育、对教育、的教育、受教育、教育不、闽南教育、教育事业。可以看出，以上10个词簇当中仅有3个具有比较完整的意义，即华侨教育、闽南教育、教育事业。接下来，我们考察这些词簇的使用语境所折射出的陈嘉庚教育思想。

第一，有关"华侨教育"的索引行共有26条。通过AntConc软件特有的KWIC（Key Wordsin Context）功能逐条查看这些索引行发现，陈嘉庚认为南洋华侨教育"量数虽略有可观，质的方面不免尚差"。他分析其原因是"不外各自为政、泛而无统"，也缺乏"教育会之机关为监督领导，亦无我国政府视学员为之纠正"。陈嘉庚希望政府的领事馆可以发挥作用，设立专门的华侨教育领导和监督机构，但他同时指出国民党政府的外交官僚腐败无能，"不但不能改善华侨教育，且有反生陷害者"。另外，陈嘉庚非常重视中等教育在华侨教育中的重要性,他认为中学在人的发展过程中有着举足轻重的作用,倘若只是小学毕业,尚不具备自立的能力。他说:"吾人不注重中学,是无异培养子弟至13岁止,而欲责令自立,勿论无此能力,倘非最贫苦之家,其父兄决不如是之忍也。"鉴于此,陈嘉庚说:"吾侨对培养中学生,应当极力设法提高其程度,万万不可反使之退步也。"陈嘉庚还认为,华侨团结有赖于华侨教育的统一,而华侨教育的统一则应该裁并会馆及同宗会,消除帮派学校之间的藩篱,统一办理各帮学校。因此,他主张设立"星洲华侨教育会",总办全新加坡的华侨教育。陈嘉庚通过推广华侨教育来保存和弘扬中华文化,维系海外侨胞与祖(籍)国情感的思想,至今对我国的华文教育仍具有启迪意义,充分显示了陈嘉庚在华侨教育上的远见卓识。陈嘉庚积极倡导华侨教育,"为祖(籍)国和侨居国、为社会培养了大量的人才;对弘扬中华文化做出了积极贡献,增强了海外华族会馆、社团之间的团结;促进了海外华族民族意识的形成"[15]。此外,他提倡完善和统一海外华侨教育监督管理机构的思想,对于发展新时代的华侨教育亦有借鉴意义。

第二,"闽南教育"有12条索引行。分析这些索引行发现,陈嘉庚很早就认识到闽南教育之"荒废""幼稚",因此他极力想通过创办学校来加以改善。陈嘉庚提倡十年普及教育,资助办理不善的小学,另设模范小学为领导。陈嘉庚素来重视师范教育,他认为"欲提高闽南教育文化,亟须办私立师范学校"。与办华侨教育的思想一脉相承,在兴办闽南教育时,陈嘉庚一方面主张维系闽南教育之根本在于"多招中学生",另一方面,他认为"设立小学教育研究会大有益于闽南教育"。

第三,有关"教育事业"的索引行共有11行。从中可以看出,陈嘉庚虽然很重视政府的作用,认为只有良好的政府才能有良好的教育事业,但他同时认为国民对教育应负之义务不可专责政府。他说:"窃吾人每开口便推责政府,不肯全担负担之不是,其大意似乎教育事业,不关国民义务。"陈嘉庚还坚持"华人教育华人办"的教育事业观,他认为"且教育事业,若依赖外国人出资来办,无异自家子弟求外人代还教育费,其可耻可羞为何如耶"。这些体现了陈嘉庚在兴办教育方面强烈的民族气节和自力更生的精神。近年来,作为我国教育系统重要组成部分的民办教育,在各级政府的领导及社会各界的支持下取得了长足的进步,但依旧存在发展相对滞后、不充分等问题,其中一个重要原因就是资金不足。陈嘉庚认为"兴学乃国民天职",换言之,办教育是全体社会公民的职责。民办教育应该成为政府办教育的重要补充,通过引导社会资本进入教育领域,可以解决民办教育办学资金匮乏的问题。另外,华文教育是保持华侨华人民族性的根本保证。陈嘉庚在兴办华侨华人教育中的民族观和自主观,对于当代华文教育的发展具有重要的启示意义。

2. 搭配分析

搭配指的是与节点词在语境中的习惯性共现。词语的习惯性共现往往反映了思维的习惯性共现。通过对核心词搭配词的分析，可以了解与核心词经常共现的词语及其所代表的社会文化意义。"教育"是语料库中的高频实词之一，以"教育"为搜索词，考察它在 -/+5 跨距范围内的实义搭配词，以发现陈嘉庚关于教育的一些思想规律。

表3 "教育"的前20位实义搭配词

排序	搭配词	频数	MI 值	排序	搭配词	频数	MI 值
1	华侨	46	5.38317	11	注意	14	5.82974
2	实业	35	7.86216	12	关系	14	5.27720
3	南洋	24	4.71550	13	祖国	13	5.01501
4	社会	23	5.68908	14	我国	13	4.42027
5	学校	23	3.82106	15	儿童	13	7.26048
6	政府	22	4.32982	16	人才	13	5.85713
7	闽南	20	5.73814	17	福建	12	5.67294
8	机关	16	6.56004	18	方面	11	5.90758
9	普及	15	7.29185	19	国家	11	5.24575
10	学生	15	3.33898	20	事业	11	5.76422

MI 值是测量搭配强度的一种统计手段。一般来说，当 MI > 3 时，表明二者的搭配是显著性搭配，而非偶然形成的搭配。由此可见，表3中的20个搭配词为显著实义搭配词。这20个搭配词大致可以分为三个语义域，分别是人群语义域，包括华侨、学生、儿童、人才；机关语义域，包括学校、政府、机关；地区语义域，包括南洋、闽南、祖国、我国、福建；再就是实业、社会、国家、事业等名词和普及、注意等动词。以上搭配词的出现也印证了上述主题词分析和词簇分析的部分结果。它既表明了陈嘉庚对华侨教育的重视，也表明了陈嘉庚在兴办教育方面的家国情怀。

排名第一的搭配词是"华侨"。通过 AntConc 软件高级检索中的语境检索（Context words）功能，可以调查"华侨"与"教育"搭配使用的语境。逐条检查检索行，发现陈嘉庚对于华侨教育有以下主张：除了与词簇分析相同的"设立统一华侨教育领导机构""统一办学"的主张以外，陈嘉庚还认为华侨教育的重要性高于祖国的教育，因为"祖国儿童若失教育，至长大后亦自知为中国人，虽后代子孙亦不失为中国人。若南洋华侨则不然，幼时如未受祖国文化，则常被土人或欧人所化，并自身亦与祖国脱离关系，后代子孙更难挽回"。陈嘉庚相信教育具有很强的文化传播功能，多次强调教育对于保存国粹、复兴民族的重要作用[16]。在陈嘉庚看来，教育不仅能留住华侨的"中国根"，还能激发他们的"爱国情"。

排名第二的搭配词"实业"集中体现了陈嘉庚"教育不兴实业不振"的思想。首先，陈嘉庚认为教育和实业是救国良方。其次，他认为应该优先发展教育，但教育有赖于经济实业的支持。最后，陈嘉庚认为教育和实业是辩证统一的关系。也就是说，没有实业，教育费用就无法保障；没有教育，就没有发展实业所需要的人才。

搭配词"南洋"出现频次较高，因为它经常与"华侨教育"一起构成一个名词词组"南洋华侨教育"。它所体现的陈嘉庚教育思想与华侨教育是基本一致的。查看"社会"与"教育"的搭配语境，发现陈嘉庚的社会教育思想包括设立博物馆启发民智，改革落后的风俗习惯，建立科学、卫生的生活习惯等。他认为，这些"乃事关祖国兴替的大事"。

除了以上高频搭配词，还有些搭配词也值得注意，如动词"普及"和"注意"。考察语境发现，陈嘉庚认为国家要发展就要注意发展教育、普及教育。

四、结束语

随着互联网、大数据技术的发展，今天学者的研究条件和前互联网时代相比已不可同日而语[17]。将擅长大数据分析的语料库语言学方法应用于陈嘉庚教育思想的研究，对于以往以定性为主的陈嘉庚研究来说是一种有益的补充。本研究发挥语料库检索分析工具快速、便捷、高效、客观的特性，将陈嘉庚研究文献加工成语料库的形式，对陈嘉庚的教育思想核心词进行分析。研究表明，陈嘉庚的教育思想核心词包括学校、学生、教育、华侨、先生、南洋、校长等，主要围绕"学校教育"和"南洋华侨教育"两个主题。以核心词"教育"为个案，分析其在语料库中体现的陈嘉庚教育思想，结果发现，陈嘉庚非常重视华侨教育，认为华侨教育不仅具有延续华侨中华文脉的重要功能，更能陶染华侨爱国之情。他同时主张通过统一办学和设立统一的华侨教育领导机构来促进华侨教育的发展。另外，陈嘉庚还提倡优先发展师范教育、重视普及中学教育，因为师范是教育之母，而中学教育则是教育之基，"其重要亦不亚于师范"。陈嘉庚对教育与实业的关系也有着非常深刻的认识，认为"教育不兴实业不振"，教育与实业是一种"互相消长之裙带关系"。本文所提倡的研究范式对未来的陈嘉庚研究具有一定的方法论借鉴和启示意义。

参考文献

[1] 国务院侨务办公室.陈嘉庚实业经营中的国家情怀[C/OL].(2022-06-20)[2022-06-22].http://www.gqb.gov.cn/news/2022/0620/54208.shtml.

[2] 周远清.陈嘉庚教育思想与我国当代教育[J].中国高教研究,2007(10):1-3.

[3] 潘懋元.教育事业家陈嘉庚教育思想新探[J].中国高教研究,2007(10):7-8.

[4] 李延保.增强自信 坚持开放 加大高校教育改革的"国际化"进程——从学习陈嘉庚教育思想谈起[J].中国高教研究,2007(10):3-6.

[5] 郭玉聪.教育救国:陈嘉庚倾资兴学的思想动机[J].厦门大学学报(哲学社会科学版),2001(1):78-82.

[6] 姚安泽,苏荷叶.陈嘉庚教育思想的基本特征[J].鹭江职业大学学报,2000(4):79-84.

[7] 刘德华,施若谷.试析陈嘉庚的教育思想[C/OL].(2009-10-05)[2022-06-06].https://kns.cnki.net/kcms/detail/detail.aspx?dbcode=CPFD&dbname=CPFD0914&filename=DFJS200909006218&uniplatform=NZKPT&v=qyb0Oyny4IuGbXNq_fUAWLq0ztG8mChzTRcUHMQz-_VrGHnMghl-MXMYpv2evmTI5BYVgDYnyog%3d.

[8] 杨雪萍.陈嘉庚教育思想新探[J].兰台世界,2014(7):61-62.

[9] 施若谷.试论陈嘉庚的科学教育思想[J].科学技术与辩证法,2000,17(2):48-51.

[10] 兰润生,刘英杰,蔡惠玲.陈嘉庚学校体育思想初探[J].中国体育科技,2003,39(1):18-20.

[11] 李克.陈嘉庚教育思想对培育我国现代大学精神的启示[J].经济与社会发展,2007(9):158-161.

[12] 王增炳,陈毅明,林鹤龄.陈嘉庚教育文集[M].福州:福建教育出版社,1989.

[13] 潘懋元.《陈嘉庚教育文集》序[J].教育评论,1989(4):77-79.

[14] 陈国良.陈嘉庚先生与师范教育[J].师范教育,1985(4):30-31.

[15] 廖永健.陈嘉庚海外华文教育的回顾与启示[N].福建侨报,2022-9-30(4).

[16] 孙谦.略论陈嘉庚的教育哲学观[J].厦门大学学报(哲学社会科学版),1994(4):19-24.

[17] 董立功.陈嘉庚研究新史料的拓展:原则与路径[J].关东学刊,2020(6):98-109.

[本文发表于《集美大学学报(教育版)》2023年第1期]

试论陈嘉庚的人才培养理念

陈洪林

（集美大学学校办公室　福建　厦门　361021）

摘要：陈嘉庚注重人才培养，他的育人理念很独特。他认为学校应该培养中华民族文化传统和西方现代文明思想相结合的人才，具有专业知识和实际历练的应用人才，德、智、体全面发展的合格人才。

关键词：高等教育；人才培养；陈嘉庚；育人理念

教育是一种培养人、造就人的社会活动，要根据一定的社会条件及人本身的素质来培养人才。陈嘉庚一生倾资办学，共创办100多所学校，为国家和社会培养了大批人才。那么，在长期的办学实践中，陈嘉庚的人才培养理念到底是什么？有什么特色？这值得探讨。

一、培养具有中华民族文化传统和西方现代文明思想的人才

陈嘉庚8岁入学，17岁出洋，受过9年中华民族传统文化的熏陶，这使他非常崇尚民族传统；由于长期客居南洋，他又受到西方文化和当地文化潜移默化的影响。因此，在陈嘉庚身上，中国传统文化和西方文化、当地文化交汇融合在一起，使他的人才培养理念十分独特。陈嘉庚主张办大学要博集东西文化，使之融会贯通，为复兴民族所用，培养的人才应该是具有中华民族文化传统和西方现代文明思想的人才。

第一，传承中华民族文化传统。陈嘉庚深知民族精神渊源于民族文化，他指出"世界任其如何变动，我国固有之文化精神，万不能残缺，此理甚明也"[1]64。在他眼里，一个民族丧失了文化上的独立，沦为别的民族的文化附庸，必然会失去民族的独立性，成为殖民地或半殖民地。为此，他高度重视发展华侨教育，他说："侨生接受祖国文化，比较国内尤为关要；在国内之国民，虽终生不学，到老还是中国人，若侨生失学，则难免外化。"[1]53因此，陈嘉庚认为必须加强华侨教育，运用民族文化的认同作用，强化民族意识，

作者简介：陈洪林（1967—　），男，福建仙游人，副研究员，主要从事高等教育管理理论研究。

增进民族凝聚力,使之成为民族团结、国家统一的精神支柱。陈嘉庚意识到兴办教育实为振兴中华,据此,他视国学为一门非常有用的知识,认为国学训练事关民族文化的保存与民族的生存,因而必须大力提倡。当林文庆出任厦门大学校长时问及办校宗旨"究竟注重国学,抑或专重西文"时,陈嘉庚即答"两者不可偏废,而尤以整顿国学为最重要"[2]54,这体现了陈嘉庚对所培养人才在思想层面上的一个要求。

陈嘉庚心目中的中华民族文化传统到底是什么呢?九年的旧学教育不仅为陈嘉庚打下了良好的文化基础,更重要的是传统文化中的儒家思想、伦理观念已深深印入他的脑海,逐渐内化为其人生价值观一部分。他对"天下为公""大同理想"的向往,对"天下兴亡,匹夫有责"、"先天下之忧而忧,后天下之乐而乐"的爱国、爱民情怀的认同,使他重公利、重道义。因此,在人才培养方面,他认为好的人才必须传承中华民族文化传统,而这在陈嘉庚那里又外在体现于道德修养。陈嘉庚所指的道德修养范围相当广泛,就字面上看,绝大部分属于儒家传统文化的道德概念,如勤劳、节俭、诚实、公、忠、毅、恕、专、智、信等。此外,"仁"本是孔子学说的核心,其本质精神是"博爱",但陈嘉庚主要指爱国、热心公益事业和维护正义;被传统称为"国之四维"的礼义廉耻,陈嘉庚在把它们引进学校时巧妙地与尊敬老师、遵守校纪、恪尽职守、刻苦读书等结合起来。陈嘉庚将道德看作个人修养的最高境界,认为"人有道德毅力,便是世间上第一难得之奇才"[2]。他为集美学校规定的校训"诚毅"及厦门大学校训"止于至善",都是其人才培养理念的外化,其目的在于敦促学生形成高尚的品格、坚强的意志,在生活与行为上为社会做表率、立规范。

第二,具有西方现代文明思想。在陈嘉庚办学的年代,西方哲学思潮此起彼伏,如主张单独承担全部精神苦难的"绝对个性"的存在主义、弗洛伊德性原动的精神分析学说、尼采"伟大的孤独"的超人哲学等。对于这些哲学理论,他的态度是在思想自由的前提下兼收并蓄。五四运动以前,陈嘉庚虽然热心于发展新学,以尽"国民天职",但仍坚持"中学为体,西学为用"[1]93,对外来文化存在一定的排他性。五四运动以后,随着第一次世界大战的结束,西方经济得到迅速恢复和发展,科学技术日新月异,相形之下,旧中国政治腐败、社会风气愚昧落后,陈嘉庚不但渴望在科技领域学习西方的富强之道,而且要求在政治上铲除"专制之积弊",实现资产阶级的"民主""共和"。陈嘉庚是生活在新加坡的实业家、教育家、社会活动家,长期生活在中西文化的交汇点上,对西方现代文明有较多接触,对世界的认识比较清醒、完整,他的实业救国思想,他的竞争意识、法律意识,他的人权平等、男女平等思想,他崇尚科学、提倡科学的精神,都能反映出他受到西方现代文明的影响。这使他认为培养的人才必须具有西方现代文明思想,他创办厦门大学时聘请林文庆为校长是因为"南洋数百万华侨中,能通西洋物质之科学兼具中国文化之精神者,当首推林文庆博士"[3]1195。

陈嘉庚认为具有西方现代文明思想的人,一个重要特征就是要掌握西方的科学文化。在陈嘉庚看来,国家要富强,社会要进步,根本因素在于发展科学技术;要发展科学技术,关键是掌握科学技术的人才。陈嘉庚正是在汲取中华传统文化精华和对西方先进科技知识的学习、接受并在此基础上的比较、分析、总结中,逐渐形成了要发展必须依靠科技、要振兴科技必须教育为先的科学教育思想,这显然代表了那个时代中国进步人士的先进思潮。他认为"今日之世界,科学全盛之世界也。科学之发源,乃在专门大学,有专门大学之设置,则实业、教育、政治三者人才,乃能辈出","唯科学不讲,百业落后……此事首需科学人才"[3]174等,正因为如此,陈嘉庚所创办的学校,实际上已经是近代西方式的新型教育,他提出教育从道德意志、人格训导入手,充分开发人的创造力,使学生最大限度地发挥聪明才智。陈嘉庚这种教育,把现代人才学、社会学、教育学、文化学等有关学科有机地结合起来,通过课堂教学、实验研究、生产实践,培养学生树立科学思想、创造意志和开拓精神。

二、培养具有专业知识和实际历练的应用人才

陈嘉庚认为学校培养的人才要适用于社会的需求、国家的需要,必须重视培养有用的专业知识与实际的历练相结合的应用型人才。

第一,具备有用的专业知识。陈嘉庚认为没有学校扎实的文化基础训练,要获得成功是不可能的;学校培养的人才没有专业知识,要想适应社会需要也是不可能的。那么什么是专业知识?陈嘉庚认为是科学,只有科学才能使生产进步、经济发展、国家强盛。为此,他对私塾训蒙时期那种"科学缺如"的教育提出了尖锐的批评,对与科学有关的西学则大力提倡。陈嘉庚要求学校按照社会实际岗位需要设置专业,增加职业化训练,着力培养基础扎实、能力强、素质高的应用型人才。他认为专业知识来源于研究和实验,提出"文明重科学,科学重理化与实验"[3]185,认为必须加强科学研究和实验以"扩大新科学",学校的教师和学生都必须通过科学实验,以培养"科学上之精神"。否则"各项科学之重要试验物,成立较久尚付缺如,不少学生不能实受科学上之精神,既教师自身,亦多历久而失其固有之学问。盖学问与时俱进,研究无穷,进步亦无限,教师尚且如是,况学生乎"[3]124。在专业知识中,陈嘉庚注重"实用"二字,他认为教学应"教育知识技能,以能致

实用"[4]，反对脱离实际的办学方式、授课形式。他特别重视教学中的实验问题，为集美诸校及厦门大学配备的实验仪器非常完备。他认为要加强教学设施建设，改善办学条件，加强管理和服务工作，促使学生把主要精力投入专业知识的学习中。

第二，具有实际的历练。这体现了陈嘉庚"教做合一"的育人原则，从他的办学目的可以非常清晰地看到，为了"开拓海洋，挽回海疆"[5]38，1920年2月，他在集美学校开设水产科；因为"我国商业之不振兴，推其原故……所独缺者，商人不知商业原理与常识耳。吾人深知此弊，以补救之法，莫善于兴学"[5]39，1920年8月，陈嘉庚创办了集美高级商业学校，培养综合的财经商业人才；因为"我国素以农立国，然因科学落后，水利未兴，改良无法，故收获不丰，民生困苦"[5]40，1926年兴办了集美学校农林部。

在陈嘉庚创办的学校中，实验、实习和技能训练课程在整个教学过程中占了相当大的比例。应该说，陈嘉庚看到知识来源于客观实际这一事实，强调掌握书本知识后还得经过进一步的社会历练才能巩固提高，这种认识已基本接近"实践——理论——实践"的辩证唯物主义认识的思路。在人才培养过程中，陈嘉庚提出既要注重课堂上知识的传授，又应注重与社会接轨，通过不同途径，使学生能有更多的机会到生产第一线，通过亲历社会实践来锻炼自己，提高自己的实践技能，进而从整体上提高人才培养质量。他一直认为，现实社会需要的人才，是能干事、会干事的人才，学校所培养人才的实际能力要通过实践来实现。为此，他特别注重培养学生的实践技能，为了达到这一目的，他不惜重金从海外购进大批原版书籍、理化仪器、化学药品、实习渔轮及生物学、植物学、人类学等实物标本；在学校中设立了动物标本馆、植物标本馆、气象台、生物材料处、物理机器厂等，为教学科研提供了良好的实践条件。他不惜巨资，为航海学科的学生建立海上的训练基地；要求水产科学生深入渔区调查生产情况；为农校开设农林加工场；为师范学校创设实验小学、幼稚园；为商业学校开设银行、商店等，这些大大方便了学生的实习等。正因为如此，集美学校培养的学生动手能力很强，社会适应性也强。

三、培养德、智、体全面发展的合格人才

陈嘉庚根据自己对教育的独特理解，提出在"诚毅"思想指导下，德、智、体全面发展的育人原则。陈嘉庚强调要注意学生的德、智、体全面发展，反对学生"如机械一样"地读死书。

第一，德育为先。人的身心是一个和谐发展的整体，人的认知、情感和

意志等及其内在各要素之间是互相支持、协调发展的。陈嘉庚将德育排在首位，突出德育在全面发展中的地位和作用，以德育带动其他；智育和体育排在第二、三位，科学地处理好如何培养学生各方面基本素质的关系。陈嘉庚认为学校应以"育人为中心"，把学生教育成"真正的人"，即有理智、有理念、有理想的人，有社会责任感、事业心的人。为此，早在20年代初期，陈嘉庚就指出，学校教育"不但要教其识字而已，其他如知识、思想、能力、品格、实验、体育、园艺、音乐，以及其他课外活动，均需注意，与正课相辅并行"[6]。

在德育方面，陈嘉庚把所培养人才的道德列入重要范畴。他认为道德既为立身乃至立国之本，道德教育自然应在学校教育中占有突出地位。陈嘉庚心中的道德地位是相当高的，小到个人修身，大到国家治理，甚至社会发展，都离不开道德的作用。陈嘉庚重视学生德育工作，认为德育在于"养成德性，裨益社会"[7]。他讲的"德性"，除了重视养成教育、培养做人的道德修养之外，特别重视培养学生的爱国主义精神。他指出"做人最要紧是有是非"，最着重的是爱国主义。他主张要加强对学生的思想品德教育，养成"尊师守纪"的良好学风；要求学生明辨是非，尊师重傅，才能有爱国爱家之行。他确立"诚毅"校训，提出要"凭着诚毅二字的校训，努力苦干"[8]。陈嘉庚还特别注重学校规章制度的制订，要求学生严格遵守，使大多数学生养成优良习惯。同时，他注重人格教育，提出要"发扬民族精神，陶冶高尚人格，养成坚忍奋斗之精神，养成研究学术之精神，注重有规律之生活，养成俭朴勤劳之习惯，养成互助合作之精神，养成责任心及牺牲之精神，养成崇尚礼乐之美德，养成学生自治之能力"[9]。他要求广大教师要以渊博知识、严谨治学、求实创新的作风教育影响学生；以为人师表、光明磊落、一身正气的风范去感染学生；以热爱学生、诲人不倦的爱心去打动学生。

第二，各育俱全。陈嘉庚认为应把发展学生的智力放在重要位置，这种智力既包括学好知识的思维能力，也包括适应环境的应变能力，鼓励学生发挥主动精神，广泛地汲取书本外的一切知识，以提高自己的整体素质。在他创办的学校中，学生的智育培养永远是中心工作。

从他的教育实践来看，他很重视体育，他认为，学校培养出来的学生要德、智、体都好，方能成为对国家有用的人才。青年学生和国民，如果体质羸弱、精神萎靡，将来"虽有满腹理论，亦不足负国家重责"，明确地提出"应有健全之身体与精神，方可为社会服务，荷国家于肩"[10]。为了使体育锻炼有一定的物质条件，陈嘉庚重视体育场馆的建设，为了大力开展体育运动，他规定学校要定期召开运动会，开展群众体育运动。他曾写信给叶渊，规定每年"重九"之后三天内，要开一次运动会，并提出"绝不可简"。正因为这样,在他所办的学校里,体育运动的氛围比较浓厚,还培养出不少优秀的体育运动人才。为了增强学生体质,陈嘉庚提出,一方面要加强学生体育锻炼,另一方面要做好预防保健工作,把体育与卫生保健工作结合起来,并把体育卫生提高到"强身、强种、强国"的高度来认识。为了养成学生良好的生活、卫生、锻炼的习惯,他亲自撰写《民俗非论集》,并广为宣传,提倡卫生文明的生活方式。

陈嘉庚重视课外活动,认为课外活动是配合学校德、智、体、美全面发展的重要活动形式,主张"课外活动之实施,在积极地引导学生,使其自觉实践"[10]67。他认为,如果不充分利用课外活动的时间组织学生进行活动,学生就容易浪费宝贵的时间,或从事不良行为,不利于学生健康成长。他提出要合理使用运动场所,发挥学校场地设备的优势,每逢课外活动时间,组织学生进行各项比赛和表演,这样既能排除学生思家的情绪,又可充实节日的生活,还能提高各项运动队技术水平。此外,陈嘉庚还将生产劳动视为倡导发展学校体育、增强学生体质的重要措施,他创造了生动活泼的劳动形式,收到了良好的效果。

参考文献

[1] 陈嘉庚. 陈嘉庚言论集[Z]. 厦门:中国厦门集美陈嘉庚研究会,2004.

[2] 沈芦. 爱国主义是陈嘉庚教育思想的本质特征[J]. 华侨华人历史研究,1994(3):52 – 56.

[3] 陈嘉庚. 陈嘉庚教育文集[M]. 福州:福建教育出版社,1989.

[4] 曾瑞炎. 陈嘉庚倾资办学思想述评[J]. 八桂侨历史,1995(4):27 – 31.

[5] 周明金. 陈嘉庚的教育思想与现代教育观[J]. 福建师大福清分校学报,1995(1):38 – 40.

[6] 张楚琨. 回忆陈嘉庚[M]. 北京:文史资料出版社,1984:248 – 256.

[7] 傅子玖. 初论陈嘉庚的诚毅精神[J]. 集美大学学报:哲学社会科学版,2002(4):113 – 116.

[8] 郭玉聪. 教育救国:陈嘉庚倾资兴学的思想动机[J]. 厦门大学学报:哲学社会科学版,2001(1):78 – 82. 。

[9] 陈碧笙,杨国桢. 陈嘉庚传[M]. 福州:福建人民出版社,1981:58 – 69.

[10] 陈克铭,郑如赐. 以侨校侨乡为基地,发展侨生侨乡体育[J]. 福建高校体育,1994(2):67 – 70.

[本文发表于《集美大学学报(教育版)》2008 年第 2 期]

陈嘉庚精神的时代内涵及其对师德建设的启示

赖闽辉

（集美大学人事处　福建　厦门　361021）

摘要：陈嘉庚精神与师德建设论题的提出是与当今时代的社会背景紧密相关的，这一议题已成为当前理论研究的热点。陈嘉庚精神有着十分丰富的时代内涵，主要包括爱国精神、奉献精神、诚毅精神、敬业精神等。在科学发展观统领下，陈嘉庚精神对师德建设的启示是：弘扬爱国主义，强化教师职业伦理；注重以德立身，规范教师一言一行；发扬诚毅精神，反对各种不正之风；倡导爱岗敬业，不断实现工作创新。

关键词：陈嘉庚精神；内涵；师德建设

随着中国教育改革不断向深度和广度推进，进一步加强教师品德建设以更好地培养和造就社会主义事业的建设者和接班人，已经责无旁贷地摆在了教育理论界及各级主管部门的面前。陈嘉庚精神经历了长期复杂的历史发展演化，在政治、经济、文化教育和社会活动等方面形成了一系列的高贵品质。这种高贵品质，是中华民族宝贵的精神财富，时至今日对于加强高校师德建设仍然具有重大的指导、借鉴和启示意义。而如何用陈嘉庚精神来弘扬教师的传统美德尤其值得深入研究和探讨。温家宝总理在2010年3月5日的政府工作报告中指出，必须"激励教师专注于教育"，"加强教师队伍建设"。[1]可见，加强师德建设既是党和政府做出的最新决策，也是社会发展的客观要求。

一、问题的提出

当今时代是全面实施科教兴国战略和优先发展教育事业的新时代。在这样的时代，陈嘉庚的倾资办学、师资队伍建设及其他相关的精神对于中国教育事业的发展来说，具有特别的价值、功能和意义。一个时期以来，教师队伍出现了思想政治观念淡化导致信仰迷茫，耽于个人得失缺乏奉献精神，诚信缺失滋生学术腐败，敬业精神不足、职业道德下降等师德建设跟不上教育

作者简介：赖闽辉（1971—　），男，福建永定人，助理研究员，主要从事陈嘉庚精神与师德问题研究。

事业发展的复杂难题。要解决这些问题，不从思想观念、道德品质和主观认识方面入手是难以找到根本之策的。而作为国人楷模的陈嘉庚先生所树立的兴办教育新风恰是一股强劲的精神力量，激励和鼓舞着人们内心深处无私奉献、开拓进取和追求卓越的灵魂。

近些年来，关于陈嘉庚精神的研究已形成热潮。国内外不仅出现大量的研究论文，其他诸如著作、宣传片等各种形式的文献资料也不胜枚举。陈嘉庚精神的研究已经从片言只语的评价，逐渐形成了较为厚实、完整的体系。笔者认为，陈嘉庚精神内容丰富，师德建设思想只是陈嘉庚精神的组成部分之一，深入研究这种闪烁着民族光辉的宝贵精神，对做好科学发展观统领下的师德建设同样具有十分重要的启迪意义。加强陈嘉庚精神的研究，进一步做好师德建设对提高教育质量意义重大。教育学家曾经指出，振兴中华的希望在于科技，振兴科技的希望在于教育，振兴教育的希望在于教师。教师作为教学活动的主导，对学生有着直接的影响作用，其思想品德状况直接影响着培养出来的人才质量、品质和规格。教师不仅要有高深的学术知识、创新知识和从事科学研究的能力，而且还必须品德高尚、为人师表。当前，必须深入研究陈嘉庚的师德建设思想，大力弘扬民族精神和时代精神，坚持用民族精神和时代精神来鼓舞斗志，用社会主义荣辱观来引领风尚，不断提高教育教学质量。陈嘉庚的爱国主义思想、诚信思想、倾资办学思想、重视师德思想及其他相关思想是新时期的思想财富，继承和发扬前人的思想精神不仅能够发挥榜样模范和道德标杆的作用，完成前人未竟的事业，而且还能不断开辟新的工作局面，不断谱写新的建设篇章。

二、陈嘉庚精神时代内涵的基本阐释

陈嘉庚精神有着十分丰富的时代内涵，它代表着国人和民族不懈的思想追求。陈嘉庚精神是其一生爱国、敬业、重德、诚信和奋斗的思想和行为体现，包括其爱国报国的政治态度、无私奉献的价值取向、诚实守信的处世原则、自强不息的意志品格、勤劳节俭的生活作风和与时俱进的创新精神。国内曾有学者把陈嘉庚精神概括为仁慈忠勇的道义精神、躬行务实的事业精神和持久不衰的人生激情，确信陈嘉庚精神是具有巨大感召力的思想力量。关于陈嘉庚精神的内涵，也有学者进行了其他不同的概括。笔者认为，陈嘉庚精神是一种民族精神和时代精神，它是优秀思想传统的重要组成部分。随着人们对这一精神研究的不断深化，新的认识和看法也会不断涌现，因此，只有用全面、发展、联系的观点来看问题，才能找到科学、合理的答案。陈嘉庚精神的时代内涵相当丰富，从师德建设的角度看，它主要包括以下几个方面的内容：

(一) 爱国精神

陈嘉庚的一生是时刻闪耀着爱国主义光辉的一生，爱国精神是陈嘉庚精神的最本质、最核心的内容。不论是倾资办学、创办实业，还是支援抗战、参政议政，无不体现着他充实而光辉的爱国精神。陈嘉庚恪守"天下兴亡，匹夫有责"的古训，在国家危难的时候，为了实现报效祖国的抱负，本着教育救国、实业救国的思想，兴资办学，创办实业，立志发扬民族文化、振兴中华，这些无不是以爱国为出发点的。抗战时期，陈嘉庚在南洋奔走呼号，团结华侨力量，以实际行动积极支援祖国抗战，其功绩世人皆知。在民族未来何去何从的大是大非上，陈嘉庚始终保持着正确、坚定而鲜明的政治立场，对蒋介石集团的种种倒行逆施、国民党政府的腐败与祸国罪行、汪精卫集团的叛国投敌罪行都毫不含糊地揭露抨击、无情痛斥。新中国成立后，他应邀回国参加新政协筹备会，满怀热情地参政议政，其爱国精神在新时代里得以充实和升华。1950年他回国定居后，依然关心着海峡两岸关系的发展，积极参加社会主义建设，为新中国的发展贡献出自己的全部力量。可见，爱国主义精神是陈嘉庚精神的支柱，是贯穿陈嘉庚一生经营实业、抗战救国、兴办教育的一条主线。

(二) 奉献精神

陈嘉庚是一位伟大的爱国者，同时也是一位毕生倾囊办教育的教育事业家。他一生生活十分俭朴，但兴学育才则竭尽全力，十分热心。他办学时间之长，规模之大，毅力之坚，为中国及世界所罕见。陈嘉庚早年就有教育兴邦的愿望，把教育提高到救国图强的高度。陈嘉庚一生致力于兴实业、办教育，他认为"金钱如肥料，散播才有用"，真正做到了"立志一生所获财利，概办教育，为社会服务"。从1913年起，陈嘉庚独资在集美创办了规模宏大的集美学村（学校群）、厦门大学，而且在侨居地新加坡创办、赞助了许多学校，从而建立起一个从基础教育到师范教育、职业教育、高等教育和华文教育的体系。据统计，由陈嘉庚先生创办、赞助和代办的各类学校，在海内外达118所，为中国和东南亚社会造就了成千上万的人才。教育家黄炎培评价他"发了财的人，而肯全拿出来的，只有陈先生"。从1894年开始创办惕斋学塾到病逝的67年倾资办学沧桑历程，集中体现了他热爱教育的无私奉献精神和爱国爱民、服务社会的牺牲精神。当然，陈嘉庚先生服务社会、奉献社会还表现在诸多方面，功绩不胜枚举，如竭尽全力支持各个历史时期的革命运动、爱国运动及文化、卫生、体育等各项社会公共事业。"像他这样公而忘私、奉献社会的壮举，在教育史上乃'千古一人'也。"[2]

(三) 诚毅精神

诚毅精神包括陈嘉庚的"诚毅"理念及其垂身示范的高风亮节。"诚毅"

就是诚信的为人之道和刚强果决、百折不挠的处事毅力。陈嘉庚首先是"诚毅"理念的践行者。他在经营实业中以"诚信果毅"为企业全体成员的价值观念、追求目标和道德规范。在企业的激烈竞争中，坚持以"诚信"为道德准则来从事经营活动。他的格言是"言必信，行必果"，要求部属文明经商，教育员工明了诚信与盈利的关系，要求员工要讲信誉、讲质量、讲服务。陈嘉庚先生在风云变幻的商战中，不畏艰险、刚强果决、百折不挠，终成大器，堪称以"诚""毅"制胜的典范。陈嘉庚兴办实业成功后，开始倾资教育事业。在长期持续的办学实践中，陈嘉庚满腔热情、不屈不挠，创办各类学校100多所，培养出大批人才，在国内外产生了广泛和深刻的影响，当之无愧是"诚毅"实践的楷模。陈嘉庚还是"诚毅"理念的积极倡导者。陈嘉庚在办学实践中把"诚毅"理念作为学校德育的一项重要内容，加以大力提倡训导。他根据自身经历和体验，从古哲文化思想宝库中提炼出"诚""毅"两个金子般的戒语，于1918年和其弟陈敬贤为集美学校手定了"诚毅"二字为校训，作为师生道德修养的一个标准，要求师生遵循。可以这样说，陈嘉庚先生所倡导的"诚毅"理念作为不可多得的人生教益，对教师的为人处世、品德的完善和事业的发展及学生品德的形成、学业的进步和毕业后为人处世等方面都发挥了积极的作用。陈嘉庚垂身示范、以身作则的高风亮节，更是影响了一代又一代人，也成为教师道德建设的楷模。

（四）敬业精神

陈嘉庚是杰出的实业家，早年在辅助父辈经营米店时受到良好熏陶，一向"公忠守职"。他认为畏惧失败是可耻的，坚信爱拼才会赢的进取精神。他认为"一种实业的成功，不在初创时有无雄厚的资本，而在经营得法与否""业如不专，艺必不精"，显示了陈嘉庚孜孜不倦的务实风格。其父留给他负债的米店换来了他白手起家，重整旗鼓，改革创新的契机与作为。自1904年独立经营企业后，他经营有方，迅速崛起。陈嘉庚自独立经营商业工厂后的30年间，创设商店百余处，各项工厂30余家、垦树植胶及黄梨园1万余英亩，雇用职员工人常达数万人，其无与伦比的创业魄力与业绩，使他堪称一位改革家，由此塑造出来的兢兢业业、勇于拼搏、开拓奋进的超国界、跨时代的敬业精神和进取精神，至今仍然是世人学习的楷模。1949年6月，陈嘉庚参加了第一届政协会议等重要政治活动，随即出外考察，写下了《新中国观感集》。陈嘉庚不仅欣然看到了中国的解放，而且开始考虑应该怎样从一点一滴做起。这种精神正是一种道德力量，值得教师和学生学习。

三、陈嘉庚精神对当下师德建设的启示

当前，中国正迎来深化教育体制改革、加强教师队伍建设和加快教育事

业发展的新的历史阶段,在这样的历史阶段,进一步弘扬陈嘉庚精神能为师德建设带来某些启示。教师的职业劳动是一种以人格培育人格、以灵魂塑造灵魂、直接为社会培养掌握现代化技术知识的高层次劳动大军的劳动。因此,与其他行业职业道德相比,教师的职业道德在内容上更具有丰富性、深刻性和全面性的特点。从时代内涵来看,爱国主义、热爱教育、献身教育、无私奉献、诚毅精神、敬业精神无不是高校师德建设的重要内容,对新时期加强高校师德建设具有深刻的启示和借鉴意义。

(一)弘扬爱国主义,强化教师职业伦理

热爱祖国、献身教育和无私奉献的精神,是高校师德建设的基础。缺乏这一基础,教师道德的其他内容就无从谈起。热爱祖国、献身教育要求每一位教师必须自觉地把国家和人民的利益放在首位,忠诚、热爱党和人民的教育事业,必须具有把自己的全部知识、才华、青春奉献给这一事业的信念、决心和勇气,爱岗敬业,甘为蜡烛、人梯,向世界和人类奉献光明和进步。教师劳动的本质特征在于奉献,教师道德的宝贵精髓也在于奉献。当前,有部分教师思想政治观念淡薄、信仰迷茫,缺乏积极向上的爱国主义情怀,更无法感染和教育学生。因此,新时期必须进一步弘扬陈嘉庚爱国主义精神,发挥其导向作用,激励广大教师的爱国情怀,使教师在职业生涯中爱岗奉献,不断谱写新时期人民教师献身祖国教育事业的新篇章。

(二)注重以德立身,规范教师一言一行

陈嘉庚精神之所以光照四海、影响巨大,和他垂身示范的高风亮节是分不开的。"学高为师,德高为范",垂身示范、为人师表是高校师德规范的一个要素,也是校园精神文明建设的重要体现。身教重于言教,教师在教学中身教的效果往往优于言教。百年大计,教育为本;教育大计,教师为本;教师修养,立德为本。为人师表是一面旗帜,在育人中具有重要的道德导向、心理导向和价值导向作用。学校无小事,事事是教育,教师无小节,处处为楷模。教师工作的性质和特点,决定其一言一行都会给学生以重要、深刻、长远的影响。教师要为人师表,就必须"以德立身",在言谈文明、仪表端庄、与人为善、讲求奉献等方面做校园精神文明的表率,以自身的力量包括人格力量教育和影响学生。教师必须致力于塑造自己高尚的人格,心中要有火种,不断为学生点燃人生发展之路;使自己成为一部生动的供学生学习的人生教科书,为学生做好人格示范;必须使学生热爱学习,促使学生学会做事、学会做人、学会发展。

(三)发扬诚毅精神,抵制各种不正之风

加强高校教师诚毅精神教育,是贯彻陈嘉庚育人思想的重要途径,也是防止师德失范的有效保证。"诚毅"精神是培养人才的核心价值观,也是陈嘉庚办学育人的指导思想。在新的历史条件下,应该把"诚毅"精神"作为师生道德修养的一个标准,要求全体师生遵循"。作为高校教师更应该率先垂范"诚毅"校训,进而影响和教育学生。当前,部分青年教师急于求成又缺乏毅力,不肯下苦功,抛开了诚信的做人原则,弄虚作假,营私舞弊,在学校和社会上造成了极坏的影响。而诚毅精神正是防治高校教师急功近利、学术浮躁和腐败的一帖良药。因此,对高校教师加强诚毅精神教育显得尤其重要而迫切。发扬诚毅精神和反对不正之风必须从制度、素质、教育、监督、环境等多个方面入手,利用多种积极力量来建构长效机制。

(四) 倡导爱岗敬业,不断实现工作创新

敬业是高校师德规范的基本原则,是对教师职业活动中应该遵循的行为准则的基本要求,是高校思想道德建设的重要内容。爱岗就是要热爱和忠诚于党和人民的教育事业,敬业就是按照《教师法》的要求,一丝不苟地履行一个教师应尽的职责。但令人遗憾的是,少数教师受到社会上一些不良因素的冲击,出现了一些问题:有些教师精力投入不足,教学态度不够端正,钻研教学的积极性不高;有些教师以校内教学工作为"副业",对教学采取敷衍态度,教学方法单一,照本宣科,没有与学生进行交流,禁锢了学生的创造性思维。究其原因,就是这些教师缺乏敬业精神和创新精神。在科学发展观的统领下,必须倡导爱岗敬业,力求"在思想上不断有新解放、理论上不断有新发展、实践上不断有新创造"[3];必须"增强工作的原则性、系统性、预见性、创造性"[4],"不断有所发现、有所创造、有所前进"[5]。

参考文献

[1] 温家宝.政府工作报告——2010年3月5日在第十一届全国人民代表大会第三次会议上[R].北京:人民出版社,2010:29.
[2] 林德时.论嘉庚精神的基本内涵[J].江西社会科学,2000(6):56-59.
[3] 胡锦涛.在学习《江泽民文选》报告会上的讲话[R].北京:人民日报出版社,2006:14.
[4] 胡锦涛.在纪念党的十一届三中全会召开30周年大会上的讲话[R].北京:人民出版社,2008:43.
[5] 胡锦涛.在"三个代表"重要思想理论研讨会上的讲话[R].北京:人民出版社,2003:28.

[本文发表于《集美大学学报(教育版)》2010年第4期]

陈嘉庚职教思想对应用型人才培养模式的启示

——以集美大学财经学院为例

陈志鸿 梁新潮

(集美大学财经学院 福建 厦门 361021)

摘要：陈嘉庚职业教育思想包含实业兴国、办学致用、知行合一、德、智、体三育并重的主张和理念。这对于地方财经院校创新人才培养思路具有重要启示，即地方财经院校应以应用型人才培养为主要方向、以职业能力培养为关键环节、以开展创业教育为时代要求、以诚信和廉洁教育为重要组成。由陈嘉庚一手创办的集美大学财经学院，积极贯彻陈嘉庚的教育理念，构建了以"职业教育体系"为主体、"创业教育体系"和"'诚毅'品格育人体系"为两翼的创业型高级财经职业人才培养体系，为地方财经院校人才培养做出了可贵探索。

关键词：陈嘉庚；职业教育；地方财经院校；人才培养模式

陈嘉庚不仅是我国近代以来伟大的爱国华侨领袖、社会活动家，还是一位杰出的教育事业家、实践家、思想家。在长期的办学实践中，陈嘉庚形成了自己科学的、先进的、具有鲜明特色的教育思想，至今仍然闪烁着真知灼见的光芒。陈嘉庚的教育思想包含办好教育的一系列主张，如教育立国、专家治校、全面发展的人才观、有教无类的普及观、重视学风校风建设的育人观等。同时，如果按教育层次分，陈嘉庚的教育思想又包括办好基础教育、职业教育、高等教育的一系列主张，其中尤以职业教育思想最有特色，对今天地方财经院校应用型人才培养有着诸多有益的启示。

一、陈嘉庚职业教育思想的主要内容

（一）实业与教育兴国的忧患意识和远见卓识

陈嘉庚青年时期就立下了"思欲尽国民一分子之天职"的宏伟志向，以

作者简介：陈志鸿（1975— ），男，福建安溪人，副教授，硕士，主要从事思想政治教育研究；
梁新潮（1960— ），男，江西余干人，教授，硕士，主要从事财政金融研究。

期改造旧社会。长期搏击商海的艰辛创业及从事社会政治活动的经历,使陈嘉庚深深体会到,要改造旧社会,就要振兴实业、发展民族产业,而要振兴实业,就要提高国民的整体素质,就要兴办教育,所以他强调"教育为立国之本,兴学乃国民天职""为改进国家社会,舍教育莫为功"。可见,陈嘉庚在那个时代就富有远见。他还说:"教育不振则实业不振,国民生机日绌……吾国今处列强肘腋之下,成败存亡,千钧一发,自非急起立追,难逃天演之淘汰。"[1]23陈嘉庚把教育与"实业振兴""提高国民文化水平""改进国家社会"相联系,其眼光是如此深邃。职业教育作为陈嘉庚教育事业的重要组成部分,对于促进实业的振兴无疑具有重要意义。陈嘉庚着手创办的商科(集美大学财经学院前身)就是他立志改变国内"墨守成规的商业经营方式"、发展民族工商业的重要举措。

(二) 办学致用的务实精神和世界眼光

陈嘉庚办教育的突出特点是他十分注重社会的需求,根据国家的实际需要创办各类职业教育,即他认为当时中国急需什么人才,就办什么教育。比如,他认为当时中国落后的原因在于教育,而教育需要师资,所以他在集美学校首先设立师范专科。他还根据社会需要的师资,先后创办了师范讲习科、五年制师范、四年制师范、普通师范、女子师范、幼稚师范、实验乡村师范等11个适应不同需要的师范学校。培养目标如此明确、门类如此齐全的师范学校,迄今仍难见到第二所。陈嘉庚针对我国幅员辽阔、海岸线漫长,然而航运业、水产业却极为落后,以致海权和丰富的海产水产资源拱手相让于列强的局面,下决心发展航运业和水产业,"振兴航运,巩固海权",于1920年创办集美学校水产科。陈嘉庚搏击商海的切身经历让他看到民族商业不振的现状、工商业发展受制于人的艰难局面,他深刻认识到,要在激烈的世界商贸大战中取胜,国家急需培养一大批具有世界眼光和现代商业知识的工商业人才,于是他在1920年创办了集美学校商科。厦门大学创立后,首先设立的专业也是师范和商科。旧中国农业十分落后,陈嘉庚看到了当时农业落后的原因,他说:"我国素称以农立国,然因科学落后,水利未兴,改良无法,故收获不丰,民生困苦。本省虽临海,农业实占一大部分,尚乏农林学校,以资研究改良。"[1]46为此,1925年,他创办了农林部,还特意重金聘请归国的留学生到校任教。可见,陈嘉庚办学除了基础教育外,在职业教育上,一切以客观分析当时中国的国情为前提,以培养国家急需人才为办学出发点,以满足国家建设需要为目的,具有很强的务实性、针对性,又极具世界眼光。

(三) 知行一致的教学理念和改革创举

陈嘉庚办学十分注重学生实践能力的培养,强调理论联系实际的教学理念。早年的求学经历使他切身感受到传统的旧式教育只专注书本知识、忽视能力培养、不屑于劳动实践锻炼的各种弊病。为此，他强烈抵制旧式教育，倡导新式教学，这也是陈嘉庚兴办教育以期报国的主要动因。在办学过程中，他更是身体力行，创设一系列条件，倡导学校将理论教学与实践教学紧密结合，注重学生实践能力的培养。陈嘉庚为此不惜重金购置了充足的仪器设备，建设了必要的实验室和实习场所，乃至购置实习舰艇。抗战时期转移到内地坚持办学的集美学校是当时全国教学仪器设备最齐全的学校。在课程设置上，集美学校突出了技能训练和实习的比重，约占总学时的三分之一。航海科的学生前四年学习基础和专业知识，最后一年海上实习；水产科建立水产养殖场、水族馆和渔具实习场，学生除了到这些场馆实习外，还必须深入渔区参加渔业生产并开展调查研究；师范学校的学生则到自己附设的幼稚园和小学实习；试验乡村师范学校实行"教、学、做合一"的教学方法，培养"乡村儿童及农民所敬爱的导师"；商业学校除了职业训练外，强调开设服务精神的课程，重视实际应用技术，学校开办实习银行和消费公社，其低级职员由学生轮流担任。学生学习的最后一个学期，则分配到陈嘉庚公司在各地的分公司、办事处实习。此外，陈嘉庚还专门开设了农林学校实习用的农林场和加工场、轻工业学校用的实习盐场等。

陈嘉庚及其所办学校对实践教学的重视，使集美大学发展成为以培养应用型人才为主要特色的高校，也使得集美学校培养出来的学生以动手实践能力强、务实、进取、敬业著称。

（四）德、智、体三育并重的新学主张和育人观念

陈嘉庚自小就读旧式私塾，对旧式教育的弊端有着切肤之痛。为此，从办学伊始，就十分强调学生必须德、智、体全面发展，学校必须德、智、体三育并重。早在20世纪20年代初，陈嘉庚就指出："有一部分同学，锐意攻书，而对于课外运动不甚注意，是未悉三育并重之宗旨也。"[1]51 主张教育"不但教其识字而已，其他如知识、思想、能力、品格、实验、体育、园艺、音乐以及其他课外活动，均须注重，与正课相辅而行"[1]48。为此，在陈嘉庚的亲自设计下，集美学校创建图书馆、体育馆、科学馆，购置轮船，造游泳池，建立各类实习场所，添置大量一流的实验仪器设备，同时把体育运动列为必修课，定期举办运动会。所有这一切努力，都是为了培养德、智、体全面发展的人才。陈嘉庚的这种人才培养理念及其所办学校的教学设施在当时的中国无疑都是走在时代前列的。

值得一提的是，在创办集美商科的初衷上，陈嘉庚除了期望通过商业人才的培养，"改变国内墨守成规的商业经营方式，以在'商战'中取胜"，同时，陈嘉庚特别注意实行公民教育，促成师生健全人格的养成。学校提出："虽以实施商业教育为职责，但非置公民教育于不顾。狭义的职业教育，恒

致养成偏颇浅陋之恶习，故本校于职业训练之外，复注意公民的训练。务使三民主义之真精神，及吾校生命所寄之牺牲服务精神，充分贯彻，而求所以实现之者；此为本校最终之目的也。"[1]55 集美高级商业学校1931年制定的学生"十大训条"也把"忠诚"和"诚信"列在前两位。可见，陈嘉庚办学期望培养的人才，不仅职业素质、职业能力要得到充分的培养和锻炼，而且思想品德、身体素质都要合格，要做到全面发展。

二、陈嘉庚职业教育观对地方财经院校人才培养的启示

地方财经院校是指除了重点院校及5所高水平财经类高校以外，以本省生源为主，主要服务于地方经济社会发展的财经类高等院校。陈嘉庚职业教育思想对地方财经院校办学有诸多有益的启示：

（一）应用型人才是地方财经院校人才培养的主要方向

陈嘉庚办学的突出特点就是积极服务国家建设的需要，注重培养学生的实践能力，这对于地方院校来说，具有极为重要的指导意义。当前，随着经济社会和人民大众对高等教育质量要求的提高，我国高等教育从原来的规模扩张进入提高质量、注重内涵建设的时期。打破各高校"千校一面"、各校专业学科过于追求"大而全"的局面已经成为各级政府和教育界的共识。从近期教育部联合三部委出台的《关于引导部分地方普通本科高校向应用型转变的指导意见》，以及教育部宣布失效一批关于"985""211"高校建设的规范性文件、即将启动"双一流"高校建设的做法，都可以看出，内涵建设、特色发展是今后高校发展的主要方向。对于地方财经院校来说，自觉地向应用型本科高校转型，在探索培养应用型人才方面办出自己的特色，事关学校的生存和发展。因为相比于重点高校和综合性财经院校，地方财经院校所拥有的各类资源和先天的基础条件决定了它无法培养出大批高层次、高水平的理论型人才，但地方财经院校更加贴近地方经济社会和行业发展需求的实际，更能培养出"适销对路"的学生，这是其独特的优势。因此地方财经院校要在校校争设财经专业的格局当中有竞争力，就必须自觉地培养应用型人才，更好地服务于地方经济社会的发展，以获得强劲的发展后劲。应用型人才培养目标的定位，既不是高级研究型人才，也不是基础技能型人才，而是介于这二者之间的"中间型"人才，即为地方和区域经济建设服务的，具有扎实专业知识、较高综合素质和较强实践能力的高级专门人才。地方财经院校应根据这个人才培养定位和所在地区的经济发展特点，有针对性地开展教学模式、教学内容、科研方向和人才培养方案的改革，通过内涵式提升，为地方经济发展输送大批适应社会需求的、高质量的应用型人才，不断增强学校服

务地方经济社会发展的能力，获取地方政府和社会更多的资源支持，从而不断增强办学实力，提高学校的社会影响力和办学声誉。

（二）职业能力培养是地方财经院校人才培养的关键环节

陈嘉庚职业教育思想强调专业设置面向生产一线、强调学生职业能力的培养的观点不仅适用于中职中专和高职高专学校，而且适用于普通高等院校。长期以来，提起职业教育，更多的人将其等同于中专学校和高职高专的教育。其实，以未来的发展趋势，普通本科和研究生阶段都可以发展职业教育。2014年6月26日，教育部召开新闻发布会。教育部副部长鲁昕介绍了我国职业教育改革发展的情况，他表示，国家将支持部分有意愿、有条件的本科高校转型为应用技术型的高等学校。未来我国的职业教育体系将从如今的以高中和大专为主，拓展到本科和研究生阶段。目前，教育部正在研究制定这两个阶段职业教育的具体政策，现在已有130余所高校提出了试点转型的申请[2]。2015年11月，教育部联合三部委出台《关于引导部分地方普通本科高校向应用型转变的指导意见》。这个文件虽然没有明确提出"本科阶段职业教育"的概念，但国家发展从高中到研究生阶段职业教育体系的部署将会不断付诸努力和实践是毋庸置疑的。这个文件的出台可以视为我国发展本科阶段职业教育的一个关键步骤和创新举动。

这里需要厘清一个问题：普通高等院校培养的职业人才（即应用型本科人才）与高职高专学校培养的职业人才有何区别？张健指出，专业人才类型总体上可分为学术型、工程型、技术型、技能型四种，后三类人才为应用型人才，其中工程型和技术型人才由普通高等院校培养，技能型人才归高职高专院校培养，培养技术型人才的技术教育与培养技能型人才的技能教育属于职业教育[3]。可见，应用型本科包括工程教育和涵盖了技术教育与技能教育的职业教育，不能简单地把应用型本科与职业教育画等号。按照这个分类法，笔者认为，地方财经院校应用型本科人才的培养属于"技术应用型本科"教育范畴，因此可以归入本科层次的职业教育。当然，归根结底，这里的"本科层次的职业教育"还是属于高等教育范畴，因为国家目前还不支持高职高专院校升格为本科高职院校，高等教育和职业教育还是两大不同层次的阵营。因此，应用型本科人才的培养有别于高职高专职业人才的培养。应用型本科人才要求在通识教育的基础上，掌握较为扎实的理论知识，具备一定的知识应用和创新能力，掌握一定的专业实践技能，它对专业理论和技术学科知识，以及知识转化、创新能力的要求比职业教育更为系统、全面，但是技术实践能力和技能方面则比较欠缺；而高职教育是直接面向生产市场一线的，按照某个岗位需求，培养实际生产性操作技能。简单地说，应用型本科教育主要培养的是"技能"，而高职教育则主要培养"技术"。

所以地方财经院校培养应用型本科人才,就是在发展"本科层次的职业教育",就必须注重学生职业能力的培养。需要强调的是,对于地方财经院校来说,将办学定位于"本科层次的职业教育"并非自我矮化、降低标准,而是顺应应用型人才和高等职业人才培养的规律,即必须借鉴高职高专学校的成功经验,进行专业学科课程、技术实践和技能实训课程、第二课堂等全面的教学改革,培养学生的应用能力和实际动手能力。具体来说,地方财经院校必须有意识地在人才培养方案和课程设置上加大学生实验、实训、实践教学的比重和学分,着手加强实验室建设和实践实训教学环节,推进学生第二课堂的技能大赛等训练,使学生职业能力培养落地生根、有声有色。

(三) 大力开展创业教育是地方财经院校人才培养的必然趋势

陈嘉庚是一位成功的工商业家。他一生的创业经历和经商的成功之道,除了永不言败、毅力勇为的进取意识外,注重创新、紧跟世界形势和时代发展潮流也是重要经验。这对现在的财经院校乃至所有高校最主要的启示就是,必须大力开展创新创业教育,着力培养学生的创新创业素质,这不仅是自身发展的需要,更是国家和地方经济建设发展、建设创新型国家战略的需要。从国家层面来看,当前,中国经济的发展、经济结构的转型升级越来越依赖于创新驱动。过去靠出口拉动和投资驱动发展告已一段落,今后经济的发展更要靠科技创新。李克强总理提出"大众创业、万众创新"的概念清晰地指出了当前中国经济的发展走向。培养具有创新意识、创业精神和创业能力的高校毕业生是当前高等教育内涵建设的重要任务。此外,在当前"互联网+"的时代,地方经济社会的发展对应用型人才的需求,不仅强调从业人员的职业能力和职业素养,而且越来越倚重其创业意识和创新能力的培养,高等教育越来越强调学生创业素质的培养是大势所趋,财经类院校在创业教育方面应该能够走在时代前列。对地方财经院校来说,培养学生利用互联网视野和技术对传统产业改造升级和服务经济社会发展新需求的技能、主动学习经济发展新业态新动向的习惯和能力、善于利用所学知识分析某一行业某一领域的经济运行规律、对区域经济发展动向做出研判和提出合理化建议等的技能,都是地方财经院校学生创新创业素质培养的主要内容。相比于重点高校,地方财经院校更加强调学生理论联系实际、分析解决区域尤其是县域经济创新发展问题的能力。

(四) 诚信品格和廉洁意识的教育是地方财经院校人才培养的重要组成

陈嘉庚历来强调德、智、体三育并重,重视学生的思想道德修养。他亲自给集美学校定的"诚毅"校训已经成为学校最宝贵的精神遗产,激励着一代代集美师生按照"诚毅"二字读书做人、为人处世。集美大学更是把陈嘉庚精神教育列为学生必修课,贯穿学生的大学生涯。作为财经类高校,对学生的思想道德教育、社会主义核心价值观教育，应该有意识地把诚信教育和廉洁教育摆上重要议事日程，使学生养成诚实守信的良好品格，认清廉洁自律对个人成长的重要意义。因为对于将来主要从事经济工作、"为国理财、为民造福"的财经专业学生来说，诚信和廉洁是学生最重要的职业伦理，是合格财经人才的重要组成。对学生健全人格的培养是财经专业人才培养体系的重要组成部分，应将其置于与专业技能培养同等重要的地位，使财经专业学生德、智、体、美、劳各方面的教育有机融合、相得益彰，这样学生才能健康、平安地生活、创业和发展。

三、集美大学财经学院"一体两翼"人才培养体系的构建

（一）创业型高级财经职业人才培养体系的提出

集美大学财经学院源于校主陈嘉庚于1920年8月创办的集美学校商科。90多年来，学院一直遵循陈嘉庚创办财经教育的初衷和主旨，侧重于培养应用型创新人才，为国家，特别是福建省培养了5万多名中高级财经专业人才，赢得了"福建财经人才摇篮"的美誉，形成了"嘉庚财经教育"的鲜明育人特色。近几年来，尤其是"十二五"期间，学院根据经济社会发展对财经专业人才的需求出发，适时提出"创业型高级财经职业人才"的培养目标，积极构建"一体两翼"的人才培养体系："一体"即"职业教育体系"（包括教学计划修订、师资队伍建设、特色教材编写、实践教学、辅助训练等方面），"两翼"即"创业教育体系"（包括创业教育课程、创业导师、创业讲坛、创业训练营、创业基地、创业基金等环节）和"'诚毅'品格育人体系"（包括诚毅品格、职业道德、创新精神、身心健康等方面的培养）。经过学院上下的共同努力，如今，创业型高级财经职业人才培养体系日益成型，且对于人才培养的指导性作用不断深化，学院各项事业取得长足进展，社会美誉度不断提升，"嘉庚财经教育"独树一帜。实践证明，这个人才培养体系是适合地方财经院校发展实际的，符合当下高等教育内涵式发展的要求，以及时代发展对应用型人才的需求（图1）。

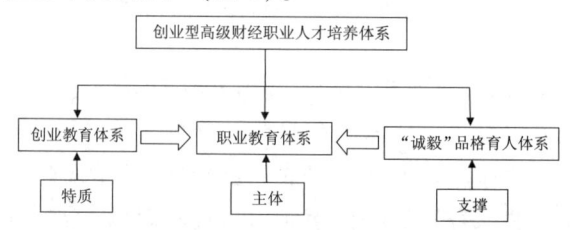

图1 创业型高级财经职业人才培养体系框架简图

(二) 创业型高级财经职业人才培养体系的主要创新点

1. 既贯彻校主陈嘉庚先生职业教育思想，又体现时代要求。财经学院提出创建"创业型高级财经职业人才"的培养体系，既体现了校主陈嘉庚先生的职业教育思想，重视学生职业能力、实践创新能力、职业道德、健康身心的培养，又体现了时代的精神和要求。具体表现在：

一是在职业教育上，学院推出一批特色专业教材。这批教材紧扣财经专业知识体系，紧密结合学院的人才培养要求和发展实际，为形成自身特色的职业教育体系打下重要根基；学院重视实验室和实验课程建设，加大实验室建设的投入，提高实验课程的比重，让学生在实验中模拟真实的岗位情景，获得切身的职业体验，强化实务操作与动手能力，增强专业技能，努力打造财经教育创新"硅谷"；学院注重加强双向型、"双师型"师资队伍建设，着力培养一支专兼职结合、校内外互动、既有理论知识、又有实践经验的教师队伍；同时，学院与财税部门、企业等建立广泛联系，积极拓建实践实训基地，将课堂延伸到实际工作岗位，创造条件让学生在毕业前获得直观的工作体验，提升学生的实践动手能力和知识应用能力。

二是在创业教育方面，学院的创业教育实现了从课堂教学到第二课堂的全面覆盖，在创业教育中心的基础上，有效组合创业讲坛、创业主题活动、创业基地、创业基金、创业培训、创业课程，以及"挑战杯"创业计划竞赛和课外学术科技作品竞赛等工作元素，逐步建立起相互衔接、相互配套、相互促进的创业教育工作体系，使之真正发挥培养学生创业能力的育人功能。

三是在"诚毅"品格育人方面，学院针对当前的时代要求和学生的思想行为特点，有针对性地改进德育和思想政治工作的方式、方法，提高实效性。学院继承和发扬了学院历史上德育的优良传统和作风，如重视学生的思想引导、重视培养学生优良的生活作风和诚信品质、重视学生实践能力的培养等，并根据时代发展的要求和学生的特点，创造性地加强党团建设、社会主义核心价值观引领、嘉庚精神和"诚毅"校训教育、新媒体建设、校园文化建设，以及诚信意识、创新意识、团队意识、廉洁意识等思想道德素质的培养，形成具有学院特色和风格的"诚毅"品格育人体系，有力地支撑了人才培养。

2. 实现思政教育、创业教育与职业教育的有机融合。在目前高校的实践中，创业教育与专业教育（在学院主要体现为职业教育）很多是脱离的，缺乏有效的结合，在职业教育教学中渗透创业教育方面做得很不够。高级财经职业人才的培养，离不开职业教育、创业教育和思政教育。但三者不是孤立的、自我封闭的，三者的有机融合对人才培养至关重要。

一是职业教育为创业教育打下根基。财经学院通过"课程实验、实验课程、专业综合实训、跨专业综合实训、创新创业实训"五个层次的实验实训课程体系,融合职业教育和创业教育:五个层次的实验实训课程体系既是对学生职业能力进行有效训练的平台,又为学生的创业实践打下扎实的基础。

二是创业教育巩固了职业教育。要提高学生的实践动手能力,必须加强"双师型"师资队伍建设。通过创业教育加强与校外单位联系,引入校外兼职导师,一方面可以加强"双师型"教师培养,另一方面,校外兼职导师在承担创业教育之余,还可以承担一部分实践课程教学,这可以有效提升学生的动手实践能力,提高其专业水平和职业素养,进一步巩固职业教育。

三是思政教育有效保障和强化了创业教育和职业教育的成效。通过强有力的思想政治工作、丰富多彩的校园文化活动、职业技能大赛等,培养学生的诚毅品格、职业道德、创新精神等,为学生职业能力和创业素质的发展提供必要的支撑,努力使学生成长为具有"诚毅"品格的优秀应用型人才。

总之,集美大学财经学院"创业型高级财经职业人才""一体两翼"的培养体系是对校主陈嘉庚办学理念,特别是职业教育办学思想的继承、坚守和弘扬,其本质上是一种"创业教育+本科层次的职业教育",对地方性财经院校人才培养体系的构建具有重要的借鉴意义。

参考文献

[1] 林斯丰.集美学校百年校史(1913—2013)[M].厦门:厦门大学出版社,2013.
[2] 张航.130余所高校申请转型职业教育,职教学生将可考研[EB/OL].(2014 - 06 - 26)
　　[2015 - 11 - 27].http://news.163.com/14/0626/15/9VM4F55J00014AED.html.
[3] 张健.应用型本科等同于本科高职吗[N].中国教育报,2014 - 03 - 31(6).

[本文发表于《集美大学学报(教育版)》2017年第3期]

陈嘉庚师范教育思想与办学实践研究

上官林武

(集美大学学报编辑部 福建 厦门 361021)

摘要：陈嘉庚兴办教育60多年，创办了各级各类学校。在实践中，他认识到，兴办教育，必须师范优先，培养足够的合格小学、中等教育教师，才有望普及国民教育，开启民智，富强国家。为此他创办了各级各类师范学校。为了培养可用的师范人才，他深入实际，调查当时中国教育状况，形成了自己的师范教育理念，并在办学过程中，对师范教育进行改革，实践自己的理念，陈嘉庚的深谋远虑，保证了其创办的师范教育生命之树常青，为中国培养了大量的师资。

关键词：陈嘉庚；师范教育；教育思想

陈嘉庚先生侨居国外，深受殖民主义的压迫、奴役和轻视，生活在这种环境中，他渴望祖国强盛，饱含强烈的爱国情感。他参加中国革命同盟会，支持孙中山先生的革命活动。辛亥革命的爆发，更加鼓舞了他的爱国、爱家热情，1912年，他决定回到家乡兴办教育和实业，"民国光复后余热诚内向，思欲尽国民一份子之天职，愧无其他才能参加政务或公共事业，只有自量绵力，回家乡集美社创办小学校及经营海产罐头厂"[1]4。集美小学在第二年春开学，这是他在家乡兴办现代教育的先河，以此为基点，他所倡办的教育事业日益昌盛，时至今日，更加繁荣。

一、兴办教育，师范优先

1. 创办集美小学，陈嘉庚遇上聘师难题，发愿兴办师范。1913年，集美小学办起来了，男女皆可入学，停办了女子不能入学的旧私塾，但是聘请校长和教师十分不易，小学需要聘教师7人，而全同安师资连简易科毕业者仅有4人，1人改从商业，另外3人，集美小学聘来2人。费尽周折，最终才在开学前聘齐师资。开办集美小学的经历，让陈嘉庚深知家乡教育之落后，为此他亲自去福州考察师范教育，到同安各处考察基础教育，结果令他痛心，发愿先办师范，以挽救闽省的教育。

作者简介：上官林武（1966— ），男，河南光山人，副编审，主要从事比较教育学、教育史研究。

2. 考察福建师范教育，寻找兴办师范教育之路。当时福建有两所师范学校，其中漳州一所因经费困乏，学生少，成绩鲜闻。福州闽垣师范学校经费充裕，在校生300余人，但闽南学生入学难，所以陈嘉庚亲自去福州考察。该校学生待遇优渥，未毕业时声誉崇隆，毕业后相当于举人资格，所以求学者争先恐后，多不公开招考，官僚、教师、富人豪绅子弟早已登记占满招生指标，闽南学生没有入学机会。所收学生来自膏粱之家，多数没有执教意愿，招生非考选，故学生参差不齐，在校期间，学业勤惰不计，只求拿得文凭，很少有毕业生愿为底薪的教职。所以嘉庚认为"小学教师一职，唯有贫寒子弟考选后经过相当训练，方能得效果。乃当局违背此旨，师资安得不缺乏"[1]5。学制改革已十余年，以前的旧学先生越来越少，乡村私塾大半停歇，"新学师校择腐败如此，吾闽教育前程奚堪设想。""余常到诸乡村，见十余岁儿童成群游戏，多有裸体者，几将回复上古野蛮状态，触目心惊，弗能自己，默念待力能办到，当先办师范学校，收闽南贫寒子弟才志相当者，加以训练，以挽救本省教育之颓风。"[1]4-5

3. 兴办教育，师范必须优先。师范教育优先是陈嘉庚办教育的基本思想，在为厦门大学始聘教师的言辞中，反映出他优先办师范，为全省培养高等师资的急切心情。"他科迟一学期或二学期续备无妨，独是师资一项，最为无上第一要切。因教育之母，将来概由此产生。为本校发达计，为本省进步计，舍是别无问题可言，是以刻不容缓也。"为倡办厦门大学校附设高等师范学校，陈嘉庚认为师范生缺乏，严重影响了中国普及教育的可能。教育发展急切，师资严重缺乏，"设政府欲实行兴学，不能不多设初级师范，以造就小学教师。而初级师范之教师亦必在千万以上方敷分配。作十年计算，每年高等师范毕业生应有百名之外，询源反本，择高等师范决不能不先为"[2]171。他不仅有师范优先的坚定思想，而且在兴办教育过程中也毅然贯彻这一思想。创办小学，及时开办简易师范培训师资；创办集美中学，首先开办师范班，班数人数超过普通班；厦门大学创办，首开师范和商学两部。当时中学普通教育需求迫切，学校负担费用较少，校长有停办师范的考虑，嘉庚先生坚决予以否定，明确了自己办集美中等教育之宗旨："至本校办学之宗旨……其正科原以师资为主，其他中、实则为附属也。至重师资之原因，莫非痛闽南教育之荒废，种子之失留，若不早为筹办……社会兴学，不免更多欠缺。"[2]313

二、扎根实际，兴办师范教育

为了解家乡教育现状，嘉庚先生仔细调查了同安全县的教育。全县有县立小学1所、私立小学4所、集美1所小学,共6所小学,700余名学生。师资严重缺乏,学生数量很少,小学教育成绩微不足道。而作为同安的示范学校,县立小学十余年未有一班学生毕业,主要原因是制度腐化,教师、校长不稳定,导致无修完小学课程的毕业生可升师范中学,严重影响全县小学教育的成绩。

陈嘉庚"深感闽南数十县,同安如是,他处可知,若不亟图改善,恐将退于太古蛮荒之世,岂不可悲"?时不我待,要改善闽南及福建教育,最需要解决的是资金和师资。资金可以从其实业获利和其他南洋华侨处募捐得到,师资则只能由家乡学子中选材培养[1]3-4。

1. 根据需要仔细选材。陈嘉庚创办教育时,福建没有大学,中等师范只有漳州和福州两所,漳州的师范由于经费问题,没有什么成绩。福州闽垣师范学校经费充裕,在校生300余人,但闽南学生、贫寒有志于教职的学生入学难,究其原因,是制度弊端。首先,招生不公正,致使有志育人的学子求学无门;其次,名为师范,学生多无教书育人志向,培养师资作用有限;最后,学生入学水平差距大,在校管理松懈,学生混文凭、混资历,难以培养真正的合格师资。所以嘉庚先生办师范,意在克服这些弊端。根据普通教育对教师需求的实际,根据学生能否扎根家乡、立志教书的实际,根据教师职业素质要求的实际,唯有经过统一考试,挑选闽省具备一定才能、立志教育工作的贫寒子弟,加以相当训练后,才能胜任小学教职。

经过艰难复杂的教师聘任准备工作和基础建设,1918年3月,集美师范、中学两部开学了,集美师中学校初办时,收师范生三班,中学生二班。在招生制度方面,陈嘉庚先生革故鼎新,"至新招师范生,因鉴于福州省立师校偏弊,故力思改革,以期普遍"[1]7。恐殷实弟子不愿服务教职,所以每一大县招贫寒弟子五六人,小县三四人,详查履历,严格复试,违背定章和成绩不合格者退回。有此规定,集美师范学校招的学生大都相当不错。

2. 师范生得到更优厚的待遇。集美师中学校初办时,收师范生三班,学生伙食、学费、住宿费全免,所需被席蚊帐,也由学校提供。集美学校后来又添办女师范及幼稚师范,其待遇与男师范相同。校师范生各项费用基本高于普通中学生。[1]11

3. 师范生要志在育人,服务家乡。师范生要志在育人,从招生开始,就进行严格挑选。教师服务家乡,在嘉庚先生为集美中学聘请教师时,体会颇深。1917年春,陈嘉庚商遣舍弟敬贤回梓,负责建筑校舍,并函托上海江苏第二师范校长代聘全校校长、教职员等,定期新春开课,师范生3班,中学生2班。由于第一次聘的教师多不符合要求,不得不托人再次由外省聘来,请黄炎培先生代聘校长、教职员,致函北京高等师范学校校长,查询闽籍学生毕业人数及从教意愿。多方求聘,留任旧教师二十多人,从北京聘请五人,本省聘得数人,到开学时,才聘得校长和所需教师[1]7。

重金从江浙等省礼聘校长和教师,质量较有保障,但他们远离家乡,思念家乡和亲人朋友,极不稳定,不能安心工作,严重影响教学秩序和教学质量。在集美师范中学开办的两年期间,三易校长,多次换聘教师,让校主焦虑萦怀。鉴于过往经验,校主决定聘闽南人为校长,尽可能地聘本地人任教,以稳定教师队伍,集美学校才最终安定下来。

陈嘉庚为集美中学聘请教职员一波三折,历时两年,四处求人,才最终安定。这个过程让他了解到当时全国中等教育教师之缺乏,更坚定了他创办高等教育的决心。同时也让他切实感知:本地选材,为本地培养师资,才能扎根家乡、服务家乡。为家乡培养教师,教师服务家乡是兴办教育的急迫需求。

三、多层次师范教育,满足不同的师资需求

陈嘉庚作为一位成功的实业家,办实业的慎思笃行、诚实坚毅之作风,自然会迁移至兴办教育上来。他对兴办教育的思考虽然没有长篇大论,但从他的一贯言行中,可以明确得知。他的回忆录、通信、演讲词、报刊言论等,其中关于教育的内容很多,大部分都涉及兴办教育的资金和师资两个方面。兴办教育需要资金支持,是不证自明的事。此外,陈嘉庚认为办教育的首要任务,是严选校长和良师,学校能否办出成绩,第一当问教师如何[2]309,"没有好的教师,就没有好的学校"[3]31。

陈嘉庚创办集美小学、师范中学、幼儿园、厦门大学的过程,让他了解到当时的中国师资是多么缺乏;这个过程也让他特别注重师范教育,创办师范教育是发展教育必不可少的重要步骤。因此在他60多年的办学历程中,兴办了各类师范学校。

(一) 中等师范教育

1. 中等师范教育是陈嘉庚兴办教育的基石。中等师范教育是为小学培养教师,当时的中国私塾教育传统已经遭受严重冲击,十多年时间过去了,政府体制弊端丛脞,几乎无暇顾及普及教育,教育经费无保障,教师奇缺,新教育形同摆设。就同安而言,全县共有新式小学六所,其中私立小学四所、集美一所、县政府所办的示范小学一所,在校生七百多人。十多年中,县立小学未有一班学生完成小学学业。政府官员更迭,小学校长就换人,教师解聘,导致学生无法按学制要求学完课程毕业。学生不能顺利毕业,就无法进入中等学校学习,严重制约了同安小学的师资人才培养。县立小学如此,更遑论其他小学校了。从同安的小学教育情况可见福建十多个县小学教育之一

斑。1913年，陈嘉庚创办集美小学，只需聘教师7人，但全县只有合格教师4人，最后聘来了2人，其他教师只能外聘。陈嘉庚考察福州的闽垣师范学校，发现这所当时有名的师范学校也名不副实，"深感福建教育前途悲观，乃决以创新由自己负担，民四欧战发生，余商业好转，决创立师范讲习班，招生三百，设三学级。寄望他日广树师资，以供闽南及南洋初等教育之需，俾得发展教育，提高民智，改造社会也"[1]4。

2. 集美师范、中学的成立。1916年10月，陈嘉庚遣堂弟陈敬贤回家乡建集美师范部和中学部校舍，1917年开始筹划聘请教师和校长，1918年3月10号，集美学校师范、中学两部开学。集美中等师范招收学生三个班，每个班40人，共招生120人。

3. 集美中学的招生改革。陈嘉庚急于创办中等师范，是想让其兴办的教育惠及大众，广招闽南贫寒弟子才志相当者，培养成合格教师，满足闽南和南洋华侨的教育需要，期望能挽救当时福建教育之颓风。这些教师像种子，由他们发展教育，提高民智，促进社会进步。所以陈嘉庚改革招生规章，力图实现自己的教育思想。为普及小学教育，先尽可能普及小学师资，所以集美师范全省招生，招生指标按县分配，兼顾人口数量。每一大县招贫寒弟子五六人，小县三四人，基本平均分配120多人的指标。当时福建中等教育资源稀缺，所以许多有财力的家庭都希望自己的孩子接受中等教育，合格中学不能满足需要，就希望将孩子送到师范学校学习，学成后并无从教意愿，这样就会挤占中等师范教育的机会和资源。"又恐殷实子弟志愿有乖，毕业后不肯服务教职。"[1]7学校就函告福建30多县的教育机构负责人，按要求仔细选择学生，详细填写学生履历。为保证有志学子的才能相当，集美师范实行入学考试制度，到校时复试不及格和违背学校招生定章的，绝不收容。经过严格的招生把关，集美师范的学生基本上符合要求，也保障了后来的生源质量。

4. 集美师范的两次危机。陈嘉庚创办集美师范，并非一帆风顺：军阀混战，波及集美学校；日寇轰炸，几乎将集美学校夷为平地；解放战争，国民党的空袭让集美学校变成残垣断壁。战火没有让校主屈服，每次洗礼，集美学校都能浴火重生。此外，集美师范还遇到过两次重大事件，但校主仍能坚定信念，毅然处理，让集美师范化险为夷。

（1）学潮危机。1927年前后，第一次国共合作接近尾声，北伐取得胜利，帝国主义列强对中国革命武力恐吓，农工运动风起云涌，全国进步学生组织的学生运动此起彼伏，在此大背景下，集美学校也不可能置身事外。集美师范生多为贫寒弟子，受过知识的熏陶和革命思潮的洗礼，很多都成了革命运动的积极参与者和组织者，其中涌现出许多革命志士和救国英雄。但是长时间、大规模的学生运动也严重影响了正常的学校管理和教学秩序,同时为国民党政府直接干预学校事务提供了方便。在第一次国共合作失败后的白色恐怖下,许多私立学校、进步学校的生存和发展受到巨大影响,当时集美中学也面临着同样的问题。叶校长曾经致函校主,深感办教育的艰辛,认为办师范教育是政府的职责,要打倒帝国主义,当办实业;闹学潮多由贫困生而起,教员多认为1927年可以不招新师范生,还可以每月省伙食费3元,建议合并师范和中学,取消师范。校主回函,坚决回绝了这种提议。阐明自己办集美中等教育之宗旨:培养师资为主,中学和商校、水产、农林等实业学校则为附属。

(2) 当局禁止私立师范危机。1933年,国民政府教育部曾有停办私立师范、改办职校或中学的命令,集美师范一再交涉,才可以继续办理。但在1936年,福建省教育当局又以"统制"为名,禁止设立师范学校,集美师范也在禁止之列,被勒令停止招生。陈嘉庚致电南京当局教育部门,以集美师范有为南洋华侨培养师资任务为由,要求继续开办集美师范,迫于压力,当局准许每年招收一个师范班,最终使集美师范不至于停办。

对于当局的所作所为,陈嘉庚义愤填膺:"若言成绩集美决不让于省立,若言普遍收纳闽南有才志贫寒子弟,则远胜于省校,况集美校又有关于南洋华侨学校之师资,重要如是,而乃加以摧残,是诚何心也?"[1]37 "民国七年,余创办集美师范集中等男女诸校,继以厦门大学,造就师资以供全省内及南洋等处需要。由是十余年来,受集美、厦大影响,全省教育进步略有可观……禁止师范学校,其存心莫非减少中心小学之师资,且不愿多造就高中之人才,其处心积虑,蕴蓄已久,所谓司马昭之心路人皆见也。"[1]318 时势所迫,纵然集美师范教育一度弱如星火,一遇春风,又成燎原之势。

(二) 高等师范教育

陈嘉庚创办集美中学时,刚开始的两年,校长不得其人,教师多为外省聘得,极不稳定,经过多次波折,集美学校才最终安定下来。

1917年,陈嘉庚"概鉴于闽南师资缺乏,而中等教师想更困难……兹欲办师范中学,需用校长教师多位,不得不函托上海江苏第二师范学校校长代聘集美学校师范部和中学部校长和教员……开学后觉教师多不合格"[1]8。

1918年夏初,陈敬贤不得已亲往上海别聘校长,其他教职员由校长聘用,结果教师多数不合格。适逢黄炎培先生到南洋,陈嘉庚将集美学校经过详情面告,且告以欲急进扩大规模,求其代聘校长教师员,承蒙许诺。同时,陈嘉庚又致函北京高等师范学校校长,查询闽籍学生毕业人数及从教意愿。多方求聘,留任旧教师二十多人,北京聘请五人,本省聘得数人,到开学时,才聘得校长和几位教师。[1]9

创办集美师范让陈嘉庚深刻感受到国家高等人才奇缺,所以他指出:"专制之积弊未除,共和之建设未备,国民之教育未遍,地方之实业未兴,欲望其各臻完善,非有高等教育专门学识,不足以躐等而达……创办大学校,并附设高等师范于厦门。""闽省千余万人,公私立大学未有一所,不但专门人才短少,而中等教师亦无处可造就。乃决意倡办厦门大学。"[2]449

他在为倡办厦门大学校附设高等师范学校的演讲词中强调了师资教育之重要。师范生缺乏严重影响了中国普及教育的可能。教育发展急切,师资严重缺乏,初等教育普及,需要大量的中等师范毕业生,要培养中等师范生,更需要高等师范生。福建省的高等师范毕业生之缺乏不亚于小学教师,所以陈嘉庚决意倡办厦门大学,培养高等师范人才。

筹办厦门大学同样遇到了聘请师资的难题,为了尽快为福建培养中等教育之师资,他在处理校务通信中,急切之情溢于言表:"他科(本科)迟一学期或二学期续备无妨,独是师资一项,最为无上第一要切。因教育之母,将来概由此产生。为本校发达计,为本省进步计,舍是别无问题可言,是以刻不容缓也。高尚之学长、高尚之师资既难得,然而预科生之程度,更可免求如何高尚。故就先生所知之士而为师……"[2]313 1921年,厦门大学成立,首先设立的就是师范、商学两部。可见陈嘉庚对培养高等师范人才的重视。

(三) 华侨师范教育

陈嘉庚"痛感南洋侨生子弟之缺乏教育,数典忘祖,辗转而沦为土人,教育上之需要更迫切于祖国也"[1]355-356。"在殖民地办学,教育侨民子弟,使之勿忘祖国。"辛亥革命前后,新加坡华侨教育非常落后,当时有广帮养正学校、闽帮道南学校、潮帮端蒙学校、客帮启发学校、琼帮育英学校,女校只有广帮一校。当时社会甚幼稚,侨民只迷信鬼神,爱国观念、公益观念均甚薄弱[1]3。到抗战时期,南洋华侨中小学校三千余所,男女学生三十余万人,教师一万余人,闽粤二省居多,而南洋亦未有华侨正式师范学校,所需教师概从祖国聘来。"以闽粤二省现状观之,所有师校毕业生,已不敷省内需求,而南洋华校,年须增加千余人,多向省内争聘,只闽粤教师愈形缺乏。"[1]353所以1941年陈嘉庚致电当局教育部长官,请在广东、福建各设华侨师范一所,当局不办理,陈嘉庚就在新加坡倡办南侨师范,准备当年秋季招生,虽然遭到当局的多方阻挠、破坏,还是于同年10月10日正式成立"南侨师范学校",招生230多人。

陈嘉庚60年办学历程中的演讲、函电、文稿、谈话等,随处都能见到他对师范教育的真知灼见,从中可以看出他对办师范教育的急切心情,领会到他对师范教育的重视程度:"师范是教育的基本","最难者教师,此为第一问题"，"没有好教师，就没有好学校"，"学校能否办出成绩，第一当问教师如何"，"对教师诚挚相待，优俸酬劳"。[2]308 "重师资之原因，莫非痛闽南教育之荒废"，"寄望他日广树师资，以供闽南及南洋初等教育之需"，"询源反本，择高等师范决不能不先为"，"默念待力能办到，当先办师范学校"，"独是师资一项，最为无上第一要切。因教育之母，将来概由此产生"。[2]313

从陈嘉庚创办的师范学校可以深刻地体会到他的诚毅精神，他不是只有言论，他的师范教育办学实践，让他的师范教育思想更加让人折服。集美师范学校、女子师范学校、幼儿师范、简易师范、乡村师范学校、厦门大学师范部、南侨师范学校，这一所所师范学校，就是陈嘉庚师范教育事业的一座座丰碑。

陈嘉庚的教育事业和教育思想，不但有其历史意义，而且具有现实意义。他注重师资，培养师资，严选师资，优待教师，依靠教师提高学校的教育质量，不仅仅是停留在语言和思想上，而是在实践中尊师、严师。

参考文献

[1] 陈嘉庚. 南侨回忆录[M]. 长沙:岳麓书社,1998.
[2] 王增炳,陈毅明,林鹤龄. 陈嘉庚教育文集[M]. 福州:福建教育出版社,1989.
[3] 中共厦门市委党史研究室. 科教兴国的先行者陈嘉庚[M]. 北京:中央文献出版社,2001.

[本文发表于《集美大学学报(教育版)》2011年第4期]

陈嘉庚：中国单设幼儿师范的拓荒者

徐恩秀

(集美大学教师教育学院　福建　厦门　361021)

摘要：陈嘉庚一生兴学育才竭尽全力，在家乡创办了从幼稚园到大学的一套完整教育体系。他在1927年创办的集美幼师是中国第一所由国人自办的单独设立的幼稚师范学校，透过集美幼稚园和集美幼师的办学，可管窥陈嘉庚的幼儿教育思想。

关键词：陈嘉庚；集美幼稚园；集美幼稚师范；幼儿教育

陈嘉庚毕生以兴学育才为务，创设了众多各级各类教学设施。其中，集美幼稚师范学校的创立，可视为由中国国人自办的私立单设的幼师之嚆矢。该校的创设，既是他教育兴国须首重师资理念的践履，又是他办理教育须打好基础这一思路的成果。透过集美幼稚园和集美幼稚师范学校的办理，可管窥陈嘉庚幼儿教育思想中的若干精华。

中国古代既无专门的公共幼教设施，更无专设的幼教师资培训机构。第一所幼教设施"小孩察物学堂"，由西方传教士创设；第一所由国人创设者，则为1903年秋开办的"湖北幼稚园"。幼儿教育正式在学制上占领地位，始于1904年颁行的《癸卯学制》，该制在《奏定蒙养院章程及家庭教育法章程》中，规定公立幼教设施统称为"蒙养院"，同时要求蒙养院须附设于"育婴堂"或"敬节堂"，并由两堂兼负培养"乳媪"（保育员）和"保姆"（幼儿教师）之责。1907年《奏定女子师范学堂章程》颁行后，则规定由女子师范附设"保育科"以培养保姆。1912年中华民国成立后，于同年9月颁发了《师范教育令》，明确要求女子师范学校"得附设保姆讲习科"。1922《壬戌学制》颁行后，将"保姆讲习科"改称"幼稚师范科"，可附设于综合中学，且可单设幼稚师范学校。然而定制多年后，举国仍未见有幼师的专设。1927年"集美幼稚师范学校"的创设，实乃中国国人自办的单设幼稚师范学校之首。所以说，陈嘉庚为中国单设幼师的拓荒者。

一、以幼稚园作为创立幼稚师范的基础

陈嘉庚以捐资兴学闻名，创设了"集美学村"，并资助闽省各地中小学

作者简介：徐恩秀（1971—　），女，湖北红安人，讲师，硕士，主要从事教师教育、中国教育史研究。

70余所，是一位卓绝的"教育事业家"。他之所以竭力兴学，是受教育救国、教育立国思想的驱动："教育不振则实业不兴，国民之生计日绌……吾国今处列强肘腋之下，成败存亡，千钧一发，自非急起力迫，难逃天演之淘汰。鄙人所以奔走海外，茹苦含辛数十年，身家性命之利害得失，举不足撄吾念虑，独于兴学一事，不惜牺牲金钱竭殚心力而为之，唯日孜孜无敢逸豫者，正为此耳。"[1]160至于兴学的重心，从理论上分析，他所首重为大学和师范，这与蔡元培的思想颇为相合。陈嘉庚有言："以教育言，有良好之大学，自有良好之中师。有良好之中师，自有良好之小学。譬植树焉，不培根本，枝干何处发达？理势然也！"[1]186然而从教育实践的步骤而言，却正宜相反，因为"万丈高楼平地起"。事实上，他也正是从创办小学入手，于1913年创设"集美两等小学"。经过数年的办学实践后，他又意识到幼稚教育尤为根本之根本，于是委托胞弟陈敬贤夫妇创设集美幼稚园。

集美幼稚园创设于1919年2月21日，由陈敬贤借用渡头角旧民房开办。聘陈淑华为园长，另聘教员2人，招收幼稚生108人。当时的公立幼教设施，依据《壬子·癸丑学制》，被统一定名为"蒙养园"。集美幼稚园的定名，不仅因其为私立性质，而且表明了其求变、创新的办园旨趣。"幼稚园"的统一定名，是在1922年《壬戌学制》颁行后实现的。由此可知，该园具有一定的超前性。

开园之初，所借园舍条件较差，不仅缺乏活动室，而且室内光线也不充足，加之室外活动场地狭小，又缺乏运动、游乐的器械，因而不利于幼儿的身心健康。1920年，陈嘉庚归国主持校务后（陈敬贤出国主持海外产业），不满于集美幼稚园的现状，决定另外选址营建新园。而当务之急，便是改善现有办学条件，并以教育质量来弥补物质环境之不足。于是，陈嘉庚支持陈淑华开展课程和教材实验。

课程实验的重心，为故事、音乐和游戏三项。故事包括：（1）儿歌与歌谣；（2）故事的欣赏与表演。儿歌与歌谣，力戒照搬西洋，力求中国化、地方化，并以符合幼儿心理为首要原则。故事的种类，包括民间故事、历史故事、神话故事与图画故事等。音乐包括：（1）唱歌；（2）欣赏乐曲。唱歌包括歌曲的听、唱和表演，并尽力与幼儿的家庭生活和幼儿生活合拍。乐曲欣赏则要求将"律动"融合于其中。游戏包括：（1）各种故事的表演游戏；（2）节奏与舞蹈的表演游戏；（3）运用器械的游戏；（4）民间游戏；（5）徒手游戏；（6）模拟游戏。上述诸种游戏，不仅力求增进幼儿的身心健康，而且要求训练幼儿的品德和启发幼儿的心智。其他的课程实验，尚有自然与社会、识字与计算、工作、餐点、静息、家庭联络等。这种课程实验，与陈鹤琴在鼓楼幼稚园的实验相类似，但起步稍早，并在后期逐步合流。

教法的实验，主要反映在"设计教学法"的移植上。设计教学法由美国教育家克伯屈所创，旨在发挥学生学习的自主性和积极性，摒弃传统的班级授课制，不受学科的限制，也不以教科书为中心，由学生在自己设计、自己负责的单元活动中，获得相关的知识和解决实际问题的能力。其实施环节有四：决定目的—拟订计划—实施计划—评价结果。该法确立于1918年，次年便被引入中国，由俞子夷在南京高师附小率先试行。其后，不仅各地小学均有实验设计教学法者，而且上移至中学、下移至幼稚园。集美幼稚园便为最早试行该法的幼教设施之一。该园只负责拟订"一月活动大纲"和"一周活动计划"，余皆由在幼稚教师指导下的幼稚生自行决定，包括自主确定学习内容、安排学习步骤、收集学习材料、布置环境、检查设备及自我评价等。

1926年夏，集美幼稚园的新园址落成。该园址坐落于集美学村东北隅的二房山，占地0.51公顷，建筑面积共计6100平方米，为西班牙哥特式建筑风格。其建筑布局，分前、中、后三排：前排名"养正楼"，取"蒙以养正"之意，主要功能为行政楼；中排正中为一口圆形鱼池，东侧名为"熙春楼"，两侧名为"群乐楼"，主要功能为活动室和运动场；后排名为"葆真堂"，均为教室和保育室。房屋均为两层形制，共有房舍24间；楼宇巍峨，场地宽敞，设备齐全，共耗银圆9.6万元，实为全国之冠。是年秋，在新址开园，增聘教职员工为7人，幼稚生增加至184人，分编为4个班，使该园步入了正规化办理轨道。

客观说来，仅为规模有限的集美幼稚园设计如此宏大的园舍，肯定是不太经济的。然而若从其后集美幼稚师范学校的创设来分析，可知陈嘉庚早就有了如此构想。否则，他定不会如此虚掷浪费。若联系前述他的办学理念而论，可知他坚信：若要办出好的幼稚园，必须先办优良的幼稚师范学校；只有源源不断地培养出优秀的幼儿教师，才可能使幼儿教育的质量得到根本性提高。

二、以幼稚师范为幼稚园的指导

陈嘉庚曾说："学校得失者，率别质量"[2]，而要办好学校，关键还在于领导与教师，所以他历来重视校长与师资的选聘，但在办学过程中他却深感师资之不足，不得不感叹"千军易得，一将难求"，"默念待力能办到，当先办师范教育……以挽救本省教育之颓风"。[3]所以在20世纪20—30年代他大办师范教育，即使是在1927年其经济事业已经遭到重大挫折之时，他仍然抱着"宁可卖大厦，也不卖厦大"的信念投资教育，创办幼师。

当时，社会上幼稚教育已步入高潮，集美学校虽然早已开办幼稚园，但陈嘉庚认识到，要真正培养出健全、快乐的儿童，将幼稚园变成儿童幸福的乐园，需有高素质的师资，故决定急速创办幼稚师范。1927年9月1日，集美幼师开学，初设预科、本科各两年，共63人，聘请幼稚园主任陈淑华为校务执行委员会主席；1930年夏，黄仁圣出任校长，取消预科，提高本科程度，改本科两年制为三年制；1932年，又分为预科二年、本科二年的四年制。1933年增设艺术专修科（分为音乐美术、体育、舞蹈三个系），学生26人，加上原有的师范6组185人，在校幼师生达到211人，成为当时"国内最大的幼儿师资培训机构"。如果再算上三所附属幼稚园幼儿200人，三部共有学生411人，则"在整个中华民国时期也是首屈一指的幼教规模"了[4]。1933年底，陈嘉庚因南洋实业极度困难，集美学校实行裁员并校，幼师并入集美师范，停止招生。集美幼师自1927年到1933年底，共招收学生13个组，毕业生267名，多数在福建、广东及南洋各地服务，成为当地幼儿教育的骨干力量。

此前，除教会办理的幼师外，国人自办的幼师培养机构仅有北京女子高等师范学校保姆讲习科（1916年）、江苏省立第一女子师范学校幼稚师范科（1917年），两校不仅办学时间短、招收学生少，而且都不是独立办理的。故集美幼师作为国人自办的第一所单设幼师，有此成绩，实值欣慰。

集美幼师的办学目标是培养良好的幼稚园和小学低年级教师及适应时代的社会女子。学制分为预科两年与本科两年。预科注重基本训练，对于语言、科学、社会、音乐、美术、健康等科特别注意，初步学习儿童心理、普通教育等，并致力于教师的习惯与态度的养成。本科注重专业训练，特别重视幼儿教育及实际技能方面，如参加幼稚园或小学实际工作，致力于养成研究能力与反思精神。第四学年第一学期，就到各幼稚园和小学实习，以训练独立工作与研究的能力。

集美幼师包括师范、艺术、幼稚园三部，而陈嘉庚认为"幼稚园乃本校中心，为师范生研究幼教的重要场所"[5]323。为了更好地研究幼教，幼师加强实习的比重，除了第四学年第一学期全部用来实习外，各学期还有见习，实习范围包括家事、校务、幼稚园、小学。实习程序是参观校务与教学、试教、助教、校内实习、校外实习、校外参观，其中在附属幼稚园和小学进行校外实习所占比重最高。

为了培养出立志于幼儿教育的品学兼优的师资，该校尝试进行渗透到学习、生活各个方面的训育方法，强调全体教职员都负有训育的责任，随时随地指导学生的行为、言语及思想，使学生随时即谋改进。另外，该校还结合当地教育实际开展多样化的课外活动，借此增加实际经验、吸收本土知识，以使学生毕业后能够更好地为本地幼稚教育服务。

鉴于以上举措，集美幼师在研究幼教与指导幼稚园办学方面有独特的优势。条件优良的幼稚园为幼师学生提供了良好的研究与学习基地;反过来,发展全面、实际能力较强、职业思想牢固的幼师生也为幼稚园的发展提供了源头活水。幼稚园与幼稚师范二者互为促进、改良,形成了可持续性的发展模式。

三、陈嘉庚的幼儿教育思想

陈嘉庚教育兴国的办学目的很明确,他说:"启迪民智,有助于革命,其理甚明。教育是千秋万代的事业,是提高国民文化水平的根本措施,不管什么时候都需要。"[6]29而其幼儿教育思想也不离这个总宗旨,将幼儿教育看作培养健全国民、振兴国家的基础。

具体来看,陈嘉庚的幼教思想可以尝试从以下五个方面进行探讨:

一是强调幼稚教育的时代性、地方性。中国的公共幼教机构最早是由传教士从西方移植而来,其后才有国人和政府的仿办,因此,它从一开始就烙上了西洋化的印记。福建作为传教士活动的密集之地,仅教会中学就有38所,自然少不了许多教会办理的幼教机构。如中国第一所单独设立的幼儿师范——怀德幼稚师范学校早在1912年就在厦门由英国传教士创设,并附设幼稚园,该园现为厦门鼓浪屿日光幼儿园,是我国现存最早的一所幼儿园。怀德幼师的学校规章、课程设置等均为外国人决定,由外国人讲课,学生也由外国人推荐入学。课程宗教成分较浓,而且校规极严:"不欢迎带政治色彩的教员……教幼稚园的女教师要梳头,不得结婚。"[5]353教会教育在一定的历史时期对推动中国教育发展起到了一定的作用,但其浓厚的宗教色彩及其文化倾入的初衷都不利于中国教育真正走向现代化、科学化。因此,1927年在创办幼师的时候,陈嘉庚就以"自力更生,立足闽南"的雄心壮志,明确提出"三个反对和两有",即"反对舶来品,反对依样画葫芦,反对胶柱鼓瑟的;要有时代性,要有地方性"为办学宗旨。他说:"闽南的幼稚教育,不能专在外国研究,也不能专在上海、北平研究,应该是在闽南地方研究的。更不是靠着外国人,或不关痛痒的人来研究,是要靠生于斯、食于斯的有心人来研究的。这样的研究,才能彻底,才能亲切。本校的设立,就是要集合闽南有志幼稚教育的分子,在闽南研究现代闽南的幼稚教育。"[5]322-323陈嘉庚的幼教实践正是处处体现着时代性、地方性的思想。这与当时幼儿教育先驱者们追求幼儿教育现代化、本土化是精神相通的。

二是重视校长与教师的选聘。陈嘉庚深谙专业懂行的师资是办好学校的前提,强调要确立教师在学校的主导地位。因此陈嘉庚在办理幼教的过程中也非常注意聘请专业的教师与校长。集美幼稚园的第一任园长聘请的是厦门怀德幼师毕业的陈淑华,1927年,她又担任幼师的校长,1937年去菲律宾办理幼稚园直到 97 岁去世，终身从事幼教工作。黄仁圣是幼师的第二任校长，他是私立福建协和大学教育系 1919 届的毕业生。此外，生活教育倡导者陶行知的学生张宗麟在集美学校初等教育社工作，作为一位生活教育的践行者及早期探索中国幼儿教育的先驱，他强烈要求停办教会幼师；而设立中国人自己的富于实验精神的幼师；同时他不仅本人受陈嘉庚先生的盛邀到集美学校工作，还影响了一批南京晓庄师范学校的校友来集美学校，如刘琼瑶（心村）、蓝九盛、庄行容、王济弱、唐文粹、潘一尘等。这些人的到来，将当时初等教育改革与实验的最新成果也播撒到集美及闽南其他地区。

三是注重吸收新的幼教思想作为其办学的指导。他曾经举出 6 条信条作为集美幼稚园的办学宗旨[5]261，其中透露出他对于当时最新的幼教思想的积极吸纳。首先，陈嘉庚认为教育是立国的根本大计，而幼稚教育是教育的基础，是造就良好国民的根本教育，教养儿童成为健康的儿童，才能有健全的国民。现代心理学研究证明幼儿时期是人的智力发展与人格奠基的关键时期，其重要性现今众所周知，但在当时却非人人都有这样的认识。其次，陈嘉庚办理幼教以"儿童本位"思想为指导。他认为教育应以儿童为中心，教育的基础是建立在儿童的需要与生活的经验上，幼稚园应成为儿童的乐园，幼稚教育是求孩子的解放与幸福。再次，强调师生平等，而非传统的师道尊严，认为教师是儿童的伴侣，教育儿童应把全部精力贯注在儿童身上，幼稚教育是爱的教育，教师要发现儿童、领导儿童，应该走向儿童的队伍里去。最后，幼稚园教育有改造家庭教育的责任。在开办集美幼稚园之初，陈嘉庚曾指出中国家庭教育之不足："家庭教育，关于儿童最为重大。教育落后之我国，缺憾甚多，家长之对儿童，不但不能教以诚实公正，反教以扯谎欺骗及威吓责罚等等，无非以儿童胆小识弱，易于欺诱，迨事过境迁，积渐成为自然，儿童亦以其得自父兄者，而以施诸于家庭及社会，并不以为怪矣。"[7]集美幼稚园在课程实验中就有家庭联络部分，可见补救与改良家庭教育，是陈嘉庚办理幼稚园的主要动因之一。

四是设置全面的课程体系，为幼师素质的培养提供保证。集美幼师四年开设的学科有国语，社会，教育，自然，艺术（图画、手工、音乐），体育，选修（英语、数学、理化、工艺等）和实习。毕业生的毕业标准分 10 类 168 个项目：1.语言及文字表达能力方面 15 项；2.政治经济方面 22 项；3.教育学和心理学方面 20 项；4.幼稚园管理方面 21 项；5.数学及会计、统计方面 14 项；6.自然科学方面 14 项；7.农业耕作方面 10 项；8.音乐、美术、手工等方面 26 项；9.生理卫生方面 16 项；10.体育及文娱表演技能方面 10 项。尤值一提的是集美幼师开设了比较系统的教育学科类课程：教育概论、教育史、现代教育思潮、教育心理学、测验及统计、小学组织及行政、教育行政、学校卫生、心理学、学科教学法等。这种课程设置既保证了幼师教育的师范性，又有利于学生奠定广博的知识与扎实的能力基础，以加强其适应能力。

五是注重幼师学生实际能力的训练和专业伦理的养成。如何才能做一个好的幼儿教师呢？集美幼稚师范提出了6条标准："1. 要有献身儿童的决心。2. 要有随机应变的能力。3. 要有苦口婆心的牧师精神。4. 要有医生的态度。5. 要有慈母的心肠。6. 要有坚强的体魄。"[6]367-368 该标准既包含了幼儿教师所需要的职业道德与专业精神，也包括了作为幼儿教师要具备的实际能力。为此，集美幼师十分重视教育实习，如实习的学分达到76学分，占总学分的1/4以上。这在当时乃至现今的幼师学校中实属少见。陈嘉庚重视幼师生的实践能力可见一斑。此外，集美幼师还注意培养适合国情的幼稚教师所需要的品德操行：守法、勤勉、节俭、整洁、慈爱、和乐、忠实、义勇等。有了较强的实际工作能力和投身幼儿教育的献身精神，使得毕业于集美幼师的学生不乏在陈嘉庚精神感召下的实验办学者。

正如潘懋元先生所言："陈嘉庚的教育事业，蕴含着明确而深邃的教育思想。"虽然幼儿教育的办理与实施在陈嘉庚的教育事业中只占一个较小的部分，但其中体现的幼儿教育思想同样"继承中华民族文化传统中的精华而弃其糟粕，兼采西方现代文明而斥其消极思想"[8]，值得后人借鉴。

参考文献

[1] 王增炳,陈毅明,林鹤龄.陈嘉庚教育文集.福州:福建教育出版社,1989.
[2] 陈嘉庚.新加坡华校历史沿革[Z]//杨进发.战前的陈嘉庚言论史料与分析.新加坡:南洋学会,1980:20.
[3] 陈嘉庚.南侨回忆录[M].湖南:岳麓书社,1998:5.
[4] 喻本伐.中国幼儿教育史[M].河南:大象出版社,2000:226.
[5] 中国学前教育史编写组.中国学前教育史资料选[M].北京:人民教育出版社,1989.
[6] 王增炳,骆怀东.教育事业家陈嘉庚.北京:教育科学出版社,1989.
[7] 陈嘉庚先生纪念册编辑委员会.陈嘉庚先生纪念册[M].中华全国归国华侨联合会,1961:136.
[8] 潘懋元.教育事业家陈嘉庚教育思想新探.中国高教研究[J].2007(10):7.

[本文发表于《集美大学学报(教育版)》2008年第4期]

陈嘉庚师范办学理念及其当代价值

周海琳

（集美大学师范学院　福建　厦门　361021）

摘要：陈嘉庚的师范办学理念具有知行并重、兼顾多元、关注贫困、以闽带侨、开拓视野、重视实际等丰富的精神内涵，且极具当代价值。传承嘉庚先生师范办学的精神，挖掘其当代价值，提高思想站位，以国家战略发展的全局意识，开拓视野，跨时代、跨学科地寻找解决问题的理论良药；同时与时俱进，回到当代，联系实际，优先办好师范教育，为国家培养"四有"好教师，从而为教育强国建设做贡献。

关键词：嘉庚精神；师范教育；当代价值

近来，中共中央党校出版社出版了习近平总书记在福建的系列采访实录。其中，《习近平在厦门》中的《习总书记对嘉庚先生和集美大学情有独钟》一文专门谈到了总书记对爱国华侨领袖陈嘉庚先生"爱国兴学"的高度评价及对"嘉庚精神"的阐述过程；并第一次把弘扬"嘉庚精神"提升到国家层面，指出其成为中华民族精神和时代精神重要内容的意义[1]。

潘懋元先生曾说，陈嘉庚先生在中国现代教育史上占有"特殊的地位"，不仅因其毕生致力于教育事业，在国内和南洋树立了"捐资兴学的典范"，更因他"具有现代中国特色的、对发展中国教育事业有其深邃意义的教育思想"[2]。嘉庚先生爱国兴学的诸多史实与精神内涵值得后人深入研究。

一、志怀祖国，兴办师范

在嘉庚先生大半生的爱国兴学历程中，他对兴办师范特别重视。不管是集美大学的源头集美师中学校（含师范部和中学部），还是厦门大学的源头高等师范部，都是先从办师范开始。纵观历史，他曾先后兴办了集美师中学校、集美女子师范、集美幼稚师范、集美试验乡村师范、南洋师范、厦门大学师范部等多种类型与层次的师范。这些师范的余脉，今天仍在。

陈嘉庚看问题深刻、有远见，对国家赤诚，体现在教育救国的崇高志愿上。身为同盟会成员，他和晚清众多爱国志士一样，是开眼看世界的。"吾

作者简介：周海琳（1979—　　），女，江西鄱阳人，副教授，博士，主要从事师范教育、人文教育等研究。

国今处列强肘腋之下,成败存亡千钧一发,自非急起力追,难逃天演之淘汰。"[3]22作为成功的实业家,他不选择自己熟悉的"实业救国"道路,而选择需仰仗他人智力支持的"教育救国"之路,且在政治、经济等风雨中始终坚持初衷,是认识到了"教育不兴则实业不兴,国民之生计日绌"[3]22的道理。1918年,集美师中学校成立不久,他即写信给学生,要青年体会他的兴学意图,志同道合地同为国家和社会发展谋出路。1919年,在《筹办福建厦门大学校附设高等师范学校通告》中,他说:"鄙人久客南洋,志怀祖国,希图报效,已非一日,不揣冒昧,拟倡办大学校并附设高等师范与厦门。"[3]25他在新加坡演讲,也公开阐明教育救国之志:"诚以救国既乏术,亦只有兴学一方,纵未能见成效,然保我国粹,扬我精神,以我四万万民族,亦或有重光之一日乎!"[3]22在这种志愿和情怀的指引下,他的实业虽远在南洋,却回国兴办了前述多种师范学校,为祖国和社会的发展深谋远虑,培养合格的教育师资。

二、嘉庚师范办学理念的精神内涵

"办学理念是学校办学的价值追寻和目标归属,也就是学校办学的灵魂。"[4]办学理念不仅要解决为谁培养人、为什么培养人的宏观问题,还要解决谁来培养人、培养什么样的人、怎么培养人的微观问题。他的师范办学理念思路清晰,思考深刻,实践务实,具有丰富的内涵。

(一)知行并重,勇于担当

知行并重是陈嘉庚做人、做事的风格。关于嘉庚先生的兴学,骆怀东认为教育救国论还不够准确,而"完全是为了报国"[5]。师范教育是为国家培养教育人才的,本无利可图,常理是公办。嘉庚先生认识到了教育救国的必要性,考察发现当时公办师范腐化、培养不出足够的合格师资现状后,先是向国民政府的教育官员陈述了师范教育的紧迫性。但官员们"私"与"不认真",并未重视[3]30。"闽省师校之腐化,师资之缺乏,若能办到决在集美办师范学校及中学,兹正其时矣""冀冀他日广树师资,以供闽南及南洋初等教育之需要,俾得发展教育,提高民智,改造社会也"。[3]19-20他看到官僚与公立师范腐化,受伤的是地方教育和国家未来。因此,他不仅执意要办师范,且在政府禁止私人办师范的情况下还屡次力争保全师范。这些都显示出嘉庚先生的睿智、爱国报国的赤诚、性格的坚毅与人格的高尚。陈嘉庚办师范,不是只给钱了事,而是对教育与国家发展的关系有着非常清醒的认识与积极的作为。陈嘉庚兴办师范的动机,既有教育救国之智,对教育救国的重要性有深刻的认识;又有教育报国之实,肯为理想付出具体行动;还体现了他不畏艰难、勇于担当时代重任的精神。

（二）以教辅教，兼顾多元

陈嘉庚办师范，是在教育实践中深刻地认识到了师资对于推动教育的重要意义。作为有教育救国情怀的教育事业家，他办师范就是以师范教育辅助各级各类教育。因而他办的师范有着分层培养师资、逐步推动教育发展的系统性。在1913年办集美小学与1917年办女子小学等初等教育时，他就遇到了公办师范学校师资培育数量不足、质量欠缺等问题。在集美师中学校的办学过程中，他又深刻地意识到了中等教育师资不足的问题。在南洋推动中文教育的过程中，他也看到了中文师资不足等问题。上述种种都使他不得不根据现实情况主动作为，兴办师范。嘉庚办师范的目的，不是以钱生钱，而是以财育才。他办师范的定位，并非将来助力于个人的商业发展，而是以教辅教，兼顾多元，为地方教育输送师资，从而为国家的长远发展做好铺垫。特别值得一提的是，陈嘉庚的性别观念开明、务实。他于1921年2月在集美学校增办了女子师范，招收三年制的师范别科生与五年制的师范本科生，解决了男女不同校教育环境下为女子小学与社会输送不同层次女性师资的难题。随着时代和观念的改变，后他也逐渐推进男女同校同学。移风易俗，拳拳兴教之心尽显。

（三）关注贫困，以闽带侨

陈嘉庚为国育才的大事业，是建立在对当时福建公立师范学校不作为等教育现实的失望之上的。为此，陈嘉庚极重视招生时的严格甄选，所收的师范生均来自闽南各县贫寒人家，学成将按预期赴学校做教育。一经入选，虽是私立校，"师范生各费全免，被席蚊帐都由学校供给"[3]22。因此，求学者不绝，毕业从教者亦不绝。集美师中学校首届"收师范生三班"，师范生130余人。毕业去向主要是赴闽南各地小学或南洋教书。1920年，陈嘉庚又组织了同安教育会，并资助小学教育。如此，闽南的教育几年便有了起色。资料显示，1921—1922年，同安创办了40余所小学，受到陈嘉庚等华侨的捐助；同安教育会还计划十年内普及小学教育[3]34。厦门大学师范部的招考工作也相当严格，且在中国多个省市和新加坡、马来西亚同时招生，目的就是推进教育，以闽带侨，为国内多地和南洋中文教育输送师资。这样，福建与华侨虽隔山海，但在师资培养方面却具有系统联动性。厦门大学高等师范部培养的师资可供闽南、南洋中等师范学校使用，为地方培养初等教育师资，从而全面推动闽南及南洋的教育发展。

（四）开拓视野，重视实际

嘉庚是视野开阔、重视实际的教育行动家。对于师范建设，他既重视前期开阔视野、认真调查，努力吸收国内外先进教育理念；又重视依据客观情况做判断,"扎根实际办教育"[6]。比如,建集美师中学校前,他先在福建多地考察,又派胞弟考察了七省,才做出决策。筹办厦门大学高等师范部,他不是盲目热情,而是力邀蔡元培、黄炎培等教育家来共同筹备把脉。厦大开学时,他还邀请了美国教育家杜威夫妇来集美讲学。他视野开阔、办事务实,建设师范有原则,减少了许多办学中的盲目与偏颇。

在学校硬件建设方面,他坚持省俭办学的原则,虽舍得投钱,但绝不铺张浪费,用有限的钱做更多的事。他派陈敬贤督建集美学校校舍,并亲自督建厦门大学,还动手修改了外国设计师耗费钱财的设计方案,最终成就了今日厦门大学、集美大学仍然保留的"嘉庚建筑风格"。在学校管理方面,他坚持校企分开、各司其责的原则,尊重教育规律,尽量减少直接干预。聘校长时,他阐明不会以市侩手段待教员如伙计,承诺聘校长后"一切信任办理""决不干预";又必"以诚挚待教师,又以优俸酬其劳,按月必交无缺分毫,俾仰事俯蓄无内顾之忧"。[3]28 事实上,不管是对集美学校的校长叶渊、陈村牧,还是对厦门大学的校长林文庆,聘用后他都全力托付,不随意插手具体教务;校主做校主的事,校长做校长的事。身为厦门大学、集美学校两校校主,他更多的是与外界打交道。不仅克服经济压力坚持办学,还在军阀混战、日寇侵华、国共战争的艰难时世中竭力维护学校的正常运转,得到学子们与海内外华人的极大赞誉。在师资建设方面,他重视广聘优秀师资,既尊重人才,又重视实际。起初办师范,他派胞弟去南京晓庄师范广邀人才。在组建厦门大学时,他厌恶官僚作风,重视教师品德和真实水平,不惜高薪引进了不少有真才实学的留学硕、博来从教。强大的师资团队为办学的成功奠定了基础。在人才培养理念方面,他不功利,强调三育并重。除了智育,还重视学生德性的培养、体育锻炼与体育精神的具备。1918 年 4 月,他就以"诚毅"为集美学校校训教导学生:"诚以为国,实事求是,大公无私;毅以处事,百折不挠,努力奋斗。"[3]22 又在集美学校的运动会上演说:"吾人为中华民国国民,应有健全之身体精神,方可为社会服务,荷国家仔肩"。学生不应只埋头读书而不重体育运动;体育运动贵在坚持,提高运动技能和身体素质,养成坚毅的精神和良好的德性,有益于个人、家庭和国家、社会。[3]28 在课程建设等方面,他接受了黄炎培、陶行知等务实的教育理念,特别重视理论联系实践,也特别重视"师范教育课程应体现出人的发展的全面性"[7]。在学风建设方面,他倡导勤俭朴实、努力奋斗,并在开学训词上训导不思进取、乱花钱的学生,"中国今日贫困极矣""应以节俭为本";他希望学生"当尽国民之责任,凡份所应尽者,务必有以报效国家",切不可稍忽功课。[3]26

三、嘉庚师范办学理念的当代价值

嘉庚先生办师范所体现出来的"舍利取义""重公义轻私利""重奉献轻名利"等精神内涵都极具当代价值[8],深入挖掘、传承活化之将有助于新时代师范教育。

(一)优先发展师范教育,为国家培养"四有"好教师

中国的师范教育,自晚清民初积贫积弱国情下由嘉庚先生等无数先辈大力倡导至今,百余年来为国民素质的改善和提高、中国教育与国家社会的革新和发展等做出了巨大贡献。而今,我国虽已普及了九年制义务教育,推进了各级各类教育,但国家与社会的大力发展仍需要教育作为助推剂。办好师范(含教师教育等多种称谓),为各级各类学校培养与输送合格师资,具有重要的战略意义。

2018年9月10日,习近平总书记在全国教育大会上强调,新时代新形势对教育和学习提出了新的更高要求;要抓住机遇、超前布局,以更高远的历史站位、更宽广的国际视野、更深邃的战略眼光,对加快推进教育现代化、建设教育强国做出总体部署和战略设计[9]。当前,许多高校在"双一流"建设的指引下拼技术高度与应用广度,但在追求高精尖技术发展和经济效应的同时,应落实高等教育对于国家与社会的责任;应站在国家战略的高度为师范教育保留足够的生存与发展空间,以更好地为国家培养出足够的"有理想信念、有道德情操、有扎实学识、有仁爱之心"的"四有"[10]好教师。不能因为师范专业生均拨款少、学生就业工资不高等理由,随意砍削师范专业或者在教育资源分配中忽视相对传统的师范专业。高校发展的大局应服从国家发展大局,"坚持把优先发展教育事业作为推动党和国家各项事业发展的重要先手棋,不断使教育同党和国家事业发展要求相适应、同人民群众期待相契合、同我国综合国力和国际地位相匹配"[9]。这也是百余年来,嘉庚先生等先辈们一以贯之的办学理念。他们着眼大局、不计得失、承重前行的积极担当,仍值得后人学习。

(二)紧贴时代需求,引领基础教育发展

嘉庚先生所办的师范,为各级各类学校培养了大量师资,对地方基础教育及南洋的中文教育起到了很好的引领作用,体现了时代性,满足了当时的教育需求。当今的师范教育,在师范大学化及信息全球化、人工智能大发展等教育环境大变革中,遇到了许多问题,如"学术性和师范性对峙"[11]、高等教育理论与基础教育实践脱节等。"师范院校课程改革明显滞后于基础教育、师范院校服务基础教育能力不足、教师职前培养和职后培训衔接不够"[12]等现象普遍存在。师范教育仍将为基础教育发挥重要的引领与支撑作用。面对当下师范教育中的突出问题，应当学习嘉庚先生等先辈们迎难而上的精神，办出师范的时代性。具体说来，主要需解决以下问题：

1. 人才观问题。要培养符合时代需求的全面发展的人才。习近平总书记指出，培养什么人，是教育的首要问题。[9]嘉庚先生在百余年前国家贫弱和自己实业屡次遭受重创的情况下办师范，尚且不会功利地只做智育，而是尽力提倡全面发展、三育并举地培养师范生。今日师范所培养的教师，肩负着为建设中国特色社会主义培养合格接班人的重要使命。"未来的教师不仅要具有扎实的专业知识、职业技能、行为规范等基本教育实践能力，更需注重培养良好的个人素养、专业道德、专业思想及强大的适应能力。"[13]因此，在今日优越的物质条件下，应以五育并举理念全面培养师范生，特别是要注重培养当代青年相对较薄弱的劳动意识、劳动习惯和劳动技能。

2. 课程观问题。融合学术性与师范性、理论与实践，打造优质师范类课程。师范生将来从事的是"多学科交叉""教学育人实际工作的多元交叉"工作，这就要求师范专业的教师要突破自身所学的单一学科，理论联系实践，主动进行"复合型学科"整合，努力打造优质课程，适应师范教育的实际需求，培养出"到位"的师范生。[14]

3. 职业观问题。通过多种途径改进学生与社会的职业观，特别是改善对于教师职业的性别偏见。陈嘉庚办师范时，社会还很保守，女子很少抛头露面地出去工作，全国范围内的女师范生奇缺。百年后师范生中也出现了性别失衡的现象，但情况却相反。许多师范学院几乎成了女子学院，男生奇缺。师范"阴盛阳衰"[15]，招生性别比例失衡，不仅会影响到师范生求学期间人格的发展，也"会导致基础教育教师队伍性别比例的不平衡，影响其整体质量水平"[12]。事实上，近年来，社会对幼儿园、小学师资队伍"阳刚之气不足"早已颇有怨言。百年前，嘉庚先生就能突破性别偏见办女子师范，今日师范亦可改进招生思路解决问题：如可跨地区招收男性师范生，也可通过为偏远乡村地区委托培养男教师，来解决招生性别失衡。学校还可通过教育逐渐改变学生和社会的职业观，特别是改正女子比男子更适合考师范、当教师的职业性别偏见。实际上，学界已有不少人在呼吁"高师院校性别教育须提上日程"，并有了实质性的性别教育构想[16]。

（三）办出学校特色，发挥区域优势

陈嘉庚在集美学村所兴办的师范系统联动、以闽带侨，于今日仍有诸多启示。今日师范教育可抓住学校自身资源、区域优势等做出特色，大力提升教育品质。

吴传刚等对国内外22所知名大学的抽样调查与研究发现，一流大学在重

视通识教育、国际化、追求卓越方面各有偏重,又常常多元交叉[17]。以集美大学为例,作为一所拥有文、理、工、农等多学科资源的综合性大学,师范教育可利用校内得天独厚的资源做好、做强通识教育与特色专业教育。比如,依托体育学院做好特色体育;依托文学院做好美育理论教育;依托音乐学院、美术学院等做好美育实践教育;依托马克思主义学院等做好德育;等等。此外,还可依托其他学院或校外合作机构开展多种师范生应具备的人文与科学素养教育。应注意的是,师范教育应关注师范生的特殊性。即不仅要给予知识,还要传授方法,以便师范生养成师范性。这些都需要师范专业建设者主动与多学科师资团队进行沟通。另外,师范专业的教师也可利用校内多学科优势打造跨学科的特色专业课程,如 STEAM 等。

与百年前嘉庚办师范时教育凋敝的厦门相比,今日的厦门,是自贸区,是海上丝绸之路的重镇。东部沿海开放城市的特殊优势,使厦门在对台交流、国际交流方面享有诸多便利。也因此,厦门的基础教育相对比较开放和前卫。服务地方的师范教育如仅满足国家最低标准,必然不能适应地方教育发展的需求。这就要求集美大学的师范教育,不仅要满足全国基本要求,如接受全面的专业认证、课程对照教师教育课程标准、学生参与教师资格考试等,还应主动抓住区域优势,呼应地方需求,通过闽台、国际等多种渠道,多方引进先进理念与建设经验,提升办学品质。

(四)助力教育扶贫,关注多元需求

陈嘉庚办师范,生源来自贫困地区,毕业生大多真正从事基础教育工作,从而间接帮助贫困地区。"贫困"一词,大致可从物质和精神两个方面来理解。当下,国家物质文明建设全面奔小康后,师范教育应多关注精神贫困,助力教育扶贫。精神层面的贫富,将涉及知识储备多少、文化层次高低、中国特色社会主义文化认同强弱等层面的问题。当代师范教育不能只关注学生的就业率,追求显性的数字之高;还应秉承先辈们的优良师范教育传统,更多地关注多元教育需求,大力进行知识扶贫、文化扶贫、观念扶贫。如以农村支教、社区送教、专项教育扶贫、大力支持华文教育等形式,关注与帮助农村欠发达地区或少数民族地区教育的发展、城市或发达地区教育改革水平的提高、海外中文教育相对薄弱地区华人华侨的祖国文化认同等,进行不同层次的"教育扶贫"。

(五)开放务实,探索当代师范教育新经验

嘉庚先生十分赞同陶行知理论联系实际的"活的教育"思想,并在其所办师范中推行。概言之,"活的教育是活的教师以活的方法培养活的学生的过程"[18]。

以"活的教育"推动师范教育现代化转型升级,就是要面对实际问题,

寻求改良与发展的契机。就集美大学的师范教育而言,活的师资建设,就是要围绕专业发展,将全校通识教育、学科教育、专业教育师资通盘灵活考虑,优化整合,专兼结合,组成跨学科复合型的师资团队。活的教材建设,就是不死守课本、课件教学,进行线上、线下各类教育资源的整合;并做好理论联系实践的案例库建设,给学生好的示范与引领。活的课程建设,就是在满足国家课程标准的前提下,推出有特色的选修课,满足学生多元发展的需求。特别要注重与基础教育课程的联动建设,以适应基础教育一线的需求。这就要求大学教师与有经验的基础教育师资联合教研,也要求灵活的平台建设和远程教育技术为教育联动提供支持。活的实践与实训教育,就是要在目前粗放式教育见习、实习的基础上,进行阶段目标细化或项目化的尝试、落实。活的教育评价机制建设,就是要去数字化、形式化,重视教育的本质与内涵,兼顾过程与结果。活的创新创业能力培养,即利用校内多学科平台或校企合作平台,以课程育新、社团育新、项目育新。

嘉庚先生师范办学理念的当代价值值得后人挖掘与学习。当代师范教育,就是既要开阔理论视野,跨时代、跨学科地寻找解决问题的理论良药;同时要与时俱进,联系校情、学情,联络企业、搭建平台,推动教学科研一体化,发掘和打造特色,共同培养时代和社会所期待的优质师范生。

参考文献

[1] 中央党校采访实录编辑室.习近平在厦门[M].北京:中共中央党校出版社,2020:125.
[2] 潘懋元.《陈嘉庚教育文集》序[J].教育评论,1989(4):77-79.
[3] 陈碧笙,陈毅明.陈嘉庚年谱[M].福州:福建人民出版社,1986.
[4] 张岩.应用型本科高校办学理念及实施途径探索[J].中国成人教育,2018(4):28-31.
[5] 骆怀东.试论陈嘉庚先生的兴学动机[J].福建论坛,1983(5):2-9.
[6] 上官林武.陈嘉庚师范教育思想与办学实践研究[J].集美大学学报(教育版),2011(5):27-31.
[7] 刘德华.试析陈嘉庚的师范教育思想[J].教育史研究,2000(1):64-67.
[8] 董立功.陈嘉庚的义利观及其当代价值[J].关东学刊,2019(2):92-101.
[9] 新华社.习近平出席全国教育大会并发表重要讲话[N].2018-9-10(1).
[10] 王洛忠,隋璐璐,杜德健.贯彻习近平总书记"四有"好老师重要讲话精神培养中华民族"梦之队"的筑梦人[J].北京教育:德育,2020(3):12-14.
[11] 柳晓娜.论教师教育中的"学术性"和"师范性"[J].教育教学论坛,2018(5):29-30.
[12] 贾汇亮.新转制师范院校本科专业设置问题及调整建议[J].广东第二师范学院学报,2018(1):24-30.
[13] 叶文,郑如玉,贺寿南.教师教育转型期地方师范院校师范性问题分析[J].教育教学论

坛,2018(18):5-7.
[14]周海琳,谭德君.从"定位"到"到位"——以复合性学科的发展推进小学教育专业特色建设[J].集美大学学报(教育科学版),2014(2):11-15.
[15]张军威.师范生性别比例失衡问题研究[D].大连:辽宁师范大学,2014.
[16]陈莹.性别教育纳入高师院校教育全过程研究——以东北师范大学为例[J].现代交际,2019(1):187-189.
[17]吴传刚,姜彤,刘凤艳.一流大学办学理念与实践[J].教育教学论坛,2018(9):6-8.
[18]陶行知.陶行知谈教育[M].沈阳:辽宁人民出版社,2015:48.

[本文发表于《集美大学学报(教育版)》2021年第1期]

陈嘉庚学术史研究的历史回顾

杨建华

(集美大学师范学院；集美大学陈嘉庚研究院　福建　厦门　361021)

摘要：20世纪以来，学界对陈嘉庚学术研究活动的历史回顾、反思，以及陈嘉庚研究史料、文献系统的整理颇有建树。从陈嘉庚先生原著及史料搜集、整理，陈嘉庚研究文献题录、文选、数据库建设，陈嘉庚研究文献成果综述性研究，陈嘉庚研究机构、团体、刊物的研究等方面，可以对陈嘉庚学术史研究上述若干方面进行回顾和反思。

关键词：陈嘉庚；学术史；陈嘉庚研究

"研究学术的历史，从历史的角度看待学术，就是学术史"[1]，该学者指出，在中国学术史的研究过程中，公认的基本学术史范式主要有三种：一是以"书"为中心的学术史研究，即目录书籍的编撰、以书为纲的学术史研究，如《四库全书总目提要》；二是以"人"为中心的学术史研究，是以学者和学派为研究对象，如明末黄宗羲的《明儒学案》、20世纪30年代钱穆的《中国近三百年学术史》；三是以"问题"为中心的学术史研究，是将学者思想或著作对象以各种"问题"的方式分列研究，如张岂之主编的《中国近代史学学术史》[1]。自20世纪初期以来，如果从学术形成的四个条件衡量，即确定的研究对象、研究队伍的规模、研究问题的格局、研究持续时间，"陈嘉庚研究"俨然已成为国内外学界重要的学术研究领域，"嘉庚学"已具规模。陈嘉庚学术史研究，即"陈嘉庚研究之研究"，是综合运用以"人"为中心和以"问题"为中心的学术史研究范式，对陈嘉庚研究的学术回顾和总结，这对学界更加清晰、系统地呈现陈嘉庚研究发展脉络及其走向，总结陈嘉庚学术研究活动的发展特征及其规律必将具有重要意义。

1919年5月，黄炎培写就《陈嘉庚毁家兴学记》，发表于《申报》之上，高度评价陈嘉庚：心力强毅而锐敏，不苟言笑，利害烛于几先，计划定于倾，临事不惊，功成不居严于处物，而宽于处人；君之散财，非为名高，非为情感，盖卓然有主旨如此。如果以此为开端，陈嘉庚研究至今已经历一百年的历史，成为华人华侨人物史和教育史学界重要的研究领域。学界不仅多次整理、出版和研究陈嘉庚先生本人的著作，如《南侨回忆录》等，而且

作者简介：杨建华（1975—　），男，宁夏平罗人，副教授，博士，主要从事中国教育史、教师教育研究。

涌现大量专门研究陈嘉庚的专著、论文、纪念文章。特别是在1984年，陈嘉庚研究会在集美成立，并决定创办《陈嘉庚研究》杂志以后，更是有计划地开展陈嘉庚研究。刘惠生《〈陈嘉庚研究〉杂志创刊20年回顾》（2003年）记载，截至2003年，已刊登300篇论著，撰稿人400人次，刊登文字1630页，计229.4万字左右。刊登内容主要有：陈嘉庚生平历史资料、文物、回忆录；陈嘉庚创办的各项事业；陈嘉庚与各国政要的往来；陈嘉庚与侨领、侨民关系影响；陈嘉庚精神，从理论和实践上深入探讨；陈嘉庚诞生地……由此窥见，学界关于陈嘉庚的研究成绩是卓著的。

一、陈嘉庚先生原著、言论、年谱、文集等学术研究史料的系统整理、出版与研究的学术史回顾

陈嘉庚先生勤于笔耕，为后世留下丰厚著述，如《南侨回忆录》（1946）、《我国行的问题》（1946）、《战后建国首要：住屋与卫生》（1949）、《陈嘉庚言论集》（1949）、《新中国观感集》（1950）等。这些著述除初版外，再版亦很常见，《南侨回忆录》最为突出。它是陈嘉庚先生的第一代表著作。其翔实性、重要性、权威性、史料性都是其他类似文献所无法替代的，也是后人进行陈嘉庚研究的重要参考文献之一。该书自1946年3月初版起，几经再版，先后在世界各地出版过十余次，这从一定程度上反映国内外学界对于陈嘉庚研究的关注和热心。

值得一提的是，陈嘉庚先生虽然出版过他本人的言论《陈嘉庚言论集》（1949），但是学界对于他言论方面的学术研究并未停止过。这当以1980年10月，由杨进发编著、新加坡南洋学会出版的《战前的陈嘉庚言论史料与分析》为大集成者。"该书系著者杨进发博士早年在开展星华社会领导层的研究过程中应运而生。为搜集这些史料，作者奔波于英国伦敦与新加坡等地的图书馆、档案馆之间，耗费多时翻阅各类战前报章，得来实不易"[2]32，共收录了陈嘉庚1916—1941年50多篇较重要的言论记录。全书分两部分：第一部分着重分析陈嘉庚生平及其政治与社会思想之形成与演变；第二部分则分类罗列陈嘉庚在战前的各种言论史料。"值得一提的是，该书的原始史料及其分析成就了后来重要的研究著作《陈嘉庚——华侨传奇人物》一书的写作与成功出版，对于20世纪80年代以来陈嘉庚学术研究的奠基意义不言而喻。"[2]36

而朱立文编著的《陈嘉庚言论新集》（2013），则集结陈嘉庚先生回国定居后的大部分言论讲稿，与上述杨进发著述形成国内外言论史料互补之势。该书共四个部分，含17篇陈嘉庚先生在"全国人大、政府、政协、侨联会议上的讲话"、12篇"对时局发表谈话"、14篇"对记者、考察团、学校讲

话及临终遗言"、7篇"文稿、感言"等，基本涵盖绝大部分陈嘉庚回国定居后的主要言论资料，具有重要的学术参考价值。

而传记文学界则把搜集、整理和编纂陈嘉庚年谱等学术史料看成文学传记的基础工作。1986年3月，由陈碧笙和陈毅明编、福建人民出版社出版的《陈嘉庚年谱》，是陈嘉庚学术研究迄今最基本的书目及重要参考文献之一。该书按照陈嘉庚年表，将其生平经历逐年逐月详细列出，其史料之翔实，迄今学界还无法超越。据考证，20世纪80年代，从事华侨史、台湾史研究的陈碧笙教授发现，台湾国民党方面编纂了好几部有关华侨名人的传记，但没有一句涉及陈嘉庚，他觉得这种不正常的现象应该得到纠正。出于此目的，陈碧笙与杨国桢教授合著的《陈嘉庚传》于1982年出版。而为著此书，70000字的《陈嘉庚年谱》油印本早在1973年即已写成，目的在于为撰述《陈嘉庚传》提供一条线索。但其中对各次重大事件的时代背景及其相互关联未曾顾及，所参考的资料也只限于《南侨回忆录》《陈嘉庚言论集》《陈嘉庚先生纪念册》等几本书，没有详征博引，以及加以比较考订，所以未轻易示人。随即在《陈嘉庚传》出版后不久，适逢毕业于厦大历史系并留校任教的陈毅明老师，以陈碧笙先生为导师，一边开设华侨通史课，一边整理陈嘉庚的资料。他以陈碧笙先前的油印本为蓝本，在此基础上广泛搜集中外报刊和私人信件中的有关材料，加以修改、补充，使篇幅增加了一倍以上，内容相比旧稿有很大的扩充。由此，才有了出版于1986年的《陈嘉庚年谱》。[2]36

此外，教育史学界也热衷于整理和研究陈嘉庚学术史料。例如，由王增炳和陈毅明等编、福建教育出版社1989年7月出版《陈嘉庚教育文集》，对陈嘉庚先生一生的教育言论旁征博引，系统辑录，分"著作""论文、演说词及其他""书信"三个部分。按照时间顺序选取整理了陈嘉庚著作中关于教育的论述，报刊登载的陈嘉庚关于教育问题的论文、演说词、电文和通告等，未曾发表的陈嘉庚书信和其他手稿、言论中有关教育的内容等，是一本不可多得的陈嘉庚教育思想与实践研究的学术史文献[2]38。

二、陈嘉庚研究文献题录、文选、数据库建设的学术史回顾

在研究文献题录整理方面，可以1991年2月朱立文著、厦门大学图书馆内部刊印的《陈嘉庚著述及其研究文献目录》为代表。值得一提的是，为提供陈嘉庚研究参考，"作者曾四度编辑《陈嘉庚著述及其研究文献目录》，第一次为1991年2月发行的独立单行本，收录目录条目截至1989年止，之后不久全文附录于《陈嘉庚爱国主义思想研究》一书之后。第二次续编，收录

至 2002 年止，附录于《在缅怀陈嘉庚先生的日子里》一书。第三次续三，收录至 2012 年 11 月止，打印稿，未刊。第四次续四，收录至 2014 年 5 月止，打印稿，未刊"[2]39。

而 2015 年由《嘉庚文献题录》编委会编著、武汉大学出版社出版的《嘉庚文献题录》一书，是新时期陈嘉庚学术史研究中，对于陈嘉庚研究文献做的一次全面系统地目录索引工具书。"本书是关于陈嘉庚文献的一部书目摘要索引，主要包括相关的图书、报刊、析出文献、非书资料等。全书共分为四个部分：第一部分为图书文献题录，主要由陈嘉庚著作、陈嘉庚传记和其他研究资料组成；第二部分为报刊摘要，主要收集陈嘉庚先生创办的报刊及相关研究性的几种报刊介绍；第三部分为析出文献目录索引，从大量的文献资料中析出与陈嘉庚相关的单篇文献目录；第四部分为非书资料目录索引，包括与陈嘉庚先生相关的各种非书资料。"[2]362 该题录之丰富是学界各个历史时期发表的研究综述和研究动态所不能比拟的。因此，可以说这是一部陈嘉庚学术史上的集大成题录类史料之作，对于开展陈嘉庚学术史研究具有重要参考价值。

在研究成果文选方面，2007 年 9 月由曾讲来主编、厦门大学出版社出版《陈嘉庚研究文选》一书，该书选自《陈嘉庚研究》会刊。编者从 23 期会刊中选出部分文章结集出版，共出版一、二集：第一集侧重于理论上的探讨和阐述，内容集中在倾资办学、科教兴国、心系中华、爱国爱乡、正气浩然、高瞻远瞩等方面；第二集侧重于史料的发掘、整理和对史实的研究、考析。

值得一提的是，自 2010 年以来，陈嘉庚学术史研究在学术研讨及研究数据库建设方面建树颇深。例如，2013 年 10 月 21—22 日是陈嘉庚创办集美学校百年校庆，为此，筹办方策划了许多活动予以纪念。陈嘉庚研究国际学术讨论会即是其中之一，共吸引海内外 80 多位专家学者参会。本次研讨会收到论文 40 余篇并结集成《陈嘉庚研究国际学术研讨会论文汇编》，共汇集海内外 37 篇学者的最新陈嘉庚研究成果，内容涉及陈嘉庚研究的各个方面，其中不乏新资料、新视角、新观点。可以说，此论文集汇编代表着当时若干年来陈嘉庚研究的最新动态和发展态势。此外，在陈嘉庚研究数据库建设方面，2013 年第 29 期《陈嘉庚研究》发表《陈嘉庚研究数据库建设实践与思考》一文，对集美大学图书馆建设陈嘉庚研究数据库的实践进行总结与反思。而"陈嘉庚研究数据库"的建设和应用对于陈嘉庚研究无疑具有重要的学术研究集聚和推动作用。

三、陈嘉庚研究文献成果综述性研究的学术史回顾

1987 年第 4 期《陈嘉庚研究》发表刘谓滨的《国内陈嘉庚研究梗概与今

后课题设想》一文，这是较早的综述性成果。该文指出"建国以来，国内所发表的有关陈嘉庚研究的论著148篇（本）（未含国外的）"，并得出三点结论："第一：国内发表的论著中，最多为教育类，将近一半""第二，政治思想方面的论述共54篇，占36.4%，居第二位""第三，经济类、人才类合计不到10%，显然未尽反映出陈嘉庚在这方面的杰出贡献，和今日改革、开放、搞活、管好的形势亦颇不相适应"。在此结论基础上，作者指出"今后研究课题的设想"。《陈嘉庚研究》在1989年第6期发表陈毅明的《关于陈嘉庚研究的动态》一文，对1989年以前的陈嘉庚研究进行综述，指出"陈嘉庚研究不是一般的人物研究，而是华侨史研究涵盖面较宽的一个重要侧面，涉及华侨与近代中国的关系、华侨与殖民地及其宗主国的关系、华侨社会的形成、发展与演化等历史现象"。

此外，1994年第11期《陈嘉庚研究》发表朱立文的《陈嘉庚研究的进展述略》一文，在把陈嘉庚研究历史分为四个阶段展开简单回顾的基础上，"为将陈嘉庚研究引向更高的层次"，提出"一、必须进一步加强陈嘉庚资料的征集和整理工作""二、从历史的和社会的角度研究陈嘉庚"。值得一提的是，作者呼吁："要树立陈嘉庚自成一家之理论，作有系统之分析研究，称之为'陈学'加以建立，犹如曹雪芹以'红楼梦'一书传观研读百余年，终成'红学'一门。"这是第一次呼吁把陈嘉庚研究当成专门学术，即"陈学"研究。"三、研究陈嘉庚，还要提倡'三个结合'和强调'三性'，即提倡普及与提高相结合，强调学术性；提倡国内与国外相结合，强调国际性；提倡理论与实践相结合，强调实践性。"时隔几年后，即在2002年第19期《陈嘉庚研究》上，作者还发表了《陈嘉庚研究新进展概述》一文。

此外，2001年第18期《陈嘉庚研究》发表朱立文《概述"陈嘉庚精神研究"》一文，突破以往对陈嘉庚研究文献梳理采用综述性回顾的写法，第一次运用学术史研究的视角和内容分析的方法，梳理了学界关于"陈嘉庚精神"研究的历史文献，史论结合，对于陈嘉庚学术史研究具有创新价值。

四、陈嘉庚研究机构、团体、刊物研究的学术史回顾

1996年第13期《陈嘉庚研究》发表陈延杭执笔的《集美陈嘉庚研究十年》一文，总结了集美陈嘉庚研究会自1984年成立至1994年的学术研究活动和会员的研究成果，并提出"今后希望"。接着，作者于2002年第19期《陈嘉庚研究》又发表《陈嘉庚研究会18年工作回顾》一文，从学术史研究和内容分析的视角，对《陈嘉庚研究》期刊发表文章的主题进行了归类总结。2003年第20期《陈嘉庚研究》发表刘惠生《＜陈嘉庚研究＞杂志创刊

20 年回顾》一文,"将《陈嘉庚研究》创刊以来从办刊宗旨、形式、内容、主题组织和质量做一全面回顾。回眸过去,展望未来,探索启示是本文作者的意愿"。此外,2013 年第 29 期《陈嘉庚研究》还发表林茂今的《陈嘉庚研究中的几个问题讨论》一文,进一步从学术史研究的视角分析陈嘉庚研究过程中的"问题与思考"。陈少斌于 2004 年第 21 期《陈嘉庚研究》发表《嘉庚精神支持我从事陈嘉庚研究事业》一文,演绎了作者从事陈嘉庚学术研究的心路历程:"党的十一届三中全会的正确路线、方针、政策,给予我第二次政治生命和重新工作的机遇,奠定了我参加嘉庚事业工作的基础。而嘉庚精神则是支持我主观上得以长期从事嘉庚精神工作的客观因素。我把这两方面视为我晚年生活、工作的精神支柱,而最重要、最根本的问题是前者。所以,我在 1980 年集美学校委员会、集美校友总会(简称'两会')恢复活动后,进入协助工作至今,在嘉庚精神的激励下,宣传、研究嘉庚精神,报答陈嘉庚校主和母校,报答党和人民。"

综上所述,陈嘉庚学术史研究伴随着陈嘉庚研究的发展一步一步走来,对陈嘉庚学术研究已从多个主题进行切入,成果较为丰富。然而,以往研究存在的若干问题也是不容忽视的。首先,在研究内容方面,缺乏较为系统、完整的陈嘉庚学术史研究专著,这相较于国内著名教育家学术史研究现状比较滞后,例如,在著名教育家陶行知学术史研究方面,早在 2005 年 3 月,已有金林祥主编、上海教育出版社出版的系统学术史研究专著《20 世纪陶行知研究》一书;其次,在研究方法方面,已有成果多运用文献综述法和历史回顾法层面,多只按照时间顺序,简单罗列文献题名,缺乏运用以"问题"为中心的学术史视角,系统而详细地分析研究者成果中的思想、观点,以及学术成就评价等;最后,在学术史研究视野方面,已有研究缺乏对"嘉庚学"的进一步认识、阐释和理论建构,并且缺乏将陈嘉庚学术研究看成独立的学术发展,进而分为若干问题来进行研究的学术成果。

参考文献

[1] 姚晓南.关于学术史研究几个理论问题的辨识[J].华南师范大学学报(社会科学版),2008(3):52-55.
[2]《嘉庚文献题录》编委会.嘉庚文献题录[M].武汉:武汉大学出版社,2015.

[本文发表于《集美大学学报(教育版)》2020 年第 1 期]

关于陈嘉庚精神教育的思考
——以集美大学为例

沈哲琼

(集美大学工程技术学院 福建 厦门 361021)

摘要："以嘉庚精神立校、以诚毅品格树人"是集美大学办学的根本和人才培养的目标，"诚毅"是对校园里所有与人有关的元素的要求。在学生中开展嘉庚精神教育，要通过物质环境塑造和宣传、揭示蕴含的文化精神，通过完善和执行管理制度营造符合嘉庚精神的育人环境，要不断凝练和升华办学理念，形成独特的大学文化。

关键词：嘉庚精神；诚毅；制度建设；育人环境；大学文化

一、开展嘉庚精神教育的意义

"以嘉庚精神立校、以诚毅品格树人"是办学的根本和人才培养的目标，《国家中长期教育改革和发展规划纲要》提出了"提高质量是高等教育发展的核心任务"、要"促进高校办出特色"，对集美大学这样一所有着九十多年悠久办学历史的学校，嘉庚精神、"诚毅"校训是办学过程中积淀形成的宝贵的大学精神，培养具有嘉庚精神的高尚人文素养及"诚以待人，毅以处事"的意志品质的大学生是我校人才培养的特色，也是提高教育质量的重要途径。在新时期的教育实践中具体化为"尊重事实、承担责任、保持和谐"三个层面，要通过教育实践使学生具备"诚"的特质，使"诚"成为广大师生员工做人、做事的准则，使嘉庚精神内涵在新的历史时期得到延伸，培养出实事求是、富有社会责任感、既掌握过硬专业技能又具有高尚人文素养的能服务海西建设的应用型人才。

二、当前我校开展嘉庚精神教育的现状

几年来，集美大学对如何让嘉庚精神进课堂、如何发挥"两课"教师作

作者简介：沈哲琼（1981— ），女，福建诏安人，讲师，主要从事党建和思想政治工作研究。

用开展嘉庚精神教育等方面的研究已经取得了初步成果，但对如何通过陈嘉庚精神教育与实践，使嘉庚精神内化为大学生的文化素质，真正实现"以嘉庚精神立校，以诚毅品格树人"的人才培养目标，尚缺乏系统性和理论性的阐述，体现当代特色的教育与实践方案更少。主要体现在以下几个方面：

1. 课程建设日趋完善，教育模式如何产生长期效果尚需研究。通过几年的实践，"陈嘉庚精神教育"课程已经成为集大学子的必修课程，课程建设日趋完善，学生们通过教师的课堂讲授了解集美学村的办学历史，理解了集美学校"诚毅"校训内涵，也对嘉庚先生光辉伟大的人生历程有了一定程度的了解。但是课堂教学作为说教式和传播式教育，只能帮助学生获得对嘉庚精神及"诚毅"校训的感性认知，难以触动学生灵魂深处引起共鸣，产生长期的激励作用。应该努力构建一个较为成熟、完善的系统化教育模式，使学生把嘉庚精神转化为具体的行动，在实践中形成良好的行为习惯和道德情操。

2. 器物建设规模宏大，嘉庚建筑风格宣传尚待加强。2009年，集美大学新校区被评为新中国成立六十周年"百项经典暨精品工程"，这种体现地方特色的经典建筑源自何处？它与嘉庚先生晚年拄着拐杖督促完工的优美建筑南熏楼、道南楼等有何渊源？关于这些学生们知之甚少。"高檐红顶""嘉庚瓦""燕尾脊""红砖墙""坡屋顶"等嘉庚建筑元素构成了独特的"穿西装，戴斗笠"式嘉庚建筑风格[1]，这种建筑风格被建筑学家认定为"在近代建筑史上有其不可磨灭地位"。"穿西装，戴斗笠"既体现了独特的嘉庚建筑风格，也展示了嘉庚先生诸多"中西合璧"的先进教育思想，继承了中国传统文化的精华。新校区建筑群是对嘉庚风格建筑内在的传承和延续，应通过一定的途径使学生在感知集大新校区漂亮、宏伟的建筑的同时，更深入地了解嘉庚建筑风格及嘉庚教育思想。

3. 教育意识逐渐增强，教育管理制度建设还需完善。"以嘉庚精神立校、以诚毅品格树人"体现了集美大学办学的根本和人才培养的目标，嘉庚精神教育及"诚毅"校训教育已经成为学生的必修课，但如何在科学、规范地制定教育管理制度的过程中体现"诚毅"要求尚待探讨。自1999年实质性合并以来，集美大学经历了办学规模、办学结构、办学层次、办学条件等方面的快速发展，目前办学的物质基础已日趋完善，但真正实现把嘉庚精神作为立校根本，把诚毅品格作为人才培养的终极目标，还需要进一步完善管理制度。

4. 嘉庚精神广为人知，大学气质养成尚待时日。目前，各部处、各学院重视将嘉庚精神教育作为新生入学教育的重要内容之一，学生入学初即通过参观嘉庚故居、校史展览馆、讲座、课程学习等方式了解嘉庚精神，"'诚毅'二字中心藏，大家勿忘"的校歌也通过校园广播每日播放，但是当我们问及"来集大最大的收获是什么"时，却很少有学生自然而然地想到"诚毅"校训。推及至教师，也很少起到"诚毅"的行为示范作用。关注祖国的前途命运、以振兴中华为己任的校园人文氛围尚未形成，优美的校园环境、良好的物质条件还需在嘉庚精神的不断熏陶下才能焕发出独特的光彩。

三、当前我校开展嘉庚精神教育的对策

（一）通过教育模式的完善和创新，增强嘉庚精神教育效果

1. 丰富教育内容，引导学生明确学习目的。嘉庚精神教育的核心是爱国主义精神教育，"诚毅"是培养学生追求成"仁"的道德情操，学生学习的目的是使自己成为"仁"人，实现个人的全面发展。学校开展嘉庚精神教育内容包含"认识嘉庚精神的实质、践行'诚毅'品格、追寻人生价值"三个层面。围绕此三个层面规划人文素质培养体系，列出在校学生四年学习的建议书目，并对每个年级的实践活动按照教育内容层级做规划：一年级通过案例教学、实地参观考察、典型校友先进事迹学习、讨论交流等方式，引导学生形成对嘉庚精神的全面、正确的认知，培养学生尊重客观事实的行为习惯；二、三年级通过规划实践活动，如义务家教、看望孤寡老人等社会服务活动，让学生体会诚实、助人、奉献的价值所在，勇于承担对自己、家庭及社会的责任；高年级引导学生追寻人生的价值，培养学生的道德意志和价值取向，引导大学生关注人类社会的持续发展，自觉地锤炼自身秉性，保持与社会和自然的和谐，促进个人的全面发展。

2. 创新教育方法，培养学生养成学习习惯。"90后"大学生的成长过程接触了多元文化，也正面临着一个科学知识爆炸的时代，互联网便捷、强大的搜索功能使学生的学习热情消退、学习目标幻化。为此，必须探寻新的教育方法，引导学生明确学习目标，培养学生的学习习惯、学习能力，树立学无止境的思想。要改变以往使学生处于被动状态的教育方法，为学生提供主动学习的空间，如加强学习型党组织建设，由学生党支部自主选择主题开展学习活动，并带领团支部共同学习；利用早操时间以班级为单位集中，由学生轮流上台分享学习心得、收获；发挥团支部作用，由学生组织开展嘉庚精神的学习实践及交流活动，教师参加活动并予以点评指导；通过成立学院学生党员培养中心，为党员成长锻炼提供平台，要求正式党员联系预备党员，预备党员培养积极分子，以教的方式促进学习。

3. 营造教育氛围，促进学生实现全面发展。真正的嘉庚精神教育来源于为学生提供的成长和学习环境，教师的"诚"、制度的"诚"比书面解释的诚毅更能对学生起到引导作用，应通过学校中人的品格、精神、道德的塑造，形成大学人文氛围，培养富有人文情怀的知识分子，让集大成为师生共同的

精神家园，把"诚"内化为个人的人格品质。因此，要努力营造嘉庚精神教育氛围：加强师德建设，坚持德育为先，要求教师关爱学生、严谨教学、淡泊名利、自尊自律，政工干部在工作中要做到公平、公正、公开，要有一颗"公"心对待学生；各部门要有便捷的网络交流平台，为师生提供一个"诚"的空间，及时吸纳师生对学校教学管理和学生管理的合理建议。

（二）通过器物层面的建设和宣传，揭示物质环境蕴含的文化精神

漫步于风景秀丽的集美学村，留心观察，便能发现许多与嘉庚先生有关的器物；细心体会，便能感受这些物件或建筑所体现的嘉庚精神。从航海学院的"允恭楼群"、财经学院的"尚忠楼群"，到新校区宏伟的建筑楼群，都体现了嘉庚式的建筑风格，是新时期嘉庚精神的具体化；从陈嘉庚故居陈列的物件，到嘉庚纪念馆的系统展示，都体现了嘉庚先生一生以民族兴亡为己任，忠公诚毅、勤劳俭朴的高尚道德情操；从归来堂、归来园，到背靠家乡、面朝大海的鳌园，都体现了陈嘉庚先生的思乡爱国之情；从集美幼稚园、集美小学、集美中学到集美大学，处处都能见到嘉庚先生倾资办学留下的辉煌功绩。目前，嘉庚故居、嘉庚公园、鳌园等地作为集美大学爱国主义教育基地，是每个新生必须参观学习的内容，但大多数参观只停留在表面的"走走看看，听听讲解，感叹感叹"阶段。为了使学生们更好地理解这些身边的建筑所包含的历史和文化意义，更好地发挥物质环境在人文教育中的作用，一是要加强体现嘉庚风格、嘉庚精神器物的建设、保护，重点宣传，把嘉庚精神、文化与物质环境相联系，通过物质空间的感染熏陶形成潜在影响；二是要加强学生主人翁意识的培养，由学生参加集美人文旅游景点的管理服务工作，担任解说员或导游，使学生承担起传播、宣传嘉庚精神的责任，在对嘉庚精神的不断阐述中深入了解嘉庚精神的实质；三是在楼名、路名的设置上体现嘉庚精神的文化内涵，对于现有已捐赠的教学楼、学生宿舍楼等，可以对捐赠校友的事迹予以提炼宣传，正面引导学生向优秀校友学习，保持校园物质环境与人文精神的和谐统一。

（三）通过管理制度的完善和执行，营造符合嘉庚精神的育人环境

嘉庚先生在创办师范教育、小学教育时，就明确提出"全校管理，务求严格，以整风纪"、"校中应有管理法"[2]，正是嘉庚先生制定了严密的管理制度，才使得集美学校在抗战时代能够保存下来，集美大学才有今天的发展规模。目前，基本形成了民主管理制度，"三创"工作、教评工作、干部竞聘上岗等工作均取得了显著成效，实现了管理运行机制的制度化、规范化、程序化，但是制度应随着学校的发展不断调整完善，尤其要在制度设置及执行过程中体现"诚"的内涵，体现集美大学的文化，以制度保障良好育人氛围的形成。首先管理制度设置的目的和动机必须以学校发展的客观事实为基

础，要明确大学组织和个体的责任，努力构建和谐、稳定的工作和学习氛围，使大学的实践活动更符合"诚毅"内涵。其次要建立科学的管人、管事方法，要以"诚"为先，即以"公"为先，凡事从学校的整体利益出发、从学校的长远发展出发；要重视管理队伍建设，增强管理部门的服务意识，在为学生提供教学服务、后勤管理服务时体现嘉庚精神，使嘉庚精神教育与管理实践相结合。最后，要继承和发扬嘉庚先生先进的管理理念，为学生的和谐、健康发展提供制度保障。嘉庚先生在开展学校管理时，始终抓住"选好校长、建立高水平师资、严格教学管理"[3]这三个要素，在"培养什么人"的问题上，他提出教育的目标是：在"诚毅"思想指导下，德、智、体、群、美五育全面发展。德、智、体是对学生的基本素质要求，德育为先，是培养人才的根本；智育是培育学生学习、累积与创新知识的能力；体育是保障，是蕴发智能、展现智能的基础；群、美是更高层面的要求，群是个人小我与社会大我关系的协调[4]，是依靠集体创造智慧的能力；美是修养要求，达到外在雅致、内涵丰富的境界，这五个要素相互联系，相辅相成，是培养人才的着力点。因此，制度设置应继承"从严治校"的传统，如严肃校规校纪、严格机关工作作风、严谨治学态度等；遵从促进学生全面发展的原则，认真设计学生在校期间的学习内容和学习要求，达到"五育"标准，体现人才培养特色。

（四）通过办学理念的凝练和升华，形成集美大学独特的大学文化

学校的办学理念是在办学实践中不断提炼升华的，并蕴含于嘉庚精神之中，以嘉庚精神立校就包含了应该在学校的物质环境、制度管理、教学过程、学生培养等各个环节都实现"诚毅"品格，因此，笔者认为，可以尝试培养具有嘉庚精神的当代大学生，紧紧抓住"立校"的根本，把"诚"的要求落实到学校办学、教师教学科研、学生求学、校园管理的方方面面，通过时间的积累，沉淀为集美大学独特的校园文化。

1.发挥教师在校园文化建设中的引导作用。师者，众也，即表示要有"聚众"的能力，又要能成为众人的道德榜样和楷模。韩愈说："师者，所以传道、授业、解惑也。"传道，即传授"成人"之道，"成人"即成为全面发展的人。这要求教师首先必须全面发展，在人才、人格、人文上成为学生的典范，自觉践行"诚毅"校训，帮助学生克服自卑、庸俗、势利等，通过自己的言行熏陶和感染学生，培育学生全面发展的人格品质。授业，即对专业知识的传授和学习生涯规划的指导，要求教师一要有真才实学，精通专业知识，并能够通过良好的表达把信息传递给学生，锻炼学生科学的思维方法；二要有学而不厌的精神，不断提高科研学术水平，能够感染和带动学生树立终身学习的良好习惯；三要具备指导学生把学习过程同知识运用相结合的能

力,使学生能将学习目的与个人职业发展相结合。惑,即解答学生成长过程中的困惑,要求教师要站在更高的角度,以更高的境界回答学生成长过程中碰到的迷茫和困惑,要用嘉庚精神、"诚毅"校训指导学生言行,启迪学生灵魂,帮助学生朝着"成才、成功、成人"的发展过程努力,成长为勇挑历史重担的先进青年。

2. 重视继承和发扬良好的校风、学风,在学校的办学实践中践行嘉庚精神。陈嘉庚先生一贯重视学风、校风建设,注重营造良好的学习氛围和育人环境。他重视教师队伍建设,曾聘请许多名师到校任教;他重视人文教育,为学生开展艺术活动创造了许多有利条件,并开设了园艺、音乐、体育等相关课程;他重视校园文化建设,把办学理念渗透到校园的方方面面:航海学院内的即温楼、明良楼、允恭楼、崇俭楼、克让楼,各楼按时间的先后建成,以楼名第二字顺序组合连成儒家所倡导的伦理道义"温、良、恭、俭、让",校舍建筑通过全盘规划和长远打算,寓意深长,可见陈嘉庚先生对民族传统文化的尊崇和对学生的殷切期望。陈嘉庚先生的这些宝贵的教育思想,对今天集美大学校园文化建设仍具有十分重要的意义,应加强人文素质教育,创造文明、实践文明、传承文明,提高学校的文化意识、教师的文化修养、学生的文化素质,从整体上提升校园人文环境的品位,使人文教育与科学教育相统一,以促进良好校风的形成。

参考文献

[1] 周红. 嘉庚建筑承载的文化[J]. 中外建筑,2006(3):57-58.
[2] 陈碧笙,陈毅明. 陈嘉庚年谱[M]. 福州:福建人民出版社,1986:42.
[3] 陈嘉庚. 南侨回忆录[M]. 新加坡:南洋印刷社,1946:14-18.
[4] 王增炳,骆怀东. 教育事业家陈嘉庚[M]. 北京:教育科学出版社,1989:369.

[本文发表于《集美大学学报(教育版)》2011年第2期]

陈嘉庚的高等教育理念及其当代意义

谢 娟

（集美大学计算机工程学院　福建　厦门　361021）

摘要：陈嘉庚先生兴办高等教育的实践活动隐含着他的教育理念，高等教育对于国家、社会民众、文化传统、职业领域和个体发展具有多维度的价值。陈嘉庚的教育理念在当今时代应该加以新的诠释，给高等教育的发展和改革以新的意义和启示。

关键词：陈嘉庚；高等教育；教育理念；教育价值

综观陈嘉庚先生的办学实践活动，他的高等教育办学理念可以概括为五个方面：对国家而言，高等教育乃立国之本；对社会民众而言，高等教育可以提高民智；对传统文化而言，高等教育可以传承祖国文化；对各行业而言，高等教育可以培植专门人才；对学生个体而言，高等教育可以促进德、智、体几方面的发展。现在的时代已经不同于20世纪初，陈嘉庚的高等教育理念需要进行新的诠释，转化为现代教育思想。从教育价值的视角看，高等教育在国家、社会、文化、职业和个体层面具有不同的价值内涵，辩证地理解和思考这些价值内涵及其相互关系，具有一定的理论意义。此外，从历史的角度来探讨陈嘉庚的教育理念，多维度地理解高等教育的价值，并思考实现这些价值的路径也有实践性的参考价值。

一、基于国家价值的教育公平

面对政府腐败、国弱民贫、教育颓废不可言状的现实，陈嘉庚认为："教育为立国之本，兴学乃国民天职。""吾国今处列强肘腋之下，成败存亡，千钧一发，自非急起力追，难逃天演之淘汰，鄙人所以奔走海外，茹苦含辛数十年，身家性命之利害得失，举不足樱吾念虑，独于兴学一事，不惜牺牲金钱，竭殚心力而为之，唯日孜孜无敢逸豫者，正为此耳。"[1]160 1919年5月，陈嘉庚回国创办厦门大学，他在亲自撰写的推动筹办厦门大学的《通告》中，表现出了忧国忧民的危机意识，"门户洞开，强邻环伺，存亡绝续，逼于眉睫，吾人若复袖手旁观，放弃责任，后患何堪设想？"[1]169 同年7月13日，他

作者简介：谢　娟（1964—　），女，湖南省桃江县人，助理研究员，主要从事中国教育史和科学教育研究。

在厦门浮屿陈氏宗祠召集筹办厦门大学发起人的会上指出:"今日国势危如累卵,所赖以维持者,惟此方兴之教育与未死之民心耳。若并此而无之,是置国家于度外,而自取灭亡之道也。"[1]175在20世纪初,中国教育落后,国家积弱,列强虎视,国家正处于危亡之际,陈嘉庚意识到高等教育的国家价值,竭尽全力创建高等院校。

教育为立国之本,19世纪,柏林大学的兴起与成功,不仅对德国高教和德国国力的增强产生了重大影响,而且对世界高等教育的发展和世界各国对高等教育的重视、把其视为国家富强的基础的观念之确立产生了无法替代的影响。[2]高等教育的地位在高科技时代显得特别重要。一个国家的高新技术实力是建立在良好的高等教育之上的。要保持一个国家在高科技产业上的优势,教育的投资是非常重要的,大学的质量对一个国家的科技发展也是非常重要的。可以说,没有先进的高等教育,国家就不可能富强起来,高等教育的发展是国家发展的重要保障。

高等教育对于国家发展的作用已经引起了广泛的讨论,但是主流思想认为,高等教育不是义务教育,应该是谁投资,谁受教育,谁受益。在这样的逻辑推理中,一些很有才华的青年往往因家庭的贫困而被排斥在高等教育之外。客观地看,目前我国的高等教育经费主体部分还是国家投资,即纳税人的钱。如果让少数富有的家庭来分享国家高等教育的经费,从法理上说不过去。此外,我国的贫富差异很大,而且其差异拉大的主要原因不在于家庭或个体因素,而在于地域和制度层面的因素。很多贫困家庭不是不想投资高等教育,而是没有能力投资。在这样的严峻现实面前,国家应该采取有效措施确保贫困家庭的优秀子女能够接受高等教育。这样的教育投资理念有助于教育机会公平的实现。高等教育的改革思路应该是尽最大的可能给适合接受高等教育的青年人提供教育机会。高等教育只有把公平作为第一原则,接纳整个国家最优秀的人才,才能实现其立国的价值,才能促进国家的持续发展。

陈嘉庚在20世纪初倾资兴办教育,其强大的动力在于他意识到了高等教育与国家存亡之间的关系,也在于他失去了对当时政府的希望。现在强调社会的和谐发展,主张以人为本,国家和政府应该从公平的视角来寻求高等教育的发展方向,为高等教育实现其国家价值提供制度层面的架构。

二、基于社会价值的教育开放

陈嘉庚清醒地认识到,教育可以启迪民智。他说:"打倒列强靠枪,推翻满清靠革命,教育乃百年树人,不能立即拯救国家于危亡,这是事实;……

然而启迪民智，有助于革命，有助于救国，其理甚明。"（《集美校友》第 14 期）为此，他在办学的实践中重视资助贫寒子弟入学；大学招生打破地域界限；倡导女子教育；兴办社会教育；创建公共图书馆。陈嘉庚从"有教无类"的教育目的观出发，力主普及教育，使教育大众化，创办形式多样的教育机构，使男女老少都有受教育和学习的机会。这表明了陈嘉庚提高民智的一片诚心及办学理念。

高等教育培养少数精英人物，然后再依靠少数精英人物去启蒙大众，这是 19 世纪末 20 世纪初高等教育发展的主要思路。但是教育要开启民智，提升社会发展水平，不能自我封闭，沉溺于象牙塔之内而自我陶醉。高等教育应该具有开放的教育观念和相应的制度体系。具体地说，应该从一次性教育走向终身教育，从正规教育走向正规与非正规教育的结合，从大学的学习走向社会化的学习。历史地看，早在 20 世纪初期，也有一些教育家探讨了教育的开放性问题，但是高等教育真正的开放乃是在二次世界大战之后，特别是在 20 世纪 60 年代。"社会不能通过一个单独的机构对它的所有一切组成部分（无论在任何领域内）发挥其广泛而有效的作用，不管这个机构多么广大。如果我们承认，教育现在是，而且将来也越来越是每一个人的需要，那么我们不仅必须发展、丰富、增加中小学和大学，而且还必须超越学校教育范围，把教育的功能扩充到整个社会的各个方面。"[3] 陈嘉庚在创办高等教育的过程中所采取的诸种措施反映出他有开放性的教育理念。建构多元的社会教育，真正体现开启民智的教育价值取向。

当下的高等教育十分重视开展教学、科研、社会服务等多维度的活动，在教学层面有全日制、夜大、函授、自考助学等方式；在科研层面，开展纵向和横向课题研究；在社会服务层面竭尽所能地满足社会的需要，在一定程度上反映出了教育的开放性。但是必须指出的是，这些活动大多以经济回报为前提，如果没有经济利益的驱动，即使有最大的社会效益也得不到应有的重视。然而陈嘉庚倡导的教育开放却以启迪民智为其社会价值取向。1930 年 2 月，集美学校成立民众教育委员会，办了许多校工工读夜校、民众学校，大力开展识字运动。陈嘉庚兴办的各种民众学校，不但不收费，还供给学生课本、笔、墨、纸、砚等文具用品。1956 年，陈嘉庚曾说："博物馆是文化教育机构的一种，与图书馆、学校等同样重要，而施教的范围更为广阔。学校为学生而设，图书馆为知识分子而设，博物馆的对象则不限于学生或知识分子，一般市民，无论男女老幼，文野雅俗，一入其门，都可由直观而获得必需的常识。"[1]285 应该说，陈嘉庚的开放教育思想已经远远地超越了他所处的时代。

三、基于文化价值的多元教育

20世纪初,陈嘉庚就注意到了在华侨中传承中国固有精神文化的重要性。在新中国成立前后他始终如一地关注华侨高等教育,旨在使侨民子弟能承传祖国的历史传统和文化知识,时刻记住自己是中国人。陈嘉庚极力主张保留中国文化以传承民族精神,"盖国可灭,中国固有之文化精神万不能残缺"(《南洋商报》,1936年第1期)。1940年10月20日,陈嘉庚在福建晋江举行的校友欢迎会上回忆说:"本人当初深觉闽南文化水准太低,与华侨子弟就学之非易。而华侨教育,关系国家兴旺,前途至属重要,侨民因缺乏祖国文化之熏陶,数十年后同化于外人,不但影响后代侨胞前途,当时华侨资财,亦恐将成为外邦国富。"(《集美校友》,1995年第4期)1941年3月,陈嘉庚在新加坡创办南洋华侨师范学校时说:"侨生受祖国文化比国内尤为重要,在国内之民,虽终身不学,到老永远是中国人,若侨生失学,则难免外化。"[4]"余又痛感南洋侨生之缺乏教育,数典忘祖,辗转而沦为土人,教育上之需要更迫切于祖国也。"[5]117陈嘉庚很担心华侨华人外化而成为"土人",也关切华人的财富成为土人的财产,更忧虑他们缺乏对华夏文化的认同。

在全球化背景下,民族文化与民族精神的传承问题更加凸现。以经济一体化为先导和基础的全球化,对世界的政治和文化产生了极为深刻的影响。它一方面使各民族和国家之间的联系和依赖得到了加强,国家的某些传统职能受到挑战,另一方面,民族和国家的地位和作用并未明显衰弱,在某些方面还有所加强。中国是一个具有悠久文化传统的国家,在几千年的历史发展中创造了灿烂的历史文化,在反对黑暗势力和外来入侵的斗争中形成了光荣的传统。这是每个炎黄子孙引以为豪的。作为一个中国人,不仅要了解中国的现在,而且要了解中国的历史和传统。民族的自尊心和自信心来源于历史和传统,历史和传统以具体、形象、生动的资料为人们诠释了民族精神。以爱国主义为核心的民族精神是中华民族增强凝聚力,实现统一,在艰难环境中生存、繁衍和发展的精神支柱。高等教育的文化价值主要在于让大学生理解民族文化,欣赏优秀文化内核,形成民族精神。

改革开放后,我国与发达国家的差距很直观地呈现在每一个人面前。人们在反思中不同程度地意识到了文化的作用。但现在有一些大学生比较多地注意到中国文化中的负面因素,把中国的落后全盘归因于中国文化。全盘否定中国历史和传统的积极作用将丧失民族文化复兴的根基。固守传统而不创新,一个民族就不能发展;全盘否定传统,一个民族就难以在世界中立足。因此,在全球化背景下,既要增强世界公民意识,也要弘扬民族精神。在高等教育活动中，要给学生世界文化的图景，理解世界文化的多元性，同时更要理解自己民族文化的合理内核，学会处理好中国文化与世界其他民族文化的交流与融合问题。教育应该以多元文化为基础，这应该成为高等教育发展与改革的基本方向。

四、基于职业价值的教育质量

陈嘉庚先生意识到福建省高等教育特别落后，专门人才缺乏。他曾回忆说："闽省千余万人，公私大学未有一所，不但专门人才短少，而且中等教师也无从可造就。"（洪丝丝：陈嘉庚先生办教育，《人物》，1980年4期）于是，他决定创办大学。他在创办厦门大学前指出："专制之积弊未除，共和之建设未备，国民之教育未遍，地方之实业未兴，此四者欲望其至臻完善，非有高等教育专门学识，不足以躐等以达。"[1]169 高等院校培养专门人才，反映出高等教育具有职业价值。

高等教育的职业价值本质上是指高等教育对个体寻求社会职业的满足程度。高等院校培养的专门人才能否在职业市场上寻求到合理的职业，标示着高等教育职业价值的实现程度。高等教育的职业价值表现在两个方面：一是从整体上看，培养出来的专业人才与社会人才市场在总量和结构上的吻合度；二是个体的素养水平和素质结构与个体就业岗位的吻合度。

在陈嘉庚创办高等教育的早期，教育的职业价值和教育质量应该说还不是一个问题，因为那个时代的大学生太少，远远不能满足职业岗位的需要。但是在目前的形势下，这是一个很突出的问题。2001年，大学毕业生114万；2002年，145万；2003年，212万；2004年，280万；2005年，338万；2006年，413万……这是一组来自教育部且不断攀升的高校毕业生数字。然而，与之相对的是，就业率连年持续下滑，2001年6月毕业生一次就业率本科生超过80%，2002年底全国高校毕业生就业率达到80%，2003年就业率降为75%，2004年73%、2005年72.6%。[6] 一增一减，这两组数字非常直观地告诉人们：大学生就业形势目前很严峻，且在今后若干年将会持续严峻。一项对全国近百所高校进行的"2006年中国大学生就业状况调查"结果显示，六成大学生毕业即面临失业。① 与此同时，人事部的一项统计显示，与2005年同期相比，大学生需求量下降了22%，供应量则上升了22%。大学生的就业形势不容乐观。

---

① 该项调查由共青团中央学校部、北京大学公共政策研究所举办，共6000多名大学本科毕业生参加。

当下大学生就业的困境在本质上说应该是教育质量的问题。大学生在总量上不是多了，而是少了。大学生不能有效地就业，一方面是专业的结构性错位，另一方面是职业水准。现在讨论高等教育的职业价值主要限于高等职业学院，其他高等院校对职业价值不重视，这是一个认识上的误区。从本质上讲，职业价值是所有高等院校应该直面的现实问题。陈嘉庚创办师范、水产、商业、农林等专业学科都是基于厦门、福建乃至南洋等地的职业需要而定，后来创办厦门大学也是为了提升办学的水平。总之，在陈嘉庚的办学实践活动中，高等教育具有纵横交错的结构性，加之他聘任了当时优秀的教师和校长，保证了教学质量。这就比较顺利地实现了高等教育的职业价值。

五、基于个体发展价值的自由教育

陈嘉庚认为，学校培养出来的学生要德、智、体都好，方能成为对国家有用的人才。早在 20 世纪 20 年代，陈嘉庚就明确要求："吾校注意德、智、体三育，故对学生学习、操行、运动优者有给奖之举。"[5]121 他反对学生"如机械化一样"读死书，强调要重视学生的课外活动。对德育，陈嘉庚结合时代特点，十分重视培养学生的爱国主义精神。他认为青年学生如果体质不好，将来"虽有满腹理论，亦不足负国家重责"。陈嘉庚深知封建教育的弊端，在长期兴学的实践活动中，要求学生三育并重。

关注"人的发展""人的完善""人的解放"应当是大学的本质。但是目前的高等教育并没有给予大学生以法理意义上的公民素养、伦理意义上的道德底线、文化意义上的道德情怀和心灵意义上的爱的能力。当代大学生的"精神成人"缺少一个有意义的价值坐标，而价值坐标的缺失可以列出很多因素，如政治层面大学的相对独立性不强，大学官僚化；经济层面大学过分追求经济效益；文化层面大学流行快餐文化；管理层面大学过分重视短期效应；教师素质层面大学师资的近亲繁殖等，但是其根本原因是大学缺少应有的自由度，大学校长管理中层干部，学院领导管理老师，老师管理学生，在这样的制度、文化氛围里，大学生是大学中被管理的最底部的群体，也是最缺少自由的弱势人群。从表面上看，大学生似乎很自由，但是仔细考察，大学生的自由不是追求成功的自由，而是逃避失败的自由；大学生的自由范围不是管理者理应留下的自由空间，而是管理者管不到的自由空间。甚至还可以说，在应该给予的自由领域没有给予自由，而管理的错位却给大学生留下了太多的自由。在现实中可以看到，大学生没有选择专业的自由，没有转换专业的自由，没有选择教师的自由，没有选择随班学习的自由。他们在不了解大学专业的情况下选择了专业；在了解了情况后不能转换专业；在不了解教师的情况下被迫听课;在一个固定的班级里学习四年。大学生缺乏基本的自由选择,很难获得身心方面的自由发展。德国教育家雅斯贝尔斯认为,大学生要具有自我负责的观念,并带着批判精神从事学习,因而拥有学习的自由;而大学教师则是以传播科学真理为己任,因此他们有教学的自由。这里,有关教师的"自由"暂且不论,单说让一个大学生真正"拥有学习的自由",其本身就意味深长。

陈嘉庚为了培养大公无私的人,能肩负历史重任的人,在办教育的过程中很重视给学生以一定的自由,反对死读书,重视课外活动,为此,他十分重视科学馆、图书馆的建设,大力充实图书资料和仪器设备,建设配合教学所需要的各种馆、舍、厂、场,提供充足的实验室和实习场所。集美科学馆曾经拥有理化仪器近两万件,海内外动植物标本三千多种,给学生的自由学习提供了一定的条件。有学者认为,为外力所支配的教育活动,只能造成人的异化,只有人的自由活动,才可能促进人的自由发展。教育活动的本质不是约束人的内在力量,而是要发展人的内在力量。马克思曾经指出:共产主义"将是这样一个联合体,在那里,每个人的自由发展是一切人的自由发展的条件"[7]。马克思还说过,共产主义是"以每个人的自由而全面的发展为基础原则的"。今日培养德、智、体全面发展的人需要给学生以自由的教育。

参考文献

[1] 王增炳,陈毅明,林鹤龄.陈嘉庚教育文集[M].福州:福建教育出版社,1990.
[2] 邱艳萍.从柏林大学的兴起看高等教育在国家发展中的作用[J].湖北师范学院学报(哲学社会科学版),2006(2):2.
[3] 联合国教科文组织国际教育发展委员会.学会生存[M].北京:教育科学出版社,1996:200.
[4] 朱立文.陈嘉庚爱国主义思想研究[M].北京:今日中国出版社,1993:108.
[5] 陈嘉庚先生纪念册编辑委员会.陈嘉庚先生纪念册[M].北京:中华全国归国华侨联合会,1961.
[6] 中国教育在线·就业频道[EB/OL].[2007-05-18].http://www.eol.cn/jiuye_dy_4516/20060621/t20060621_184927.shtml.
[7] 马克思,恩格斯.马克思恩格斯全集:42[M].北京:人民出版社,1985:121.

[本文发表于《集美大学学报(教育版)》2007年第3期]

社会文化篇

陈嘉庚的民俗观探微

夏 敏

(集美大学中文系 福建 厦门 361021)

摘要：陈嘉庚先生的爱国、爱乡思想与他深受集美乡土文化影响有极大关系。这种影响终其一生，使滋养他的下层文化与其从上层社会习得的精英文化，在他身上形成特殊的整合，这突出表现为他对物质民俗和精神民俗所持有的极具个性化的民俗态度。

关键词：民俗观；陈嘉庚；乡土文化；物质民俗；精神民俗

中国民俗学泰斗钟敬文教授指出："人生活在民俗里，就好像鱼生活在水里，两者是须臾不可分离的东西。"[1]这番话之于著名爱国侨领陈嘉庚也不例外。陈嘉庚身上汇集的浓厚的民俗情结，构成了他爱国、爱乡思想的文化因由。这种爱国、爱乡思想本身包含了他深切的民众感情和乡土情谊。

陈嘉庚先生是一个以国为家的人。其倾资兴学、筹赈祖国的行为并非凭空生出，它在一定程度上源自陈嘉庚朴素而深厚的民俗土壤。一方面，他要按照民俗生活的惯例去行事履思；另一方面，他长住南洋，使他有机会关注异国风俗，并对乡土中国的诸多民俗进行多重反思。研究陈嘉庚的民俗观，既可窥见寓居南洋的华侨、华人风俗观念变迁的心路历程，又可看到民俗文化对嘉庚先生的浸染，并能为其爱国、爱乡思想寻找到文化依据。嘉庚先生的民俗观念是一个醒目的文化特例，对其间蕴含的文化意义的揭示，必将成为民俗研究的一个重要参证。

一、陈嘉庚与乡土社会

陈嘉庚是一个具有强烈民族感情的人。从故乡到南洋，从经商到从政，从民间社会步入上层社会，民族生活传统成为流贯于他一生的文化纽带。17岁以前，他一直生活在集美，对集美的乡土民情耳濡目染。他的祖父在当地捕鱼，父亲在新加坡经商，这也同样是与陈嘉庚同龄的集美人眼中的现实生活。集美乡土社会中人们特殊的生活样式，为陈嘉庚日后的国家观念、民族意识奠定了基础。

作者简介：夏 敏（1964— ），男，浙江巷南人，副教授，主要从事民间文艺学研究。

陈嘉庚的国家观念和民族意识与他自小接受传统中国乡土文化影响有密切关系。9岁以前他接受的是母亲的教育和影响，9岁至17岁随乡村塾师接受封建私塾教育，"所读《三字经》及《四书》等"，为他奠定了初步的国学基础和文言功底。17岁出洋后，远在天涯的祖国和故乡像梦一样牵系着嘉庚先生的游子之心。在新加坡，陈嘉庚接触的多半是和他同样经历的闽南人，说着一样的闽南话，出入的是福建会馆，来往的是同乡会成员。祖国和故乡是他生命的根。

集美的乡土社会首先培植了陈嘉庚朴素的民族感情和乡土观念。当时集美真正意义上属于远离国家权力中心的"边陲地带"，国家的政治行为在这里被以宗族集团为纽带的各种民间的社会组织结构形式淡化了。据嘉庚先生回忆，"集美社始自河南光州固始县移来，已历二十余世，男女二千人，无别姓杂居"[2]10。当时集美社的乡土文化以其繁杂的宗教文化为主导。宗族又称"宗亲"，系指同一父系祖先的若干直、旁系后嗣组成的亲属集团。集美是陈氏宗族的聚居地。陈嘉庚一生中的许多民俗活动都与集美陈氏社会风俗分不开，此地风俗具有以下几种特点：

1. 谱系方面强调父方陈姓的单系联系。

2. 各房拥有各自的祠堂（祖厝、家庙），在特定的时间（如中元节）入厝祭祀共同的远祖及历代祖先。陈嘉庚去世前嘱建的"归来堂"，就是按祖厝性质来建的。

3. 集美陈氏群体内部认同意识强烈。陈嘉庚或多或少沾带此种观念。光绪十九年，二十岁的陈嘉庚从南洋回到集美，他对"乡党祠堂私塾及社会义务诸事，颇具热心"，1940年他来到河南，在给河南省主席卫立煌的答谢词中说："余先祖原属河南光州固始县人，数百年前迁移福建，算来是同乡，可免客气。"[2]226对同一祖先（同宗）的确认，是陈嘉庚从集美陈氏族谱中获悉的，族谱强化了他的宗族意识。

4. 重视人生礼俗。陈嘉庚生长于中国的乡土社会，他在婚丧等礼俗性活动中常常依照集美传统民间礼俗行事。20岁奉母命回家完婚，娶板桥乡秀才张建壬之女张宝果为正室。按俗例，用大红灯笼簇拥着四乘轿迎张氏进门。以后又按俗例复娶吴惜娘及叶氏、周氏为庶妻（妾）。24岁，母亲"不幸谢世，停柩在堂"，25岁秋他"回梓，择地葬先慈灵柩……从俗为之延僧作佛事……至廿七岁冬因慈柩余正葬之年，故决计回梓"。[2]52

5. 集美宗亲组织矛盾重重。在陈嘉庚的青少年时代，集美社人口已达2000余人，这里的陈氏宗亲内"分六七房……各房分为两派，二十年前历次械斗，死伤数十人，意见甚深"[2]11。剧烈的宗族势力冲突与不睦，成为集美乡土社会最大的隐患，也成为陈嘉庚日后在集美倡办新学、改造乡土社会的一个重要原因。

陈嘉庚早年生活过的集美，活跃的是以宗族文化为代表的社会下层的民间文化。它包括传统民间社会的饮食习惯、家庭伦理及其延伸的人际行为准则，以及以命相风水为主体的宇宙观。陈嘉庚出生于中国的乡土社会，不可能不受到这种文化的影响，民俗文化使他的民族精神平添了不少平民意识和乡土情怀。

但是陈嘉庚毕竟是闯过世界的集美人。他能够辨别上、下层文化的不同，能够区分封建文化和科学文化的差别。他一生致力于用精英文化和科学文化来对抗乡土宗族文化、民间信仰中的疵陋、落后的东西，这与他从平民到士绅、从商人到政治家的社会角色演化有极大关系。他本人来自中国的乡土社会，却能通过自身的努力实现对乡土文化的超越。他利用发展教育的办法实现了这种超越，他说："余常到诸乡村，见十余岁儿童成群游戏，多有裸体者，几将回复上古野蛮状态，触目惊心，弗能自已，默念待力能办到，当先办师范学校。"[2]13

其次，陈嘉庚早年在南洋经商，所在国为英、荷殖民地，近现代以来，这些国家是东西方文化撞击最强烈的地区。陈嘉庚独特的民俗观的形成，渗透了中外文化碰撞的多种情形。这使他有机会清醒地看到中西方文化各自的优劣、短长。他认为中国文化的劣处在于缺乏科学文化，它更多地含有封建时代的文化痼疾。

基于这种认识，他的文化改造策略是：着重以科学、教育和实业来改变中国乡土文化中的封建、愚昧、落后、迷信的东西。他一直提倡良俗，反对陋俗。例如，他20多岁时针对乡民有病时求神问卦的做法，特地印发《验方新编》宣传传统医学；1930年，集美乡民发动"救月"活动，他指示校方发文介绍"月蚀"的科学道理，反对迷信；1940年，他回国慰问，每到一处，都要强调减少繁文缛节，减少应酬费用，赞赏"禁止香烟请客"的做法，对延安上、下层人士平等无阶级的"不同礼节"情有独钟；他反对女子缠足的做法，"南洋女侨四五十岁无缠足人，此风俗改变与华侨社会及报纸宣传有关。我国各处尚见十岁女童缠足，实为意外"[2]192。他对国民陈规陋习的批判已经不仅指向闽南或集美，而是将其引申为对数千年封建文化积习和恶果在全国乡土社会蔓延的全面清算。

然而，作为一个现实生活中的人，尽管陈嘉庚试图超越世俗做法与偏见，却无法脱俗与免俗。他身上既有下层民间文化的印迹，又有上层精英文化的影响，于是在其民俗表现上，就产生了许多自相矛盾的事例。例如，他一面反对烧香拜佛、反对风水，但在母亲逝世时，他却仍要遵从俗例。他一面批判闽南"三十六岁牵孙过桥"为人生幸运的早婚早育陋习，自己却妻妾盈室、子孙满堂。可以说，在近代中国，陈嘉庚是一个集上、下层文化于一身的复杂人物。

二、陈嘉庚眼中的民俗文化

民俗文化,简言之,就是世间广泛流传的风俗习尚的总称。陈嘉庚人生的后半段介入社会精英阶层,接触了大量的文化精英人士及其所代表的文化;但其文化素养的底层却是有别于上层精英文化并属于普通民众的民俗文化或民间文化。陈嘉庚尽可能用他习得的上层文化观察社会与人生,但是普通民众出身的陈嘉庚,也可能用自小习惯的民间文化来支配自己的言行。认识到后者,就不会对他参与祖祠祭祀、筹建归来堂、按"俗例"安葬慈母、在亲自设计的厦大和集美建筑中融入福建民居或祠堂建筑特征等行为产生疑问了。这进一步成为陈嘉庚所参与的文化建设中颇具地方特色和民间色彩的成分,从中可以想见民间文化对他的重大影响。综上所述,可将嘉庚先生言及的民俗文化分为物质民俗和精神民俗两个方面:

(一)陈嘉庚眼中的物质民俗

物质民俗指人类的衣、食、住、行,以及主体(人)在物质需求中的文化传承活动。

1. 建筑民俗。关于居住(住屋)形式,他亲撰的小册子《住屋与卫生》颇多涉及中国乡村建筑和新加坡新式建筑的风格差异。他本人一生中也不断与建筑打交道,亲自参与设计出集闽南、南洋与欧式建筑于一体的厦大、集美学村建筑群,人称"嘉庚建筑"。

2. 服饰民俗。陈嘉庚认为,清朝遗留下来的"长衣马褂"应该取缔,因为它们象征着汉民族的"国耻"。他还认为改革服制式样,如果不拟古,也不必刻意效法西方人。"自可研究新式,取其经济与便利",他本人一身西装,表明了他在着装方面的新观念。从经济与便利角度出发,他十分赞赏延安女装,"上短下长,与男装略有分别,便于工作,节约朴素"[2]54。他对奇装异服、浓艳装扮持审慎和批评的态度。"妇女便服各地多殊,近年演变频仍由上海引发,损失巨大。"[2]53"(新加坡)市中到处唯见唇红口丹之冶容,异服奇装之妖态……毫无羞耻。"[2]54-55

对于从古代社会绵延至今的妇女缠足之陋习,陈嘉庚亦予以坚决的批判。1940年,他回国访问各地,见到四川、甘肃、陕西诸城乡十岁左右女童仍在缠足,"尚风此陋习",他痛心疾首,多次向当地政府长官建议,"望其禁止缠足"。[2]215

(二)陈嘉庚眼中的精神民俗

精神民俗涉及民间宗教、伦理、礼仪和文学艺术等,它是在物质民俗基础上形成的。

1. 信仰民俗。中国中下层社会的信仰特点是出于功利目的对超自然力量奉行坚定不移的膜拜。它们有的是家族性的祖先崇拜（如陈嘉庚建归来堂）；有的是对民间俗神的信仰（如陈嘉庚在华北某乡村，见一妇人祈求土地神庇佑其子成功）；有的是将有经典、教义、庙宇和神职人员的大宗教（如佛教、道教）世俗化为普通民众的信仰，它们陆续成俗后，就成为民间精神活动的基本形式。

许多民间信仰被视为"迷信"，当它和现代科学产生矛盾时，陈嘉庚是坚决站在科学一边的。他批评新加坡"侨民只迷信鬼神，爱国观念公益观念均甚形薄弱"[2]10。他认为百姓选址安坟中的风水观念是"迷信甚深"，风俗所然，他本人也莫之奈何，他安葬母亲即循地师（风水先生）所言。

陈嘉庚在其著述中还抨击了求神拜佛者的"愚昧"。他在游览峨眉山时看到"各佛寺进香者……男女成群"，"沿途到寺必焚香参拜……最可怪者，有多处佛像身及头面已破坏，彩色衣服一部褪损，内部之草木泥土已经露现。此种诸佛菩萨自身已不能保，尚向之虔诚跪拜，真其愚不可及也"[2]236-237。他还认为佛教神职人员（和尚）在佛事中有很大的欺骗性。"峨眉山有数十佛寺，和尚近千人，年花民间无益迷信费百万元，国家社会损失不少……盖实无一寺立心奉佛传教，而赴寺之众亦绝非为信教而往，完全乃和尚设局欺迷人民耳。"[2]237-238

2. 交往民俗。主要体现为人际往来中的礼仪性习俗规定，亦称礼俗。

陈嘉庚一生中和许多人打过交道，上至政治领袖（如毛泽东、孙中山、蒋介石），下至平民百姓，既有知识界精英（如鲁迅、郭沫若、范长江），又有目不识丁的普通乡民。陈嘉庚与他们往来，彼此间的礼节是少不了的。1940年回国慰问期间，尽管他一再要求各地减少客套形式，节省接待经费，然而人们还是给陈嘉庚献上了最为热烈的致敬。"近午至海澄城……会毕，仍坐电船来石码，欢迎者岸上如林，爆竹震耳，入市后沿街亦然。"[2]342此类礼遇，在贵阳、昆明、重庆、福州等地皆属常见。

陈嘉庚反对政府招待中的铺张浪费，欣赏陕西三原、浙江金华官员应酬中"禁止香烟请客"的做法，他"兹到贵阳，则禁宴饮，均甚敬佩"。[2]274

陈嘉庚还常常站在本民族礼俗习惯的立场上，对西方人的某些交往礼节持不同看法，"又如法国巴黎人，常在大庭广众中，男女互抱，狂吻特吻，几同鸡犬，是亦欧俗之尤，我国亦当取而效之乎"[2]55。

3. 旅游民俗。中国人自古就有踏访名山大川并以此陶冶个人性情的做法。陈嘉庚在其著述中详细记述了他在1940年踏访各地景点的经历。他此行虽非以游览为目的，但顺便游览或各地政府特意安排的游览也圆了他在海外一直想遍览祖国大好河山的心愿。

· 231 ·

据其游踪，可知他走访了国内许多重要名胜。如在成都踏访供祭孔明的武侯祠及汉昭烈帝祠墓，后往观灌县（今都江堰市）的古代水利工程，宿青城山，访兰州内供成吉思汗骸骨的高山庙，慕名前往西宁佛寺（藏传佛教著名寺院塔尔寺），西安途中瞻望古战场及全国总城隍庙，往观咸阳城外周文王陵、武王陵、康王陵、周公墓、汉武帝陵、卫青、霍去病将军墓、秦始皇陵、马嵬坡唐杨贵妃墓。5月31日晨8时抵陕西中部县行谒祭黄帝陵仪式。[2]200此后又去洛阳关帝庙及龙门石窟，折回四川后探访"名闻中外之峨眉山"，后过广西赏桂林山水并称"余走过十余省，绝未见有此种石山景致，如是秀丽，真名不虚传"[2]285。进入福建后往观武夷山及九曲江，认为此地风景"不亚于所谓甲天下之桂林"[2]310。

4. 娱乐民俗。陈嘉庚归国慰问期间，许多地方官员均安排演剧活动招待这位远方的客人。看地方戏是中国百姓日常生活中重要的娱乐形式，陈嘉庚对此一应接受并乐于欣赏。陈嘉庚在新加坡领导筹赈祖国活动时也采用了演剧等募捐形式。

在民间新兴的娱乐活动中，陈嘉庚最为不满的是跳舞，特别是营业性跳舞，认为它"有百害而绝无一利，直是卖淫变相，为祸害青年陷阱"[2]55。"跳舞之祸害甚于毒蛇猛兽，我国抗战胜利后，内政方针第一件事须禁绝跳舞。"[2]61

人生活在民俗文化之中，总有其选择民俗的态度，而民俗态度往往是其人生观念的折射。陈嘉庚先生伟大而崇高的人格，使他能从世间习俗中很快分辨出良俗与陋俗。尽管还有这样或那样的局限性（如他对旗袍和跳舞的态度），但是这丝毫没有减损他精神的超绝和人格的伟大。他利用科学教育，对良俗的传承、陋俗的批判及对外来新民俗有选择的吸收、对本国旧时代陋俗的扬弃，都做出了巨大的贡献。20世纪厦门社会的风俗移易与陈嘉庚的个人努力不无直接关系。

总之，民俗文化是陈嘉庚人生的摇篮，它培养了这位中国伟大公民的平民意识、民间意识、民俗意识和从善如流的美德。民俗文化塑造了陈嘉庚强烈的民族感情和爱国情怀。嘉庚先生虽然不是一个民俗学家，但是他的民俗观念却为民俗研究提供了一则弥足珍贵的文化案例。

参考文献

[1] 钟敬文.钟敬文学术论著自选集[M].北京:首都师范大学出版社,1994:422.
[2] 陈嘉庚.南侨回忆录[M].新加坡,1993.（集美学校委员会同年翻印本）

[本文发表于《集美大学学报(哲学社会科学版)》1999年第3期]

陈嘉庚的图书馆观及其当代价值

刘葵波[1,2] 董立功[1,3]

(1. 集美大学陈嘉庚研究院 福建 厦门 361021；
2. 集美大学图书馆 福建 厦门 361021；
3. 集美大学马克思主义学院 福建 厦门 361021)

摘要：陈嘉庚在长期的兴学过程中，始终高度重视图书馆的建设，竭力在海内外创设及资助学校图书馆，同时还积极倡建和兴办公共图书馆，为培养优秀人才、传播先进文化、提高国民素质做出了极大贡献。陈嘉庚不仅在实践上对图书馆事业倾注了满腔热情和诸多心血，而且在图书馆领域也有独到精辟的理论见解，提出高屋建瓴的图书馆价值观，兼收并蓄的馆藏建设方针，优先保证图书经费的预算原则，务实灵活、独具匠心的馆舍建设思想，"有所为有所不为"的捐助观等一系列观点。陈嘉庚的图书馆建设实践与图书馆观是其整个教育实践与思想的重要组成部分，影响深远。陈嘉庚富有高度和前瞻性的图书馆观是一笔弥足珍贵的精神财富，时至今日仍然具有重要的现实指导意义，值得我们学习和弘扬。

关键词：陈嘉庚；图书馆；图书馆观

一、引言

陈嘉庚先生是我国近现代史上伟大的爱国主义者，杰出的华侨领袖，著名的实业家、教育家和社会活动家。他毕生倾资办学，热心公益事业，服务社会。陈嘉庚在长期的兴学过程中，始终高度重视图书馆的建设，竭力在海内外创设、资助学校图书馆，同时还积极倡建和兴办公共图书馆，为培养优秀人才、传播先进文化、提高国民素质做出了极大贡献。陈嘉庚不仅在实践上对图书馆事业倾注了满腔热情和诸多心血，而且在图书馆领域也有独到的理论见解，形成了其图书馆观。他的图书馆建设实践与图书馆观是其整个教育实践与思想的重要组成部分，影响深远。

目前，国内外关于陈嘉庚图书馆建设实践与图书馆观的专题研究较少，

作者简介：刘葵波（1966— ），女，福建泉州人，研究馆员，主要从事图书馆理论与管理研究。
董立功（1980— ），男，山西运城人，副教授，博士，主要从事陈嘉庚研究。

仅有集美图书馆所编《陈嘉庚与图书馆》一书，以及朱立文的《陈嘉庚致力于社会国民教育、兴办图书馆》和林君庄、佘国华的《试谈陈嘉庚对图书馆事业的贡献》两文。此外，在学界对陈嘉庚教育事业的研究成果中，也有涉及陈嘉庚图书馆建设实践的论述。上述研究主要侧重于陈嘉庚的图书馆建设实践，对于陈嘉庚的图书馆观，则尚未有人做过深入、系统的研究，而对陈嘉庚图书馆观当代价值的探究，迄今仍几近空白。因此，本研究通过对史料的细致梳理与深度挖掘，试就陈嘉庚的图书馆观及其当代价值进行论述与探究，以期裨益于今天的图书馆人和图书馆事业，深化嘉庚精神的阐释和弘扬。

二、陈嘉庚的图书馆建设实践活动

（一）高度重视学校图书馆建设，把图书馆作为办好学校的重要条件

陈嘉庚一生倾资兴学，在海内外创办或资助的学校达上百所。为保证教学质量、提高学生素质，在60多年的办学实践中，他始终把图书馆视为办好学校的重要条件之一。凡是他所兴办和资助的学校，不论在国内还是在海外，他都十分重视图书馆的建设，包括图书馆在内的教学设施、设备丰富而齐备，为师生学习、研究提供了良好的条件和环境。

1. 集美学校图书馆。早在1913年创办集美小学时，陈嘉庚就注意添置图书，建立了图书资料室。随后，他又兴办了师范和中学等学校，为适应教学需要，于1918年成立集美学校图书馆，为集美学校所属各专业学校的师生服务。集美学校图书馆成立之初规模较小，仅就师范部之居仁楼偏东一室作为馆址。1919年，在三立楼东侧兴建新馆舍博文楼，于1920年11月落成，占地面积2000平方米，建筑费45000元，馆舍面积7191平方尺[1]27。馆舍为三层宫殿式建筑，装饰精美，为当时集美学校的师生提供了良好的学习场所。

集美学校图书馆设主任一人，其地位和集美各校校长相同。陈嘉庚十分重视图书馆主任的选任，从全国各地聘请名师、学者来校任职，哲学家吴康、作家蒋希曾、书法家王瑞璧等都曾担任过集美学校图书馆主任。

抗战期间，集美学校内迁安溪、大田，集美学校图书馆藏书于1938年1月大部分运抵安溪，馆址设于文庙。内迁期间，虽然馆舍狭小、设备简陋、书刊补充不易，但图书馆在配合学校教学活动、为师生开展服务工作上仍旧办得非常出色[1]31。抗战胜利后，图书馆随学校迁返集美，重新修缮被炸毁的博文楼，对图书重新集中整理分编，并添置书架和桌椅。

1953年，陈嘉庚已返回祖国定居故里，集美学校进入全面重建、扩建时期。他亲自选择在科学馆西侧新建"工"字形两层新图书馆馆舍，从而使图书馆、科学馆、体育馆毗连，形成学村文化教育中心。新馆于1954年夏落

成，占地面积822平方米，馆舍面积2000平方米[1]33。

集美学校图书馆藏书的丰富、齐备程度为同时期国内同类学校中少见。集美学校建校10周年时，累积的书报达15582种/册[2]190。建校20周年时，中外图书共计13746种/42917册[3]314。至1947年7月清点时，馆藏图书计有74394册，期刊23126册。至中华人民共和国成立前夕，连同报刊合订本在内，共有8万册藏书[1]32。丰富的馆藏和良好的服务，为培养人才做出了极大贡献。集美校友中直接受图书馆哺育成长的有抗日华侨女英雄李林，福建省共产党早期领导人罗明，著名画家和诗人黄永玉，华侨作家马宁、白刃，诗人鲁藜，国文教师龙榆生等人。

2. 厦门大学图书馆。1921年，陈嘉庚创办厦门大学，为当时全国第一所侨办大学。厦门大学图书馆于建校时设立。陈嘉庚对图书馆的建设十分关注，对馆舍建筑选址、规模等均亲自过问，缜密筹划。1923年，陈嘉庚致函当时经办基建的陈延庭，要求"希先将预算草图寄来，待弟复可，方可兴工"[4]343。1924年，陈嘉庚曾两次到印尼万隆、泗水等地为募捐图书馆建筑费而奔波[5]166。同年9月，致函林文庆校长，对图书馆的建造规模提出具体意见，此外，对馆舍建筑式样、材料及机械等均提出详尽商榷意见[4]364-365。1937年7月，厦门大学正式改为国立，但陈嘉庚仍然关心、支持厦门大学图书馆的建设和发展。1954年，陈嘉庚主持规划的3900平方米成智楼馆全建成[4]513。

3. 海外学校图书馆。陈嘉庚不仅积极在家乡兴建学校、创办图书馆，在海外也热心于侨胞的教育事业，创办了许多学校及图书馆。陈嘉庚在新加坡创办的诸多学校，如南洋华侨中学、南侨师范学校、道南学校等，对图书馆的设置与建设也给予了高度重视。1941年，为筹备建立南洋师范学校，他致函各侨领，强调"图书仪器要充分设备"[4]252。1949在，新加坡华侨中学董事会联席会议上发表演讲时，他重申"华侨所办之中学校，其教学系照国内学制，应设有科学馆、图书馆"[6]257。

此外，陈嘉庚还关心其他学校的图书馆建设，资助其购置图书。1926年，陈嘉庚复函应承中国公学请求认捐《四库全书》购书款三千余元[4]390，还曾捐赠"万有文库丛书"一套上千册给安溪参山小学图书馆[1]6。

（二）积极倡建和兴办公共图书馆，把公共图书馆作为国民教育的重要组成部分

陈嘉庚非常重视国民教育，认为公共图书馆是民众接受社会教育的良好场所。因此，除办好学校图书馆外，他也积极倡建和兴办公共图书馆，将其作为推广国民教育的重要途径之一。

1. 在海外设立和倡建的公共图书馆。1923年，新加坡怡和轩俱乐部改组，陈嘉庚当选总理，他入主怡和轩俱乐部后，即规定"三楼设图书馆，供

会友借阅书报"[7]39，并购置了《四库备要》《万有文库》《东方杂志》等书刊供会员阅览，方便侨众增长知识，为华侨的社会教育提供帮助。当时该图书室之藏书主要由星洲世界书局供应，陈嘉庚是该书局的股东之一[8]72。此图书馆是陈嘉庚设立公共图书馆的有力尝试，也为他日后广泛倡建图书馆提供了依据[2]335。

1926年，陈嘉庚特地拨款在自己经营的公司设立职员俱乐部，配置大量书籍报刊供各地公司来新加坡总行办事的职员阅读，以"使一般青年职员，皆得增益知识……互相切磋琢磨，养成有大作为之人物"[7]53。

1929年2月，陈嘉庚在《南洋商报》上发表《倡设中华会馆改造中华总商会雏议》，建议中华会馆建成后，内设公共图书馆、体育场等设施，"足以开化智识，健全身体，又足以供给公共娱乐，杜绝不正当之游玩，其有益于青年，至极重大"[7]63。当此动议未能实现，又于1939年致函新加坡中华总商会新任会长，提议："新加坡为马来亚首府，华侨居最多数，而乏一中华大会堂及图书馆。以总商会地址适中，若拆卸改建五层楼，除小部分作商会办事处外，楼下作大会堂，楼上作中西图书馆，既可增益社会教育，又可供集会团结等需要……"[9]89-90因为，陈嘉庚认为："华侨素认殖民地为第二故乡，一生大半生活于斯，一大会堂及图书馆固正为大众所必需之公共建筑也。"[9]90但因商会中有人反对，此提议终未获采纳实施。

2. 在国内都会、巨镇、省会创建公共图书馆的未竟计划。陈嘉庚有着很深的图书馆情结，在其事业的全盛时期，曾决心在国内各大城镇创建公共图书馆。1925年11月，他分别致函当时厦门大学校长林文庆和集美学校校长叶渊，谈及计划在厦门和省城福州各创办一所公共图书馆，并慷慨表示将负责厦门图书馆的建设费用，而省城图书馆的费用，拟和福建教育会、福建商会"合力办理"[4]385。他还就馆址的选择与叶渊多次往来信函商讨。

1925年12月21日，集美学校自办刊物《集美周刊》刊载了题为"校主捐资并建两处图书馆"的报道："校主捐赀办建两处图书馆……特函请叶校长及林文庆校长，于厦门建一十万元之图书馆，于福州建一三十万元之图书馆，并嘱本校工程师拟绘图书馆图样寄往新埠一阅，以便定期兴工建造云。"[10]1926年1月5日，《新闻报》刊登了题为"陈嘉庚捐资建设三大图书馆，厦门福州上海各建一馆"的报道[11]，这篇报道说明，陈嘉庚还计划在上海创建公共图书馆。

1926年1月，陈嘉庚又致函叶渊，嘱其赴上海与黄炎培等人商量在福州和上海创设图书馆，信中还详细讨论了福建图书馆的选址问题。这封信还透露了陈嘉庚一个更宏大的计划："至弟之所抱定主义者，谨为先生陈之，第一事注重集、厦二校，第二事国中都会、巨镇、省会各设图书馆附博物院……"[4]389为解决图书馆建设用地问题,1926年4月,陈嘉庚致函福建省省长萨镇冰,请求将福建经学会所在的前清提学使司署用地拨为福建图书馆的馆址,并表示计划捐出30万元基建和图书经费[12]。为了促成此事,他同时还致函福州的绅商,希望能够"鼎力赞同,玉成其美"[13]。后因北伐战争打乱了筹建计划,加之胶市暴跌、营业失利,陈嘉庚的资产大幅缩水,他在厦门、福州、上海等地创建公共图书馆的宏伟计划被迫中止。为此,他后来回忆说:"此为我一生最抱憾、最失意之事件。"[4]213

(三)鼓励侨胞致力于兴办图书馆公益事业

陈嘉庚以自身捐办图书馆的实际行动,为广大侨胞树立了光辉榜样,同时他还不断鼓励侨胞致力于兴办图书馆公益事业。他曾为多个图书馆的建设募捐款项奔走呼号,他说:"……公益义务,固不待富而后尽。如欲待富而后尽,则一生无可为之日,况属救国图存,而何不猛省悟乎?财既由我辛苦得来,亦由我慷慨输出。公益义务,能输吾财,令子贤孙,何须吾富?"[4]165当他代厦大图书馆向富侨募捐遭拒绝时,感慨道:"不但希望向富侨募捐数十百万元为基金归于失败,而仅此十万八万元或四五万元建图书馆尚且如此困难,所可怪者,我国人传统习惯,生平艰难辛苦,多为子孙计,……既不为社会计,亦不为自身名誉计,真其愚不可及!"[9]24当有人对其倡办中华大会堂和图书馆表示异议时,他又说:"公益事业当尽力勇往,若寸寸计较,无一可成。"[9]90其言之切,其心之诚,令人肃然起敬。

三、陈嘉庚的图书馆观

陈嘉庚对图书馆具有深厚的感情,他在长期的兴学办馆过程中,逐渐形成了自己独有的图书馆观。无论是在图书馆的价值与作用方面,还是在馆舍与藏书建设等方面,陈嘉庚均有精辟见解。

(一)高屋建瓴的图书馆价值观

陈嘉庚非常注重办学质量,并提出了德、智、体、群、美"五育"全面发展的人才培养原则。他深信图书馆对办学质量和"五育"并进培养学生的重要支撑作用,因此,他高度重视图书馆的建设,并对图书馆的重要作用有诸多阐述。陈嘉庚认为办好一所学校一定要注意三件事:第一,科学馆、图书馆等设备要完善;第二,要严选教师;第三,要优待学生[4]512。他提出:"师范学校乃专门教育……图书仪器化学要充分设备"[4]252;"校中缺点虽多,总无逾于理化室仪器、图书馆书籍、水产网船仪器等为最要"[4]310;"中学校最好设备科学馆及丰富图书室,供学生实验参考"[6]256。陈嘉庚对一些学校"但求其量,不计其质"、图书设备"多付缺如"的现象十分不满。

陈嘉庚在兴办学校教育的同时也关注社会教育，他对图书馆的社会教育作用有着超前认识，认为图书馆的社会教育也是教育体系中的重要组成部分，在某些方面图书馆的作用甚至超过学校，他说："诚以图书馆为文化之源泉，其嘉惠士林，较诸胶庠讲授，收效尤宏也。"[12]他在新加坡极力提议、积极推动设立一所"规模完善之中华图书馆"。"藉（借）为辅助社会教育之推进。盖教育为强国之本，公共图书馆之设立，实属提高民智之要素。内欲求华侨教育之普遍，尤赖于有充实之公共图书以为推进之工具。"[6]91 "图书馆可增进侨民智识，并以改良侨界青年公余不正当之消遣。"[6]90他在各项经营事业发达之时，首先想到要倡办、捐建厦门、福州、上海等地的公共图书馆，"校主本年在新加坡之营业，甚形发达，以图书馆为文化之中心，学术之渊源，教育之精髓，非广事建设不足以贯彻其办学之初衷"[10]。他认为，读书人"其愿得新旧图籍以资研索者，实繁有徒"，设立图书馆"尤为当务之急也"。[7]51

陈嘉庚的图书馆价值观根植于其"教育为立国之本""尽国民天职"的教育救国情怀和社会责任感。他长年侨居海外，目睹欧美国家科学文化教育发达，接受西方进步文化思想，在内忧外患、国弱民贫的时代，他深刻认识到图书馆是普及教育、造就人才、开启民智、增强国力的重要载体，因此，把兴办图书馆看成同兴学一样重要，在倾资办学的同时，不遗余力地倡办图书馆事业。可以说，陈嘉庚广设图书馆的实践源于其具有远见卓识的图书馆价值观。

（二）便利大众的馆舍选址理念

陈嘉庚对图书馆的馆舍建设极其重视，特别是对馆舍选址问题，他更是亲自过问，提出具体意见。在图书馆选址上，陈嘉庚以"便利大众""方便公众"为首要原则。对计划建设的厦门图书馆和福建图书馆的地址，他主张"其地点当择公众利便之区"[4]385，"闽馆址最好在南门近处，则城内外适中"[4]386。陈嘉庚向时任福建省省长请求将前清提学使司署用地拨为福建图书馆馆址也是首先出于"为利公众"的考虑，他说："对于馆址公同讨论，以为欲求交通便利，且为城台适中之地点者，实以旧学院衙置为最宜。"[12]对上海图书馆的选址，他提出："第一先取有可实益多数人文化，若偏于一方，未免有憾""……图书馆址，免拘租界，择适中公众便利"。[4]387同时，因福建地处东南沿海，经常遭受台风、暴雨的侵袭，他十分关注图书馆的地理环境，注重防水防淹。比如，对厦门大学图书馆的选址，他建议"图书馆之地位（点），实乃山顶最佳"[4]346；对福建图书馆的建设，他建议"须垫高地基，藉（借）防水患"[12]；1953年，集美学校重建扩建时期，陈嘉庚考虑到原图书馆所在的博文楼地势低洼，易淹水潮湿，不利于书刊保存，遂亲自选择在郭厝旗杆山的科学馆西侧位置较高处新建"工"字形两层新图书馆馆舍[1]33。

(三) 兼收并蓄的馆藏建设方针

陈嘉庚的办校兴学实践，充分体现了"海纳百川、博采众长"的办学理念。集美学校开明办学，各种思想兼容并蓄，因此，图书馆的藏书思想也是开放的。陈嘉庚认为："窃维图书馆搜罗中外，荟萃古今，集万世之精英，列百科之学说，沾溉士林，浚瀹文化，为利之溥，不可胜言。"[13]当时集美学校图书馆采取"凡中外图书杂志，均力为购置，旧椠新梨，兼收并蓄"[14]的馆藏方针，内容广博、种类繁多的藏书对提高教学质量、培养人才起到了非常重要的作用。除了教学用书外，图书馆尤重典籍及地方文献之搜罗[15]。陈嘉庚具有宽广的国际视野，因此，他很注重从海外订购原版书籍，集美学校创建15年时，集美学校图书馆的西文书已有5000余册[2]188。从当时的借阅规则可知，已将外文图书列为高中和初中学生的必备参考书[3]315。特别值得一提的是，当时的集美学校图书馆还收藏有《社会主义讨论集》《共产党宣言》等大量进步书刊，影响并培养了大批进步师生[15]。陈嘉庚还身体力行地支持图书馆的馆藏建设，他把自己写的《南侨回忆录》《住屋与卫生》等赠送大图书馆收藏，还将名人赠予他的字画也拿到图书馆陈列[16]210。

(四) 优先保证图书经费的预算原则

一贯奉行"无为之费，一文宜惜；正当之消（用），千金慷慨"[4]319准则的陈嘉庚，为给师生提供良好的办学条件、培养学生的实际能力，不惜重金购置大量的图书和先进的仪器设备，使集美学校的仪器、图书"在吾国海事学校中可谓数一数二"[4]257-258。陈嘉庚深知经费对藏书建设的支撑作用，因此，对图书购置经费给予重点保证，"（购书经费）全由本校经常费内拨用，每学年开始，由（图书馆）主任造具预算，呈交校董核准支取"[3]313。此项制度从源头上保障了图书经费的充足和馆藏质量，为图书馆的良性发展打下了坚实的基础。据统计，民国九年至二十一年集美学校图书馆历年购书费合计达30166.962元[3]313-314，经费投入力度可见一斑。即便在南洋的生意困难、资金紧张之时，陈嘉庚仍然优先保证购书经费，"仪器、图书经定办在前"[4]326。20世纪30年代，陈嘉庚的海外创业和国内办学先后陷入困境，他仍坚持办学天职，1937年训示"复兴集美学校守则十二条"，其中一条就是"增益图书"[4]240。1956年起，人民政府对集美学校实行全面负责，但仍尊重陈嘉庚的意见，每年购书费皆在万元以上，月进新书千余册[1]33。陈嘉庚晚年病重在北京治疗期间，比以往更加频繁地给学校来信，唯恐不周地交代包括图书购置在内的应办事项[6]226，在其口授的遗嘱中也特别安排了图书银款事项[7]246。

(五) 务实灵活、独具匠心的馆舍建设思想

陈嘉庚在兴建图书馆时，并非一味地贪大求全，而是本着实用和因时、

因地制宜的原则。例如，1924年在筹建厦大图书馆时，考虑到当时"短于经济""且亦乏许多坐客，理无筑许多余位以待久来之用"，而且"盖厦大如十年之后，须有正式之图书室可容生客以千人及新式美雅坚固之建造"，他建议要"从省俭起手"，暂时"不能建美丽厦屋"，"目下不过渐（暂）作权用"，建设时"应造数年内有用之屋""须按他日可作别项用"[4]364。又如，1926年，在与叶渊的信中讨论福建图书馆的建设时，陈嘉庚谈道："按从中央先建一座，面积约一万五千方尺。楼下渐（暂）作博物院，二、三层楼作图书馆，待日后著效时，然后续建左右并后座。许时博物院可移往（新建之处）。"[4]391

陈嘉庚在图书馆馆舍建设上，充分体现了"嘉庚建筑"的特点。首先，重视图书馆的建筑质量，"至于建筑之计划……总以宏敞坚固为主"[12]；其次，以经济实用为原则，他强调图书馆建筑材料一定要采用价廉物美的"闽中产物"[4]392，坚持就地取材；最后，采用中西合璧的建筑风貌，"至屋上之体式，弟意仿我国款，不可作洋式"[4]392。

（六）"有所为而有所不为"的捐助观

在捐助图书馆方面，陈嘉庚实事求是，有所为而有所不为。例如，1926年，北大图书馆曾函请陈嘉庚出资捐助，他没有同意，原因是"彼为国立，当局自身费财如土，而对待国立之学校，视同废物，我若助之，则彼更可以卸责矣"[4]388。他不为了"求奖章荣誉"而资助国立学校的图书馆，是因为他不想让当局由此推卸责任，并且要维护国立与私立学校之间公平竞争的局面，这体现了陈嘉庚对国家和私人办学责任的思考与权衡。另外，他也拒绝了上海图书馆协会招他合办图书馆之事，原因是不了解该校风土人情及学生品性，对培养的学生是否好用有顾虑[4]390。

陈嘉庚当时所处的时代是我国图书馆事业从传统藏书楼向现代图书馆转型的关键时期，这一时期涌现了一大批接受西方先进图书馆学理念的近代图书馆学家，如沈祖荣、杜定友、刘国钧、梁启超、蔡元培、李大钊、胡适等，他们都形成了各自的图书馆思想。与这些专业图书馆学者相比，陈嘉庚的图书馆观欠缺理论上的完整和系统性，更多地表现出注重实用的特点，这与他作为实业家的背景和经历有关。陈嘉庚的图书馆观兼具科学性和实践性，更难能可贵的是，他始终将其先进而朴素的图书馆观贯彻于长期的办学实践中，在知行合一中践行教育救国的理念。

四、陈嘉庚图书馆观的当代价值

陈嘉庚为图书馆事业的发展做出了突出贡献，他关于图书馆的实践与观点产生了广泛而深远的影响。陈嘉庚所创办和资助的许多图书馆至今仍发挥着重要的作用,其富有高度和前瞻性的图书馆观更是一笔弥足珍贵的精神财富,时至今日仍然具有重要的现实指导意义,值得我们学习与弘扬。

1. 在当前建设文化强国的背景下,陈嘉庚对图书馆价值与作用的准确定位和深刻认识,把办好图书馆提升到事关教育救国的高度,对当今的图书馆事业具有十分重要的指导意义。习近平总书记指出:"图书馆是国家文化发展水平的重要标志,是滋养民族心灵、培育文化自信的重要场所。"[7]作为社会公共文化服务体系的重要组成部分,图书馆在实施文化强国战略中发挥着重要的阵地作用。因此,站在新的历史起点上,梳理和重温陈嘉庚的图书馆观,发掘其价值意蕴,对于推进新时代我国图书馆事业发展、建设社会主义文化强国将产生积极影响。作为新时代的文化建设者和传播者,图书馆应当坚守初心使命,切实担负起社会责任,在服务形式和内容上坚持创新,在服务手段和方法上不断进步,在传承文明、提升国民素质及促进经济社会发展中发挥更加积极和重要的作用。

2. 陈嘉庚有关图书馆馆舍建设的人本思想和务实理念,对于当今图书馆建筑选址及布局设计等工作,仍然具有重要的启示作用。陈嘉庚主张图书馆必须建在便利民众、地理位置和自然环境好的地方,充分体现了"以人为本""社会本位"的理念,具有浓烈的人文关怀,至今仍然是科学、合理和先进的,也是图书馆建设应遵循的首要原则。在规划建设图书馆时,我们要继承和发扬陈嘉庚务实办馆的精神,不盲目跟风,根据实际需求和发展需要因地制宜地确定图书馆的规模与功能,并注重建筑与环境、人与自然的和谐生态关系。

3. 文献经费保障机制和开放包容的馆藏思想,是陈嘉庚图书馆观留给我们的又一启示。经费是支持和保障图书馆事业不断发展的经济基础,馆藏建设是图书馆开展一切服务的物质基础,是图书馆发展的命脉,因此,保证文献资源建设经费的持续与稳定,对图书馆来说是至关重要的。建立有效的图书馆经费保障机制,需要对现有相关政策法规进行量化和完善,并采取切实可行的监督和激励措施,使各级财政对图书馆拨款能有章可循,减少随意性,进而形成良性循环,保障图书馆事业更快、更好地发展。当年陈嘉庚广阔的馆藏发展观,促成了集美学校图书馆形成丰富多彩、积极传播新知识和新思想的馆藏特色,对于当今图书馆既做好"广纳众流",又避免"千馆一面",建设具有自身特色的馆藏资源体系仍具重要的参考价值和借鉴意义。

参考文献

[1]《陈嘉庚与图书馆》编委会.陈嘉庚与图书馆[M].厦门:集美图书馆,2008.

[2] 陈俊林.陈嘉庚精神的文化思想源流[M].北京:中国华侨出版社,2021.
[3]《集美学校二十周年纪念刊》编辑部.集美学校二十周年纪念刊[G].厦门:集美印务公司,1933.
[4] 王增炳,陈毅明,林鹤龄.陈嘉庚教育文集[M].福州:福建教育出版社,1989.
[5] 朱立文.陈嘉庚爱国主义思想研究[M].北京:今日中国出版社,1993.
[6] 陈嘉庚.陈嘉庚言论集[Z].厦门:中国厦门集美陈嘉庚研究会,2004.
[7] 陈碧笙,陈毅明.陈嘉庚年谱[M].福州:福建人民出版社,1986.
[8] 杨进发.华侨传奇人物陈嘉庚[M].李发沉,译.厦门:陈嘉庚纪念馆,2012.
[9] 陈嘉庚.南侨回忆录[M].北京:中国华侨出版社,2014.
[10] 校主捐资并建两处图书馆[J].集美周刊,1925(124):8.
[11] 陈嘉庚捐资建设三大图书馆,厦门福州上海各建一馆[N].新闻报,1926-01-05(12).
[12] 陈嘉庚校主呈萨省长请准拨旧学院为福州图书馆馆址文[J].集美周刊,1926(133):2-3.
[13] 嘉庚校主致福州吴翊庭叶献恭郑子瑜于幼芗陈铿臣蓝季北陈石遗高颖生刘健庵陈几士刘放甫陈芷汀丁璧舫诸绅函[J].集美周刊,1926(133):3.
[14] 本校征求图书公函[J].集美周刊,1924(103):1.
[15] 邓绍康.集美图书馆的历史贡献[J].集美校友,2019(6):36-38.
[16] 中共厦门市委党史研究室.回忆陈嘉庚文选:陈嘉庚研究之二[M].北京:中央文献出版社,2001.
[17] 习近平给国家图书馆老专家的回信[N].中国艺术报,2019-09-11(1).

[本文发表于《集美大学学报(哲社版)》2024年第3期]

论陈嘉庚先生的慈善精神及其时代意义

邓 玮

(集美大学政法学院 福建 厦门 361021)

摘要：陈嘉庚先生一生胸怀国家社会福祉，关心公益，同情弱势，倾其所有捐资助学，进行了众多的慈善活动，其慈善精神与传统的慈善思想有一定的区别，体现了近代社会的公益观念，即重教乐捐、重义轻利、重慕重理的时代特征。梳理与挖掘陈嘉庚的慈善思想，对于继承与发扬其慈善精神，对于发展当前的慈善事业具有重要的现实意义。

关键词：陈嘉庚；慈善精神；思想内涵；时代意义

陈嘉庚，厦门大学、集美大学二校校主，东南亚近代史上一位杰出的工业与企业家、社会改革家、教育与慈善家，一位具有深远影响力的社会领袖，因其一生的伟大贡献而被毛泽东主席称誉为"华侨旗帜、民族光辉"。陈嘉庚所留下的影响，不仅没有随着社会的变迁而消逝，也不因时光的流逝和时代的嬗变而丧失其价值，反而使人们更加感到其事业的伟大，更加感受到其精神无法泯灭。以往对于陈嘉庚精神的研究，主要集中在他的教育办学思想、企业经营思想、政治主张、爱国思想、诚毅精神等方面，而对于他最重要也最核心的慈善思想却缺乏应有的关注。因此，本文试图通过研究陈嘉庚先生的慈善思想与慈善理念，梳理、概括陈嘉庚慈善捐赠行为的特征，挖掘、剖析他的慈善精神与他身后的思想基础、文化特质及社会环境的关系，揭示他的慈善精神之于现代社会的时代意义，这对于继续推进陈嘉庚先生的研究、促进当前慈善事业的发展，以及和谐社会、爱心社会的构建无疑是一件极具意义与价值的事情。

一、陈嘉庚先生慈善精神的现代特征与表现

陈嘉庚先生以其先天下之忧而忧、后天下之乐而乐的崇高品格，一生胸怀国家社会福祉，关心公益与弱势，倾其所有捐资助学，开展众多的慈善活动，因而能"止于至善"，成就一番慈善公益事业。陈嘉庚先生的慈善精神

作者简介：邓 玮（1976— ），男，浙江上虞人，副教授，博士，主要从事社会学理论及法社会学研究。

思想与活动影响了众多海内外企业家,在近代中国慈善公益事业的发展进程中具有重要的地位与作用。其慈善精神与传统的慈善思想有别,体现了新的时代特点和近代社会所提倡的公益观念,主要具有以下三个方面的现代特征:

(一) 重教乐捐

慈善要解决的无非是弱势的养、教两个问题,就两者相比而言,前者可以说是救人之身,后者则是救人之心,因此实际上办理此类善举更为艰难,维系下去也更不容易。[1]传统慈善主要侧重于解决养的问题,而解决教的问题即重教,则是陈嘉庚慈善精神思想中最为突出与重要,也最为人们所熟知的特点。陈嘉庚先生极为重视教育,认定"教育为立国之本、兴学乃国民天职",把投身教育事业作为平生志趣,自1894年在故乡集美创办"惕斋学塾"始,先后兴办教育时间长达67年之久,创办和资助的学校多达一百所以上,培养学生无数。尤为可敬的是,无论环境时势发生什么变化,无论面临多大困难,陈嘉庚先生都竭力支持学校的办学,一生之中几乎捐出全部财产给海内外教育事业,做出了"宁可企业收盘,绝不停办学校""卖掉大厦,维持厦大"的壮举。

除了重视教育这一最大特征以外,陈嘉庚也十分同情弱势群体,热心公益事业,对其他慈善活动也是慷慨解囊。1906年11月间,江苏洪水泛滥,400多万人流离失所、饥寒交迫;其后的1908年漳州水灾、1914年及1915年广东广州府和肇庆府地区水灾、1917年天津水灾、1918年潮汕地震、1920年威海饥荒、1922年潮汕风灾、1924年广东和福州水灾、1929年陕西和甘肃旱灾,陈嘉庚对发生在祖国的灾难都义不容辞地施以援手、筹款赈灾,先后领导了天津水灾筹赈会、星洲筹赈日灾会、闽粤水灾筹赈会、山东惨祸筹赈会等,募得了数以百万的捐款,赈济了数以万计的灾民。1935年,在外寇日逼的危急关头,中国十一省又发生了严重水灾,陈嘉庚出任"华侨筹赈祖国水灾会"会长,再一次发动华侨募捐,救济国内灾民。

(二) 重义轻利

陈嘉庚深受中国传统儒家文化思想的影响,有着"达则兼济天下"的强烈社会责任感,表现出重义轻利、大公无私的高尚品格。对于如何处理物质利益与伦理道德的关系,即利与义的关系,陈嘉庚的处理原则是"见利思义、义而后取"。在获取财富方面,用诚信、真诚的原则与员工、客户经营合作,有了巨大财富后想到的是如何来回报社会与国家;[2]在对待金钱方面,陈嘉庚不像有些赚了钱的人那样,要么将金钱用于个人享受,要么为子女积累遗产。陈嘉庚金钱观的最大特征是"取之社会,用之社会",把金钱看作回报社会的工具。陈嘉庚平生很喜欢引用西方格言"金钱如肥料,撒去方有用",也常对家人及友人说:"财由我辛苦得来,亦当由我慷慨捐出。"[3]136

陈嘉庚的义不是一种个人、朋友间的私人小义,而是一种以"报国、兴国"为最终目标的民族大义,他一生的所有活动完全以民族、社会及国家利益为准绳和依归。可以说,修桥铺路、办学兴医等以"私"为目的的慈善活动为许多侨胞所共有,但是能做到为国家利益而倾全部家产兴学者,唯陈嘉庚所独有。陈嘉庚曾经说过:"凡事只要以国家利益、人民利益为依归,个人成败应在不计。"[3]32他把为国家、民族利益服务当成自己至高无上的义务,为此不吝牺牲个人的一切,虽倾家荡产,也在所不惜。正如我国著名教育家黄炎培所评价的:"发了财的人,而肯全拿出来的,只有陈先生一人。"[3]13这样的行动完全体现了陈嘉庚重义轻利的慈善精神。

(三) 重募重理

慈善活动需要经费的支持,陈嘉庚深知此中道理。因此,除了靠自己办实业来支撑慈善事业以外,他还注重募集社会资金。为了抗战的需要,陈嘉庚义不容辞地担任新加坡筹赈委员会主席,为国内抗战募得大量资金,据当时的南京政府财政部统计,平均每年1.6亿多元,有力地支持了国内的抗战。为了办学的需要,陈嘉庚曾多次向南洋华侨募捐,并发表《为复兴集美学校募捐启示》,发动"校友养校运动",号召集美校友捐款支持母校,南洋各地集美校友热烈响应陈嘉庚的号召,踊跃捐款,收到了巨大的成效,共筹得资金3439万元。

陈嘉庚在募集资金的时候很注意方法与策略,比如,他认为募集的时候一定要有人带头多捐,这样募捐才能成功地筹到较多的款项,"今日大会目的专在筹款,而筹款要在多量及持久。新加坡为全马或南洋华侨视线所注,责任非轻,然要希望好成绩,必须有人首捐巨款提倡,此为进行程序所必然"[4]。当然大多数时候都是陈嘉庚先生自己先拿出巨款。但陈嘉庚认为捐款数量不在于多少,付出的爱心是一样的,而筹款则可以采取多种多样的形式,如特别捐、常月捐、节日献金捐、货物助赈捐、纪念日劝捐、卖花卖物捐、游艺演剧球赛捐、舟车小贩助赈捐、迎神拜香演戏捐,等等。

陈嘉庚首先是一位企业家,擅长经营管理。因此他不但重视募集资金,同时非常重视对资金的监督与管理,"本会虽属慈善事业,但关系于国民极为重大……筹汇赈款,应统一行动,归本会办理,勿贻散沙之诮"[5]。对集美学校的建设从一开始就严格管理与控制,他要求应该用的钱,千百万也不要吝惜,不该用的钱,一分钱也不要浪费,在很多事情上都亲自过问,确保募集来的资金能够得到合理使用。

通过设立基金的形式,以对教育慈善事业进行持续的捐赠,是陈嘉庚现代慈善思想极其重要的表现。传统慈善大多为一次性行为,往往难以持续,而陈嘉庚先生对此早有准备,"盖厦集两校,经费浩大,必有基金为盾,校业方有强健之基"[6]。为使集美学校能有永久的经费来源，陈嘉庚在1919年5月第五次回国前，便将自己在南洋的全部不动产捐作集美学校的永远基金，并聘请律师按英国政府条例立字为据；1942年，陈嘉庚先生又授命其次子陈厥祥在福建永安筹办"集美实业股份有限公司"和"集友银行"，加上东南亚热心教育的华商资助，每年将全部股东红利股息及银行盈利的20%补助厦门集美学校的经费。陈嘉庚的这一构想取得了极大的成功，自1972年开始至今，集友银行已派发予集美学校股息及红利共计港币9.65亿元，捐助金额已达到平均每年8000万港币，这极大地保障了集美学校教育事业的壮大与发展。可以说，近代以来以这种方式举办慈善事业的，就笔者所知范围，陈嘉庚可算是"中国第一人"。

二、陈嘉庚慈善精神的思想基础

陈嘉庚能够做出上述让世人感动的慈善行为，能够具备现代特征的公益观念，能够把慈善做成一份可持续的事业，归纳起来，主要是受两方面的思想影响：其一为传统的儒家思想；其二为现代的西方公益理念。

中国文化中以儒家为代表的文化传统，一开始就与慈善结缘。儒家思想形成于春秋战国时期，它是中华民族两千多年来绵绵不绝的文化主流之一。儒学的一个重要思想就是义利观，正如孔子所言："君子喻于义，小人喻于利。"（《论语·里仁》）只有君子才能超越眼前的利益而成为道德的典范，甚至将道德与利益的关系进一步提升到对人的生命终极关怀的高度。当义利不能兼顾时，儒家主张舍"小我"而全"大义"，舍"私利"而取"公义"，必要时甚至能为了国家、民族和人民的利益而献出自己的生命。正是受这种儒家义利观的熏陶，古代众多儒者大都重义轻利、不言名利，孜孜致力开展救困扶危的慈善事业，陈嘉庚也不例外。陈嘉庚自幼接受过系统的中国传统文化教育，尤其是对儒家思想高度重视，对忠、公、诚、毅、勤、俭、信、义等一系列立身处世道德准则身体力行，极力倡导，[7]在其"重义轻利"价值观的形成方面，可以说完全是受儒家义利观积极因素的影响。陈嘉庚虔诚表白对"轻金钱、重义务……爱乡爱国诸点，尤所服膺向往，而自愧不能达其万一"。[8]因此，从陈嘉庚对其"轻金钱、重义务"的自我反思来看，他的无私奉献精神无疑是对儒家"重义轻利"价值观的继承和发扬，完全符合儒家对待义与利关系的价值取向。此外，儒家大一统观念、民本思想、道德规范及理想人格等儒家文化内涵都对陈嘉庚有着深刻的影响。[9]因此，陈嘉庚的慈善行为首先是受到传统儒家思想的驱动。

陈嘉庚的慈善事业除了受到传统儒家思想的深刻影响外，由于他成长的特殊经历，使得他还深受西方文明中公益观念发展的影响。陈嘉庚16岁就离开集美下南洋，长期生活在英国殖民地新加坡，受到西方文化和资本主义文明的熏陶。在这样一种差异较大的文明环境中，他看到了工业的先进、科技的发达、教育的进步，观念日渐开放，视野也较国内人士开阔许多。比如，陈嘉庚对教育的重视，是因为他首先注意到西方先进国家是如何办教育的，并号召国人效仿，他说："诸文明国教育，除却政府注意维持外，而个人社会捐资倡设者，其数尤巨，且多有倾家捐助办学者，故其教育界能收美满之效果，非全倚靠政府也。"陈嘉庚又说："尝观欧美各国教育之所以发达，国家之所以富强，非由于政府，乃由于全体人民。中国欲发达，欲教育发达，何独不然。"[10]从这些话语中，我们可以看到，陈嘉庚充分认识到在西方国家中民间私人的慈善捐助行为对于教育的重要作用，认识到了西方国家中政府与社会之间的关系。因此，陈嘉庚的慈善理念也就能够与西方慈善公益理念发展的趋势联系在一起，进而突破中国古代慈善文化源上的乐善好施、赈灾救民、扶贫济困、尊老爱幼、苦乐共享等偏狭范围，将教育作为民族复兴的希望，而赋予了中国传统的慈善文化以"教育救国"这一新的动力与内涵，从而将慈善事业与整个中华民族的存亡、富强和发展紧密联系起来，达到一个新的历史高度。

三、陈嘉庚慈善精神的时代意义及启示

捐赠及其他慈善公益行动是现代文明的一个重要表现，更是中华民族世代相承的传统美德。自20世纪90年代以来，中国社会的慈善事业在政府的高度重视，以及社会各界热心人士的支持下得到了又好又快的发展，社会舆论对慈善事业支持的力度不断地加大。在上述这些因素的共同作用下，人们的慈善观念与捐助意识也在不断地觉醒和改变。

虽然我国慈善事业获得了极大发展，但与其他国家相比，与我国其他社会事业的发展相比，还相对滞后。有调查显示，国内工商注册登记的企业超过1000万家，但有过捐赠纪录的不超过10万家，99%的企业从来没有参与过捐赠。而福布斯最近也取消了中国慈善榜，其原因主要有二：一则慈善事业不成熟，慈善捐赠不透明，慈善信息数据来源困难；二则中国富豪乐于慈善的公益意识不强，缺乏一个"人人慈善"的大气候。[11]在2008年我国汶川大地震后，全国人民踊跃捐助，短短时间募捐400多亿，创历史最高，表现出了国家强大后较高的国民素质与慈善意识，但仍然暴露出不少慈善问题，如捐助门事件，以及有许多企业承诺捐款却不到位。

以上资料均反映了当代中国社会慈善事业的滞后、慈善精神的稀缺及慈

善环境的不和谐。在这种情况下，更加凸显了陈嘉庚先生慈善精神的可贵与伟大，也说明了在当前社会更加需要深入研究与挖掘陈嘉庚先生的慈善精神与慈善理念，需要大力宣传陈嘉庚先生慈善精神的现实意义与时代价值。陈嘉庚慈善精神对于当代社会的慈善事业发展有着重要的启示意义，具体表现在：

1. 要大力宣扬陈嘉庚重义轻利、大公无私的慈善精神。当前我国的慈善事业发展还处于比较落后的阶段，社会的慈善意识还比较薄弱。因此，如何提高人们的慈善意识，特别是增强那些在中国几十年的经济发展过程中先富裕起来的企业家的慈善观念，以此为慈善事业提供精神动力、加强民意基础及培养慈善氛围，是中国慈善事业必须解决的问题。要解决这一问题，榜样与典范的力量就显得无比珍贵与强大，然而传统社会这方面可资利用的精神资源与榜样资源并不丰富。由此，陈嘉庚的慈善活动及慈善精神就显得极为重要，是中国发展慈善事业的重要精神资源。因此我们要加强宣扬陈嘉庚慈善精神，号召当代企业家学习陈嘉庚式的社会责任感，在全社会发扬和传承陈嘉庚的慈善精神。

2. 要万般珍视并努力汲取陈嘉庚先生热心教育、倾资办学的精神资源，更加重视教育。现代慈善的重要特征就是对教育的扶持，有资料统计，当代各国慈善资金的65%都投入了教育范围。"国运兴衰，系于教育"，在国势危如累卵的时代，陈嘉庚仍然积极提倡并致力于教育慈善事业，在无亡国之虞、和平崛起的新时代，国家与社会倡导教育慈善事业更应不遗余力。[12]政府在教育上应加大资金投入力度，并采取多种制度与措施鼓励引导社会资源向教育方面流动；社会也应创造良好的社会氛围，倡导与动员一些有财力的个人和组织以各种形式支持教育事业的发展。

3. 学习陈嘉庚先生的现代慈善理念，重视慈善事业的可持续发展，用现代慈善理念来经营，管理慈善事业。现代社会的慈善事业不应只是一次性的行为，或者一时的冲动，而更应该是一个可持续的发展过程，应该把慈善真正当作一项事业来经营、打理。因为一旦社会回到常态，慈善可能被再次遗忘。而陈嘉庚先生设立基金会、重募重理、强调监督的慈善方式及理念告诉我们，慈善和办企业一样，需要长远的眼光与规划、透明的规则和程序，以及有效的监督。只有这样，中国的慈善事业才能发展出福特基金会这样的"百年老店"，长期而高效地造福世界。

参考文献

[1] 周秋光. 中国慈善简史[M]. 北京：人民出版社 2006：13.

[2] 江道源. 陈嘉庚的价值追求[J]. 八桂侨史，1997(3)：39-43.

[3] 陈嘉庚先生纪念册编委会. 陈嘉庚先生纪念册[M]. 北京：中华全国归国华侨联合会，

1961.
[4] 陈嘉庚.南侨回忆录[M].太原:山西古籍出版社,1997:65.
[5] 陈碧笙,陈毅明.陈嘉庚年谱[M].福州:福建人民出版社,1986:68.
[6] 王增炳.陈嘉庚教育文集[M].福州:福建教育出版社,1989:148.
[7] 林德时.陈嘉庚与孙中山比较散论[J].韶关学院学报,2007(11):22-25.
[8] 陈嘉庚.南侨回忆录[M].新加坡:南洋印刷社,1946:5.
[9] 张培春.儒家思想对陈嘉庚的影响管窥——以陈嘉庚研读和"发挥"《三国演义》为视角[J].集美大学学报:哲学社会科学版,2003(4):12-18.
[10] 黄金陵.陈嘉庚精神文献选编[M].福州:福建人民出版社,1996:62.
[11] 陈一舟.福布斯取消慈善榜是谁的尴尬[N].新京报.2007-05-09(4).
[12] 殷小平.构建和谐社会与教育慈善事业的发展[J].高教发展与评估,2006(1):1-3.

[本文发表于《集美大学学报(哲学社会科学版)》2010年第1期]

儒家思想对陈嘉庚的影响管窥
——以陈嘉庚研读和"发挥"《三国演义》为视角

张培春

(集美大学社科部　福建　厦门　361021)

摘要：《三国演义》有着丰富的儒家文化内涵。从陈嘉庚平生熟读《三国演义》及所受影响为视角，可以窥见儒家大一统观念、民本思想、道德规范及理想人格等对陈嘉庚的影响，从一个侧面考察陈嘉庚爱国主义思想的形成和发展，揭示陈嘉庚人格精神的文化渊源。这对于在今天新的历史条件下，弘扬光大以爱国主义为核心的民族精神是有助益的。

关键词：陈嘉庚；《三国演义》；儒家文化；思想影响

陈嘉庚的业绩被广为传扬，他的人格精神至今仍在感召后人。学术界对陈嘉庚的爱国思想和高尚人格已有不少论述总结，然而，对于陈嘉庚思想人格的文化渊源，迄今还少有人做专门探讨。笔者注意到陈嘉庚平生喜读《三国演义》，且有不少"发挥"，本文试图从陈嘉庚研读和"发挥"《三国演义》的视角展开，略窥儒家思想对陈嘉庚的影响。仅以此文抛砖引玉，请读者指正。

一

陈嘉庚少时受儒家思想的教育和熏陶，他九岁至十七岁就读于私塾，"所读三字经及四书等"[1]393。陈嘉庚还酷爱中国历史，看过许多古典历史和文学读物，《三国演义》就是他平生喜爱的一部古典小说，早在少年时他就已读过，且直到晚年仍兴趣不减。

1940年抗战方酣时，陈嘉庚组织南侨慰问团回国考察，一路上，他游览了众多三国遗迹，从他的一些评论中可以看出，他对三国故事和人物十分熟悉。到成都时，他参观了武侯祠，并感慨道："自少年看三国志印象难忘，每念何时将到成都观光，迄今五十年幸遂宿愿。"[1]134 参谒昭烈陵和武侯祠，

作者简介：张培春（1954—2022），男，福建惠安人，副教授，主要从事哲学理论及儒家文化研究。

使他对古圣先贤产生了无限敬仰之情。

当陈嘉庚看到昭烈帝陵畔正在大兴土木，建造前四川军阀刘湘的坟墓，且"规模颇广"，大有"要与昭烈武侯并肩艳美，流芳千古"之势，他极为愤慨，高度评赞刘备、诸葛亮说："我国历史自三代而后，爱民之诚，登极之正，与昭烈并称者不过数人而已，至为臣出处之正，谋国之忠，政治之美，韬略之优，则唯武侯一人而已。昭烈虽未一统，然遗爱在民，武侯则鞠躬尽瘁，军民感戴，故后人乃捐资建筑宏伟祠庙于墓侧，以作纪念，绝非昭烈武侯生前之遗意也。刘湘何人，乃敢在昭烈陵畔武侯祠旁，大兴土木，建造墓庙，欲与古代贤君良臣，流芳万世者相颉抗。试问刘湘款自何来，是否民脂民膏，其生前有无丝毫泽于民。"[1]135其爱憎之分明可见一斑。

1942年春，日军南侵，陈嘉庚于新加坡即将沦陷时避居印尼爪哇。在三年多的隐匿生活里，他关注战局，萦系乡国，在撰写《南侨回忆录》的同时，经常捧读《通鉴易知录》①及《三国演义》[2]88，以期从中激发爱国忧民的热情。他还不时吟诵诸葛亮的《出师表》，寄托自己的思想感情。此外，他还从校友处借来托名诸葛亮所作的《马前课》②，细心研读，关注着祖国的前途和命运。

在集美鳌园游廊两侧的石壁上，有58幅精美的青石浮雕，雕刻着中国历史故事，其中涉及《三国演义》的就占了31幅，除"张飞打督邮"、"三请诸葛亮"、"赤壁大战"（5幅）等画面外，常常吸引游客驻足观赏的，是游廊左侧那24幅命名为"诸葛亮马前课"的浮雕。1955年2月21日，陈嘉庚在演讲稿《英美叫嚣冷战之原因》中，曾对集美学校师生顺便讲解过"马前课"。撇开"马前课"浮雕的神秘形式不谈，其内容充分体现了陈嘉庚关注祖国命运、期盼国家统一、向往世界大同的思想感情。鳌园是陈嘉庚晚年亲自规划和督造的，全园的1000多幅石雕，反映了陈嘉庚深挚的爱国情怀，而"诸葛亮马前课"浮雕则凸现了陈嘉庚对诸葛亮这一忠贞和智慧化身的崇拜。

陈嘉庚喜读《三国演义》，也善于"发挥"《三国演义》。在文章和演讲中，他经常引用《三国演义》中的故事和人物，或表达一种处世态度，

---

① 据陈碧笙、陈毅明编《陈嘉庚年谱》（福建人民出版社1986年版，第166页）记载："陈嘉庚避难期间，在写作的同时，坚持每天读历史书，《通鉴易知录》读了七八遍。"梁启超曾经说过："史学者，爱国心之源泉也。"所以每当国家多难之际，一些志士仁人就更加重视读史，以期从中激发爱国忧民的热情。参见张海鹏.中国传统史学的特点[J].安徽师大学报，1996，24(4):363.

② 据钟鹏先生考证："托为诸葛丞相的《马前课》，本系扶乩一类谶语，凡十四课，每课代表一朝的兴亡的运数，明代白鹤山的老和尚守元于明神宗万历四十四年(1616年)加以解释，才揭示了谶词所讲的内涵。"见钟鹏.谶纬论略[M].沈阳:辽宁教育出版社，1991:195.

或借鉴一种历史经验，或阐明一种政治策略，或抒发一种思想感情。兹举数例如下：

1933年1月，陈嘉庚在时势艰难之际，写信给集美学校校长叶渊，引用"刘备借荆州"的故事，劝其"在（政治）未就轨道纷乱时景，暂且养晦为先，待时而动"，共同"维持集美共渡难关，借荆州以待时，注重教育，亦非无演进之路"，[3]410阐明了在危难时要看到光明的道理。1944年2月，陈嘉庚避难爪哇时，自题其居曰"晦时园"[1]355，其寓意正是这种"养晦待时"的精神。

1938年，面对日寇的大举进攻，陈嘉庚主张抗战到底，他引用包括三国人物张昭在内的古代主降派为鉴，痛斥汪精卫卖国求和的主张是"秦桧阴谋，张昭降计"，并致电蒋介石："秦桧张昭，无世不有，幸公明察之。"[1]72直至提出"敌未出国土前言和即汉奸"这一"古今中外最伟大的一个提案"，[1]77充分表现了陈嘉庚忠奸必辨、爱憎分明的思想感情。

1940年，陈嘉庚回国慰劳考察，他针对蒋介石"要抗战胜利，必先消灭共产党"的言论，从国家民族利益出发，希望国共两党勿"同室操戈，兄弟相煎"。离开重庆时，他又致函蒋介石："在此国家艰危之秋，应东和孙权，北拒曹兵。"[1]191他以《三国演义》中诸葛亮联吴抗曹的战略方针，说明了大敌当前，国共加强团结、一致对外的重要性。

1949年5月，陈嘉庚在解放战争即将取得全国性胜利的时刻，再次由新加坡回国到东北、华中、华东游览。一路上，他亲闻亲见解放军纪律严明、深得民心，因而由衷地赞叹："昔武侯屯田，军民杂耕而不扰，史称节制之师，若解放军之众，战期之长，普及全国，而能一律克守军纪，到处口碑载道，较之武侯节制之师，尤难能而可贵也。"[4]78

陈嘉庚活用《三国演义》的例子不少，大都生动而形象。鲁迅说过：中国人身上，谁没有一点"三国气"？陈嘉庚一生喜读《三国》，善用《三国》，《三国演义》为他的文章增了光彩，也为他的人格添了魅力。

《三国演义》是以汉末史实背景和儒家人文精神构建起来的不朽之作，它通过描写汉末魏、蜀、吴三国尖锐、复杂的斗争，揭露了封建社会政治腐败、国家分裂、社会动乱给人民造成的痛苦，鞭挞了昏聩无能、残暴不仁的昏君奸臣，歌颂了致力于国家统一的仁君贤臣，从而揭示了三国兴亡的经验教训。它虽然包含着不少封建糟粕，但全书始终张扬着积极进取、忧国忧民、不畏强暴、忠孝仁义的民族精神，故能超越历史而广泛流传，对中国民众产生深远影响。陈嘉庚所受儒家思想的影响，除了来源于《四书五经》等儒家经典，还有渗透着儒家文化因素的诸多通俗历史和文学读物，从陈嘉庚的文化背景和个人经历看，后者的影响也许更为直接和深远。因此，考察陈嘉庚对《三国演义》的研读和"发挥",可以寻获一些儒家思想对他影响的线索。下面略谈一二。

二

先看儒家大一统观念、仁政德治传统对陈嘉庚的影响。所谓"大一统",[①]字面上的意思为推重一统之意,用今天的话说就是重视和维护国家民族的统一。两千多年来,儒家的"大一统"观念深入人心,铸成了中华民族反对分裂、维护统一的共同的民族心理。陈嘉庚爱国主义思想的来源就包括继承和发扬了这种以国家统一为核心的大一统观念。

儒家的大一统思想包含着十分丰富的内涵,并随着历史的演进而发展变化。其积极影响是主要、持久的,但它也包含着一些消极因素,如"贵夏贱夷"的大汉族主义,强调王朝"前后授受有据"的正统观念等。从陈嘉庚对三国故事和人物的评论中,亦可看到古代大一统观念的各种因素对他不同性质和程度的影响。

如前所述,陈嘉庚在参观武侯祠时,评赞刘备是我国历史上"爱民之诚,登极之正"的为数不多的贤君之一。这是《三国演义》"尊刘贬曹"的正统观[②]对他的影响。所谓"登极之正",不外是指刘备乃"汉室之胄",因此蜀汉政权传承统绪纯正。但是陈嘉庚的正统观不是单纯"以成败论英雄",他视刘备为三国正统的看法主要是基于道德评判:"昭烈虽未一统,然遗爱在民",即刘虽未完成"兴复汉室"的国家统一大业,但他宽仁厚德、爱护百姓,是古代贤明君主的榜样,故能获得后人敬仰而流芳百世。儒家文化的一个重要特征就是重视道德伦理,提倡以民本思想为核心的仁政德治。先秦诸子都主张大一统,但追求大一统的方法与途径不同。儒家主张用"行仁政"来实现"大一统",如孔子提出"天下有道,则礼乐征伐自天子出"

[①] 伍雄武先生解释:"何谓'大一统'呢?一是指天下统一,定于一;二是指统一乃重大、至高的原则('大'者,不仅有广大之意,且有重视、推崇之意)。"参见伍雄武.中华民族的形成与凝聚新论[M].昆明:云南人民出版社,2000:393.

[②] 所谓正统观是在大一统论的基础上衍化而来的,通常指人们评价一个政权是否合法的理论。《辞源》(商务印书馆1986年版)这样解释"正统":"旧称一系相承、统一全国的封建王朝为正统。"唐宋以后,史学界兴起正统之辩,出现了主要以司马光和朱熹为代表的两种不同见解的正统观,在衡量一个王朝是否为正统时,前者主张以"功业之实"为标准,故尊曹魏为正统;后者强调以"道德评价"为依据,故尊蜀汉为正统。朱熹的正统观对当时及后世都产生了很大的影响。参见周德钧.略论《春秋》对中国传统史学的影响[J].鄂州大学学报,2000(1):57-60.在《三国演义》尊刘贬曹的思想倾向中,就包含着刘备是"汉室宗亲"、待民也很仁慈的正统观念。

(《论语·季氏》)及"道之以德,齐之以礼"(《论语·为政》)的思想,至孟子发展为仁政学说,认为"得天下有道:得其民,斯得天下矣"(《孟子·离娄上》);天下唯"不嗜杀人者能一之"(《孟子·梁惠王上》),可见孔孟既强调"定于一",又主张以仁政王道来统一天下。由此亦可看出,陈嘉庚对刘备的评价正是远承了儒家的这种大一统观念。《三国演义》也大力宣扬"天下惟有德者居之"的思想,[①]并塑造了刘备这一仁君的典范。因此不难理解,受过儒学熏陶并熟读《三国》的陈嘉庚,在道德人格上不能不爱刘憎曹。由历史反观现实,也难怪陈嘉庚会对那些只懂搜刮"民脂民膏",却无丝毫"德泽于民"的贪官污吏们表示愤怒了。陈嘉庚参观武侯祠所引发的对古今人物的评价,反映了他所受古代"爱民""惠民"的仁政德治传统的影响,正是少时接受的中国传统的民本思想,后来在一定程度上成为陈嘉庚接受西方民主、反对专制独裁、拥护民主政治、关心民生疾苦的思想文化基础。陈嘉庚是一个真诚的爱国者,他一生维护国家的主权独立和领土完整,并为国家的统一和富强做出了重要贡献,直到临终,他还念念不忘台湾的回归。毋庸讳言,在一段较长的时间里,陈嘉庚的爱国活动没能完全摆脱儒家大一统正统观中的某些消极因素的影响,但这种消极影响在其思想中不占主流。例如,1910年春,陈嘉庚在辛亥革命思潮的影响下,参加了同盟会,并积极筹款支持孙中山推翻清朝封建专制的斗争。在陈嘉庚的心目中,孙中山就像古代儒家所谓能够"一统天下"的"王者"。他说:"孟子说:'五百年必有王者兴,其间必有名世者。'……明之后,于今五六百年,孙总理之革命已开其端,不过如秦皇隋文,资以过渡,必待有汉高唐太者出,始成全盛之局。"[6]110 把建立中华民国的民主革命先驱孙中山和历代统一中国的封建帝王相比拟,固然不甚恰当,是受了儒家"尊王攘夷"思想的影响,却体现了陈嘉庚追求国家统一和富强的深切愿望。

陈嘉庚有强烈的民族意识和深挚的爱国情感,但在其早期的民族观中还含有大汉族主义的思想倾向,这在他20世纪30年代初的一些言论中可以看出。在日寇大举入侵,国家民族陷于危亡之际,陈嘉庚经常以"我汉族亡于元清之手,两度之恢复,亦全赖于文化之重力"[3]205 的"亡国复兴"史为鉴,希望国人和侨胞弘扬民族的传统文化精神,全民振作,共御外侮。他把少数民族入主中原视为"亡国",因而把清王朝排除在统一的封建王朝之外,这种思想烙下了儒家"夷夏之别"的印记。但不容怀疑,陈嘉庚的思想动机是在大敌当前时激发国人的民族情绪,其根本目的是维护国家和民族的利益。

---

① 如《三国演义》第六十六回就借周仓之口说:"天下土地,惟有德者居之。"

儒家思想对陈嘉庚的影响管窥

正是从这个基本立场出发,他崇尚历史上的岳飞、文天祥、郑成功、林则徐等民族英雄,相反把石敬瑭、秦桧、吴三桂及汪精卫等人视为民族败类。[7]140 陈嘉庚一生的言行充分表明,在求统一还是搞分裂、在爱国还是卖国的问题上,他历来是泾渭分明的。

1928年南京政府成立时,陈嘉庚认为"它是中国正统的中央政府",故特地给他创办的《南洋商报》订了一条守则,"就是要拥护南京国民政府"[6]93。在此后很长的一段时间里,他把蒋介石奉为国家、民族唯一的"最高领袖"加以真诚拥护。其原因主要是他还没有看清以蒋介石为首的国民党政权的反动本质,以为"没有这样一个政府和领袖,便无法团结全国人民,反抗日本侵略"[7]45,这与他头脑中潜藏的大一统政治理想,以及以为蒋介石是"孙中山事业的继承者"这一"正统"观念的影响也是分不开的。此外,与他久居南洋,对国内政治不够了解这个客观因素有关,正如他后来所言:"时中共势力尚微,且受片面宣传,更难辨其黑白。"[1]弁言3 但是应该看到,在陈嘉庚的思想中,"正统"观念的消极影响不过是暂时的,国家和民族的利益高于一切,才是他始终秉持的价值观。他坚信统一是必然的,分裂是暂时的。唯此,他才会在军阀混战时期,倾资兴学,发展教育,希冀为祖国将来的复兴预先培养人才,乘时"播下种子";也才会在日寇入侵之际,引用诸葛亮关于联吴抗曹的战略方针,希望国共团结一致,共御外侮,并发动侨胞踊跃捐输,支援祖国的抗日战争。

1940年3月,陈嘉庚率领南侨慰问团回国慰劳考察,这是他爱国主义思想发展的一个重要转折点。他先到重庆,所见所闻是政治腐败、虚浮乏实,"绝无一项稍感满意",因此心中忧虑万分。为弄清国共两党摩擦的真相,他冲破国民党的阻挠,执意前往延安参观。正是在途经成都时,陈嘉庚游览了武侯祠。他对古代"贤君良臣"的评赞,正寄托着他对现代"建国人物"和"民族救星"的期盼。延安之行,陈嘉庚看到了共产党"政治良好,爱民如赤",毛泽东则"公忠爱国",使他"衷心无限欣慰,……如拨云雾而见青天,故认定中共将来必定胜利,而兴建我中国"[3]99。与此同时,他头脑中的正统观念开始动摇,明白了"爱国必先认清是非"。伴随着对蒋介石政权的反动独裁本质由模糊到清晰的认识,陈嘉庚终于彻底否定了自己头脑中的正统观念,实现了爱国主义思想的质的飞跃,即对蒋介石集团由拥护到怀疑、反对、坚决打倒,转而拥护和紧跟中国共产党,并坚定不移地举起了爱国、进步、民主的旗帜。全国解放后,他又只身回国,积极投身于新中国的社会主义建设。可见,陈嘉庚的爱国主义思想,是在民族矛盾和阶级矛盾的激烈斗争中,在追求国家独立、统一、富强的过程中,在摆脱"正统"观念的束缚下而逐步升华和发展起来的。之所以能做到这一点,则和陈嘉庚始终以国家和民族的利益为重,具有明辨是非、追求真理、顺应潮流、与时俱进的优秀品格分不开。

三

再看儒家道德规范、理想人格对陈嘉庚的影响。在《三国演义》描写的英雄人物中,陈嘉庚最崇仰的就是诸葛亮。在诸葛亮身上,闪烁着儒家理想人格的光彩。他"以忠事君",辅佐刘备及后主,一心一意、矢志不渝,君臣之间肝胆相照,形同鱼水;他"公忠谋国",为了实现复兴汉室、统一中国的理想,废寝忘食,殚精竭虑,"鞠躬尽瘁,死而后已";他治军理政,德法并用、赏罚严明、清正廉洁,创造了利国利民的业绩,表现出杰出的智慧和才能,受到蜀国军民的衷心拥戴。诸葛亮不愧是"古今来贤相中第一奇人",这正是前述陈嘉庚游览武侯祠时盛赞诸葛亮的原因。

诸葛亮忠贞的品格最为后人称道,自然也成为陈嘉庚仰慕效仿的榜样。儒家重视"忠",孔子曾提出"主忠信"(《论语·学而》),曾子也说:"为人谋而不忠乎?"(《论语·学而》)。在古代,"公"和"忠"意义相通,都体现为一种无私的品格和献身的精神。如《左传》曰:"临患不忘国,忠也"(《昭公元年》),"无私,忠也"(《成公九年》)。《三国演义》就极力宣扬了诸葛亮对刘备忠贞不二,对统一大业尽心竭力的"忠"德。在古代,"信"与"诚"的基本含义也是一致的,都是指真实不欺。历代儒者多有论述,《三国演义》中也有大量描写。儒家倡导的"公忠诚信"等基本道德规范,千百年来经过代代传扬,对中华民族的成员有深远影响,也是形成陈嘉庚思想人格的主要文化渊源。

如同诸葛亮一样,陈嘉庚一生的所作所为,突出表现了一种"公忠诚信"的品格。他曾说:"无论个人、社会、国家、事业的发展,全赖'忠诚信义'四字。"[8]125还说:"我自己所能者仅为诚、信、公、忠四字。"[7]140陈嘉庚一生忠于祖国、忠于人民、忠于教育事业,他始终把国家和民族的利益摆在首位,"国而忘家、公而忘私","鞠躬尽瘁、死而后已"。就陈嘉庚的立身处世看,他确实做到了"公忠"二字。陈嘉庚一生对信仰坚定不移,对事业执着追求;他以诚立身,以信交友;重然诺,守信用;言必信,行必果。在经商、办学、社会活动等各个方面,处处表现了这种诚信品格,从陈嘉庚的一生看,他不愧为践履诚信美德的典范。当然,对儒家的这些道德规范,陈嘉庚以实际行动,做出了富有时代气息的"诠释"。

陈嘉庚坦言,他对"轻金钱、重义务……爱乡爱国诸点,尤所服膺向往,而自愧不能达其万一"[1]弁言5。这种"重义轻利"价值观的形成,是儒家义利观积极因素的影响。从价值取向来看，儒家义利观中的"义"属于道德规范，强调的是精神、道义的价值；而"利"是指物质利益，强调的是物质、功利的价值。儒家义利观中所包含的以义制利、先义后利、重义轻利等内容，对后世有着深远影响，培养了历代一批批具有高尚道德人格的志士仁人。陈嘉庚"轻金钱、重义务"的无私奉献精神，就是对儒家"重义轻利"价值观的继承和发扬。以兴学为例，陈嘉庚倾资兴学，不是为了沽名钓誉，而是为了培养人才、弘扬文化、复兴中华。他说："鄙人所以奔走海外，茹苦含辛数十年，身家性命之利害得失，举不足撄吾念虑，独于兴学一事，不惜牺牲金钱竭殚心力而为之，唯日孜孜无敢逸豫者，正为此耳。"[3]160自1894年出资创建"惕斋"学塾到1961年病逝为止，陈嘉庚数十年如一日，虽历经波折，仍义无反顾，为兴办教育事业呕心沥血，贡献了全部财力。倡办厦门大学之初，陈嘉庚为了获得"外力襄助"，他秉承"止谤莫如自修"的古训[3]361，不仅身先作则，带头认捐400万元，而且事事"推诚布公"，绝不邀名钓誉。他说："凡事必当至公，故廖立垂泣，李严哭死。"[3]359可见，陈嘉庚对诸葛亮治蜀公正廉明、以诚感人、军民感戴的故事印象深刻。"开诚心，布公道"，这是《三国志》作者陈寿对诸葛亮治蜀精神的高度概括。在兴学办校的过程中，陈嘉庚常常以这种"开诚布公"的精神激励自己。

可以说，在人格精神方面，陈嘉庚与诸葛亮的确有许多相似之处。诸葛亮一生致力于蜀国的统一大业，生活上淡泊清廉，有高尚的人格。他在临终前向后主表白"臣家有桑八百株，田五十顷，子孙衣食，自有余饶。……臣死之日，不使内有余帛，外有赢才，以负陛下也"[9]351，表现了他清廉而又"忠君"的品格。抗战期间，陈嘉庚"多次诵读诸葛亮的《前出师表》和《后出师表》，念'夙夜忧虑，恐托付不效'，'寝不安席，食不甘味'，'鞠躬尽瘁，死而后已'，几乎要落泪，竟不成眠"[10]34。可见，诸葛亮的人格精神穿越了时空，对陈嘉庚的影响和感染至深。陈嘉庚虽家财万贯，但一生艰苦朴素，把自己的全部钱财都献给了教育和进步事业，未给子孙后代留下一分钱，他忠实地实践了自己立下的"我毕生以诚信勤俭办教育公益，为社会服务"的信条[3]301。陈嘉庚为国家尽忠竭诚、无私奉献的精神，是在新的历史条件下，对诸葛亮"鞠躬尽瘁"精神的发扬光大。然而，同为"鞠躬尽瘁"，如果说诸葛亮在忠于蜀汉统一大业外，还忠于刘备"一家一姓"的话，那么陈嘉庚则完全把它上升到了忠于国家和人民的更高境界。

陈嘉庚一生高度重视自身修养，特别服膺儒家"诚"的哲学。在儒家看来，"诚"是人生之最高境界，"仁义礼智信五常及一切德行，皆以诚为基础。……不诚则一切德行皆属虚伪而无其实，诚则众德圆满，更无其事了"[10]336。如求善而不诚是伪善、求仁而不诚是假仁等，故历代儒者一再倡扬"立诚""致诚"之说，陈嘉庚对此心领神会。他一生以"择善而固执之"的精神，努力实践诚信美德，他爱国以诚、处事以诚、待人以诚，力求达到至诚、至善的境界。因此，他为集美学校所题"诚毅"校训，为厦门大学所题"止于至善"校训，既凝聚着他对全体师生的殷切期望，也是他人格精神的集中写照。这种重视"立诚"的处世准则和"诚信公忠"的品格，是他吸取儒家道德精华并经数十年人生磨炼而形成的，它成了陈嘉庚立身处世、知人论世的一种伦理智慧，是促成陈嘉庚政治立场转变和爱国思想升华的重要内在因素。正是这种品格，帮助陈嘉庚与时俱进，并最终成就了伟大事业、铸就了高尚人格。

儒家文化及其通过《三国演义》对陈嘉庚的影响，不止上述几个方面。例如，陈嘉庚思想深处存有"天道"观念，晚年常讲"命运""气数"，他自己承认"半信命运"，[1]355这也是和儒家天道观、天命论的影响分不开的。《三国演义》在歌颂三国英雄力和勇、智与谋的同时，也充斥着关于天道、天命、气数、定数的描写，陈嘉庚也难免会受到一些影响。但是可以肯定，在天命和人事的抉择上，陈嘉庚一生是重人事而轻天命的，他那"不计成败利钝"、"毅力勇为"、认定目标、百折不挠的精神，是感人至深的。他"尽人事以听天命"，把人力所不能及的一些事情归之于"命运""气数"，从而"安之若命"。这并不是陈嘉庚才特有的安身立命之道。因篇幅有限，笔者不能详论。

总之，陈嘉庚是一个平凡而伟大的爱国者，他是在中华民族传统文化的哺育下成长起来的，他的爱国情怀和高尚品德是对中华民族精神的继承和发扬。在今天新的历史条件下，中国人民正在为祖国的完全统一和中华民族的全面振兴而努力奋斗，以爱国主义为核心的中华民族精神仍然是我们谋求国家富强和民族复兴的强大精神支柱。

参考文献

[1]陈嘉庚.南侨回忆录[M].新加坡:南洋印刷社,1946.
[2]陈国庆.回忆我的父亲陈嘉庚[M].北京:中央文献出版社,2001.
[3]王增炳,陈毅明,林鹤龄.陈嘉庚教育文集[C].福州:福建教育出版社,1989.
[4]陈嘉庚.新中国观感集[M].中华书局,1950.
[5]杨进发.战前的陈嘉庚言论史料与分析[Z].新加坡:南洋学会,1980.
[6]厦门市政协文史资料委员会,厦门市档案局.陈嘉庚与福建抗战[C].厦门:鹭江出版社,

1993.
[7] 陈碧笙,杨国桢.陈嘉庚传[M].福州:福建人民出版社,1981.
[8] 陈碧笙,陈毅明.陈嘉庚年谱[Z].福州:福建人民出版社,1986.
[9] 罗贯中.三国演义[Z].杭州:浙江文艺出版社,1995.
[10] 张岱年.中国哲学大纲[M].北京:中国社会科学出版社,1982.

[本文发表于《集美大学学报(哲学社会科学版)》2003年第4期]

传统孝道对青年陈嘉庚的影响

张培春

(集美大学政法学院　福建　厦门　361021)

摘要：陈嘉庚深受中国传统孝道的影响，青少年时代，他自觉按照儒家孝的规范"修身齐家"，在家庭生活中处处体现了一个孝子的情怀。陈嘉庚的孝道观念是在闽南文化和陈氏家族遗风的熏陶下形成的，也与他幼时所受儒家教育和家庭影响分不开。考察青年陈嘉庚的孝道实践，剖析其孝心、孝行的文化渊源，可以从一个侧面探寻陈嘉庚精神形成的源头。

关键词：陈嘉庚；青年时期；"善事父母"；传统孝道

陈嘉庚是一位伟大的爱国者，是被毛泽东誉为"华侨旗帜、民族光辉"的典范人物。但陈嘉庚的伟大不是天生的，其思想人格与许多志士仁人一样，在时代潮流的影响下经历了一个逐步升华的过程。从传统忠孝道德的角度说，就是经历了一个"由孝到忠""移孝做忠"的递嬗过程。本文拟对青年陈嘉庚的孝道观念及其历史文化渊源做初步的考察，以期从一个侧面探寻陈嘉庚精神形成的源头。

一

在中国传统文化中，"孝"被视为诸德之首、百善之先和教化之始，也是中国文化精神的源头和出发点。"孝道"最基本的伦理意义就是"善事父母"，亦即子辈对父母的一种伦理义务意识与行为规范。[1]247-248 此外，"孝道"还可以衍生出敬宗、睦族、忠君、尊长等一系列政治和道德规范。几千年来，传统孝道对中国人的社会生活和思想性格产生了深远影响。

陈嘉庚出生于晚清，传统的家族制度和孝道意识对当时国人的思想行为还有着广泛影响。综观陈嘉庚的青少年时代，他是按照传统孝道规范来修身齐家、立身行道的。在家庭生活中，他奉行孝道、恪守人伦，处处展现了一个孝子的道德情怀。

1. 爱亲敬亲、顺从父母。儒家认为，孝不是单纯的"养亲"，更重要的

作者简介：张培春（1954—2022），男，福建惠安人，副教授，主要从事马克思主义哲学原理及陈嘉庚研究。

是尊亲、敬亲。"子游问孝。子曰：'今之孝者，是谓能养。至于犬马，皆能有养；不敬，何以别乎?'"（《论语·为政》）"孝子之至，莫大于尊亲。"（《孟子·万章上》）正因为尊亲、敬亲比养亲更重要，所以孔子强调孝子要顺从父母的意志，即"无违"。（《论语·为政》）"不得乎亲，不可以为人；不顺乎亲，不可以为子。"（《孟子·离娄上》）就是说，不能得到父母的欢心，就不可以做人；不能顺从父母的旨意，就不能做一个好儿子。青少年时期的陈嘉庚，对双亲既充满爱心，又敬顺无违。

1890年夏，17岁的陈嘉庚因塾师去世而辍学在家。同年秋，父亲陈杞柏函催陈嘉庚去新加坡佐理商业。一直与儿子相依为命的陈母，临别时深感痛苦，陈嘉庚也是依依难舍。据史料载，陈嘉庚在买好船票登船之后，"居舟中二日未发。闻太夫人（陈母）到，子甚苦状，即奔回，居数月，视太夫人意稍可，乃行舟越重洋"[2]。在中国传统农业社会，受家族主义的强烈影响，晚辈必须顺从长辈，必须随侍父母而不远游。要听命于父亲，就不能随侍母亲，陈嘉庚当年的矛盾心情不言而喻，但父亲毕竟是一家之长，陈嘉庚最终踏上了随父经商的"南洋客"路途。1893年，20岁的陈嘉庚依父母之命回乡完婚，新娘张宝果是母亲孙氏事先为他选定的。母子还按当地俗例，"用大红灯笼簇拥着四乘轿迎张氏进门"[3]4。这次回国，陈嘉庚在家乡住了不少时日，一方面是为了谋求在国内的发展；另一方面也是为了陪伴母亲。直到1895年夏再次出洋时，他又"把妻子和胞妹、胞弟留在集美，以侍奉母亲"[4]14。这些无一不体现了陈嘉庚的孝心，说明他对母亲是恪守孝道的。

1890年首次出洋以后，陈嘉庚在父亲开设的"顺安米号"里协助族叔管理银钱货账，兼任书记。两年后，因族叔回国，陈嘉庚接任"顺安米号"的经理和财务。在"顺安号"经商的三年里，陈嘉庚"公忠守职"，勤劳节俭。父亲对他信任有加，他对父亲也是孝顺无违。正如他后来回忆所说："自来洋及回梓三年，守职勤俭，未尝妄费一文钱，亦无私带一文回梓。执权两年，家君未尝查问，在膝下三年，终日仆仆于事业，亦未尝撄其怒也。"[5]394关于家庭经营理财的重要事项，陈嘉庚都一一咨禀于父亲，他自觉维护父亲在家庭中的权威，从不越权或违逆父亲。据陈嘉庚回忆，他曾对苏氏（即陈杞柏侧室）嗜赌成癖、挥金如土的行为心存忧虑，但父亲却让苏氏养子分管着部分财款，"余默思此人得志，则其母赌资可任意支取，为害非少"，但这是父亲的决定，所以他"不便向家君谏阻"。[5]394陈嘉庚对父亲的尊敬、顺从由此可见一斑。

2. 行孝守礼，养老送终。儒家强调子女的行为必须符合礼，礼的本质就是敬。"礼者，敬而已矣。"（《孝经·广要道章》）如何才能做到敬父母呢？儒家认为要"生，事之以礼；死，葬之以礼，祭之以礼"（《论语·为政》）。就是说，无论父母生前还是死后，子女都应该依礼行孝，把礼贯穿于孝子对待父母生死葬祭的全过程。如在"事生"的个人婚姻方面，陈嘉庚在集美娶张宝果为发妻，是依"父母之命，媒妁之言"，后来在新加坡娶吴惜娘为侧室，也是遵照父亲和苏氏的安排。[3]6在家庭财产方面，汉代儒家要求子女维护家长的财产所有权和支配权。"父母在，不敢有其身，不敢私其财。"（《礼记·坊记》）"子妇无私货，无私器，不敢私假，不敢私与。"（《礼记·内则》）就是说，父祖在日，子孙无权处置财产，子女的一切收入必须交由家长支配。陈嘉庚年轻时代父经商期间，抱着公忠尽职之心，"无论在洋回梓，均不私蓄一文钱，家内亦不许有金饰"[5]395。在婚姻和财产方面的态度，表明当年陈嘉庚对儒家的"事生"礼法是谨遵恪守的。

在"事死"方面，陈嘉庚也躬行孝道。1897年冬，集美流行瘟疫，陈嘉庚的母亲不幸染病。当陈嘉庚接到母亲病逝的噩耗时，他"狂奔上楼，号泣于如松公（陈父）之前"[2]。他一再要求回乡奔丧，但父亲担心他回乡被瘟疫传染，且营业乏人照顾，没有同意。一向恪守孝道的陈嘉庚，只好强忍悲痛，继续留在新加坡。而其胞弟陈敬贤在家守孝，常于中夜卧母棺下饮泣，"逾半载，哀毁逾恒，乡里咸叹异之"[3]6，兄弟俩的孝心感人至深。1898年秋，陈嘉庚在族叔南来接替业务后，回集美择地葬母。但因风水先生说所开的墓穴方向不合，须待两年后方可入葬，所以只将灵柩暂时埋在墓穴之旁，"并从俗为之延僧作佛事"[5]394。1900年冬，"因慈柩余正葬之年"，陈嘉庚又携眷回乡，在悲痛的气氛中安葬了母亲的灵柩，并按儒家"三年之丧"的要求，在家乡为母亲守丧三年，直到1903年夏天才回到新加坡。为了母亲的丧事，陈嘉庚不远千里，两次来回奔波，操劳丧事，并按儒家丧葬礼俗，对母亲"死事哀戚"（《孝经·丧亲章》）。这次回国，陈嘉庚还征得父亲同意，以苏氏养子的名义，在厦门购买了一块海口新填地，拟建店屋几十间出租。[5]394父亲陈杞柏携眷还乡以后，就是靠出租厦门的店屋安度晚年的。[3]8可以说，陈嘉庚对父母尽了人子应尽的本分和义务。

3.继志述事，恢复家声。"子曰：'父在，观其志；父没，观其行；三年无改于父之道，可谓孝矣。'"（《论语·学而》）"夫孝者善继人之志，善述人之事者也。"（《中庸》）就是说，儿子要继承父志，牢记父母的教诲，重视家风的传承，使父祖遗留的事业不断发扬光大。相反，那些使家道衰落、家风败坏的人，就是典型的不孝子。陈嘉庚出洋之前，其父陈杞柏经过多年努力，已奠定了基业，跻身于华侨社会的中上层。陈嘉庚出洋以后，是抱着"继志述事、光宗耀祖"的决心，对父亲和家族恪尽人子、晚辈之孝的。所以他"公忠守职"，竭尽全力经营家业，为父亲增值财富。他也精明能干，"掌业年余，增值财产数万金"[2]。到1900年他第三次回国前，父亲的实有资产已达36万元。但1903年陈嘉庚第四次出国到新加坡时，见家里衰败、凌乱的状况，惊惶万状，夜不能寐。原来在他回国葬母期间，父亲的企业由于族叔染病、苏氏母子舞弊及经营不善等原因，亏损严重，债台高筑，已濒于衰败境地。父亲年事已高，久不管营业了。染病的族叔也不可能继续负责，家道中落已成定数。族叔要将事权、财权卸交给他，父亲也要他续任经理，以收拾残局。起先，陈嘉庚踌躇不愿接受，"然转念不能脱离家君而他去，况在此艰危之际，逐月再被苏氏母子支取数千或万元，则无须三四个月决不能维持"[5]398。儒家的孝道意识促使他下决心把家庭责任担起来。他沉着镇定，对企业做了清理、抵押、收缩等一番处置，努力减少损失，最后只剩下20余万元债款，无力清还，依法以父亲的名义承担了债责。

父亲企业的破败，给"而立之年"的陈嘉庚以沉重打击。他虽感无奈，但却抱定了替父还债、重振家业的念头。按照英国法律和当地习惯，父亲死亡或破产，儿子本来不必承担债务。但是陈嘉庚认为："家君一生数十年艰难辛苦，而结果竟遭此不幸，余是以报恨无穷，立志不计久暂，力能作到者，决代还清，以免遗憾也。"[5]398 他随后空手起家，奋力拼搏，使营业额不断增加，并在三四年后与债主议清了全部债务。陈嘉庚"替父还债"的义举，不仅维护了父亲的声誉，是他"子承父志，恢复家声"的行动注脚，而且展露了一个青年商人的诚信品格和过人胆识。

4. 立身行道，光宗耀祖。儒家认为，孝道的最终要求就是："立身行道，扬名于后世，以显父母。"（《孝经·开宗明义章第一》）就是说，子女不仅要对父母尽义务，而且自身要立德、立功、立言，以达到"扬名声，显父母，光于前，裕于后"（《三字经》）。这是孝道在家庭伦理范围内的最高要求。陈嘉庚20岁回乡完婚期间，曾出资2000元在家乡创办惕斋学塾，供本族家境贫穷的小孩入学就读。后他又自费印制医书《验方新编》数千本，在闽南一带散发，希望能对缺医少药、瘟疫流行的闽南乡村有所裨益。这两件小事，已显露出他热心公益、服务社会的良好品质，是他开始把对父母之爱纵向扩充到对同宗族人、横向扩充到对同胞人民的具体表现。

陈嘉庚几十年后回忆说，他"生平志趣，自廿岁时，对乡党祠堂私塾及社会义务诸事，颇具热心，出乎生性之自然，决非被动勉强者"[5]。在这里，陈嘉庚把热心公益的志趣说成是"生性之自然"，显然是受到了儒家性善论的影响。实际上，被陈嘉庚视为"生性之自然"的乐施善行，都不是天生的，而是后天习得和社会教化的产物。从家庭影响来说，陈嘉庚的父母都是乐善好施的人。如他母亲孙氏曾尽出自己省吃俭用的积蓄数百金，抚恤死伤家属，代赔双方损失，从而调解了一次集美同宗族人之间的械斗，因而深得族人的敬重。[2] 对于母亲的仁义之举，少年陈嘉庚不可能不留下深刻印象。从文化渊源来说，正是儒家的仁爱精神及孝道教化对他产生了潜移默化的影响。儒家的理想就是要把仁爱的精神由亲人推广到所有人，即"老吾老以及人之老，幼吾幼以及人之幼"（《孟子·梁惠王上》）。由上可见，陈嘉庚从20岁起，其立身人格发生了一次阶段性的变化，即开始超越"小我"，走向"大我"。创办惕斋学塾等"乐施"行为，是陈嘉庚立志为家族及社会尽义务、实现自己人生价值的体现。从其思想动机来说，未尝不是受"立身扬名、以显父母"的孝道意识的驱使。然而，陈嘉庚此时正致力于"以孝齐家、恢复家声"的阶段，限于认识水平和自身财力，他基于孝而扩充的仁心，主要惠及家族和乡党。在加入同盟会，特别是辛亥革命之后，陈嘉庚在时代潮流的感召下，"爱国意识猛醒勃发"，他"热诚内向，思欲尽国民一份子之天职"。从此，陈嘉庚跳出了个人发家致富的小圈子，走上了一条为社会尽责、为国家尽忠的人生道路。

从陈嘉庚青少年时期对父母的种种孝心、孝行可以看出，青少年时的陈嘉庚是一个"善事父母"、躬行孝道的孝子。当然，生活在一个三世同堂的大家庭里，为了维护家庭和睦和家族利益，陈嘉庚在对父母恪尽孝道的同时，也难免受传统孝道消极因素的影响，表现出一定的保守性。但总的说来，陈嘉庚青年时期恪守孝道，主要是基于子女对父母的血缘亲情和晚辈对家族的责任义务，传统孝道的积极因素对他的影响是主要的，也是形成他日后高尚品德的思想基础。

二

陈嘉庚的孝心和孝行又是如何形成的呢？这需要从他所处的社会历史环境、家庭背景和个人所受教育等方面做综合的考察。

陈嘉庚出生于近代中国内忧外患、风起云涌之际，在他的青少年时代，以儒学为主导的传统文化，虽然已遭到来自西方新的文化思潮的冲击，但在中国社会仍然占据着主导地位。陈嘉庚的故乡集美，旧属泉州府同安县，这是南宋旷世大儒朱熹的"过化"之地。朱熹先后担任过同安主簿和漳州知府，在闽南一带讲学传道、兴儒授徒，闽南由此留下源远流长的朱子理学传统。直至明清时代，闽南人仍以其特立独行的性格，奉行朱学不辍。"就是在辛亥革命后，朱子学仍然有很大的影响。"[6]15 朱熹理学是中国封建社会后期占主导地位的官方意识形态，"对福建的思想意识和风俗、习俗有深远的影响"[6]576，而"朱熹过化闽南，以泉州收获最丰"[7]83。

朱熹在闽南一开始就注重教育，以振兴儒学为己任。他在主簿同安期间（南宋绍兴二十三至二十六年，即公元1153—1156年），为了用封建伦理来教化百姓、扭转社风，莅任之后，马上在大成殿后建教思堂，向县民士子灌输封建纲常伦理，务使"君臣、父子、夫妇、长幼、朋友各尽其道"①。对于

---

① 王增亭：《嘉庆三年高以彰倡修明伦堂记》。

以忠孝为核心的封建纲常伦理，朱熹不但从理论上加以阐述，还使之深入民间，渗透到民众的各种岁时习俗之中，使得同安"礼义风行，习俗淳厚。去数百年，邑人犹知敬信朱子之学……祭奠俱用朱文公家礼"①。故地方志书称同安是"正简（苏颂）流风，紫阳过化，海滨邹鲁，文教昌明"的声名文物之邦，这种古文明是与朱熹的耕耘分不开的。[8]181 朱熹宣扬的"三纲五常""三从四德"的封建伦理道德，对人民群众的精神有很大的束缚。但在当时的历史条件下，对维护和谐的人际关系，促进社会的稳定和安宁，客观上也起到了一定的作用。考察陈嘉庚孝道观念的形成，不能忽视闽南历史文化的影响。

集美本是同一个开基祖传下来的陈氏单姓聚居村落，陈氏祖先原籍河南光州固始县②，宋末因战乱始迁于此，传至陈嘉庚这一辈，已是第 19 世了。陈嘉庚次子陈厥祥于 1963 年编著了《集美志》一书，其中附有他重修的"集美陈氏族谱"。而冠于该族谱卷首的，就是朱熹的再传（私淑）弟子真德秀于南宋庆元年间为陈氏祖先题写的一篇"陈氏世谱序"。据国内学者研究，宋明的理学家"常为福建的宗族族谱写序言、赞词、跋语、诗句等，将儒家的宗法伦理观念渗透于其中"。反之，"东南的福建家族在修族谱时，也热衷于将理学家或其他有名士大夫的文字冠于卷首以示夸耀"[9]33。真德秀在南宋理宗时曾任泉州知府，其学说祖述朱熹，是继朱熹之后声望很高的一代大儒。请真德秀做谱序，这既是陈氏先祖对朱学的服膺，也是一种夸耀之举。

从"集美陈氏族谱"可以看到，集美的陈嘉庚历代祖先，由于受孔孟儒学及宋明理学关于孝道教化的影响，都是重人伦、尚礼仪的，并形成了"父慈子孝、兄友弟恭、夫义妇听、长惠幼顺"的家族孝道传统。如族谱记载，陈嘉庚的十四世祖"父母克谐以孝"，"问寝视膳备其仪，冬温夏清尽其职"，"夫妇相敬如宾"，"治家有度，教子有方"；十五世祖（高祖）"孝父母"，"睦兄弟"，"夫妇偕老"，"教子有方"；十六世祖（曾祖）"为人孝顺，友于通族，无间昆弟之言"，是一个"耕渔自乐，忠信勤谨之人"；十七世祖（祖辈）对宗族"尽心竭力"，兄弟"相亲相爱"，"事父母至孝，昏定晨省，奉侍甘旨，终身未有少缺"，"有君子之遗风"；十八世祖（父辈）也是"父慈子孝、兄友弟恭"，且都"志向远大，往于外夷经商为业，各能衣锦荣归，振作家风，以耀门闾"[10]25-28。总之，集美陈氏家族在数百年的繁衍发展中，世世遵循着"亲亲、尊尊、长长"的孝道，代代承传着"善事父母、尊祖敬宗、慎终追远"的传统。由此可见，陈嘉庚的孝道观是有其精神源头的，他

---

① 见隆庆版《同安县志》。
② 秦代颍川郡辖内，故陈氏宗人自称为颍川衍派。

青年时代的孝道实践与这种世代相传、发扬光大的"孝悌"家风有着一脉相承、不可分割的联系。

"集美陈氏族谱"记载：始祖陈煜自定居集美以后，就实行春秋二祭，"庶激励忠孝节义之风"，"见为人子孙尊祖敬宗之意"。到二世祖陈基时，始建集美社陈氏大祖祠，经200多年后，明代的后裔们又重修了祖祠，并在大门两旁镌刻"尊祖敬宗二百年堂构相承族开集美，亲仁爱众数十传箕裘克绍派衍同安"的对联，彰显了儒家重孝道和仁爱的伦理精神。为了家族的兴旺发达，陈氏先祖不仅建祠祭祖，传承家风，还创办家塾、族塾，以供本族子弟接受教育。这种祠堂祭祖和家塾教育一直延续到陈嘉庚的青少年时代。可以想见，作为出生、成长在集美社的陈氏19世裔孙，幼年陈嘉庚在祠堂祭拜祖先、在私塾接受教育时，受其熏陶，就已经形成了朴素的家族观念和孝道意识。他晚年给子孙后代留下了遗教20则，其中第6条是"饮水思源，不可忘本"；第7条是"家庭之间，夫妇和好，互谅互爱，治家之道，仁慈孝义，克勤克俭"；[10]117包涵了传统孝道的诸多规范。尽管在辛亥革命以后，陈嘉庚的思想已超越了狭隘的宗族观念，升华为服务社会、奉献国家的崇高理念，但透过这些遗教，仍不难看到传统孝道对陈嘉庚一生的深刻影响。陈厥祥编著《集美志》，重修集美陈氏族谱，遵照的正是先父陈嘉庚"饮水思源，不可忘本"的遗教，目的是"籍使海内外之族亲，知世系，笃宗谊，秉同气连枝之情，兴饮水思源之感，互爱互励，发扬光大"[10]10。陈厥祥编著《集美志》的"善继善述"行为，说明以孝悌为内核的"尊祖敬宗、慎终追远"的传统一直影响至陈嘉庚的子孙后代。集美社陈氏大祖祠至今保存完好，陈嘉庚的子孙后代和同宗族人也源源不断地回乡寻根祭祖。总之，追本溯源，青年陈嘉庚的孝道观念，是在闽南文化背景的影响和陈氏家族遗风的熏陶下形成的。

从直接的因素来说，青年陈嘉庚的孝道观念，则是与他幼时所受的儒家教育和家庭影响分不开的。陈嘉庚的孝道观念首先是来源于儒家的正统教育。陈嘉庚9岁入私塾，"所读三字经及四书等"，14岁时读过朱熹的《四书集注》，直到17岁时因塾师去世而辍学。[5]393这9年的儒家思想启蒙，既初步奠定了陈嘉庚的文化知识基础，也使得传统孝道观念浸润于他幼小的心田。除了学塾的功课外，陈嘉庚在少年时期还熟读《三国演义》和一些通俗史书，渗透在这些通俗读物中的儒家伦理及孝道观念潜移默化地对他产生了一定的影响。

陈嘉庚的孝道观念还来自父母家教的影响。陈嘉庚的父亲陈杞柏少年时就由家乡渡洋到新加坡经商，陈嘉庚的少年时代是在父亲远离家乡的情况下，由母亲一手抚育长大的。"母孙氏，有贤德，敬奉尊长，慈爱孺幼，不随夫渡洋，终身家居。"[3]1作为深受传统纲常伦理影响的旧式妇女,陈嘉庚的母亲一生重孝道、听夫命、守妇德、明大义,备受乡人的敬重。陈嘉庚从小与母亲相依为命,对母亲的感情也极深,母亲仁爱孝慈的品德自然会对他产生潜移默化的影响。陈嘉庚的父辈都是遵行"父慈子孝、兄友弟恭"的仁义之人,其父陈杞柏在陈嘉庚出生后的16年间,虽然"仅回乡三次,每次半年左右"[4]5,但对陈嘉庚这个嫡长子十分关心、寄予厚望。据记载,在陈嘉庚"十四岁那一年,他的父亲回乡,曾摘出经书的句子来考问他,他偶有遗忘,竟惶恐到感觉无以自容,从此求学更加努力"[11]77。由此可见,陈杞柏关心儿子的课业,无疑寄托着他"望子成龙"的愿望;陈嘉庚少时勤奋读书,也未尝没有"光宗耀祖"的理想,只是后来因社会和家庭形势的变化,陈嘉庚终究没有走上科考仕进之路,而是子承父业,出洋经商,希望将来有一天能"衣锦荣归","以耀门闾"。

集美毕竟因地处海滨,风气早开,故从陈嘉庚祖辈起,出洋谋生者不少。17岁出洋以后,陈嘉庚生活在新加坡这一英国的殖民地,受西方文化和近代文明的熏陶、影响,观念日渐开放,视野也更加开阔,这是陈嘉庚以后在思想上能够不断陶旧铸新的重要因素。但出洋初期,尚未奠定基业的青年陈嘉庚,毕竟生活在以中华传统文化为纽带的华侨社会,生活在以父亲为权威、三代同堂、同居共财的大家庭。如同许多侨居海外的华侨一样,为了与家庭亲人和睦相处,共振家业;为了与同乡族人和衷共济,共谋发展,"重亲情,笃宗谊"。青年陈嘉庚在家庭生活中恪守孝道,是他安身立命的一种精神寄托和内在精神动力。而他从20岁起,开始热心"乡党祠堂私塾和社会义务"的情怀,则"既是对故园故土的眷顾认同,还是对文化本根上血脉传延的追思溯源"[7]83,是海外华侨继承和弘扬传统孝道在青年陈嘉庚身上的初步体现。

孝是爱国心的根源,爱国思想是亲亲感情的连锁反映,也是孝所包含的守份、尽责、奉献等精神的开显和推扩。正是"立身"之孝引发了陈嘉庚忧国忧民的情怀,成为他报效祖国、建功立业的强大精神动力。1927年1月,陈嘉庚的胞弟陈敬贤在写给其兄的信中说:"窃弟弱冠逢家道中落之后,见吾兄之奋志恢复家声;时值国运革新,吾兄扩大志愿为国效力。"[12]501陈敬贤的这段话,不仅清楚地道出了青年陈嘉庚的孝子情怀,而且概括性说明了陈嘉庚在历史的转折时期,其思想"由孝到忠"的嬗变过程。本文只是初略考察了青年陈嘉庚的孝道实践及其文化渊源,至于陈嘉庚在辛亥革命之后,如何在时代潮流的感召下,实现"由孝到忠""移孝做忠"的转变,成长为一个伟大的爱国者,笔者将另作文探讨。

参考文献

[1]肖群忠.孝与中国文化[M].北京:人民出版社,2001.

[2] 集美校委会.陈嘉庚先生年谱[G].抄本.集美校委会档案馆藏,1921.
[3] 陈碧笙,陈毅明.陈嘉庚年谱[M].福州:福建人民出版社,1986.
[4] 陈共存,洪永宏.陈嘉庚新传[M].新加坡:八方文化企业公司,2003.
[5] 陈嘉庚.南侨回忆录[M].新加坡:南洋印刷社,1946.
[6] 高令印,陈其芳.福建朱子学[M].福州:福建人民出版社,1986.
[7] 刘登翰.论闽南文化——关于类型、形态特征的几点辨识[J].福建论坛:人文社会科学版,2003(5):79-84.
[8] 武夷山朱熹研究中心.朱熹与中国文化[M].上海:学林出版社,1989.
[9] 陈进国.理性的驱使与义利的兼容——宋明理学与东南家族社会经济变迁简论[J].东南学术,2001(6):30-37.
[10] 陈厥祥.集美志[M].香港:香港侨光印务有限公司,1963.
[11] 陈嘉庚先生纪念册编辑委员会.陈嘉庚先生纪念册[M].北京:中华全国归国华侨联合会,1962.
[12] 王增炳,陈毅明,林鹤龄.陈嘉庚教育文集[M].福州:福建教育出版社,1989.

[本文发表于《集美大学学报(哲学社会科学版)》2011年第1期]

传统文化视野下陈嘉庚的思想境界论

杨中启

（集美大学学报编辑部　福建　厦门　361021）

摘要：陈嘉庚一生经历辉煌：早年远渡南洋，兴办实业；回国兴资办学，直至倾其所有；支持民族独立和解放运动，积极参与政治，为新中国建设建言献策。从传统文化价值视角出发，通过义利、公私与生死等范畴，深入阐释陈嘉庚的思想观念与行为准则背后的根本道德内核，可为理解其波澜壮阔的一生和崇高的人生境界提供另一种视角。

关键词：陈嘉庚；义利；公私；生死

陈嘉庚长期生活、工作在南洋，对西方文明接触较早，对世界的认识清晰而完整，作为实业家、教育家和社会活动家，他身上的实业救国思想、竞争意识、法律平等意识、科学求真精神及重视教育等思想，反映出他对西方文化的吸收和借鉴，同时很早就对西方文明的问题有所警觉。他曾对西方消费主义享乐文化提出批评，"如胎毛未干，便欲学毛羽丰满之高飞，其遗害岂胜言哉"[1]49-50。从根本上看，陈嘉庚是受中国优秀传统文化教育成长起来的，虽然没有接受过学校正规、高深的国学训练，但他一生又常常在传统文化的氛围中生活，深受传统儒家思想的熏陶。19世纪80年代，陈嘉庚在集美读私塾，"所读三字经及四书"，接着就"读四书注，塾师开始有解说"[2]2。从《春秋》《左传》《资治通鉴》《三国演义》到《福建通志》，他都广泛涉猎。在写《南侨回忆录》时，他"坚持每天读历史书，《通鉴易知录》读了七八遍"[2]166。7至17岁的私塾虽然他自己认为是"念书歌"，"一知半解"，但是传统文化的精髓已经在他内心扎根，传统儒家的伦理思想深深印入他的脑海之中。当日寇侵我东北的危急关头，陈嘉庚提出"更求救国保种之道"，即要保存中华民族文化，发扬中国国粹，他指出："世界任其如何变动，我国固有之文化精神，万不能残缺，此理甚明也。"[3]他的文章、演说、书信又常常以传统思想立论，社会活动和生活方式也渗透着传统的价值观念，例如，他对"天下为公"、大同理想的向往，他"服务社会"的群体观念，他服膺的"先天下之忧而忧，后天下之乐而乐"等不忘百姓疾苦的思想，他平生努力实践的"天下兴亡，匹夫有责"的爱国主义，他重公利和道

作者简介：杨中启（1975—　），男，安徽枞阳人，副编审，博士，主要从事哲学、文化与新媒体研究。

义、以道德为本的义利观,他"取之于社会、用之于社会"的金钱观,他在企业中提倡的"宜以互相敬爱为心"的仁爱原则,他对忠义、仁义、克己、和谐、勤俭及"己所不欲、勿施于人"等思想传统的肯定,无不说明他深受中国文化传统,尤其是儒家伦理道德观的影响至深。[4]

陈嘉庚在从事近现代意义的实业、教育、社会政治活动中审视和取舍着传统文化,同时站在传统文化的角度理解和改造着蜩螗羹沸的现实世界。从传统文化的视角分析其人生价值观,阐释其行为准则、立身处世的根本伦理内核,展现陈嘉庚先生高尚的道德情操,可以更好地理解其辉煌传奇的一生。

一、义与利

义利观是个体处理利益关系的准则,体现了主体在伦理道德与物质利益之间的权衡取舍。"作为中国哲学史上的一对基本价值范畴,渗透在个体人生的所有活动中。二者之间的关系决定着人们的行为选择和社会的根本价值导向,深深地影响着一个社会的经济目标、政治理想和道德标准。"[5]由于其涉及道德价值论的基本问题,义利之辨一直是传统儒学的核心论题之一。朱熹说:"义利之说,乃儒者第一义。"[6]1018可见,儒家认为天下的事情简单来说都能归于义利之辨,对义利的把握是儒者的第一要义,也是判别一个人道德高下的分水岭。

1. 义利两有。儒家认为义和利都是人能拥有和追求的。"义与利者,人之所两有也。"(《荀子·大略》)儒家并不排斥富贵利益。"富与贵,是人之所欲也。"(《论语·里仁》)"富而可求也,虽执鞭之士,吾亦为之。"(《论语·述而》)"人亦孰不欲富贵。"(《孟子·公孙丑下》)对利的欲求是出自人的天性之自然,无可厚非,物质利益也是人的基本生活保障来源。当然儒家也说"生死有命,富贵在天。"(《论语·颜渊》)人要秉承天意,知其不可而为之,至于结果如何则不能强求,突出反映了传统儒家自强不息、积极向上的奋发精神和纵然艰难困苦、战战兢兢而不放弃的顽强意志。陈嘉庚从小受尽磨难,下南洋打拼,在事业上,他诚信果毅、勤勉俭约。陈嘉庚17岁秋始出洋来新加坡,在家中所营"顺安号"米店学经商。1893年奉母命,回梓完婚,"自来洋及回梓三年,守职勤俭,未尝妄费一文钱,亦无私带一文回梓。执权两年,家君未尝查问,在膝下三年,终日仆仆事业,亦未尝撄其怒也"。[1]560出生于近代中国内忧外患、风起云涌之际,陈嘉庚从小就承受人生的艰辛,但是他百折不挠、坚毅不拔,靠诚实劳动、勤奋经营首创家业。他主张在商业、实业上要有竞争,只有存竞争之心,才能取得进步之效,但一定要运用正当的手段去竞争谋利。

2. 见利思义。由利思义，人不能纵欲而一味求利。"因民之所利而利之。"(《论语·尧曰》)"使民必胜事，事必出利，利是以生民，皆使衣食日用出入相掩，必时臧余，谓之称数。"(《荀子·富国》)然后可以"思义"，可以"教之"。"居利思义"(《左传·昭公二十八年》)，"见利思义……亦可以为成人矣"(《论语·宪问》)，"见得思义"(《论语·季氏》)。对于不义(不正当)之利，要远之，争利必生怨恨。"不义而富且贵，于我如浮云。"(《论语·述而》)"放于利而行，多怨。"(《论语·里仁》)儒家将义利作为不同层次的价值选择，为人们获取物质利益保留了空间，虽然不排斥个人的正当利益，但义作为人道合乎天道的行为方式，作为儒家对士人内圣外王和对君主施仁政、行王道的企求，具有道德理想主义的超越价值向度，必然会做出以义为先的伦理抉择。可见，利不是追求的最终目标，利是用来思义的，也就是回报社会、反馈别人。陈嘉庚经营企业的目的在公司章程中有明确地表达："本公司以挽回利权、推销出品，发展营业，流通经济，利益民生为目的。"[7]18他多次论述实业与教育的关系，"教育之命脉系于经济"，"经济必赖实业，实业也，教育也，固大有互相消长之连带关系也明矣"[7]18。所以兴办实业是为办学提供财源保障，他认为办教育事业不仅是政府的事情，也是国民的义务，"立志一生所获财利，概办教育，为社会服务，虽屡经困难，未尝一日忘怀"[7]18。

另外，在求利的过程中，要守信有义。"义者，宜也。"(《中庸》)"义，所以制断事宜也。"(《国语·周语下》)可见，"义"与"宜"相通。段玉裁说："义之本训谓礼容各得其宜，礼容得宜则善矣。"[8]22 "大人者，言不必信，行不必果，惟义所在。"(《孟子·离娄下》)故"君子义以为质，礼以行之，孙以出之，信以成之，君子哉！"(《论语·卫灵公》)陈嘉庚作为华侨领袖，在竞争激烈的国外经营事业，面对各种资本的冲击，他在企业管理和商场竞争中遵循着自己的标准和原则。他主张要见利思义、义而后取，所谓君子爱财，取之有道。"就普通平民而言，若无诚信，已失其做人之资格。我国古云，'不诚无物'，又云人无信不立。自数千年前创造中国文字即有此意，如诚拆开为言与成，意谓人言必信是也。"[9]240从当初下南洋创业开始，他就依靠诚实的劳动与付出，而不是投机倒把，"货真价实，免费口舌；货假价贱，招人口舌"，他苦心经营，日积月累，不断扩大企业规模，发展为雇员上万人，被誉为马来亚的橡胶大王。在与同业竞争中他主张要用"优美之精神和诚恳之态度"，并总结了很多生意经：如"待人勿欺诈，欺诈必败；待客勿怠慢，怠慢必招尤"；"以术愚人，利在一时；及被揭破，害归自己"。对待顾客更是文明有礼，"待入门顾客，要如自己亲戚"，重质量守信誉，价格公道，服务优良，"货物不合，听人换取，我无损失，人必欢喜"。他还告诫自己的家人和部属，要"不取不义之财""不可见利忘义"，并制定了一系列的规章制度和家训，对员工和家人严加管束，这充分体现了陈嘉庚先生重义轻利的道德思想。

3. 舍利取义。当义与利发生冲突的时候，如何选择就体现出个体最真实的金钱观和价值观。"君子义以为上。"（《论语·阳货》）"君子喻于义，小人喻于利。"（《论语·里仁》）"生亦我所欲也，义亦我所欲也，二者不可得兼，舍生而取义者也。"《孟子·告子上》孔子的"杀身成仁"和孟子的"舍生取义"，讲的是仁义与生命在面临两难选择的境地，儒家先贤高举仁义大旗，不惜牺牲生命，确立起中国道德伦理的最高精神维度，成为后人牺牲小利、超越自我，追求天下为公的力量源泉。常人在利与义的冲突面前，很难做到取义而去利，只有对生命达观的人，才能真正看透并放下。1929 年世界经济危机爆发，加之帝国主义垄断资本的挤压，陈嘉庚多年苦心经营的公司经济处境艰难。关于是否中断维持教育的巨额开支，有人建议陈嘉庚暂时停办或缩小学校规模以便企业渡过难关，可是陈嘉庚说："余不忍放弃义务，毅力支持，盖两校如关门，自己误青年之罪小，影响社会之罪大……一经停课关门，则恢复难望。"[1]504 他做出了"宁使企业收盘，绝不停办学校"[10]66 的抉择。自 1926 年至 1934 年，他的实业亏损达 1000 万元，但还是设法付给集美、厦大两校经费 378 万元，这些钱是以他的厂房、地产、货物作为抵押向银行贷的款。[11]394 宁愿牺牲自己的经济事业甚至卖楼，也要矢志不渝地坚持办学。当独立支撑厦门大学办学 16 年之后于 1937 年改为国立时，他丝毫没有不舍与邀功，只感未尽天职而遗憾，体现出他对教育理想的崇高追求和对社会道义的有力践行。毋庸置疑，陈嘉庚宁愿牺牲经济之利，坚守自己的大义，一生散尽财产，以天下社会为己任，爱国爱乡，不遗余力地为民族和国家的兴旺发达奔走呼号，这种历史的大义让陈嘉庚永远彪炳史册。

二、公与私

宋明理学对公私有深入的看法，程颐说："人心，私欲也。道心，天理也。"[6]126 朱熹说："学者须是革尽人欲，复尽天理，方始是学。"[13]225 "圣贤千言万语，只是教人明天理，灭人欲。"[13]207 这不免导出了理欲对立。正如程颐说："不是天理，便是私欲。"[12]144 "以公私作为评判天理人欲、道心人心的标准，是程、朱的共同看法，也正是在这一点上，宋明理欲之争从孔孟义利之辨正确的思路中游离了出来，成了宋明理欲之争的重大误区。朱熹的本意是纠正程颐的偏颇，肯定人欲，证明人欲只是危，不是恶，但人欲总是离不开私，以公私作为标准，人欲只能摆在去除之列。这样，朱熹好不容易才肯定下来的人欲,因为和私字沾边,又变成了恶,被否定掉了。"[14]存天理灭人欲,曾备受诟病。往往被人认为是压抑人的正常需求,其实是误解了宋明理学家,这一点学术界已有公论,在此不赘述。从公私的角度来看,宋明儒者主张人有公心方显天理,放纵私欲就会遮蔽了人的本性之明,也就是天理不彰,所以人要不断革去私欲。

1. 生活简朴,一文宜惜。陈嘉庚曾是富甲一方的大富翁,与著名侨商黄仲涵、陆佑、胡文虎一起被人称为南洋华侨的"四大天王"。可是他没有挥霍金钱、纵欲享乐,相反他对享乐主义价值观大加鞭挞,"'有财不乐则愚',斯语似有价值。然以鄙意度之,要当以国势为判断,在吾济际此存亡之秋,忧国不遑,奚遑娱乐,故有财宜输教育为急务"[15]164。从国势而非个人需求出发,陈嘉庚摒弃私欲的享受,而心之念之的是教育,考虑的是国家和民族的需要,危难之际,忧患不已,何谈享乐!连娱乐看电影也被他视为奢侈,对待自己的生活起居和子女的日常消费,可谓近乎苛刻,"一文宜惜",穿着补丁衣服,吃着素菜简餐,用着陈旧的家具,从不奢华讲排场。即使是招待客人,也是艰苦朴素,从不浪费,"个人少费一文,即为国家多储一文,积少成多,用之兴学"①。陈嘉庚临去世时,将全部的财富300万元存款都献了出去,为社会、为国家、为人民可以千金慷慨,一点也不留给子孙后人。他认为兴学就是兴国,兴国方能兴家,"既要兴家则对于兴国之教育不可不加注意焉"[15]36-37。钱财用于社会教育,服务大众,才是用在正途,如果留给子孙,"且贤而多财则损志,愚而多财则益其过,是乃害之,非爱之也"[15]168。抗日战争期间,重庆方面一桌酒宴800元,而延安在窑洞招待几角钱一顿的客饭,让陈嘉庚先生看出了中国未来的希望所在。他说:"花八百元的酒席,我实在咽不下去,两角钱的饭菜,我吃得又香又有味。一个浪费人民的财力、物力,一个节约人民的财力、物力,两方面的思想生活作风,真有天壤之别。从中看到了共产党成功的希望。"[1]215

2. 爱国爱乡,一心为公。与个人事业相比,陈嘉庚更关心公众利益和公益事业,将一生的精力都奉献给了祖国和人民。1894年,陈嘉庚创办集美"惕斋学塾",拉开了国内办教育的序幕。但当时多半出于关怀桑梓、回报宗族之情,"悯故乡之哄斗",有一种匡时济世的胸怀。"生平志趣,自廿岁时,对乡党祠堂私塾及社会义务诸事,颇具热心,出乎天性之自然,绝非被动勉强者。"[1]29自受到孙中山资产阶级民主思潮的激励之后,陈嘉庚的视野渐从族人、乡党扩展到社会国家,在中华民族存亡接续之际,他从正己、兴族延

---

① 陈嘉庚:《集美学校秋季始业式上的训词》,《集美学校校友会杂志》第1期,福建私立集美学校1920年编印。

伸到"慨祖国之陵夷""忧国忧天下",以复兴国家民族为己任,从此与中华民族兴衰存亡的命运紧密相连。

陈嘉庚先后领导了天津水灾筹赈会、星洲筹赈日灾会、闽粤水灾筹赈会、山东惨祸筹赈会等,募得了数以百万的捐款,赈济了数以万计的灾民。1935年,在外寇紧逼的危急关头,中国十一省又发生了严重水灾,陈嘉庚出任"华侨筹赈祖国水灾会"会长,又一次发动华侨募捐,救济国内灾民。抗战爆发后,陈嘉庚作为主席领导"南洋华侨筹赈祖国难民总会"(南侨总会)。他在宣言中说:"盖国家之大患一日不能除,则国民之大责一日不能卸,前方之炮火一日不能止,则后方之刍粟一日不能停。吾人今后宜更各尽所能,各竭所有,自策自鞭,自励自勉,踊跃慷慨,贡献于国家。使国家得借吾人血汗一洗百年之奇耻。"[17]66 同时募捐巨款支持祖国抗战,据统计,1939 年国民政府军费为 18 亿元,其中华侨汇款达 11 亿元,而南洋华侨捐款占华侨捐款总数的 70% 多。[18] 并且他出力出物,组织华侨回国服务,支援国内抗战,赠送大量衣服、药品到前线。他说"为国家民族计",为"尽国民一份子天职",追求民族独立、国家富强,"未尝一日忘怀"。个体是社会的一分子,国家有难,匹夫有责,特别是身处国难当头的年月,每一个优秀的中华儿女为之前赴后继,陈嘉庚就是这样一位杰出的华侨领袖和中华优秀儿女。他回国定居,不断地为国家的建设,进言献策,继续探寻强国之路,推动了鹰厦铁路建设,结束了福建没有铁路的历史;修复与扩充集美学校、厦门大学;创办华侨博物院;移山填海修筑厦门集美海堤和集美杏林海堤;在厦门建棉织厂,以谋福建人民纱布自给。凡此种种,足见他先群后己、先国后家、公而忘私的高尚情怀。

3. 为国为民,倾资兴学。他对社会公益事业热心践行,突出表现为倾财倾力,兴资兴学。陈嘉庚"愿为公众服务,却为一生不移之宗旨。又念社会事业,当随时随力,积渐做去"[15]207。他将自己的人生追求定位在服务社会公众、为国为民做奉献,随时随地尽己之力,不断持续而为之。"夫公益义务固不待富而后行,如必待富而行,则一生终无可为之日。"[15]175 他认为"教育为立国之本,兴学乃国民天职"。办学成为陈嘉庚服务公众的志业与方向,教育救国也是陈嘉庚在民族面临内忧外患的时代所寻找到的突破口,反映出他为国为民的公心与高瞻远瞩的眼光。从 1894 年在集美创办"惕斋"私塾算起,到陈嘉庚 1961 年逝世,其办学历史长达 67 年之久。他几乎倾其所有资助学校的发展,在厦门、新加坡等地,创办小学、中学、中专、大学等各类学校多达百余所,先后培养各类学生近 20 万人,为国家和社会造就了大量的人才。所以陈嘉庚办实业盈利不是为了个人的享乐,而是一心为公、奉献社会。在陈嘉庚的观念中,全社会都要为教育事业奉献力量,有钱出钱,有力出力,"教育慈善诸事业,本为吾人应尽之天职,如有力者出资,无力者则从事宣传,量力行之"[19]。因为教育是造福社会、国家与子孙的千秋万代的好事、大事,他从世界先进教育经验中得出全民办教育的观点。教育不仅是政府的事情,也是每个人的责任。"窃吾人每开口便推责政府,不肯全担之不是,其大意似乎教育事业,不关国民义务。吾人正因为有此错误观念,所以未能慷慨多输,有之亦勉强作情面而已。"[15]224 "至国民应负私立学校经费之义务,乃国民天职,世界除苏俄共产化外,其他列强,凡教育或慈善经费,大半出之国民私财。事实甚显然也。"[15]225 "诸文明国教育,除却政府注意维持外,而个人社会,捐资倡设者,其数尤巨,且多有倾家捐助办学者,故其教育界能收美满之效果,非全倚靠政府也。"[15]165 陈嘉庚一生坚持兴学的伟大功绩,正是他身先士卒、尽国民天职的最好诠释,而他之所以如此钟情于教育,仍然是他对国家、民族强盛的期盼。他说:"尝观欧美各国教育之所以发达,国家之所以富强,非由于政府,乃由于全体人民。中国欲发达,欲教育发达,何独不然。"[15]181 当他独立支撑办学16年之久的厦门大学,在1937年改为国立之时,他没有丝毫不舍与邀功请赏之心,仍然抱着一颗赤子之心,站在"国民一份子"的立场,只有为未能完满尽天职而感遗憾,"每念竭力兴学,期尽国民天职,不图经济竭撅,为善不终,贻累政府,抱歉无似"[1]512。一心为国为民,日月可鉴,道德精神之高尚、纯洁,天地可参。

三、生与死

生死观是个体人生哲学中最根本的部分,反映了一个人对生活的态度和对生命意义的认知。生死问题是人类亘古不变的话题,也是千百年来引起人们痴痴思考、不断追求的迷。在这个世界上,确实没有任何东西比死亡更明了、更普遍且更不可避免:每一件受约于时间规律的事物都注定要灭亡、要消失;每一个刚诞生的生命也注定要在未知的却可能早就安排好的某一天终止生存,而事实上人类的生命又一直在绵延,生活不断在拓展,对死亡的恐惧与绝望并没有毁灭生机勃勃的人类生活世界,这是生命之谜,也是文化、宗教和哲学之谜。中国传统文化和哲学思想对其有独特诠释:"哀死事生,以待天命"(《左传·昭公二十七年》);"死生由命,富贵在天"(《论语·颜渊》);"人的生命之生与死,虽属命定,但其生命潜能与价值,则完全由人自己所能把持"[20]198。人死的价值和意义是不一样的,"齐景公有马千驷,死之日,民无德而称焉。伯夷、叔齐饿于首阳之下,民到于今称之"。原来"'诚不以富,亦只以异',其斯之谓与?"(《论语·季氏》)

1. 自强不息,诚以待人,毅以处事。寻找超越死亡的现世路径,儒家以立德、立功、立言为不朽，修养德性，学做圣人，参赞天地之化育，从而得到仁义德行上的永恒。"太上有立德，其次立功，其次有立言，虽久不废，此之谓不朽。若夫保姓受氏，以守宗坊，世不绝祀，无国无之。禄之大者，不可谓不朽。"（《左传·襄公二十四年》）孔夫子一生为自己的理想而奔波，席不暇暖，"知其不可而为之"（《论语·宪问》），却能够达到"发愤忘食，乐以忘忧，不知老之将至"（《论语·述而》）的境界，鞠躬尽瘁，死而后已。人生于世当秉承天性的需要而去争取，不应推诿于命运而放弃，人的一生应不断励志践仁，以知天、应命、闻道。要将内圣外王作为理想人格，内以养性，修成圣人；外以经世，治国平天下，名垂青史，德被后世。"君子疾没世而名不称焉。"（《论语·卫灵公》）这点对陈嘉庚有深刻的影响。他说："夫夫荣耀于一时，或流芳于远代，人无贤愚，谁无此性。"[15]361 陈嘉庚的一生之所以是伟大的一生，就在于其不断奋斗，诚以待人，毅以处事，纵然艰难困苦，也不曾放弃。陈嘉庚秉持"天行健，君子以自强不息"的积极入世、刚健有为的精神，经营实业、创办教育、投身公益、奔走国事，到老"他还是坚持到工地和校园里巡视检查。过去一天巡视两次，现在一天一次，支持不了就改两天一次，三天一次……直到卧床不起"[21]173。正所谓生命不止，奋斗不息。

2. 追求真理，不畏强权，视死如归。当生命面临死亡威胁的时候，人如何选择，彰显了生命境界的高低之分。孔子说："水火，吾见蹈而死者矣，未见蹈仁而死者也。"（《论语·卫灵公》）而"志士仁人，无求生以害仁，有杀身以成仁"（《论语·卫灵公》）。在死亡面前，人有自己的自主选择，不惜杀身成仁；在仁的境界里，人能够直面死亡，坦然面对。这样人便可以从死亡的恐惧中解脱出来，自由地把握住死亡，同时也就最大限度地体现了自身的生命价值。"朝闻道，夕死可矣。"（《论语·里仁》）

国难当头，陈嘉庚敢于为民请愿，不畏权势，据理力争，牺牲小我利益，以国家民族为重，勇担历史重任，"身家可以牺牲，是非不可不明"[22]89。他的标准就是"但凭事实真相"[7]11 "为国家民族计"[1]235。他用一生的实践推动着社会历史的发展，为祖国和人民无私奉献，为人类进步事业不懈奋斗，人生价值观与社会发展规律一致，这就是陈嘉庚要坚持的"道"，也是给他力量、支撑他不断追寻真理的内在精神动力。

陈嘉庚不畏强权，誓死捍卫真理。1910年，他剪掉了象征顺服清朝统治的发辫，以示与清廷决裂。随即，陈嘉庚到晚晴园参加了同盟会的宣誓仪式。陈嘉庚当年加入同盟会时手书的盟书今日读来依旧铿锵有力：

联盟人 福建省 府 同安县人 陈嘉庚，当天发誓：驱除鞑虏，恢复中华，创立民国，平均地权。矢信矢忠，有始有终。如或渝此，任众处罚。

天运戌年二月初三日
中国同盟会会员　陈嘉庚

1938年10月28日，在国民参政会第二次大会上，陈嘉庚"在敌寇未退出我国土以前，公务人员任何人谈和平条件者，当以汉奸国贼论"的提案被删改为"日寇未退出我国土前不得言和案"，并获得通过。它被邹韬奋誉为"古今中外最伟大的一个提案"[17]87。陈嘉庚以国家民族为重，不顾个人安危，严厉声讨了汉奸卖国贼的投降嘴脸，指责了国民党顽固派的妥协与纵容，反对分裂，维护国共合作。然汪精卫一意孤行，1939年8月28日，陈嘉庚以南侨总会的名义发表了《南洋华侨筹赈祖国难民总会通告第二一号——为揭发国贼汪精卫之罪恶请侨胞毋为妖言所惑事》，挺身而出声讨逆贼，反对卖国，拒绝和谈，号召侨胞"勿为汉奸利用""不为妖言所迷惑"。[1]103

为了深入了解国内的战争情况及民众的生活，陈嘉庚置个人安危于不顾，发起组织"南洋华侨回国慰劳视察团"，目的是"鼓励祖国同胞，参加抗战民气，及回洋报告侨众增益义捐，及多寄家费以加外汇"[17]107。1940年，他以年迈之躯，不辞劳苦，走遍大江南北，行程数万公里，回国慰劳，反对内战。演讲"西北观感"，听者颇众。陈嘉庚说他在延安八九天，所见所闻与原来所听说的大相径庭，那里并没有实行"共产共妻"制度，社会风气及治安秩序良好。"余凭良心与人格，将在延安所见所闻发表，其中并无一句失实。"[18]当时有国民党要员陪同，他却仗义执言，毫不畏惧。他说："余久居南洋，对国内政治虽素有风闻，而未知其事实究竟如何？时中国共产党势力尚微，且受片面宣传，更难辨其黑白，及至回国慰劳，并至延安视察经过耳闻目睹，各项事业，见其勤劳诚朴，余观感之余，无限兴奋，梦寐神驰，为我大中华民族庆幸。"[18]这段肺腑之言，道出了陈嘉庚的心声，反映出他坚持真理、视死如归的大无畏豪情。1940年，陈嘉庚亲笔作一函寄蒋介石，不畏强权，仗义执言。谈到"国民外交协会演说事件"，他说："余所言乃据所闻所见事实，他等（指中国共产党）已改行三民主义，凭余良心与人格，决不能指鹿为马⋯⋯余所要求者完全为国家民族计，与共产党毫无关系。"① 内战爆发之后，他抗议并指出蒋介石"一夫独裁，遂不惜媚外卖国以巩固地位，消灭异己，较之石敬瑭、秦桧、吴三桂、汪精卫诸贼，有过之而无不及"[9]212，不畏邪恶，大义凛然。新加坡沦陷期间，陈嘉庚在东爪哇峇株避

---

① 陈嘉庚：《南侨回忆录·函答蒋公三事》，闽新出(92)内书(刊)第0040号，第253页。

难。他身藏一包氰化钾，随时准备以身殉国，"人生自古谁无死？我这么大一把年纪了，死了也不算夭寿，万一我不幸被捕，敌人一定强迫我做傀儡，我决不从！那时我即以一死谢祖国，有什么了不得？你们千万不要为我着急"[23]16。他曾作一首述志诗，其中有这样四句："爪哇避匿已两年，潜踪难保长秘密，何时不幸被俘虏，抵死无言诒事敌。"[1]470 他"置生死于度外"，住在敌人占领的地方，写成40万字的《南侨回忆录》。虽然生命随时都面临危险，可谓"朝不保夕"，但陈嘉庚竟能临危不惧，静下心来著书立说，其忧国忧民、心底无私的高尚情怀，令人钦佩之至！陈毅元帅在陈嘉庚的追悼会上吊唁时动情地说：陈嘉庚先生是一个有骨气的中国人。

陈嘉庚出生成长于中国内忧外患的岁月，他秉承着中华优秀传统文化的精义，一心为公，一生爱国。无论是倾尽资产兴办学校，还是领导华侨积极抗日；无论是批判汪精卫卖国的行径，还是反抗军阀陈仪祸闽的统治；无论是针砭国民党的腐败，还是帮助人民改善生活条件，他的政治活动、社会实践和慈善义举无不投射出他誓死捍卫真理、一心向着人民的崇高气概。作为华侨旗帜、民族光辉的陈嘉庚是那个时代华侨的杰出代表。在他的影响和带领下，一大批中华优秀儿女投身到祖国的解放和建设事业之中，为国家和民族的兴旺发达贡献了毕生的精力和心血。陈嘉庚一生诚以待人，毅以处事，在是非大义面前，极有原则，是具有极高个人魅力的传奇人物，永远值得后人敬仰和研究。

参考文献

[1]陈嘉庚.南侨回忆录[M].新加坡:八方文化企业公司,1993.
[2]陈碧笙,陈毅明.陈嘉庚年谱[M].福州:福建人民出版社,1986.
[3]陈嘉庚.文化与国家关系[N].南洋商报,1933-03-17.
[4]陈厥祥.遗教二十则[M]//集美志.香港:香港侨光印务有限公司,1963:117-118.
[5]薛睿.儒家义利观的当代困境及其反思[J].理论月刊,2011(7):177-179.
[6]朱熹.与延平李先生书[M]//朱熹集.郭齐,尹波,点校.成都:四川教育出版社,1996.
[7]王增炳,余纲.陈嘉庚兴学记[M].福州:福建人民出版社,1981.
[8]段玉裁.说文解字注[M].上海:上海古籍出版社,1981.
[9]陈嘉庚.陈嘉庚言论集[Z].新加坡:新加坡怡和轩俱乐部,2004.
[10]陈嘉庚先生纪念册编辑委员会.陈嘉庚先生纪念册[M].北京:中华全国归国华侨联合会,1961.
[11]王增炳,骆怀东.教育事业家陈嘉庚[M].北京:教育科学出版社,1989.
[12]程颢,程颐.二程集[M].王孝鱼,点校.北京:中华书局,1981.
[13]黎靖德.朱子语类[M].北京:中华书局,1986.

[14] 杨泽波.从义利之辨到理欲之争——论宋明理学"去欲主义"的产生[J].复旦大学学报,1993(5):35-41.
[15] 王增炳,陈毅明,林鹤龄.陈嘉庚教育文集[M].福州:福建教育出版社,1989.
[16] 杨进发.战前的陈嘉庚言论史料与分析[M].新加坡:南洋学会,1980.
[17] 陈嘉庚.南侨回忆录[M].长沙:岳麓书社,1998.
[18] 张荣久.陈嘉庚访延安时的发现和惊喜[J].文史春秋,2004(11):4-6.
[19] 陈嘉庚.福建会馆新委员就职典礼上的演词[N].南洋商报,1929-03-18.
[20] 刘翔.中国传统价值观诠释学[M].北京:三联书店,1996.
[21] 张其华.陈嘉庚在归来的岁月里[M].北京:中央文献出版社,2003.
[22] 徐四明.一个华侨的经历——徐四明回忆录[M].香港:香港镜报文化企业有限公司,1981.
[23] 中国人民政治协商会议全国委员会文史资料研究委员会合.回忆陈嘉庚[M].北京:文史资料出版社,1984.

[本文发表于《集美大学学报(哲学社会科学版)》2019年第2期]

陈嘉庚关于中国人现代化的思想和实践

余 娜 李欣园

(集美大学海洋文化与法律学院 福建 厦门 361021)

摘要：近代以来，中国人的现代化成为重要的问题。华侨领袖陈嘉庚关于中国人现代化的思想和实践与中国现代化进程具有同构关系，他从自身经历和国际视野出发，提出了现代中国人应具有的主要特质，并从价值观念、行为方式和生活方式三个方面推动中国人的现代化。陈嘉庚立足中华传统思想，将西方文明作为中国走向现代的重要借鉴，根据社会现实提出中国人现代化的目标并付诸实践，这对后发型国家在现代化进程中正确处理传统文化与西方文明的关系提供了成功的经验。陈嘉庚在推动人的现代化的过程中，推进了东南亚华人社会的现代转型，实现了中华文化的海外传承。

关键词：现代化；陈嘉庚；中国人；传统文化

近年来，对陈嘉庚的研究向着纵深发展，在史料的挖掘和思想精神的阐释方面取得了长足的进步。然而，对陈嘉庚思想和实践的历史意义与文化意义的学术研究尚未广泛开展。近代以来，无数的志士仁人为国家寻求出路而奋斗求索，中国的现代化、中国人的现代化也成为重要的课题。作为华侨领袖的陈嘉庚身处现代化转型大潮中，在商业、教育、政治和社会活动等方面的思想和实践都影响着中国人的社会生活。本文将陈嘉庚放置在历史时代转型中，聚焦他与中国人现代化的关系，探察他在中国文化现代转型中的历史影响和意义价值，考察他如何处理现代化与传统文化的关系及实现中华文化的海外传承。

一、陈嘉庚关于中国人现代化的思想和实践与中国现代化进程的同构关系

（一）人的现代化的必要性

罗荣渠曾指出，现代化的方式可分为两类：一类是内源型现代化，一类

作者简介：余 娜（1981— ），女，福建福州人，副教授，博士，主要从事中国现当代文学思潮、文化研究。
李欣园（1998— ），女，福建松溪人，硕士生，主要从事中国现当代文学思潮研究。

是外诱型现代化。内源型现代化主要由社会内部孕育产生，能够较为稳定地进行现代化；而外诱型现代化主要是外来力量冲击下的产物，传统与现代处于矛盾融合之中。外诱型现代化主要发生于落后的国家或地区，是一种后发性的现代化，具有不平稳性[1]。人的现代化是现代化理论研究中的重要一环。早在19世纪后期马克斯·韦伯就开始了现代性人格的研究，20世纪五六十年代西方经典现代化理论提供了现代化人格的衡量标准。相比于西方的内源型现代化进程，中国则是外诱型的现代化，探讨中国人的现代化需要立足于农业社会的最大国情，再结合西方现代化思想。严复的国民素质问题讨论、梁启超的新民思想都为现代中国人设计了新品格，而新文化运动则开启了改造国民性的实践。

人的现代化是社会现代化的重要决定因素。美国社会心理学家英格尔斯在《人的现代化》一书中提出："人的现代化是国家现代化必不可少的因素，它并不是现代化过程结束后的副产品，而是现代化制度与经济增长赖以长期发展并取得成功的先决条件。"[2]近代以来，中国从"中学为体，西学为用"的洋务运动到百日维新的制度变革，再到启蒙民众的新文化运动，人们逐渐意识到人的现代化才是建立现代民族国家的关键。只有实现人的现代转化，才能彻底打破传统束缚，建设新时代。"传统人的素质往往把人们冻结在人们现在生存和固有的情形和地位之中，这就会使那些过时的、陈腐的、时常令人难以忍受的制度继续下去，他们紧紧束缚人们。要打破这个牢固的束缚，要求人们在精神上的现代化，他们要接受我们已确认的现代人所有的态度、价值、行为模式，并把这些融于他们的人格之中。没有这些因素存在，无论外国援助还是国内革命，都不能把一个落后的国家带进具有保持自我发展能力的国家的行列。"[3]可见，人的现代化是全面的转变，是对国民性格和文化精神进行根本改造，使人在价值观念、思维方式、社会行为等方面与现代社会的发展相一致。

人的现代化是社会现代化的前提，要建立现代国家，实现人的现代化不可或缺。19世纪末以来，中国开启了现代化道路的探索，关于中国人由传统向现代转化的问题成为社会关注的焦点。相比于严复和梁启超在思想层面上讨论中国人的现代化，陈嘉庚更多的在实践层面推动人的现代化。

（二）陈嘉庚提出现代中国人应有的特质

陈嘉庚重视人的现代化对国家现代化的推进作用。他生于内忧外患的近代中国，立志振兴中华，一生致力于兴办文化教育事业，推动社会进步。陈嘉庚对中国现代化的探索有切实的感受和思考，并从自身能力出发付诸实践，志在培养具有现代素质的人。陈嘉庚意识到教育关乎国家前途，他说："国家之富强，全在乎国民。国民之发展，全在乎教育。"[4]39

陈嘉庚曾自述其办学动机既是出于"欲尽国民一份子之天职"[4]14，出于为公众服务的责任感，更是迫于国内外形势，迫于"吾闽文化之衰颓，师资之缺乏，海外侨生之异化"[4]14。由此可见，陈嘉庚对中国人亟待现代化的认识源于中国国情和华侨现状两个方面。

一方面，中国国情加剧了危机感：（1）当时中国社会生产力落后，即使拥有漫长的海岸线和丰富的渔业资源，也是"科学不讲，百业落后，海权丧失，渔利废弃"[5]85。（2）人们思想上现代与传统的冲突显著。陈嘉庚发现，辛亥革命后，人们接受剪辫子，而长衣马褂保留不改，甚至仍可见女童缠足。（3）人的现代化落后于技术、制度的现代化，制约着现代化的步伐。陈嘉庚考察国内多地，惊讶于国民政府官员的腐败、管理的混乱及对舆论的控制。（4）文化教育发展的滞后对现代人素质的限制。陈嘉庚常提及乡村所见对他震动颇大："余常到诸乡村，见十余岁儿童成群游戏，多有裸体者，几将回复上古野蛮状态，触目心惊，弗能自已。"[5]5同时，陈嘉庚指出中国商人不了解商业原理和常识，导致屡屡失败，以致中国商业不振。

另一方面，侨居地的华侨状况令人担忧：（1）侨居地的华侨祖国观念淡薄。由于侨居地华文学校极少，华侨子弟缺乏祖国文化教育，对祖国的观念日微。（2）侨居地的有些华侨缺乏民生观念，不关心社会公益。富侨屡次拒绝给厦门大学办学捐资，华侨回乡购置田产挥霍钱财，这些都让陈嘉庚痛心不已。（3）风俗习惯落后。陈嘉庚批评华侨丧仪的陋习"为全球所未有"[5]32，如马来西亚、新加坡华侨将迎神赛会上的舞龙、舞狮等加入葬礼中，以及死后不葬留柩多日等。

身处现代转型大潮中的陈嘉庚从人生经历、朴素思想和国际视野出发，以身示范地提出了现代中国人应具有的主要特质，这在一定程度上克服了理论思想形而上学的缺陷。这些特质具体体现在以下四个方面：（1）爱国，有进取精神。爱国、爱乡是陈嘉庚精神的核心，也是陈嘉庚所确认的现代人的首要要务。国家观念淡薄、爱国意识薄弱，这在陈嘉庚看来都能够通过教育得到改变。（2）有社会公德和现代人格。陈嘉庚热心公益事业，打破乡帮界限，为华人社会共同利益奔走，号召人们"公益事业当尽力勇往，若寸寸计较，无一可成"[5]85。深受儒家思想影响的陈嘉庚也颇为认同平等，赞赏官员平等、男女平等、阶级平等。（3）具有法律意识。现代公民首先是守法之人，陈嘉庚曾回忆起和司法院长的见面，强调了司法独立的宝贵和必要。他也强调经商须守法、海外同胞应遵守当地法律。（4）具有科学文化知识和先进观念。重视人的素质发展、重视教育都是人的现代化的最基本目标。陈嘉庚积极捐资办学，投身教育事业，其目的是培养现代人才，原因在于"何谓根本？科学是也。今日之世界，一科学全盛之世界也"[4]41。

二、陈嘉庚培养现代中国人的途径

中国的现代化属于后发型现代化,人的现代化相对滞后于社会的现代化,需要有意识地进行引导教育。罗荣渠指出,内源型现代化的发展是优先发展工业,通过生产力的提高,带动其他方面的发展和变革;外诱型现代化则相反,是先开始社会思想的现代化,再进行政治革命,最后发展现代工业化[6]。在推进中国人的现代化的途径、方法上,近现代以来的有识之士进行了多方尝试。探索中国人的现代化道路,必须立足国情现实,才能真正解决问题。陈嘉庚所处的时代,中国社会现实首先是工业化程度落后,"科学不讲,百业落后"[5]85;农村人口居多,文化水平较低,中国仍是以农业为主的传统社会;区域发展不平衡,东西部、城乡经济文化发展不平衡。针对中国的具体国情,陈嘉庚在推进人的现代化中既制定了宏观长期目标,又落脚于日常细微之处。难能可贵的是,陈嘉庚的侨界领袖身份决定了他关注的中国人包括本土中国人和华侨两大群体。他在探索现代化道路或者建设现代化的尝试中,从价值观念、行为方式和生活方式三个方面推动中国人的现代化。

（一）价值观念的现代化

陈嘉庚推动中国人在国家民族、个人发展、生活卫生等观念上向现代化转变。

1. 增强民族和国家观念,提升文化认同。现代人是和现代民族、国家同步发展的,确立民族和国家观念尤为重要。传统封建社会的中国人没有国家观念和国民意识,封建帝制被推翻后,民众仍需启蒙。陈嘉庚意识到中国民众虽熟读经书,但"偏守一隅,固有所言,尽于'天下',殊不知有世界各国"[4]24,所以"知爱国少"[4]24。陈嘉庚的精神核心即爱国、爱乡,他始终宣称自己是中国人。他办教育,十分重视培养爱国观念,在多次演讲报告中教导学生需胸怀祖国、振兴中华,并结合学生的不同专业、层次进行爱国主义教育。例如,陈嘉庚意识到中国海岸线漫长,但由于国家贫弱,航运、渔业落后,于是决定创设集美水产科,表示"今后我国欲振兴航业,巩固海权,一洗久积之国耻,沿海诸省应负奋起直追之责"[7]256,"然欲兴航业,必须培育多数之航业人才"[7]256,号召学生振兴航运事业,把船只视为流动的国土。同时,他主张爱国始于爱乡、强国必先强民,时刻心系家乡建设,造福桑梓,以行动感染乡民。对于华侨,他殷切盼望大家心系祖国,培养侨生的爱国、爱乡观念。陈嘉庚通过华文教育增强华侨对祖国的文化认同:一方面,陈嘉庚在侨居地筹办新式华文学校。不同于私塾以传授四书五经为主,这些新式华校增设历史、地理等科学门类。为了使华侨华人接受祖籍国的文化,不致外化,他先后筹办了道南、崇福等学校。另一方面,陈嘉庚通过经济资助、招生照顾等方式鼓励华侨子弟回国学习。例如,他在集美师范招生规则中规定:"南洋华侨小学毕业生,如有志回国升入中学者,则由新加坡本店予以介绍函,概行收纳,到校时如考试未及格者,则另设补习班以教之。此为优待华侨派遣子弟回国而设,此例永存不废。"[5]7 陈嘉庚之所以如此重视华侨教育,全在于其保存中华文化的苦心。在陈嘉庚看来,文化具有绵延不绝的伟力,"侵略者得以灭人国家,占人土地,终不能灭人之固有文化。世界任其如何变动,我国固有之文化精神,万不能残缺"[4]64。只有文化保留,才能维持民族精神,因而必须重视教育。

2. 提倡培育全面发展的人才,推广现代人才观念。现代化理论中关于人的现代化目标设定为人的自由全面发展。陈嘉庚并非社会学家,仅从国家长远发展需要出发,主张培养全面的现代人才,注重德育、智育结合,强调"教育非仅读书识字,而尤以养成德性裨益社会"[7]193。办学中,陈嘉庚有意培养传统文化和西方文明融合的人才。一方面,他重视民族文化,主张厦门大学的办学宗旨是国学和西文并重,"两者不可偏废,而尤以整顿国学为最重要"[8],由他和胞弟陈敬贤确定的集美学校校训"诚毅"也闪现着传统儒家思想光芒。另一方面,陈嘉庚重视科学,指出"今日之世界,一科学全盛之世界也。科学之发源,乃在专门大学。有专门大学之设立,则实业、教育、政治三者人才,乃能辈出"[7]185-186。在学校专业的设置和学习训练中,他尊重科学、遵循科学规律。

3. 宣传现代卫生保健观念。环境卫生和保健意识是现代社会发展的重要表征,影响着人们在观念上从传统向现代转变。陈嘉庚对比中国和新加坡等国,不遗余力地向中国民众推行现代卫生保健观念,"我老大不振之中国,关于维新兴革诸事业,应比他国更多且更紧要。维新之道,莫重于卫生……"[5]398。(1)由于中国乡村医疗水平落后,陈嘉庚推行医疗保健观念。他印赠《验方新编》,目的在于"闽乡村常乏医生,若每村有此书一本,裨益不少"[5]1。为了使卫生保健观念更为民众接受和传播,陈嘉庚还自编通俗短歌,言简意赅、浅显明白。(2)陈嘉庚重视环境卫生对人的身心健康的作用。他于1940年回国考察,发现国内环境卫生和民众居住条件令人担忧,于是在避难时写就《战后建国首要:住屋与卫生》一书,并在抗战胜利后出版。该书直陈居住环境不卫生的种种危害,呼吁全国民众应"咸知住屋卫生能致病弱与高度死亡率"[5]405,并且建议应该男女一同清扫屋舍内外。陈嘉庚还印制了数十万本,寄回国内赠阅各方,以宣传住屋卫生。

(二)行为方式的现代化

行为方式现代化是观念现代化的实践,是人的现代化得以实现的重要一环。陈嘉庚注重实干，尤为重视人在行为上的现代转化，他分别从人才培养、体育精神、社会责任方面推行。

1. 兴办各种层次的现代学校，注重学生全面发展。陈嘉庚认为"欲谋民族之复兴，一切改革必须力求其彻底"[4]67，因此，他极力办好各种层次和类型的学校，主张"工业的革命、文化的革命、政治的革命"，还得进行"心理的革命、人格的革命"[4]102。陈嘉庚倾尽资产创办幼儿园、小学、中学、职业学校、大学，以完整的教育体系培养各方面人才；办学面向实际需要，陈嘉庚每办一所学校都考虑到专门人才的培养，例如，他筹建水产科、农林科等学校，培养相关方面的人才；陈嘉庚重视普及教育，集美学校专门成立民众教育委员会，扩大民众学习的机会，还先后设立了校工工读夜校、平民工读夜校、战时妇女学校等各类普及学校。此外，陈嘉庚在集美学校成立教育推广部，对省内中小学进行业务指导和经济补助，在闽南文化教育的改进中影响深远。与此同时，陈嘉庚注重开展课外活动，注意培养学生的动手能力，并开展劳动教育。

2. 倡导体育运动，培养国人的竞技精神。现代体育以人为本，包括相互了解、友谊、团结和公平竞争的精神，这符合现代人的社会准则。陈嘉庚重视体育对民众健康的决定作用，更加注重体育运动精神对于人的行为的影响。他指出，体育运动"对于道德精神，关系更为密切"[4]47，因为体育精神在于"由相竞而相勉，奋发精神。对于个人为不可欺侮之国民，由相勉而相爱团结。团体对于国家为有秩序之尽力，庶几将来立身应世，随所措而咸宜"[7]180-181，所以陈嘉庚批评为了赢得比赛而刻意训练、赛后就萎靡不振的功利做法。在办学过程中，陈嘉庚提倡体育与文化并重，要求学生领会体育精神并践行之。在社会活动中，陈嘉庚支持各种体育活动，向人们阐明现代体育与社会行为的紧密联系。

3. 呼吁民众关心社会，勇于面对社会问题。（1）承担国民义务。陈嘉庚赋予"天下兴亡，匹夫有责"这一传统思想以现代新质，力劝人民需有服务社会的意识。在他看来，财富本不属于个人，应该为国为民才能发挥最大效益，而且做公益可以从当下开始，不必等待，"又念社会事业，当随力随时，积渐做去。如欲待富而后行，则无有可为之日"[7]207。更重要的是，国民对于社会、国家需要承担起自己的责任、义务。陈嘉庚结合国外现代教育的办学，指出"国民对教育应负之义务不可专责之政府"[4]56，号召民众捐资兴学。（2）勇敢面对社会问题。现代人是社会人，应该勇于表达意见、争取权利。对此，陈嘉庚对中国民众抱有希望。比如，经过反对厦门开彩票一事，他总结说："我国政府社会豪绅虽坏劣，若遇事肯见义勇为，出而公开纠正，则民众定不盲从，少却许多苛政祸害矣。"[5]13

此外，陈嘉庚呼吁华侨摒弃分帮，团结一致，投身社会公益和支援国家抗战。"海外华侨，亦宜乘时奋起，作有组织有秩序之大团结。一方面严守当地法律，表现华族之文明，一方面创设公共事业，增进侨界之福利"[4]85，这是陈嘉庚对同胞的倡议，也是他团结同胞的目的。海外华侨传统上多以省份、姓氏来界定亲疏，平常如散沙，在商业上内部竞争激烈。陈嘉庚一针见血地指出会馆、同宗会若要真正团结，"各帮学校应统一办理，各帮大小会馆及无数同宗会，亦须减少、合并"[5]388。抗战爆发后，为了团结各方力量，陈嘉庚认为需要组织领导，设立机关联系各方，"唯抗战严重期间，凡我侨胞自应精诚团结，集思广益，俾能加紧出钱出力，增强后方工作，此为召开大会之第一义，为欲求达此目的，故须组织机关为之领导也"[4]130。团结的实现和持久，需要有公心和责任感。陈嘉庚警醒同胞需担负起国民的职责，服务社会，"在国民天职上，究有未完，盖国家之大患一日不能除，则国民之大责一日不能卸"[5]59。华侨同样需要投身侨居地的公共事业，热心公益。例如，陈嘉庚建议同胞支持公共大会堂和图书馆的建设，"然如私人住宅或非公益场所，确应极力节约不可建于外地，若有益社会之公共建筑又当别论。华侨素认殖民地为第二故乡，一生大半生活于斯，一大会堂及图书馆固正为大众所必需之公共建筑也"[5]85。

（三）生活方式的现代化

中国人要实现真正的现代化，不仅要在价值观念、社会行为上消除传统羁绊，还得革除生活陋习，才能实现整体转换。陈嘉庚批判那些根深蒂固的落后风俗，倡导民众选择健康文明的现代生活方式，以期利国利民。

1. 倡导移风易俗，革除陋习。现代科学文明发达，恰恰映衬出许多传统习俗的荒谬误人。在陈嘉庚看来，许多习俗不过是封建迷信，浪费金钱物资，因此他主张改革传统习俗，直言"习俗误人，至为可畏"。陈嘉庚在《民俗非论集》中集中讨论了民俗问题，认为改革落后的风俗习惯事关国家兴衰。他对落后的风俗习惯，诸如丧仪陋习、大肆铺张、对小孩说谎等，提出尖锐的批评，号召民众相信科学、重视教育，建立健康的生活习俗。此外，陈嘉庚主张在华人社会里移风易俗，特别重视改良丧仪，在报纸上刊载宣传，并组织多场宣传演讲，原因在于他发现同胞在举行葬礼时形式繁复、铺张浪费，此有违新生活的提倡，有损祖国声誉，妨碍社会进步。

2. 提议政府改善国人的居住环境卫生，增强人民体质。人民的卫生健康关系到国家强弱，"维新之道，莫重于卫生，人民身体之强弱，寿命之长短，与国家之兴衰，极有密切之关系也"[7]119。居住环境对人的身心健康影响很大，陈嘉庚比较了新加坡前后20年的人口数据，指出居住环境卫生的改善提升了人们的健康水平，其中"改良之事最重要者为住屋"[5]188。对此，他给国民政府提出了战后重建房屋建筑的建议，细化至相邻房屋的间隔、道路的宽度等，希望政府做好全局规划。拥有强健体魄，也是现代人追求健全人格的前提条件，只有个人养成良好的卫生习惯才能实现。"国民体格之健全，要在平时有素养得来，非短少时间之训练所能速成。故对卫生根本问题，必须彻底改革，不但体力可以增强，而长寿当然亦可期矣。闻苏联鼓励青年培养强健身体，检查合格者给以奖章，亦有见于人民健康之重要也。"[5]402

3. 反对跳舞等消遣方式，倡导健康的娱乐方式。陈嘉庚颇为重视人们的休闲方式，"消遣原极重要"[4]106。他赞同男女平等，但对过于放肆的非正常男女往来痛心疾首，并由此反对为其提供便利的跳舞消遣，他指出"若此跳舞营业，有百害而绝无一利，直是卖淫变相，为祸害青年陷阱"[5]38，个人和国家都深受其害，"个人受其弊致毒害健康，精神丧失，侵逃财款，患病自杀，夫妻涉讼，家无宁日者，不可胜计。至对国家社会之害则如良家被化，良莠混杂，廉耻扫地，贻羞国族，又毋庸多赘"[5]342。至于现代的休闲方式，诸如运动、阅读、看电影等，陈嘉庚都较为接受，尤其推崇武术作为青年人的空闲消遣，尊之为国术，和国文一样重要，十分适合国人防身、休闲。

三、陈嘉庚推动中国人现代化的价值和意义

（一）以传统思想为底色的现代化

鸦片战争后中国从天朝迷梦中惊醒，走上了曲折的现代化道路。外来的现代文明在武力上战胜了古老中国，也挑战了中国人的价值观念、文化思想。被唤醒的中国人放下自大意识，比较中西文明，寻找强国富民的途径，改革自强的意识逐渐兴起，人的现代化思想日益显著。

太平天国运动颁布的《资政新编》提出一系列人的革新计划，人的现代化思想色彩浓重。19世纪末严复主张国民是国家强大的基础，梁启超描摹了具有独立人格的"新民"形象，探索现代人的发展目标，新文化运动则开展了最广泛、最革命的关于人的变革、发展的讨论，但过于依赖西方文化，脱离现实民众。从近代以来中国人现代化思想的演变过程中可以看到，作为实业家的陈嘉庚在中国人的现代化探索上深植于传统文化、广泛吸收西方文明，具有独特的价值。

近代中国被迫打开国门，被动地走上现代化道路，现代与传统、中国与西方纠缠在一起，构成时代的主要冲突。陈嘉庚追寻的人的现代化是以儒家传统思想为根本、将现代西方文明作为有效补充的实践探索。在推进人的现代的转化过程中，他的目标是强国强民，强调中国的文化精髓需要保存和延续，"然保我国粹，扬我精神"[4]31，"我国固有之文化精神，万不能残缺，此

理甚明也"[4]64。同时，陈嘉庚将西方文明作为中国走向现代化的重要借鉴，根据社会现实提出中国人现代化的目标并付诸实践。陈嘉庚在后发型国家推动人的现代化，为在现代化进程中正确处理传统文化与西方文明的关系提供了成功经验。

陈嘉庚推动人的现代化的实践之所以得以成功，主要在于他立足当时中国的现实——人的现代化与社会的现代化的不平衡性。在推进人的现代化的过程中，陈嘉庚注重传统文化中的儒家思想和被忽视的以社会心理、日常心态形式存在的民间文化、下层文化，用民众易于接受的方式满足现代化转型的需要。而在推动海外华侨的现代化中，陈嘉庚熟谙海外华侨在地理、文化、经济等方面的跨国特征，从传统文化出发，推动华人间的经济、教育、文化交流，构建华人的现代网络。

（二）陈嘉庚推动中国人向现代转化的意义

在20世纪上半叶中国社会现代化转型的时代大潮中，陈嘉庚从思想到实践都推动了中国人由传统向现代转变，他追求的人的全面现代化体现了尊崇儒家传统思想和掌握现代科学技术并重，具有深远的历史影响和重要的现实意义。

陈嘉庚关于中国人现代化的思想和实践在一定程度上纠正了"五四"以来中国文化出现的"全盘西化"倾向，他在塑造和培养现代中国人方面注重中国本土文化的主导地位，并探索出适合中国国情的人的现代化道路。更为可贵的是，陈嘉庚关于人的现代化的部分思想和实践契合了社会主义的人的全面发展理论，以及社会主义核心价值观，符合时代发展的需要。

陈嘉庚在海外主要活动于新加坡等地，其引领、号召的华侨也集中于东南亚。由于地缘优势，东南亚华人社会和祖国之间人员往来频繁，相互影响，因此中国现代化转型与华侨在异域的现代化紧密相连。历史原因造成了华侨华文教育匮乏、以会馆帮派为主要组织的状况，陈嘉庚对此进行了大量的改革，明确表达了华人会馆的使命是"对祖国则应如何补助国家，维护教育。对当地之工作，应谋闽侨之福利，赞助华侨教育之普及，联络侨团之团结力量，努力倡除华人不良之习俗等"[4]62。陈嘉庚在推动人的现代化的过程中，推进了东南亚华侨社会的现代转型，促使海外华侨在居住国更为和谐。

参考文献

[1]罗荣渠.现代化新论:中国的现代化之路[M].上海:华东师范大学出版社,2013:101-102.

[2]英格尔斯.人的现代化[M].殷陆君,译.成都:四川人民出版社,1985:3.

[3]阿列克斯·英克尔斯,戴维·H.史密斯.从传统人到现代人:六个发展中国家的个人变

化[M].顾昕,译.北京:中国人民大学出版社,1992:454.
[4]陈嘉庚.陈嘉庚言论集[Z].新加坡:新加坡怡和轩俱乐部,2004.
[5]陈嘉庚.南侨回忆录[M].上海:上海三联书店,2014.
[6]罗荣渠.论现代化的世界进程[J].中国社会科学,1990(5):107-126.
[7]王增炳,陈毅明,林鹤龄.陈嘉庚教育文集[M].福州:福建教育出版社,1989.
[8]杨国桢.20世纪20年代的厦门大学国学研究院[J].厦门大学学报(哲学社会科学版),2006(5):5-13.

[本文发表于《集美大学学报(哲学社会科学版)》2023年第5期]

陈嘉庚的博物馆实践与思想
——基于鳌园和华侨博物院的研究

王晓明[1,2]

(1. 江西理工大学华文教育研究中心　江西　赣州　341000；
2. 北京语言大学人文学院　北京　100083)

摘要： 华侨领袖陈嘉庚先生创办了鳌园与华侨博物院，体现了他在文博事业中的实践精神。在建馆思想上，他以爱国情为动因，以民族风貌为原则，并对博物馆的性质功能、藏品陈列、命名规划等问题进行了论说。嘉庚精神为中华儿女树起了光辉典范。

关键词： 陈嘉庚；博物馆；实践；精神；思想

从18世纪初至今，中国博物馆事业走过了三个世纪的发展历程，其间有风雨也有彩虹。回顾历史，有两个人值得铭记与感念，一是张謇（1853—1926），一是陈嘉庚（1874—1961），他们积极提倡与筹资创建博物馆，为中国博物馆事业做出了杰出的贡献。张謇于1905年以个人财力创办了南通博物院，吕济民认为这是中国第一家真正的博物馆[1]。对于有"华侨旗帜、民族光辉"之誉的陈嘉庚的博物馆实践与思想，国内外学界与社会同样给予了很高的评价。陈嘉庚出生于同安县集美社（今厦门市集美区），是卓越的实业家、教育实践家和社会活动家，作为华侨领袖当之无愧。他认为教育是立国之本，兴学乃国民天职，尽其所能地践行实业报国、兴办教育的理想[2]。集美学校、厦门大学、新加坡南洋华侨中学等学校都由他创办；他还积极关注社会教育，创办了鳌园和华侨博物院。他的博物馆实践与思想是其整个教育实践与思想的重要组成部分，在中国教育与文博史上写下了光辉的一笔。笔者试图通过对鳌园和华侨博物院的简析，以及对陈嘉庚教育文选等文献的整理，来探析他的博物馆实践与思想。

一、陈嘉庚的博物馆实践

（一）寓教于游乐的鳌园与弘扬爱国精神的华侨博物院

陈嘉庚满怀热情地投入中国博物馆的实践中，鳌园和华侨博物院是其有

作者简介：王晓明（1984—　），女，河北人，博士生，主要从事中国古代文学与博物馆学研究。

生之年的梦想结晶,是中国博物馆谱系中的杰出代表。鳌园从1951—1957年历经6年基本建成,占地8511平方米,按照露天博物馆设计,园内石雕群造型精美别致;其主体包括门廊、集美解放纪念碑和陈嘉庚墓三个部分。在鳌园内流连,可以获得艺术、文化、教育、历史、社会等多方面的知识与体验,这正与陈先生"寓教于游,寓教于乐"的主张相印合。现今鳌园与陈嘉庚纪念馆、陈嘉庚故居、归来堂等共同构成陈嘉庚纪念景区,并被列为全国百家爱国主义教育示范基地和全国廉政教育基地。

陈嘉庚曾说:"真大观勿嫌小岛,有旧植乃展新型。"他的这一观念在厦门大学、集美学校和华侨博物院中得到了充分体现。继鳌园后他在1956年启动了又一项宏大的博物馆工程,这就是于1959年建成开放的中国首个由华侨集资创办的博物馆——华侨博物院。陈嘉庚将此博物院选址在蜂巢山下,周遭环境幽雅,内有华侨华人、陈嘉庚珍藏文物、自然博物三个主题陈列常年开展,其中第一层是华侨历史简介馆,这是目前中国唯一一所全面、系统地展示华侨华人历史的综合性展馆;第二层是历史文物陈列馆,收藏中国历史文物和展示数千年文明风貌;第三层为自然博物陈列馆,通过各种标本传播博物知识,展现大自然的神奇魅力。馆内展品有历史文物,如青铜器、陶器、瓷器、古代钱币、雕刻、字画等;也有自然博物标本,如鸟兽鱼虫和矿物标本;还有华人华侨的专题专项文物;总共约7000件,大部分都是陈嘉庚亲自到北京、上海、天津收集、收购的。他还与海外侨团、侨胞积极联系,向他们征集到2000多件文物和标本,为华侨博物院的最终建成倾注了大量心血。

陈嘉庚的博物馆构想自成体系。在鳌园和华侨博物院建成之后,他又想在北京等地区筹划华侨博物馆,并首先捐款50万元。他认为可先在北京、上海、广州三处筹设华侨博物院,并组委员会进行筹备,广东、福建二省华侨最多,将来博物院可发展至数十处。可见,按照陈嘉庚的设想,中国华侨博物馆应该是一个以北京为核心、在众多地区设馆的宏大馆群体系。然而华侨博物院建成后不久他就病逝了。现今众多国民与华侨都怀着对陈老的敬仰之心,为中国华侨博物馆群的建构贡献着积极的力量,希望在不久的将来,陈嘉庚的心愿能够在中华文化复兴的大潮中实现。

(二) 陈嘉庚博物馆实践精神

陈嘉庚在创办鳌园与华侨博物院的过程中体现了注重调研、求真务实、开拓创新、勤俭节约等诸多可贵精神。在兴办博物馆想法初起之际,他就坚持从实际调研出发,探寻什么样的博物馆可以更好地满足中国当下社会的需求。从1949年6月至1950年2月,他游历于祖国大江南北,全面了解当时的社会状况。其中济南广智院内的陈列与雕刻主题是健康卫生和文明进步,给他留下了深刻印象。陈嘉庚决定在自己的家乡创办一座集文艺底蕴、博物知识、自然气息于一体的具有民族精神和现代风貌的博物馆,达到"寓教于游,寓教于乐"的目的,于是在福建集美启动了鳌园的建设工程。

对于华侨博物院的创办,陈嘉庚更是倾注了极大的热情与心血。为了建成理想中的华侨博物院,他在年事已高、疾病缠身的状况下仍然亲自到祖国各地博物馆考察,他写信给当时华侨博物院的负责人陈永定说:"我此次往诸名市参观,有北京、沈阳、大连、旅顺、青岛、济南、天津、上海等,对各地博物馆有了大概的了解,其名不一,如历史博物馆、自然博物馆、资源博物馆等。山东博物馆(限于山东所出文物),上海博物馆就不限于上海,而各处都有,其他名称不同,而陈列则同者,可见非一规定者也……我国昔日不重视博物之陈列,故多未有创设。如北京故宫博物院系光复后始有,天津系法国开创,上海系英国开设,沈阳、大连、旅顺系日本人开设……近年各省多已重视博物馆。"[3]就是在这样大量细致的参观调研、考察分析的基础上,陈嘉庚对全国博物馆的发展状况有了真实、全面的了解,也从中收集与学习到了创办博物馆所需要的丰富资料、信息与方法。在向国内外众多博物馆借鉴经验和对自身需求客观分析的基础上,他提出了华侨博物院的建设方案,又听取了许多宝贵的完善建议,最终将其博物院的宏伟构想进行了开拓性的实践。整个博物院的建设,从陈列大楼到陈列厅再到陈列厨的设计,都凝聚了陈嘉庚坚持民族风貌的创意和构想。他对细节的关注令人钦佩,如陈列大楼前的台阶,他认为"大门前的石阶应为半月形,石阶是大众参观博物院必经之地,要雅致美观,且每阶须宽一尺一寸较好上下"。就是这样细致的精神,保障了华侨博物院的品质。对于院内藏品的收集,他曾在信中写道:"如古墓内之物……今天天津、上海均空空如也,独北京尚些有……选择十余次,经月余。"华侨博物院的许多文物就是这样被陈嘉庚辛苦、细心地收集而来,一位暮年老人对自己和祖国的梦想如此执着,实在令人敬佩。

对于华侨博物院工程的实施,陈嘉庚坚持勤俭节约的原则。他对工作人员说:"要认真负责事事,忠诚勤慎,切不可浪费。"在博物院的建设过程中,耄耋之年的陈嘉庚坚持每周都从集美来检查工作,1958年患癌症住院后,他依然心念博物院,经常写信询问情况。1959年,倾注了陈老心血、凝聚了国民与华侨情感的华侨博物院最终建成。86岁高龄的陈嘉庚满怀激动地亲自参与剪彩和主持座谈会,此时老人右眼已经失明。座谈会场延续了他简朴的作风,大厅摆放着数行铺有白色桌巾的课桌椅(从厦门大学暂借),参会人员每人一小盘点心(蛋糕、馅饼各两个)和茶水。作为实业家和华侨领袖,陈嘉庚将财富慷慨地投入祖国的教育事业中,自己的生活则勤俭节约,这正是嘉庚精神的可贵之处。1961年8月,陈嘉庚因病与世长辞,嘉庚精神在中华文化史中永远闪耀着璀璨的光辉。

二、陈嘉庚博物馆思想

陈嘉庚的博物馆思想在其实践和《倡办华侨博物院缘起》《博物馆陈列商榷》《中外华侨永存爱国世界博物观》①等文章中都有所体现，笔者对其概括如下：

（一）创办博物馆的动因和原则

陈嘉庚在祖国兴办教育事业的情感基础是深厚的民族情结和强烈的寻根意识。他的民族情结在华侨博物院陈列大楼的外观与内部设计上均有所体现。他亲自设计的陈列大楼高23米，具有鲜明而浓郁的民族风格与民族风貌。凌空而出的飞檐，层层叠叠的屋盖，宫殿式屋顶的材料为琉璃瓦，墙身为白色花岗石，整体造型古色古香、典雅质朴。对于陈列厅的设计，他将中华民族对于光明的喜爱与博物馆内部的照明需求相结合，舍弃了常规建筑中的室内柱，使得整个陈列厅给人大气开阔、明亮愉悦的感受。在设计陈列厨时陈嘉庚指出，祖国历史文物陈列室陈列的文物是我国历代劳动人民创造的，陈列橱应具有民族艺术风格，和文物相衬，以便更好地展现他们的智慧和创造才能，也使人们得到美的享受。基于此，陈列厨采用了宫体家具的复古造型与风格，与陈列大楼的外观相互应和，表里如一，既充分体现了陈嘉庚浓厚的家国之情，又很好地唤起了国民与华侨的民族意识。在华侨博物院的开幕仪式上，他讲到建院是为了表达华侨热爱社会主义祖国的深情厚谊和作为华侨与国内人民感情联系的纪念物；同时有助于普及社会主义文化教育和科学研究，以及国内人民对华侨、侨居地人民的风土人情的了解；并促进我国与华侨、侨居国的文化交流。从博物院的宏观与细处设计、从其中容纳的藏品类别、从国人与华侨群体对此院的支持与关注来看，陈嘉庚的办院目的达到了。作为华侨领袖，他将爱国热情转化为文化教育实践，说道："我认为祖国社会主义建设是人民应尽的责任。我是华侨，很希望侨胞们也来尽一部分责任。因此，我建议华侨设立一所大规模的博物馆。馆址可设在华侨故乡出入国的港口，既可给国内人民公共应用，又可给归国华侨观览。两者皆受其益。"[2]285正是基于此种民族责任心和使命感，陈嘉庚毅然创办起了华侨博物院，将院址选在厦门，使其成为联络华人情感的桥梁。他还积极对海外华侨发起倡议说："这是我们效力祖国建设的极好机会，无论你们已回到国内，或还在海外，应该各尽力量，负起责任来帮助祖国做好这一建设，或

---

① 其中《中外华侨永存爱国世界博物观》未刊稿，存集美学校委员会。

把珍奇的陈列品及有关公私纪念的文物捐献出来，以丰富本博物院的内容。"[2]286 从中可见华侨报国成为陈嘉庚的伟大梦想，成为他高举的精神旗帜，这种民族情结、寻根意识，这种大情怀、大气概，让亿万华夏儿女肃然起敬。

（二）创办博物馆的必要性

陈嘉庚在海外经营实业多年，耳濡目染国外文化教育，对其文博体系和机构非常熟悉，同时新加坡作为华人社会为中国文博的发展提供了优秀的参照。教育在陈嘉庚心中始终占有崇高的地位，他在兴办学校教育的同时也关注着社会教育。博物馆在社会教育中扮演着重要角色，陈嘉庚充分意识到了在国内兴办博物馆的紧迫性与必要性。在文章《倡办华侨博物院缘起》中，他对国内外的博物馆发展现状进行了对比："博物馆的效用这样宏大，故社会主义国家非常重视，苏联十月革命后，添设很多的博物馆。资本主义国家如英美法日等国，以及各国殖民地设立博物馆的也不少。我国在解放前只有极少数小型博物馆。华侨在国外常见博物馆，回到国内却不多见，对祖国难免发生相形见绌之感。解放后人民政府发展社会主义的文化建设，新设了很多博物馆，这是很可喜慰的事。"从中可以看出，他对祖国博物馆建设事业在新中国成立后的发展前景充满了期待，从华侨在国内外博物馆对比中的"相形见绌之感"，以及对人民政府新设的许多博物馆感到"很可喜慰"这样的用语和事实判定来看，陈嘉庚创办博物馆的决定饱含了浓浓的爱国热情和他作为炎黄子孙的赤子之心。以华侨身份办馆，他首先筹备的就是华侨博物院。作为中国首家以华侨为关键词的博物馆，华侨博物院既为整个国家博物馆谱系填补了空白，又以自身特色发挥着民众教育和文化交流的作用。

（三）博物馆的性质与功能

西方国家的博物馆事业发展较早，其性质与功能呈现出多元化特点，陈嘉庚对博物馆的性质与功能是这样认识的："博物馆是文化教育机构的一种，与图书馆、学校等同样重要，而施教的范围更为广阔。学校为学生而设，图书馆为知识分子而设。博物馆的对象不限于学生或知识分子，一般市民，无论男女老幼，文野雅俗，一入其门都可由直观获得必需的常识。这是因为它是用形象来表现内容，不假文字间接传达，所以一般人民参观了博物馆，见所未见，眼界大大开展；学校师生参观了博物馆，可由实物而与书本相印证，专门学者参观了博物馆，可接触书本以外新发现的事物，有助于更深入的研究。"[2]285 他将博物馆的基本功能定位于教育，并特别强调了博物馆比图书馆、学校的受众群体更广大，将其分为一般人民、学校师生和专门学者三类，他们能够在博物馆中各得所需，有所提高。同时他指明了博物馆施教的直观形象性，这是书本教育无法替代的。对于华侨博物院的功能，陈嘉庚认为从服务于科学研究与人民群众的宗旨出发,华侨博物院既满足了从专门学者到普通大众的科研与学习需求,又为华侨与祖国的联系互动提供了良好的平台。

(四) 博物馆的藏品与陈列

对于博物馆的藏品与陈列,国内外通行的惯例是历史文物,在此之外,增加当地特色物产与现代科普主题成为南洋与其他国外博物馆的发展趋势。陈嘉庚敏锐地看到了中外博物馆在这方面的差异,他说:"南洋各地多设博物馆,陈列该地出产物品,如动物、植物、矿物及海产标本。旅顺市有著名博物馆,为日寇时代创立,除些地方物产外,大部份则为大小佛像,妇女缠足小鞋,满清衣冠,实含有侮辱我国之意图。其他如千百年前之尸体,及古墓中之铜铁石磁废具,只供考古者玩玩而已,若现代之有益卫生及智识者,则付阙如。沈阳市新创之博物馆,大部分亦陈列前代古物,多系墓中取出之铁铜磁石所造之人物用具,及前人山水字书;本地物产,为数无多。"[4]28 他列举了旅顺和沈阳博物馆之藏品与陈列的不足,他所倡导的是兼具历史底蕴与时代气息的博物馆,是展现中华民族精神风貌的博物馆,是可以普及知识、增长智力的现代博物馆。他认为:"然单陈列地方产物,乃系前时体例。现代化之设备,则不仅此……其他足以启发现代智识者尚多,倘能参加陈列,裨益人民,良非浅鲜。[4]28 西方政府与社会高度重视对民众智力的培养与提升,其科技因此发展迅速。陈嘉庚很清楚地认识到中国在这方面的差距,所以他在博物馆的藏品与陈列上强调对民众智性的开发。对于华侨博物院的藏品与陈列,他特别论述道:"博物院与博物馆规模大小各别,性质亦有不同,通常博物馆所收的文物多有地方性,譬如中国博物馆以陈列中国文物为原则,莫斯科市有博物馆百余所,所陈列的都是苏联物品。至于华侨博物院应是国际性的机构,不受地区限制,与国内博物馆亦无抵触。世界各国凡华侨涉足所及其物产风景、民俗风尚、社会文献等有关材料均得兼收并蓄,以供众览。外以明瞭党情,由此开通民智,不但为国内一般人民所需要,即时对国外华侨也有周览参改的价值。"[5] 由此可见,华侨博物院的特色在于不受地域限制,在国内的博物馆群中具有独立性,其藏品与陈列具有宽广的理论空间,只要与华侨相关的有价值的物品、文献等均可以包括在内,这就最大限度地满足了国内民众与国外华侨的多重需求,也使得博物馆自身具有广阔的发展前景。

(五) 对华侨博物院的命名与规划

华侨博物院的创办是陈嘉庚实业报国、兴办教育的梦想之一,对于此院的命名,他解释说:"至于名称,我拟为华侨博物院。因为它是华侨设立的,故应以华侨为名,不冠以厦门地名,以区别于地方设立的性质。因为一是华侨热爱祖国文物不限于一地;二是配合教学研究的机构,原是全国性的;三是它负有介绍南洋的责任，必须陈列很多南洋文物，以供国内人民了解南洋情况，故其内容不但是全国性，而且是世界性的；四是华侨是全国各地都有，不限于厦门一隅；这些都是命名采取全国性的理由。至于不称馆而称院，则是因为它的组织较大，是合几个博物馆而构成的。故以博物院为总称，以区别于内部的分馆。"[2]285 陈嘉庚从创办者的身份与居住地、教学研究的通行性、陈列内容的世界性几个方面对博物院冠以华侨之名进行了分析，并从组织规模上对院与馆做出了级次之分。他对于华侨博物院的规划蓝图是很宏伟的："华侨博物院内部机构，暂拟为四馆：第一是人类（历史）博物馆，陈列古代历史文物和现代民族标本等；第二是自然博物馆，陈列动物、植物、地质、生理卫生等标本；第三是华侨和南洋博物馆，陈列南洋各国历史、地理、经济、政治及华侨情况等文物、模型、图表；第四是工农业博物馆，陈列祖国革命及新建设的实物、模型、图表等。其他博物馆得依需要及条件许可，以次增设。"[2]285-286 这四个馆涉及历史、文化、自然、外交、工农业等多个领域，其总体内容可以说是一部以华侨为主题特色的百科全书，所要投入的精力与财力也是巨大的。陈嘉庚首先捐献了10万元用于馆舍建设，并将自己所收藏的文物及动植物标本捐献出来，又不辞辛劳地奔波于各地收集藏品，在众多有识之士的支持下，终于建成其中一个馆。遗憾的是，华侨博物院还没有完全建成，陈嘉庚就与世长辞了。他为后辈留下了一个伟大的未完成工程，有待于来者同心同德、群策群力地实现这一高尚的民族梦想。

笔者认为，陈嘉庚以鳌园和华侨博物院为代表的博物馆实践，其重要意义在于寓教于乐、联络感情、凝聚人心。华侨博物院是中华人民共和国首家民办博物馆，他也因之成为这一领域的探路者。从创办至今，鳌园与华侨博物院经历了半个世纪的发展，既对大众普及了知识，又为学者提供了研究材料；既启迪了智性，又陶冶了情操；既为国民了解华侨文化生活提供了直观、生动的材料，又为华侨心系祖国提供了表达渠道；既作为文化交流平台在国际享有盛誉，也作为爱国教育基地在国内受到推崇。在当前和平与发展的大环境下，如何继承和发扬陈嘉庚先生的大情怀、大精神，把海内外华人华侨紧密地团结起来，为其寻根意识和望乡情结提供更多、更好的表达途径，为天下华人华侨共同精神家园的建构搭建坚实稳固的平台，已经成为当下民族文化复兴中具有战略意义的重大课题，这也使得华侨类博物馆的建设具有独特的文化与社会价值及广阔光明的发展前景。陈嘉庚精神必将持久照亮华人华侨在心系祖国大道上的前进步伐。

参考文献

[1]吕济民.中国博物馆史论[M].北京:紫禁城出版社,2004:75-76.

[2]陈嘉庚.陈嘉庚教育文选[M].福州:福建教育出版社,1989.
[3]刘晓斌.陈嘉庚的博物馆思想[J].中国博物馆,2014(1):102-106.
[4]陈嘉庚.新中国观感集[M].新加坡:新加坡怡和轩俱乐部,2004.
[5]吕济民.陈嘉庚对新中国博物馆事业的巨大贡献——纪念陈嘉庚先生诞辰120周年[J].中国博物馆,1995(1):2-5.

[本文发表于《集美大学学报(教育版)》2015年第5期]

嘉庚建筑的文化背景和艺术特征

周 红

(集美大学艺术学院 福建 厦门 361021)

摘要：嘉庚建筑是多种文化融合的产物，具有人文价值取向和深厚的文化内涵，有着鲜明的地方特色和个性特征。"嘉庚建筑"从建筑形式上来说，既具闽南红砖民居特征，又含西洋风格，中西合璧，它把闽南红砖民居与欧式建筑融合起来，表现出独特的形式魅力，也是一个特殊时代文化的见证。

关键词：嘉庚建筑；风格；艺术特征

著名爱国华侨陈嘉庚先生以其赤诚的爱国之心，带头投资家乡教育，倾资兴学，亲自主持参与了大批建筑的构思、建设，逐渐形成了嘉庚建筑的特色。集美学村和厦门大学的嘉庚建筑群，集中体现了这种特有的建筑特征，嘉庚建筑以闽南地域社会生活环境和文化环境的物质依托作为建筑的载体，展示了人工建筑与自然环境的和谐统一。"陈嘉庚风格建筑"在我国近代建筑史上独树一帜，颇具文化与艺术特色（图1）。

图1 道南楼

作者简介：周 红（1959— ），女，河南南阳人，副教授，主要从事环境艺术设计教学与研究。

一、嘉庚建筑的文化背景

闽南地区地处中国大陆东南隅，山脉纵横，平原和耕地较少，与中原地区交往不便。秦汉以前，闽土著民俗自成体系，傍水而居，习于水斗，善于用舟，盛行原始巫术[1]。汉朝时期福建依然被视为"方外之地"。西晋改朝换代，中原人大量迁入，他们与福建古代闽越族人融合，中原文化才逐渐取代土著文化成为主导，形成独特的闽南文化。宋代，闽南人已有许多人漂洋过海到东南亚发展，这时闽南沿海已从农耕文化向海洋文化转变，把海外经营作为耕地的延伸。到海外去谋生，需要有冒险精神，又要有拼搏奋斗的精神，在艰苦环境中谋生的闽南人逐步形成开朗的性格，敢于冒险、敢于拼搏，具有商品意识的观念。"爱拼才会赢"是闽南人精神的归纳与总结，与华侨的影响紧密相连，敢于冒险、勇于拼搏的精神是海外华侨对闽南文化影响的集中体现。独特的地理条件造成了闽南人"以海为田""经商异域"的拼搏的海洋文化精神和积极主动接受新事物、重视海上对外贸易等海洋文化的心态。随着海上交通、国际贸易的发展和华侨到国外谋生，闽南人在思想观念上有了新的飞跃。

近代华侨在家乡捐资办学，大约起源于晚清时期，著名爱国华侨陈嘉庚即属于其中的先驱人物。陈嘉庚出生于厦门集美，厦门地处我国东南沿海，与东南亚各国只有一衣带水之隔。集美位于厦门岛北面大陆的南端，是原属泉州府同安县的一个滨海渔村。鸦片战争使中国一步步沦为半殖民地半封建社会。集美人赖以耕渔的自然环境遭到了破坏，一些人为生计而流徙他乡。集美陈姓传到第18代，便到新加坡谋生。他们经过努力拼搏，终于在经营上有所收获。陈嘉庚是东南亚华侨中一位最杰出的领袖，一位成功的企业家，一位积极的社会改革者，一位伟大的爱国者。陈嘉庚以赤诚的爱国之心倾资兴学，才有了今天的集美学村和厦门大学。

嘉庚建筑文化是中西文化相互碰撞、杂交，最终达到融合的结果。陈嘉庚先生在我国旧民主主义革命时期接受了西方的文化，尤其是建筑方面的文化。他把在外经营多年所得的积蓄带回家乡，大力建造学校，把西方的建筑技术和建筑形式加入在厦门投资主持的教育建筑中，而中国特有的文化具有较强的兼收并蓄的力量，嘉庚建筑风格就是在这种中西文化的碰撞下形成的"穿西装，戴斗笠"的建筑形式，它体现了陈嘉庚先生的思想与艺术境界是乡与国的结合。

二、嘉庚建筑风格的形成

嘉庚建筑是指20世纪20—60年代陈嘉庚先生捐资或募资兴建，或主持规划、参与设计和监督施工的建筑，这些建筑具有"中西合璧"的特点，吸收了中国传统建筑、闽南地方建筑及南洋殖民地西方建筑的一些成分，加上自己的融汇创造形成了独树一帜的建筑风格。20世纪90年代后，为了进一步扩展和保留"嘉庚建筑"的风格特征，嘉庚校园及周边新建设延续了这种风格和建筑形式。这类建筑目前主要集中在厦门大学和集美学村一带，并有向周边地区发展的趋势。如2004年新建的厦门大学漳州新校区和2007年在建的集美大学新校区建筑群，就试图在原有的基础上创造出新的建筑形式，即嘉庚建筑风格新建筑。嘉庚建筑的形成受到陈嘉庚先生的思想文化及建筑材料、建筑工艺的影响，融中西风格于一体，逐渐形成了独特的建筑特色。嘉庚建筑风格的形成经历了三个阶段：1913—1916年为第一阶段，属模仿南洋的欧式建筑，特点是采用多层外廊、拱券、柱式、线脚装饰，西式直坡屋顶及色彩淡雅的灰泥抹面，木结构与橙色的"嘉庚瓦"结合、三段式立面构图（图2）。1916—1927年为第二阶段，是中国传统与闽南建筑同欧式建筑的融合阶段，在选址及建筑布局等方面，更善于利用环境营造气势。在建筑空间构成上出现了中式屋顶与西式屋身相结合的形式，并开始采用大量的白花岗岩和红砖作为装饰材料，主要应用在角楼、柱体上。1950—1959年为第三阶段，是嘉庚建筑的成熟阶段，在规划上更加注重因地制宜，达到建筑与自然的和谐统一。闽南式的大屋顶与西洋式屋身组合成为基本特征，施工中重视细节刻画，手法熟练细腻，工艺精湛。西洋建筑形式和技术与传统的建筑形式相互交融、相互渗透，创造出既有地方性又有西洋风格的新建筑形象[2]（表1）。

图2 早期建筑航院的崇俭楼装饰

表1　嘉庚建筑风格的三个发展阶段、代表建筑与特点

阶段	时间	代表建筑	特点
第一阶段（模仿阶段）	1913—1916年	集美幼儿园、集美师范、尚勇楼、三立楼等	为多层外廊、拱券、柱式、线脚装饰，西式直坡屋顶及色彩淡雅的灰泥抹面；木结构与橙色的"嘉庚瓦"结合、三段式立面构图、左中右凸起部分山墙为中。这一阶段的建筑，体现的是华侨对西式建筑的崇尚，民间匠师对新的强制性事物的一种直接和被动的照搬及模仿
第二阶段（融合阶段）	1916—1927年	群贤楼、诵诗楼、尚忠楼、即温楼、允恭楼、崇俭楼、延平楼、芙蓉园等	在选地及建筑布局等方面，更善于利用环境营造气势。在建筑空间构成上出现了中式屋顶与西式屋身相结合的形式，并开始采用大量的白花岗岩和红砖作为装饰材料，主要应用在角楼、柱体上，将接触的外国建筑与本地的传统建筑模式结合在一起
第三阶段（成熟阶段）	1950—1959年	南薰楼、黎明楼、道南楼、建南大礼堂、南侨楼群等	在规划上更加注重因地制宜，达到建筑与自然的和谐统一。闽南式的大屋顶与西洋式屋身组合成为基本特征，施工中重视细节刻画，手法熟练细腻，工艺精湛。西洋建筑形式和技术与传统的建筑形式相互交融、相互渗透，创造出既有地方性又有西洋风格的新建筑形象

嘉庚建筑的创新在总体布局上采用中式布局，外部装饰采用西洋的柱式和细部处理，是在保留西洋建筑的体量组合的基础上融入闽南的屋顶与墙面的砌砖工艺，为嘉庚建筑的柱式、墙面、屋顶注入新的元素；对屋顶女儿墙的处理则是将中国传统的民族装饰图案与文艺复兴和巴洛克的建筑风格结合起来，融入闽南的自然条件，使传统建筑形式和西洋建筑技艺相互交融、相互渗透。闽南民居与寺庙建筑的主屋脊常使用的燕尾脊，分为单曲和双曲，陈嘉庚先生吸收这种方法，大胆地使用三曲燕尾，表现出红砖民居的曲线美、形体美（图3）。在一幢红瓦双坡欧式主体的屋顶上，左右六个燕尾高高扬起，在蓝天白云下振翅欲飞，显得格外匀称动人。在建筑材料方面，使用地方材料，采用彩色出砖入石技术，把闽南红砖民居的出砖入石方法优化到了极点，结合厦门盛产多色花岗石的地理优势，在建筑主体和立面及柱子上也使用彩色花岗石镶成图案，显得美观大方、稳重和谐，增强了建筑的整体美感，凸显了闽南鲜明装饰特色。由于厦门地处沿海，气候温湿，陈嘉庚先生打破在檩桁柱梁上油漆的常规，让整根木材

暴露在空气中，保持透气，这样反而不易生长白蚁，使房屋更加安全。此外，他还创造了新颖的嘉庚瓦，将易碎的仰合平板瓦改成可以挂搭的大片型改良瓦，以闽南红土为原料烧制而成，被群众称为"庚瓦"。

图3 归来堂的三曲燕尾脊

三、嘉庚建筑的艺术特征

嘉庚建筑具有鲜明的艺术特征，其平面布局既工整、严谨又自由、自然，建筑立面及外观经过巧琢细雕，运用古典装饰至为丰富，给人以强烈的视觉印象。嘉庚建筑的外观融合了中西两种不同的处理手法：西洋式的屋身与闽南式的屋顶。嘉庚建筑的石墙很注意综合使用不同类型的符号，屋檐上的蓝白花纹，窗洞的窗柱雕花，边线角隅图案设计，都有其独到之处。封墙的处理手法，具有闽南传统的特色，它讲究虚实平衡、经营位置，具有现代构成的意味，在规则中体现不规则，不规则中又隐含条理性，通过某些元素的重复来体现节奏韵律。在嘉庚建筑的建设过程中，饱含着闽南能工巧匠们的智慧与创造，工匠们善于把各部件组织成美的架构的技巧运用到嘉庚建筑中。

嘉庚建筑以多种形式构成美的外观，在点、线、面、体的形态构成上其表达非常考究，它巧妙处理构成元素的对立统一关系，通过建筑的黄金分割传达视觉感受，利用窗的缕花柱点缀，于是在墙与墙之间产生美妙的韵律。在建筑上运用点、线、面艺术造型手段来组织嘉庚建筑较为庞大的体量，用线表达空间、结构、运动、质感等，用线的疏密虚实来表达建筑的节奏韵律。

嘉庚建筑的屋顶造型采用我国传统古建筑的艺术形式，吸取闽南建筑的特点并加以夸张设计。屋角高高翘起，正脊采用曲线构成。嘉庚建筑艺术，同样体现着"曲线"形式美。如厦大群贤楼的立面呈左右严谨对称，建筑顶部为三重的飞檐起翘的绿色琉璃瓦屋顶，屋脊曲线流畅柔和，饱满且富有张力，具有一种飞动之美，非常符合中国古代建筑艺术美的特征。又如集美南薰楼的楼顶为一座四角亭，两侧有护楼，形似鸟翼，翼端平台分别建有一座双层八角亭，与顶部的四角厅呼应，呈"山"字形架构，立面以白色细纹花岗岩和红砖构成，绿瓦飞檐，装饰考究，融合了中西建筑的形式特征（图4）。作为陈嘉庚建筑代表作的道南楼，是陈嘉庚思想、建筑风格的最高表现。道南楼长160米，分为九段"一"字形排列，即由四座红瓦屋盖、红砖立面、形式相同的五层教学楼，连着绿色琉璃瓦盖、白色立面的中央宫廷式七层办公楼、中央六层楼梯和两端六层角楼。所有的墙柱、角柱、廊柱、线条均由绿色青石、白色花岗岩和红砖叠砌的方形、菱形、圆形平面图案及立面雕刻装饰而成，走廊外墙用优质釉面陶片拼饰成各种精巧美丽的图案，内部的天花板、廊柱也精心刻画，具有强烈的民族特色，充分展示了嘉庚建筑的细节之美（图5）。加上清一色的天蓝门窗，色彩调和，风格新颖，体现了嘉庚建筑风格的无穷魅力[3]。

图4 南薰楼

图5 道南楼的立面装饰

嘉庚建筑就地取材，采用本土的建筑材料，既节省了大量成本，又体现了中国的建筑特色韵味，这种做法也是尊重民族特色与本土环境的具体体现。嘉庚建筑在材料上大量应用白色的花岗岩、釉面红砖、橙色的大瓦片和海蛎壳砂浆等闽南本土化材料，既大大减少了工程造价，又使嘉庚建筑具有浓厚的地域特色。在墙体的使用材料上以砖、土、石为主，壁体构造以砖石相间堆砌，营造出肌理所表现出的层次美感。在嘉庚建筑中，砖起到了极其重要的作用。它采用白色花岗岩与红色砖的色彩搭配既和谐又生动，以白衬红，以红显白，这种红白相间的视觉效果，体现了和谐与对比，整体上给人以别样美的视觉感受。闽南作为石材产地，花岗石在建筑上的应用比较广，砖与石混砌，由石的表面与砖的表面质地之对比营造一种装饰美感，这之间产生点、线、面的组合，又产生一种整体面积上的韵律。白色花岗岩与红色清水砖形成强烈的色彩对比，并用带灰色的白石来调和这种对比，使其统一在一起，白灰色作为面本身能起到一种缓冲的作用。墙面红砖与白石相间有序产生很美的视觉效果，在阳光的照耀下形成一种微妙的韵律。青石、红砖加上一些装饰的边线图案，与周围环境形成一种互动关系，很有亲和力。

充分展示雕刻技艺的是鳌园嘉庚建筑群，鳌园包括中心的集美解放纪念碑、陈嘉庚墓、门廊两侧各长50米的成组青石雕刻和鳌园四周的雕刻装饰。鳌园从整体布局上来看，外框像一个"图"字，而鳌园的主题建筑——集美解放纪念碑便成了"图"字的中心。这也表明了陈嘉庚先生意在将鳌园建成一个用石头刻成的图书馆，鳌园内的各种石雕是图书馆里的书籍。共666幅栩栩如生的青石雕，融合深、浅浮雕及漏雕等各种雕刻技艺于一体，堪称闽南石雕文化的代表作，尤其是门廊两侧各长50米的中国古代和近代史的成组青石雕刻，更是鳌园雕塑群的上乘之作（图6）。鳌园四周集中的闽南石雕作品，题材广泛，内容丰富多样，风格各异，雕刻技艺精湛，富于民族特色，石雕故事的内容主要是在陈嘉庚先生精心构思下进行设计的，体现了陈嘉庚先生对中国传统文化的理解。作为鳌园中心的集美解放纪念碑，除碑座墙上的青石雕外，其他全部由花岗岩砌成。纪念碑有两层台基，每层青石台的周围都有青石围栏，围栏上均装饰有栩栩如生的青石圆雕，每根栏柱上都刻有联语，每层台基的墙上都嵌满青石浮雕，其社会教育价值和艺术价值不可估量[4]。嘉庚建筑如此丰美精致的艺术表现、别具风味的美学特色和精湛的砖雕技艺，表现出嘉庚先生对建筑的艺术审美和价值取向。

图6　鳌园青石雕刻

嘉庚建筑以闽南特殊地域社会生活环境和文化环境的物质依托作为建筑的载体，展示了人工与自然环境之间的和谐统一。与此同时，嘉庚建筑从更广泛的角度去解释传统，从空间构成、装饰材料、建筑布局、序列组合等方面创造出具有闽南特色的嘉庚建筑形象，它通过新的技术、材料、思想、结构来阐释建筑的美。陈嘉庚吸收传统建筑的技法，采用红瓦砖墙的建筑，融合闽南传统建筑的技法和装饰，结合西洋建筑风格，创造出独特的、带有西洋特色和乡土风韵的嘉庚风格。透过嘉庚建筑，人们可以认识集美学村和厦门大学的历史，认识陈嘉庚先生的文化底蕴与精神品质，认识隐藏在建筑形式之下深厚的民族文化。

参考文献

[1] 谢弘颖. 厦门嘉庚风格建筑研究[D]. 杭州:浙江大学,2005.
[2] 余阳. 厦门近代建筑之"嘉庚风格"研究[D]. 泉州:华侨大学,2002.
[3] 朱晨光. 陈嘉庚建筑图谱[M]. 香港:天马出版有限公司,2004.
[4] 黄顺通,刘正英. 陈嘉庚与集美鳌园[C]. 北京:中央文献出版社,2000.

[本文发表于《集美大学学报(哲学社会科学版)》2007年第3期]

日本学界"陈嘉庚镜像"的演变论析

任江辉

(集美大学外国语学院 福建 厦门 361021)

摘要：日本学界的陈嘉庚研究大致萌芽于日本对东南亚华侨华人的调查研究过程中。由于研究立场和军国主义的影响，早期日本学界的陈嘉庚研究呈现出明显的主观性和政治性。随着二战的结束，其研究的客观性、系统性也逐步体现出来，形成了日本学界特有的"陈嘉庚镜像"，具有其自身鲜明的特点。日本学界陈嘉庚研究的学术内涵和外延丰富，具有独特的历史意义和学术价值。

关键词：陈嘉庚研究；陈嘉庚镜像；日本学界

一、引言

陈嘉庚是杰出华侨领袖，他对中国的革命、新中国的建设做出了重大的贡献，也对东南亚的经济、政治产生了深远的影响。作为"华侨旗帜"的精神领袖，陈嘉庚在全世界的华侨华人中树立了爱国主义的典范。因此，在研究华侨华人这一学术领域中，陈嘉庚尤其受到国内外学术界的关注。从研究成果的地域特点观之，陈嘉庚研究主要分为两个方面：（1）陈嘉庚出生地、生活地学界的研究，如中国学界、新加坡学界、马来西亚学界的研究。该方面的研究成果主要体现为论著和学术论文，其中比较有代表性的论著有：杨国桢的《陈嘉庚》[1]、陈碧笙和陈毅明编著的《陈嘉庚年谱》[2]、林少川的《陈嘉庚与南侨技工》[3]等；比较有代表性的学术论文有：林德时的《论嘉庚精神的基本内涵》[4]和《嘉庚精神：培育和践行核心价值观的宝贵资源》[5]、郭玉聪的《教育救国：陈嘉庚倾资兴学的思想动机》[6]、潘懋元的《教育事业家陈嘉庚教育思想新探》[7]等。（2）非陈嘉庚出生地、生活地如日本、韩国、美国、英国等学界的研究，其中日本学界的研究就是其重要的组成部分。与中国学界的研究立场和角度相比，日本学界的研究者大多居于不同的视域、立场来分析和评价陈嘉庚，逐步建构起颇具特色的"陈嘉庚镜像"，呈现出其特有的评论和阐释，从而形成了陈嘉庚研究的外延，是对陈嘉庚研究内涵

作者简介：任江辉（1979— ），男，福建泉州人，副教授，博士，主要从事华侨华人、日本学与日本近现代文学研究。

的重要参考和补充。

二、日本学界"陈嘉庚镜像"的研究变化

陈嘉庚研究在日本学界发端于日本对东南亚华侨的调查和研究过程中。"1907年，日本政府批准有史以来的第一个《帝国国防方针》，确定了向亚洲大陆扩张国权和扶持民力向南洋发展的基本国策。从此，日本政府有关机构和南满洲铁道株式会社调查部、东亚经济调查局、台湾拓殖株式会社等一批'国策会社'开始对南洋华侨的历史与现状进行长期和全面的调查研究。"[8]在这一历史语境下，日本立足于"南进政策"入侵东南亚，并在对东南亚进行详尽的调查过程中逐步涉及当时的"华侨领袖"陈嘉庚的研究。从1945年前日本学界深受日本军国主义的影响、其调查和研究的价值取向特点及陈嘉庚研究在日本学界的历史发展内涵观之，大致可以将二战结束（即1945年）作为时间节点，日本学界的陈嘉庚研究可分为二战结束前和二战结束后两个历史发展分期。

（一）二战结束前日本学界的陈嘉庚研究

二战结束前日本学界对陈嘉庚的调查和研究，其成果主要体现在日本企画院编写的《华侨之研究》[9]、"满铁东亚经济调查局"编写的《英属马来亚·缅甸及澳大利亚的华侨》[10]、井出季和太的《南洋与华侨》[11]、根岸佶的《华侨杂记》[12]等论著上。

1. 1939年日本企画院编写的《华侨之研究》，详细阐释了陈嘉庚在支援抗日活动中的影响和作用。（1）分析了陈嘉庚在马来西亚乃至整个东南亚华侨社会的经济地位和社会声望。（2）论述了陈嘉庚所经营的企业虽然遭受当时世界经济危机的冲击，经济亏损严重，但是其影响力依然渗透于整个东南亚华侨社会。（3）分析了陈嘉庚举办南洋华侨代表大会，担任南洋华侨筹赈祖国难民总会（以下简称"南侨总会"）主席，积极支援抗日的状况，进而解析了陈嘉庚创办《南洋商报》具有宣传抗日之目的。

2. 1941年"满铁东亚经济调查局"编写的《英属马来亚·缅甸及澳大利亚的华侨》出版发行，这一系列书籍主要阐述了陈嘉庚与《南洋商报》之间的关系，分析了其创办《南洋商报》的历程及《南洋商报》报道的内容如中国军队抗日的情况、宣传抗日救亡的号召等，并鲜明地指出《南洋商报》具有强烈的抗日思想。同时，还解析了在日本侵华战争的过程中，陈嘉庚动员东南亚华侨募捐抗日的过程及南侨总会的运行状况。

3. 1941年井出季和太撰写了《南洋与华侨》，在该书中分析了同为福建籍华侨领袖的陈嘉庚和胡文虎之间的商业竞争和各种矛盾，尤其是陈嘉

庚的《南洋商报》与胡文虎的《星洲日报》之间激烈的竞争，进而论述了虽然陈嘉庚与胡文虎是商业劲敌，但是在抗日救国的思想和行动上是不谋而合的观点。

4. 1942年，根岸佶出版了其知名论著《华侨杂记》。根岸佶是"日本学术界系统研究华侨帮派组织的第一人，他写的《华侨杂记》一书，对战后日本学者研究华侨社会经济发生过很大的影响"[13]。该书是早期论述陈嘉庚较为详细的论著，在书中各处均有陈嘉庚事迹的记述，还另辟一小节以"陈嘉庚"为题深入解析陈嘉庚，较为翔实地论述了陈嘉庚的社会、经济、政治活动。（1）该书阐述了陈嘉庚的经济状况。从马来亚的工业总体框架下分析了陈嘉庚经营橡胶公司的历史变迁，并在详细分析后得出结论：由于华侨橡胶业的衰微和当时世界经济危机的冲击，陈嘉庚的企业于1933年进行清算，其名义上的财产已经变得很少了。但是由于在企业发展的高峰期，陈嘉庚参与了大量的社会捐献、政治活动，他依然在华侨群体中享有十分崇高的声望。（2）该书分析了陈嘉庚的抗日活动。在该书的"华侨与时局"这一章节中，作者指出：在新加坡经济上最有影响力的领导是陈嘉庚和胡文虎，但是在社会声望上陈嘉庚较胡文虎更高，特别是作为抵制日货、坚决抗日的领导人其名气更响。然而，随着南洋华侨回国慰劳考察团奔赴重庆等地进行实地走访，发现重庆国民党政权的腐败和抗日消极化后，陈嘉庚脱离援蒋抗日的阵营，转向援共抗日。（3）该书解析了陈嘉庚对教育事业的贡献。从集美小学的设立运营到集美学村的整体建设，从新加坡华侨中学的筹办到厦门大学的创设，陈嘉庚都殚精竭虑、倾尽钱财。不难看出，根岸佶对于陈嘉庚的关注非同寻常，阐释非常详细。

二战结束前，日本学界对陈嘉庚的研究，主要基于其"南进政策"的侵略殖民目的，大多在阐释东南亚华侨群体时深入分析陈嘉庚的社会活动、政治动向和经济实力，尤其对陈嘉庚的抗日活动进行了较为全面的解析和探究。其中关于《华侨之研究》这一论著，陈嘉庚的《南侨回忆录》中的"战后补辑"就如此评价："星洲沦陷后笔者经华侨检证之浩劫，幸得脱险。当时甚欲知日寇对华侨之意见，一日于一小摊购得日文旧书一册，书名《华侨之研究》系日本企划院——按此想系日本政府所设，专为计划侵略他国之机关——所编，一九三九末出版，洋洋巨帙，详述南洋华侨之种种情形，以及其抗日工作，事事皆甚明晰，较之华文书报所自述者尤详。日寇大约即用此种报告为根据，以对付我华侨者，阅之不禁毛竖。中有一段专论陈嘉庚先生，可见日寇对于嘉庚先生之注意，先生能安然渡过此长期逃亡之难关，可谓天幸。"[14]显然，无论是日本企画院、"满铁东亚经济调查局"等组织机构的研究分析，还是井出季和太、根岸佶等学者的个人论述，从其研究的范式、内容到实质,乃至使用的语言表达方式,均可以看出二战结束前日本的陈嘉庚研究是为日本军国主义和殖民侵略主义服务的。

(二)二战结束后日本学界的陈嘉庚研究

二战结束后,日本学界对陈嘉庚的研究摆脱了战时军国主义思想的束缚,以更为客观的研究视角来解析陈嘉庚的人物形象。战后日本学界对东南亚的研究,在20世纪60年代之后出现高潮。当时,日本以"经济合作"为幌子,加紧向东南亚经济渗透,与东南亚的经济关系日趋密切,使东南亚逐渐成为日本对外贸易、投资的重要场所,在这样的形势下,对东南亚的研究日渐受到青睐,东南亚华侨华人经济便成为日本学界关注的重点。作为了解和研究东南亚华侨华人经济的一个重要部分,陈嘉庚研究也重新获得日本学术界、政府部门和经济团体的重视。二战结束后日本学界的"陈嘉庚镜像"随着历史语境的发展有了很大的转变,比较典型的研究成果有:市川健二郎的论文《陈嘉庚与华侨政治捐款》[15],华裔学者游仲勋的论著《东南亚的华侨》(中文版书名为《东南亚华侨经济简论》)[16],学者须山卓、日比野丈夫、藏居良造等合著的《华侨》[17],市川信爱教授的论著《华侨社会经济论序说》[18],筑波大学人文社会科学研究科松野友美的博士论文《华侨陈嘉庚与国民政府期的国家建设(1923—1942)》[19]等。

1. 1968年,学者市川健二郎发表《陈嘉庚与华侨政治捐款》一文,该文从华侨的政治捐款入手,分析了陈嘉庚在不同历史时期的政治捐款史实,并以陈嘉庚作为华侨典型的个案分析了20世纪初海外华侨为自己的故土、祖国做贡献的方式和途径。(1)解析在孙中山募集革命运动资金时期陈嘉庚乃至东南亚华侨的反应和行动。(2)论述陈嘉庚在抗日战争时期成立南侨总会并担任主席、号召东南亚华侨积极募捐的过程,以及率领华侨慰问团到达重庆、延安等地慰问、激励抗战将士。(3)统计在陈嘉庚的领导下南侨总会对中国抗日战争的捐款总额。(4)阐述中华人民共和国成立后陈嘉庚担任政协常委会、侨务委员会、归侨联合会等机构要职,积极推动海外华侨对中国国内建设的捐款、教育事业的资助,同时呼吁积极保护海外华侨的经济利益、投资权益,并促进相关法规的出台。作者指出,陈嘉庚对中国国内的捐款初始于其对家乡社会的建设和开发,在抗日战争时期其为国家捐款的积极性达到最高潮,战后陈嘉庚的捐款则体现了其爱国精神与爱乡精神是一体的,是紧密联系在一起的。显然,这一观点较为客观,符合史实。

2. 1970年,华裔学者游仲勋出版论著《东南亚的华侨》。在该论著中,游仲勋教授在分析东南亚华侨经济时,从经济学的视角出发,以华侨财团的实例谈及了陈嘉庚所从事的行业,"橡胶大王陈嘉庚是橡胶、橡胶制品、药品、鞋、饼干、砖瓦、水泥等各种行业企业相结合的华侨财团";同时阐释了陈嘉庚的企业经营在 20 世纪 30 年代遭受世界经济大恐慌时所受的打击，企业内 6000 名工人失业的状况，还解析了陈嘉庚的女婿李光前在"新马地区后陈嘉庚时期"所掌控的财团、运营的公司的经济活动。该论著主要从经济学视角出发来分析陈嘉庚的经济实力、企业运营特点。

3. 1974 年，学者须山卓、日比野丈夫、藏居良造等合著的《华侨》出版并发行，得到了学界的好评。该书以"福建帮与陈嘉庚"为题的一个小章节详细阐释了陈嘉庚的历史影响。（1）从宏观的视角出发，分析了福建帮在东南亚尤其是在新加坡的经济、政治、社会生活中的重要地位。陈嘉庚是新加坡福建帮的代表性人物，他大力发展橡胶工业，虽在 1929 年的世界性经济危机中遭受毁灭性打击，但他总结经验教训，从橡胶业这一单一经营扩展到多业种经营，并在多业种的综合经营中获得成功。（2）从个人性格、思想的角度，论述了陈嘉庚是一位思想先进、乐观进取的人物。他在 20 世纪初便加入了中国革命同盟会，在九一八事变后积极参与抗日救国的捐款活动，在卢沟桥事变后组织南洋华侨筹赈祖国难民总会并担任会长，发动捐款、抵制日货，改变立场支援中国共产党抗日。中华人民共和国成立后，陈嘉庚任中央人民政府委员、全国人民代表大会常务委员会委员、中华全国归国华侨联合会主席等职位，致力于华侨工作、华侨的祖国捐款等事业。陈嘉庚逝世后，其女婿李光前继续积极地协助中国政府的华侨工作。（3）从教育贡献的角度出发，阐述了陈嘉庚胸怀家乡建设、在家乡无私捐款创设各类学校，其中以厦门大学尤负盛名。在其教育思想的影响下，其族弟陈六使也成为创立新加坡南洋大学的核心人物。总而言之，该书从经济、政治、教育 3 个层面阐释了陈嘉庚的历史影响。

4. 1987 年，市川信爱教授出版了《华侨社会经济论序说》一书，该书主要阐述了陈嘉庚对教育事业的贡献。从 1894 年陈嘉庚在其家乡集美捐资创立私塾"惕斋学堂"，到后来创立集美学校，形成了幼儿园、小学、中学、师范学校、航海学校、商科学校等一体化教学体系，乃至在 1924—1932 年支援同安教育委员会设立教育普及部门，并支援创设小学 70 余所、中学 2 所。从集美学校的学生人数、学校规模，到其教学特点、学科特色、师资力量；从陈嘉庚投资建设厦门大学的规模由最初的师范、商科 2 个专业，到后来的文、理、法、商、教 5 个专业扩展到 9 个专业等方面均进行了详尽的分析和论述。该论著主要从经济学与教育学的相互关系来解析陈嘉庚对祖国、故土教育的贡献。

5. 2017 年，筑波大学人文社会科学研究科松野友美发表博士论文《华侨陈嘉庚与国民政府期的国家建设（1923—1942）》。该论文立足于客观史料，对陈嘉庚与国民党之间的矛盾、冲突进行详细的阐述，包括：（1）集美学村的运营层面。集美学校的部分学生加入国民党,联合国民党势力,在学校运营中产生纠纷。陈嘉庚基于自身的学校管理权,利用本地军事势力来维持学校的治安。(2)福建省地域性势力关系层面。1932年广东系军事势力的国民党十九路军入闽后,对与陈嘉庚关系密切的本地军事势力进行讨伐,因此陈嘉庚不赞成由国民党十九路军组建的革命政府的成立。(3)侨务政策层面。当时国民党政府的侨务政策极大削减了经营移民出国运输的林秉祥轮船公司,而陈嘉庚女婿便是该公司的重要管理者,可以看出国民党政府的侨务政策与陈嘉庚的利益是有冲突的。(4)关税减免待遇层面。当时新加坡橡胶价格暴跌,陈嘉庚寻求国民党政府给予免除关税,却被拒绝,因此对国民党政府抱有不满。(5)教育事业运营层面。陈嘉庚在厦门大学国有化后的运营中与国民党政府产生分歧,在南洋师范学校的创设过程中与国民党政府产生裂隙。基于这五点分析,作者认为:在1940年的重庆、延安之行以前,陈嘉庚就与国民党之间存在各种矛盾、冲突,而重庆、延安之行,使陈嘉庚意识到国民党的腐败、共产党的实干,这一点加速了其支持共产党的行为转变,但并不是其转向支持共产党的唯一缘由。作者从不同历史时期陈嘉庚的社会网络关系出发,解析了陈嘉庚对国共两党态度转变的历史因素,较为客观。

二战结束后,日本学界的陈嘉庚研究逐步冲破军国主义思想的藩篱,研究呈现客观性和翔实性,具有其自身的典型特点,形成了与二战结束前不同的"陈嘉庚镜像"。

三、日本学界"陈嘉庚镜像"的研究特点

日本学界基于自身的立场和研究视域,从东南亚华侨华人的研究入手,逐步涉及陈嘉庚研究,并对陈嘉庚研究外延的拓展起着重要的促进作用,故其在陈嘉庚研究上具有自身的特点,形成了颇具特色的日本"陈嘉庚镜像"。

1. 陈嘉庚研究在日本学界的出现主要起源于日本对东南亚华侨华人的调查研究。日本对东南亚华侨华人的研究大概从第一次世界大战期间开始,主要是由于当时日本侵占中国政策和"占领、殖民东南亚地区及南洋诸岛屿"的"南进策略"的需要。该时期日本开始着手对东南亚华侨华人的整体性、一般性调查研究,尤其是对东南亚地区的华侨人数、华侨分布、华侨关系、华侨经济、华侨领袖、华侨组织等概况进行了详细的调查和研究。而作为在东南亚华侨社会中影响力逐渐增大的陈嘉庚便成为当时日本学界研究的重要对象之一,特别是陈嘉庚在东南亚地区的经济实力、经营事业、社会行为、政治活动均成为日本学界该时期关注和研究的重点。

2. 日本学界在一战至二战期间的陈嘉庚研究,大多属于一般性介绍、基

础性调查资料,研究报告一类的成果占有较大分量,部分成果在搜集各类资料上下了很大功夫,论述比较详尽,资料相对丰富,客观上为后来的研究者留下了可供参考或佐证的有用资料,其内容主要体现在两个层面:(1) 对陈嘉庚经营的行业类型、公司规模、经济实力、运营状况等方面进行了深入的调查,尤其是在20世纪二三十年代的世界经济危机对陈嘉庚企业的冲击和影响方面进行了分析和阐释。(2) 对陈嘉庚在东南亚的经济影响力、政治影响力进行了分析,解析了陈嘉庚在东南亚华侨进行抗日救国运动中的行为、作用和影响。在这一时期,日本学界对陈嘉庚的关注点集中在这两个层面主要是基于日本向外扩张的需求,尤其是对东南亚扩张的需要。当时正值日本向外侵略扩张时期,对东南亚华侨的调查研究,尤其是对像陈嘉庚这样具有广泛华侨社会影响力的华侨领袖的研究,是符合当时日本国内外政治形势的需要,为其侵略中国、东南亚的战争策略的规划和实施提供情报资料。

3. 在一战至二战期间,日本学界关于陈嘉庚的研究缺乏全面性和客观性,主要体现在3个方面:(1) 将陈嘉庚列为东南亚华侨抗日群体的精英分子,对其调查和研究更偏重在其如何通过经济影响力来进行排日、抗日活动。(2) 主要对陈嘉庚的橡胶园、饼干工厂、菠萝工厂的运行状况进行分析,解析其企业破产是由于被日本产品竞争所致,论述其抵制日货的经济原因,具有一定的片面性。(3) 在对陈嘉庚的经济状况、社会活动等方面进行论述的时候,往往带有浓厚的敌意,对其进行诋毁。究其原因,主要有:出于国家战争策略等政治目的,该时期对陈嘉庚的研究主要是由日本学者奔赴东南亚进行实地调查和分析,对陈嘉庚进行调查的相关资料比较粗糙,对陈嘉庚的研究也较为粗浅,缺乏全面性;作为当时东南亚华侨领袖的陈嘉庚是南洋抗日救亡组织南侨总会的主席,其大力宣扬反对日本帝国主义、坚决组织支援抗日救国运动,因此被日本帝国主义视为其对东南亚侵略的一大障碍,是日本帝国主义所敌视的对象,故该时期日本学界对陈嘉庚的分析和评价带有一定的偏见,对陈嘉庚的调查和研究均带有明显的政治目的,缺乏学术的客观性。

4. 二战后日本学界对陈嘉庚的研究,较以往有了一定程度的改观。由于二战结束前日本学界对东南亚华侨进行研究时,仅局部涉及陈嘉庚的调查和研究,而且偏重于实地调查,因而对其研究和分析缺乏研究材料的全面性,再加上其研究的政治性较强且主要以日本侵略战争的需求为目的,因而有强烈的主观性。二战结束后,其研究的政治性偏向逐步消失,日本学界对"东南亚经济合作"的研究兴趣日益高涨,对东南亚华侨群体的研究也随之兴起。对于战后该领域的研究,日本知名学者游仲勋教授经过长期分析和研究归纳出"三个视角论"的思维视野和研究方法论,即"世界华侨华人经济不仅是经济学乃至经营学的研究,而且必定涉及历史学、社会学、文化学、人类学等学科的研究。应该从中国关系的视角、华人居留国内部的视角、全球化的视角,体现华侨华人研究的一般化、特殊化、个别化"[20]。战后日本学界的东南亚华侨华人研究相较于战前、战时有了很大的改观。因此,该时期日本学界对华侨领袖陈嘉庚的研究显得更具有学术性。这一时期的研究成果如冈本隆三的论著《华侨集团》、须山卓的论著《华侨》、日比野丈夫的论文《陈嘉庚的一生》、市川健二郎的论文《陈嘉庚与华侨政治捐款》等大多立足于具体的史实,同时结合相关的历史文献,如陈嘉庚撰写的《南侨回忆录》、新加坡中华总商会的会议记录、《南洋商报》的报道等进行分析,对陈嘉庚的经济状况、政治活动、教育思想等均进行了翔实的论述。可见,二战后日本学界的陈嘉庚研究成果逐步形成了一定的系统性和综合性。

5. 无论是二战结束前还是结束后,日本学界对陈嘉庚的研究大多是在研究东南亚华侨的时候涉及陈嘉庚,研究的内容大多从经济层面、政治层面、教育层面来解析陈嘉庚的人物形象。在经济层面,主要论述陈嘉庚在新加坡从事菠萝业、橡胶业等产业的经营状况,如企业规模、员工人数、橡胶产量等,以及经历各种困境后的经济情况;在政治层面,主要分析陈嘉庚在新加坡乃至东南亚地区的社会活动,尤其是在抗日运动、抵制日货、支援中国国内抗日等方面的分析较为详细;在教育层面,主要阐述陈嘉庚在新加坡地区捐资助学、解决师资难问题,在中国创立集美学校、厦门大学及支援闽南地区教育普及的历史功绩。日本学界对陈嘉庚的研究更多的是将其作为东南亚华侨领袖的典型个案进行分析,将其作为东南亚华侨精英的杰出代表进行研究。从时间的纵向角度观之,陈嘉庚研究在日本学界的内涵越来越丰富,其研究的广度和深度也在不断拓展,是陈嘉庚研究的外延中不可或缺的一部分。

6. 二战结束后,日本学界关于"陈嘉庚镜像"的探析与二战结束前相比有了较大的转变,主要原因在于历史语境的变迁。从二战结束前的历史语境观之,日本学界的陈嘉庚研究首先是基于政治因素,其次才是经济因素。首先,由于日本政府推行"南进""大东亚共荣圈"等侵略扩张政策的需要,因而十分重视东南亚华侨的存在,而作为东南亚华侨领袖之一的陈嘉庚自然成为其关注的重点;其次,由于日本在东南亚势力的扩张,其商业贸易活动受到华侨经济力量的激烈竞争和制约,于是日本朝野更加关注华侨的政治动向和经济实力,作为东南亚华侨经济领袖的陈嘉庚便成为日本政府和学界研究的重要指向。从二战结束后的历史语境观之,侵略殖民的政治因素逐渐消失,经济因素便成为主要导向。尤其是在20世纪60

年代后，日本学界出现了东南亚研究的热潮。该时期日本标榜"经济合作"，强化与东南亚进行紧密的"经济协作"，加强对东南亚经济的渗透，试图让东南亚逐步地成为日本对外贸易、投资的重要区域。因而掌控东南亚经济命脉的华侨经济领袖便成为其研究的重要内容，作为东南亚经济领袖之一的陈嘉庚便理所当然地成为日本学界研究的重点所在。因此，在政治因素、经济因素等不同历史语境的影响下，日本学界的"陈嘉庚镜像"凸显出与中国学界的差异，成为海外陈嘉庚研究的重要补充。

四、日本学界"陈嘉庚镜像"的研究意义

陈嘉庚作为中国近现代历史上的杰出人物，尤其是作为无私奉献于中国革命、建设的华侨领袖，一直被中国国内学界所关注，陈嘉庚研究的相关成果也不断涌现。而作为亚洲乃至世界范畴的陈嘉庚研究，不应只是局限于其出生地中国学界的探索，还应从不同国家或地域的学界研究来阐释陈嘉庚研究的全貌。日本学界的研究便是对陈嘉庚研究内涵的一大补充，形成了日本特有的"陈嘉庚镜像"，具有特别的学术意义。

1. 拓宽了陈嘉庚研究的学术外延。陈嘉庚研究大多集中在中国学界，主要涉及陈嘉庚捐资兴学、支援抗战、建设新中国等历史事实上，大多数中国学界的论文对陈嘉庚进行正面的赞颂。对伟人的历史功绩进行正面、积极的阐述是值得肯定的，这也几乎形成了中国学界陈嘉庚研究的基本模式；但还是出现了"忽视基本的历史事实、片面追求'歌功颂德式'撰写的所谓'研究'"之个别现象。纵观日本学界对陈嘉庚的研究，二战结束前注重田野的实地调查，二战结束后践行历史文献的解析和探索，从不同研究视域的立场出发，突破了中国学界关于陈嘉庚研究的传统范式，将陈嘉庚研究的广度进一步拓展。

2. 呈现了日本学界陈嘉庚研究的价值取向的变化。同一研究对象，在不同研究者、不同研究时期的各种因素差异下，其研究的价值取向也不尽相同。日本学界对于陈嘉庚的研究亦是如此。二战结束前，日本学界对陈嘉庚的研究大多源于日本对东南亚华侨华人的关注，该时期日本学界也主要基于日本向外侵略扩张的需求，坚决抗日的陈嘉庚成为研究的重要对象，因此，该时期日本学界对陈嘉庚的论述、评价具有特殊的政治目的和战争需求，虽有一定的客观性，但是更多具有主观性、片面性、敌意性和诋毁性。这些特点也成为二战结束前日本学界陈嘉庚研究的主要内涵。二战结束后，随着战争的结束、中日两国对立的缓和，日本学界对于陈嘉庚的研究脱离了战时的学术管制和束缚，更趋于合理和客观。再者，通过分析中国学界和日本学界陈嘉

庚研究的异同，可以揭示中国学界与日本学界陈嘉庚研究的价值取向的特点及其影响因素。

3. 展示了陈嘉庚研究在不同学界的学术认知。"陈嘉庚作为海外华侨尤其是东南亚华侨的杰出代表，亦是伟大的爱国华侨领袖、知名实业家、著名的教育事业家和社会活动家，在世界华侨史和亚洲近现代史上产生了重大而深远的影响。"[21]不同国家或地区对陈嘉庚研究形成的不同认知主要源于陈嘉庚所处的历史语境。陈嘉庚生活于中国历史发生巨变的时代，经历了清王朝的没落、国民党政府的兴衰、抗日战争的胜利、中华人民共和国的成立等不同历史时期。同时，作为东南亚的华侨领袖，陈嘉庚见证了东南亚地区西方帝国主义的殖民统治、东南亚民族独立运动的蓬勃发展。在这一特殊的历史语境下，不同地域的学界基于本地域的政治立场和状况，对陈嘉庚的解读也不尽相同。从地域研究的范畴观之，除了中国国内以外，其他地域的陈嘉庚研究就研究的内涵、规模而言，比较有深度的地域学界乃属日本。日本学界立足于二战前后不同的历史环境、政治因素，对陈嘉庚进行了不同程度的探讨和阐释。因此，通过对不同历史时期日本学界陈嘉庚研究特点的分析，可以解析"陈嘉庚镜像"在近现代日本的评价和认知。

4. 建构了中日学界在陈嘉庚研究上的学术交流和对话。在陈嘉庚研究的学术建构上，二战结束前中日学界均站在各自的价值取向和学术视域上对其进行了不同程度的研究和探讨。中国学界一般对陈嘉庚作为华侨领袖在东南亚的影响，在中国大陆的捐资兴学、支援抗战、政治活动进行正面阐述，而日本学界则深受军国主义思想和"南进政策"的侵略思想束缚，主要对陈嘉庚在东南亚华侨群体中的政治和经济影响力进行分析，阐述陈嘉庚利用其影响力进行的抗日活动和捐资助学活动，以期为日本政府在东南亚的华侨政策中提供相关情报。二战结束后，随着日本海外侵略扩张的止步，日本学界逐步摆脱侵略思想的影响，在陈嘉庚研究上的客观性和学术性也逐步显现出来，与中国学界的交流渐渐形成。上述日本学者市川健二郎、游仲勋、须山卓、日比野丈夫、藏居良造、市川信爱、松野友美等人在其论文、论著中多次参考并引用中国学界的学术成果，便是重要的佐证。也就是说，在陈嘉庚研究上，中日学界从二战结束前研究取向上的对立，逐步过渡到学术上真正的交流和对话。

5. 充实了陈嘉庚研究的系统性。通过日本学界的陈嘉庚研究，可以阐述日本学界关于"陈嘉庚镜像"的历史变化，剖析日本学界陈嘉庚研究的状况和特点乃至历史变迁的缘由，进而对中日学界陈嘉庚研究的特征及价值取向进行横向的比较分析，从而进一步拓展中日学界陈嘉庚研究的内涵和外延。通过这一系列的研究和分析，可深入充实"陈嘉庚镜像"研究的丰富性和完整性。与此同时，通过分析中国学界和日本学界陈嘉庚研究的特点，解析两者的异同点，剖析中日学界研究的价值取向，可拓展研究的视野，建构出陈嘉庚研究的整体性和系统性。

五、结语

日本学界的陈嘉庚研究发轫于日本对东南亚华侨的调查和研究，作为该时期东南亚华侨社会重要领袖的陈嘉庚自然而然成为日本学界的研究对象。由于受到战时军国主义的影响，日本学界早期的陈嘉庚研究具有鲜明的政治目的性和主观偏见性。随着二战的结束和军国主义思想藩篱的瓦解，日本学界的陈嘉庚研究逐步进入较为客观、系统的研究路径，同时也形成了陈嘉庚研究的"日本镜像"，丰富了陈嘉庚研究的内涵。因此，日本学界的陈嘉庚研究不仅为中国学界的研究提供了重要的参照，而且是对陈嘉庚研究学术内涵的一大补充，拓展了陈嘉庚研究的学术外延。

参考文献

[1] 杨国桢.陈嘉庚[M].北京:人民出版社,1987.
[2] 陈碧笙,陈毅明.陈嘉庚年谱[M].福州:福建人民出版社,1986.
[3] 林少川.陈嘉庚与南侨技工[M].北京:中国华侨出版社,1994.
[4] 林德时.论嘉庚精神的基本内涵[J].江西社会科学,2020(6):56-59.
[5] 林德时.嘉庚精神:培育和践行核心价值观的宝贵资源[J].集美大学学报(哲学社会科学版),2015(1):13-17.
[6] 郭玉聪.教育救国:陈嘉庚倾资兴学的思想动机[J].厦门大学学报(哲学社会科学版),2001(1):78-82.
[7] 潘懋元.教育事业家陈嘉庚教育思想新探[J].中国高教研究,2007(10):7-8.
[8] 纪宗安,崔丕.日本对南洋华侨的调查及其影响[M]//崔丕,姚玉民.日本对南洋华侨调查资料选编(1925—1945):第1辑.广州:广东高等教育出版社,2011:1-5.
[9] 日本企画院.華僑の研究[M].東京:松山房出版社,1939.
[10] "満鐵東亜経済調査局".英領馬来・緬甸及濠洲に於ける華僑[M].東京:"満鐵東亜経済調査局",1941.
[11] 井出季和太.南洋と華僑[M].東京:三省堂株式外社,1941.
[12] 根岸佶.華僑雜記[M].東京:朝日新聞社,1942.
[13] 郭梁.日本人论陈嘉庚[J].南洋问题,1985(1):36-44.
[14] 陈嘉庚.南侨回忆录[M].上海:上海三联书店,2014:376-377.
[15] 市川健二郎.陳嘉庚と華僑政治献金[J].東洋学報,1968(51-02):163-189.
[16] 游仲勋.东南亚华侨经济简论[M].郭梁,刘晓明,译.厦门:厦门大学出版社,1987.

[17] 须山卓,日比野丈夫,藏居良造.華僑[M].東京:日本放送出版協会,1974.
[18] 市川信爱.華僑社会経済論序説[M].福岡:九州大学出版社,1987.
[19] 松野友美.華僑陳嘉庚と民国政府期の国家建設(1923—1942)[D].筑波:筑波大学,2017.
[20] 游仲勋.现代世界華人経済論の構造:研究領域と分析视角[J].地域経済政策研究,2004(4-5):17-34.
[21] 任江辉.中国学界陈嘉庚研究的现状、特点与展望:以期刊论文为中心[J].皖西学院学报,2020(3):110-115.

[本文发表于《集美大学学报(哲学社会科学版)》2022年第1期]

集友银行的历史发展、特点和作用
——兼论其对陈嘉庚遗愿的实现和延续

陈俊林

(陈嘉庚纪念馆 福建 厦门 361021)

摘要：集友银行于1943年10月在战时福建临时省会永安成立。其成立原因特殊，发展过程曲折，特点十分显著。在经历70余年风雨后，虽总分行发生变化，但始终保持侨资银行性质，厦、港两地银行一度共生共荣，相互扶持。集友银行履行社会责任起步早、持续时间长，对福建教育事业一以贯之的倾助是其他银行不能比肩的，特别是其保持"以行养校""以行助乡"的办行初衷，创新助学方式，且发挥"以校养行"的特色，持续发展且保持及加强与福建的深厚渊源和联系，不但持续实现、延续着陈嘉庚的教育遗愿，且以多种方式广泛履行社会责任，发挥在港本地作用，并凝聚侨心、借助侨力、服务侨众，其桥梁作用影响深远。

关键词：集友银行；陈嘉庚；以行养校；以行助乡

集友银行初办时全称"集友银行股份有限公司"，由一批陈嘉庚事业襄助者于1943年10月1日在抗战时期福建临时省会永安发起创办，是当时继福建省内四大银行及省行后较早设立的私立银行①。集友银行的设立不仅实现了对华侨汇资的保值、增值，延续了陈嘉庚"教育为立国之本，兴学乃国民天职"的理念，更继承了陈嘉庚"以商养校"的一贯思想和策略，为集美学校经费来源提供了一个稳定且长期的保障，同时也"确立华侨资金与祖国建设事业联系合作之初基，俾可陆续联合侨商返国投资，助长祖国复兴事业"[1]46，对福建的教育与经济发展做出了重要贡献、产生了深远影响。

2008年，集美学校委员会联合福建省档案馆等单位，利用福建省档案馆、厦门档案馆等单位收藏的档案，将涉及集友银行开办初始10年的档案资料汇编出版《集友银行档案汇编》一书，成为目前仅见的有关集友银行的公

作者简介：陈俊林（1978— ），女，安徽天长人，馆员，博士，主要从事华人华侨史、陈嘉庚研究。

① 四大银行即由国民政府官僚资本直接控制的中央银行、中国银行、交通银行、农民银行；省行即福建省政府于1935年筹建成立的福建省银行。见：[1]李莉.民国时期集友银行的成立与发展[J].福建史志,2009(5):28-30.[2]丁志隆.集友银行档案选编[M].福州:海风出版社,2008:48.

开专辑参考书。除此以外，集美学校委员会、香港集友银行均存有经年积累留存下来的大量档案。这些档案对还原历史的重要性显而易见。目前专门针对集友银行的研究还是凤毛麟角[①]。对公众而言，集友银行的历史脉络不甚明了。如今，集友银行已走过78年风雨历程，一度隶属中银集团，现成为厦门国际银行成员行之一。集友银行的历史发展过程具有成立早、历时长、变迁复杂等特点，对福建教育事业的持续关注也是其他银行不可比肩的，不论是在银行界还是教育界都为一大创举，值得深入研究。因此，综合利用档案资料等史料，明晰集友银行历史脉络，梳理、分析集友银行的历史发展特点和作用显得十分必要且重要。

一、集友银行的历史发展

（一）1943年：创办

在《集友银行档案选编》所载"集友银行创办发起人会议决议录"中可见"陈嘉庚"字样[1]23-25，因此，集友银行通常被认为是陈嘉庚创办或他召集华侨集资创办[②]。1941年12月太平洋战争爆发，日寇南侵新加坡。1942年1月底，适逢南侨总会尚有汇款回国机会，陈嘉庚果断劝陈六使、李光前等亲友汇资回国，并言："抗战胜利后，再招多少，可在本省或即在厦门开一福建兴业银行，然后由此银行发起招股，创办轮船公司、保险公司……与其他有关民生事业。"[③]经他劝说，陈六使、李光前、陈济民（陈嘉庚长子）、陈厥祥（陈嘉庚次子）等亲友先后将国币[④]合计855万元分批通过新加坡中国银行汇交重庆国民政府财政部转交闽南救济会陈村牧（时任集美学校校董）、陈永萍（时任集美学校会计主任）收。陈六使在首次汇款时即特别嘱咐："集美学校如需用，可支取。"[2]为使这笔款项保值、增值，并使集美学

---

① 目前可见研究只有李莉《民国时期集友银行的成立与发展》一文，该文可能也参考了《集友银行档案选编》一书，但参考文献不完整。文中对集友银行创办人的史实有误读，说是陈嘉庚及其子发起成立集友银行。具体客观创办史实见本文内容分析。

② 有学者甚至认为集美学校也是华侨集资创办的，实际是陈嘉庚独资创办的。见：杨艺红."为教育而经营"：集友银行经营与教育融合发展模式初探（1943—1954）[Z]//华侨大学.第六届海外华人研究与文献收藏机构国际会议手册，2015：106.

③ 陈嘉庚在《南侨回忆录》中记述1942年1月避难前劝陈六使、李光前移资汇回国之事，见：陈嘉庚.南侨回忆录[M].新加坡：南洋印刷社，1946：345-346.

④ 国币是国家采用货币的统称，民国时期的国币曾先后采用银圆、伪法币、金圆券等。1943年集友银行成立时的国币是伪法币，因此相关文献中有国币、法币两种不同表述，如：《集友银行股份有限公司章程》及陈厥祥、陈嘉庚1943年10月8日关于申请注册集友银行股份有限公司给福建省假设厅的呈中称国币，《集友商业银行股东会报告书》简史中称伪法币，从开办即入职集友银行担任会计的周国英在其回忆文章中也称法币。此处及下文中均引用《集友银行股份有限公司章程》中的叙述所用货币单位。

校能有一个长期而稳定的经费来源，陈厥祥、陈村牧等根据校主陈嘉庚避难前的劝言及他"实业与教育大有互相消长之连带关系"[3]的理念，效仿校主"以商养校"的做法，在征得陈嘉庚在国内子辈的同意后，将此笔款项以陈嘉庚倡设名义先后投资设立了集美实业股份有限公司、集友银行和中国药业提炼公司（重庆）3家企业。在劝说亲友移资国内后不久的1942年2月初，陈嘉庚即开始辗转避难印尼，直至1945年8月才返回新加坡。在此期间，他一直与亲属、集美学校等失联。由此可见，陈嘉庚并未发起、参与倡设集友银行，是其亲友、集美学校校董等以陈嘉庚首倡名义发起创办的，但陈嘉庚劝移资为集友银行的创办奠定了基础，其"以商养校"的精神影响也是显而易见的。

集友银行初始原定股本总额为国币400万元，分为4000股，每股1000元，全数认足先收半数先行筹备营业，其余定期收足[1]10。此半数开办股金中的190万元即从陈六使的这笔星洲汇款中提拨筹建①，其余10万元由其他校友、校董集资筹足。在陈厥祥、陈村牧等发起人的共同努力下，经申请注册、备案等一系列筹备工作，集友银行于1943年10月1日在战时福建临时省会永安开业。1944年8月，原定认购股本金全数收足。集友银行初设董事会，由9名董事及3名监察人组成，推举陈嘉庚为董事长，陈厥祥为总经理，陈济民为常务董事。因陈嘉庚当时正在印尼避难，改由陈济民为代董事长。集友银行创办伊始即设定办行宗旨：辅助文化教育，发展社会经济。营业范围包括存款、放款、票据贴现、国内汇兑及押汇、买卖有价证券（但需非投机性质）、代募公债及公司债、代理收付款项、保管贵重物品、仓库业务、储蓄业务等，但不得买卖营业用不动产及因清偿债务收受的不动产；不得收买该行股票，并以该行股票作借款抵押品[1]8-10。在收益分配方面，即拟定每年将部分盈利和股东股息红利捐作集美学校经费，开创"以行养校"的盛举，成为近代华侨投资教育事业的特殊先例和典范。

（二）1943年至1972年：曲折发展变迁

开办后，集友银行先后在广东东兴、广西柳州、福建泉州等侨区设立办事处收解侨汇。1945年抗战胜利后，总行于同年12月自永安迁设厦门重新开业（简称厦门总行）。1946年5月，东兴办事处迁设漳州，大田办事处迁设永春，福州成立支行。1947年7月15日，集友银行修改章程，更名为"集友商业银行股份有限公司"，在漳州、泉州的办事处升格为支行。同年，因国内通货膨胀严重，业务难以开展，厦门集友银行股东另集资在香港开设

---

① 见"陈六使先生汇款收付简表"（1947年7月31日制），载政协厦门市集美区委员会文史资料委员会、厦门市姓氏源流研究会陈氏研究组编的《陈文确书信选》，1995年，第53页。

集友银行（简称港行），厦门总行以"友记"户注资港币 7 万元入股港行。1949 年 5 月间，因国内时局动荡，金融混乱，银行业务难以为继，各分支机构全部办理结束业务，厦门总行只保留少数人员，暂停营业。1949 年 10 月厦门解放，11 月厦门集友银行增资复业。1950 年 9 月设立上海分行（简称沪行）。厦门总行和沪行为隶属关系，主要经营外汇业务，并代理国家银行储蓄业务。1953 年，厦门总行股东议定将股份悉数捐给集美学校[①]。自此，厦门总行及上海分行成为集美学校校产。

1943 年集友银行成立后，即同其他华侨资本一样独立自由发展。在国内局势动荡之下，国民政府无暇顾及。中华人民共和国成立后，在资本主义工商业社会主义改造期间，当时所有权属集美学校的集友银行厦门总行和上海分行因所有权和资金所限，银行业务于 1954 年出现萎缩及亏损。对此，陈嘉庚遂于 1954 年 12 月 13 日和 1955 年 2 月 6 日致函周总理，请求将这两间集友银行交由国家管理。"周总理于 1955 年 3 月 26 日复函：对厦门和上海的集友银行，要嘉庚先生'仍继续经营'。周总理并关照人民银行支持集友银行扩大业务经营范围，要'保证集友银行有利可图，不使亏损；多余人员可安置在国家银行'。"[4]从此，集友银行开始扭亏为盈，有力地支持了学校发展。之后受国内环境影响，厦沪两行发展再度陷入困境。1972 年，厦门总行和上海分行办理结束业务[5]，分别由中国人民银行厦门分行、上海分行接办。

（三）1972 年至今：稳定发展壮大

香港集友银行则一直延办至今。1970 年，依照香港当地银行法规定，开办银行资本金需满足一定数额。当时因股东资金不足，为寻求发展，香港集友银行邀请中国银行（香港）注资入股增资。由此香港集友银行成为中银集团成员行，获得稳定发展，并逐步向内地扩展业务，在内地开办分支行。2017 年 3 月，中国银行（香港）将所持集友银行股份全数转让予厦门国际银行并完成股权交割，自此香港集友银行成为厦门国际银行成员行。

总体而言，集友银行从最初在永安创设的小型侨资银行，继而迁设厦门，在上海设分行，另在香港创办香港集友银行。从厦门总行延伸发展至上海、香港等地，经历时代变迁，转变为香港集友银行为总行，历经 78 年风雨。即使处于动荡环境，集友银行秉承一贯的稳健作风，不投机取巧，盈利虽有起伏，但各项银行业务仍能正常开展并有盈余，在当时兴办实业中实属难得。集友银行不仅保证了企业、职工及股东的利益，也实现了发展教育、扶助社会事业发展的初衷。

---

① 陈六使等 17 名股东复函愿将投在本行账内股本捐赠私立集美学校为基金，见 1953 年 6 月 11 日集友银行第一次股东常会会议录，该档案藏于集美学校委员会。

二、集友银行的历史发展特点

纵观集友银行78年的发展历程,尽管经历了抗日战争、解放战争的时局动荡,也经历了"文革"、金融风暴等特殊时期的考验,历程坎坷,但都无法阻挡其独特的发展脚步。集友银行的整个发展过程特点显著,具体如下:

(一) 侨资银行性质未变

从创办至今,集友银行的侨资银行性质始终未变。创办时,其侨资性质体现在3个方面:(1) 其创办资金400万元,先收足的开办资金主要来源于陈六使、李光前等一批海外华侨的汇资,其他零散股份也来源于华侨群体。(2) 银行的申请、成立等活动均由华侨实施[①],且董事长、董事13人、监事3人等职均由这些华侨股东担任。当时陈嘉庚虽在印尼避难,但发起人推举陈嘉庚为首任董事长,由当时已回国的陈济民担任代董事长,陈厥祥担任常务董事兼总经理。由这些华侨共同致力于银行的经营发展。(3) 银行创办的业务着力点是注意到福建、广东侨资侨汇市场范围广大,从为华侨服务的角度开展收解侨汇业务起步。在永安开办时,集友银行的营业任务以沟通侨汇、接济侨眷为首要[6]。不久,集友银行又相继在广东东兴、广西柳州、福建泉州和福州等侨区分设机构,收解侨汇。直至今日,香港集友银行业务范围中的一项重要内容仍是服务侨汇侨资,且大份额股份外的其余股东均仍为海外华侨华人或其后裔[②]。

(二) 厦、港两地银行共生共荣,相互扶持

集友银行历史上曾开设过多家分支行,其中主要为厦门、香港、上海三地集友银行。集友银行由永安迁设厦门后,厦门集友银行成为总行(或称厦门总行)。上海集友银行为分行,隶属厦门总行。香港集友银行为独立银行,与厦行、沪行是兄弟行关系。在延续至今的发展道路上,厦、港两地银行共生共荣,相互扶持。

1. 厦行和港行相互注资,扶持对方营业。一方面,厦门集友银行(厦门总行)以"友记"户注资港币7万元入股港行,助香港集友银行开业,这笔资金占当时香港集友银行开办资本金的70%;另一方面,港行对厦行注资,助其复业。1949年10月,因战局停业余月的厦门集友银行需增资复业,港

---

① 向福建省建设厅申请设立银行,是以陈厥祥、陈嘉庚、叶道渊、陈村牧、陈六使、李光前、陈济民、陈博爱、叶采真、丘汉平、陈国庆、陈康民的名义共同呈递申请书。载丁志隆. 集友银行档案选编[M]. 福州:海风出版社,2008:4–6.

② 见香港集友银行《股东名录》及所藏股东情况档案,载香港集友银行董事会藏档案"股东"卷。

行向厦行借款垫缴增资,完成复业法定手续[1]365,扶持其复业。二者虽非隶属关系,但确是兄弟行关系,相互扶持,共生共荣。

2. 港行开办时的董事人选主要由厦门总行董事兼任。按香港当地公司法规,香港集友银行设董事11人,厦门集友银行推定陈六使、李光前、陈济民、陈厥祥、陈村牧、叶道渊、庄怡生、刘梧桐8人,香港方面推定叶采真(代表香港集美公司)、张石泉、陈能方3人担任[1]317。创办之初,香港集友银行职员也大多由厦门总行派任。1947年5月29日,集友银行厦门总行出纳课同仁曾欢送郑姓主任赴港行任职,并留影纪念①。

3. 港行开办时借鉴、延用厦行经验,包括章程条例及股息分配办法等,并共同实现着陈嘉庚养校助乡的遗愿。港行在章程多方面沿袭厦行章程条款②。在股息分配方面,港行1947年度股息红利分配方案,即为"从净利中先拨股息年利六厘,再提百分之十为公积金,百分之二十五补助集美学校经费……"根据当年收益,拨给集美学校补助费为3439.97港元③。之后,厦行、港行或捐股份,或派息,不断实现着共同的办行初愿。

(三)履行社会责任起步早、持续时间长,集中于福建省教育事业

集友银行起步于一家小型侨资银行,发展成现今根植于闽、港等地的中型银行,其间除重点支持集美学校外,也服务于福建的其他社会事业,主要集中于对福建省教育事业的支持,不但起步早,且延续时间长。自1943年创办伊始,集友银行即在章程中设定每年所得净利先提20%为集美学校经费,……其余提10%为奖学金及社会事业补助金[1]17,除专提固定比例净利补助集美学校,另设教育基金,多方式补助社会教育事业,扶助服务社会事业,助学助乡延续至今。1987—1991年,香港集友银行每年从银行股息中提取10%支持集美教育④,5年共计港币560万元存入专门户生息,特设厦门集友陈嘉庚教育基金会,1989年起对集美师范专科学校(后并入集美大学)学生开展奖学⑤,后扩大资助对象范围,固定每年在集美学村内进行奖教助学。5年期满后,集友银行于1994年设立集友教育基金会,后并入中银慈善基金,改设集友教育专项,持续在福建省内广泛开展助学助乡活动,为福建省文化教育事业持续提供助力。

---

① 见陈嘉庚纪念馆馆藏照。但这位郑姓主任具体是谁,无法考证。
② 见香港集友银行公司章程,载香港集友银行董事会藏档案"董事会"卷,1947年。
③ 见1948年5月30日香港集友银行第一届股东常年大会纪录,载香港集友银行董事会藏档案"股东会"卷,1948年。
④ 见1986年12月16日香港集友银行股东特别会议记录,载香港集友银行董事会藏档案"股东会"卷,1986年。
⑤ 见厦门集友陈嘉庚教育基金会基本情况介绍,载香港集友银行董事会藏档案"陈嘉庚教育基金会"卷。

(四)"以行养校""以行助乡"办行初衷始终未变

与一般银行创办目的截然不同,集友银行的办行初衷一是为使陈嘉庚亲友于新加坡沦陷前汇回国内的款项在国内动荡局势下能保值、增值,以不枉费陈嘉庚避难前的苦口相劝及规划设想;二是为解决抗战时期集美学校的办学经费困难,以"以行养校"模式支持集美学校办学,使其有一个长期而稳定的经费来源。另外,以"以行助乡"的模式支持集美乡发展,这一初衷符合陈嘉庚最初劝解汇款时"抗战胜利后,在本省或厦门办一兴业银行,再招股办民生实业,帮助祖国发展实业……"的设想,也符合他为祖国招揽侨资、发展经济的愿望。集友银行的这一办行初衷,保证了集美学校有比较稳定的资金来源,直接推动了该校的发展,且在之后70余年的发展历程中始终未变,一以贯之。

集友银行在特殊时代背景下应运而生的侨资用途,是陈嘉庚事业襄助者继承其"实业与教育彼此消长"的理念,延续其办实业扶持教育的一贯做法,是对陈嘉庚实业救国和教育救国理念的充分继承。集友银行的3个主要实体行都以"校产"或"部分校产"的名义给集美学校不断捐输资费,是陈嘉庚办学理念和养校助学做法的延续,实现着陈嘉庚的遗愿。

(五)"以行养校"助学方式由捐赠创新为固定派息

尽管历经78年的跌宕起伏,从创办至今,集友银行始终将"以行养校"的初衷一以贯之,不断创新助学方式,由最初捐赠一定比例盈利给予集美学校经费,转变创新为使集美学校成为股东,每年固定派发股息红利,有力地扶持了集美学校的发展。

1. 两地集友银行设定每年从净利中提取固定比例盈余补助集美学校,形成"以行养校"的基本模式。1943年在永安成立时,集友银行章程设定提出盈利的20%为集美学校经费。1947年港行成立后次年董事会议定盈利分配方案,从盈利中提出25%作为集美学校经费。

2. 两地银行股东先后捐赠股份给集美学校,使其以股东身份每年可固定获派股息红利,对集美学校经费的资助方式从捐款转变为正常的股息分配,实现稳定可期的利益分配模式。1953年,厦行股东会决议将在厦行全部股份悉数捐给集美学校。由此,集美学校成为厦行、沪行的实际大股东,集友银行也成为集美学校校产。1950年港行增资,在陈嘉庚授意下,陈六使、李光前分别于1950年、1951年合捐港币170万元以"私立集美学校基金"和"集美基金"的名义入股港行。由此,集美学校成为港行大股东,初始占股比例高达85%。集美学校经费来源从此有了稳定保障,同时集友银行"以行养校"的办行宗旨在真正意义上得以实现。

(六)"以校养行"特色明显

集友银行在经营发展过程中,除了"以行养校"特点,也兼有"以校养行"特征。厦、沪、港三地集友银行的很多股东、董事、监事均是闽籍人士,且多为厦门大学或集美学校校友，因此也就有了之后捐股份给集美学校之事，凸显了学校培养人才、为实业输送人才，让毕业生学有所用，服务银行发展、服务社会和国家，符合陈嘉庚教育兴国的目的和初衷。集美学校与集友银行，二者双向扶持发展。

集友银行的创办人及董事等都是陈嘉庚亲友，或曾就读、就职于集美学校，与集美学校有密切关联。开办时，集友银行自总经理及各课主任等内部主要人员均为母校校友[6]。他们或是陈嘉庚的儿子，或曾就读于集美学校，或曾在集美学校任职服务，均接受过集美学校的教育和校主精神的熏陶，比较能深刻理解、体会校主的办学意志，并能将之贯彻延续，同时也实现了陈嘉庚办学培养人才服务社会的目的，发挥了"以校养行"的作用。此外，集友银行曾专门出台"厦大、集美校友存款简则"，鼓励校友多储蓄，并拟定银行盈利用途一部分作为校友总会基金，一部分作为奖学金资助校友出国深造[7]，从而更好地维系了校友与银行的共生共荣关系。

三、集友银行的历史作用

纵观集友银行78年的发展历史，集友银行自成立后，除遵照银行及非常时期银行管理暂行办法办理法定业务外，还参与国内经济建设，推动教育实业发展，在扶持陈嘉庚教育事业、服务当地社会、凝聚侨心侨力发展经济等方面都发挥了重要的历史作用。总体而言，主要体现在以下3个方面：

（一）"以行养校"，实现陈嘉庚教育遗愿

集友银行在陈嘉庚的办学过程中扮演了重要角色，是继陈嘉庚公司收盘后，助力陈嘉庚实现兴学助教遗愿的另一个重要支柱。不同于一般银行的纯逐利本质，集友银行履行社会责任的逐义职能更突出。集友银行秉承陈嘉庚倾资兴学、热心公益的精神，源源不断以银行盈利持续支持集美学校文教事业发展。

1961年，陈嘉庚逝世。他在遗嘱中强调："集美学校一定要继续办下去。香港集友银行是集美学校的校产。每年都有股息和红利。厦门、上海两所集友银行，也是校产，它们赚钱不多，只要不亏本就可以。学校要继续办下去。"[8]这些校产均由集美学校校董会（1956年改组更名为集美学校委员会）持有及管理，遵循校主遗愿，管理好、用好股息红利，扶持集美学校及乡社发展。多年来，香港集友银行派发予集美学校的股息及红利超过港币24亿元，用于乡社建设和教育支出，股息分配给集美幼儿园、集美小学、集美中学、集美轻工业学校、厦门海洋职业技术学院、华侨大学华文学院、集美大学及厦门大学等相关教育机构，有力地支持了厦门文教事业的发展和集美乡社的建设①。

---

① 见香港集友银行编《集友银行70周年纪念刊》，2017年，第55页。

(二)"以行助乡",广泛履行社会责任

除了支持集美学校经费,集友银行亦不忘践行立行初心,积极主动回馈教育,努力为履行社会责任、推进社会进步和发展做出应有贡献。

1. 捐设"厦门集友陈嘉庚教育基金"支持集美学校教育事业发展。为发扬陈嘉庚热心教育事业的精神,践行陈嘉庚"教育兴国,倾资兴学"的理念,支持集美教育事业发展,香港集友银行从股息中提取560万元作为原始基金,于1989年在厦门捐设"厦门集友陈嘉庚教育基金会",委托集美学校委员会管理及运作,选拔优秀师生开展奖励活动[9]。至2019年,基金会30年来总计奖教2799名优秀教职工,奖学11052名优秀学生,助学2099名在校贫困生[10],为勉励教师敬业乐业、提高教育质量,鼓励学子努力学习、奋发向上均发挥了积极作用,也为厦门市集美区的教育事业发展做出了独特贡献。

2. 设立"集友教育专项"捐款资助福建省内教育事业。1991年,香港集友银行为延续前5年提息助学之事曾向所属中银集团申请提出在港注册成立集友教育基金会,次年获批,1994年开始运作。之后,中银集团慈善基金成立。为统一中银集团整体形象,集友教育基金会于1996年7月并入中银集团慈善基金,改设"集友教育专项",宗旨是弘扬陈嘉庚先生爱国兴学的精神,支持、赞助福建省及集美学校的教育、教学、学术和科学,资金来源主要是由集友银行每年拨出捐款存入集友教育专项之专门账户,也接受外界捐款①。自1998年起,"集友教育专项"开始在福建全省实施"大学助学金"计划,连续5年每年出资人民币50万元资助厦门大学、福州大学、集美大学及集美中学共100名品学兼优的贫困学生[11],支持福建省及集美学校的教育事业。此外,"集友教育专项"也资助支持内地"希望工程"、医院、学校等多项公益事业。为体现陈嘉庚倾资兴学的精神,该行更将2007年准备用作60周年行庆的经费捐赠给集美后溪小学作重建教学大楼之用②。集友银行积极发挥着"以行助乡"的社会责任,扶持福建教育事业,多年来对福建教育事业捐资累计达3000万元,其持续性助学引来广泛关注和赞誉。

3. 捐资赞助"福建省科技成就奖",支持福建省科技发展。为支持福建省的科技发展,香港集友银行于1994年捐资赞助设立"福建省科技成就奖",连续5年共捐资港币60万元,奖励有突出贡献的福建省科技人员[12]。每年主要是从上一年的"福建科技进步奖"和在国家部委获奖的福建项目中进一步评选出10个项目的主要完成人为当年的获奖者[13]。

---

① 见中银集团慈善基金集友教育专项1994年章程,载香港集友银行董事会藏档案"集友教育专项"卷,1994年。
② 见集友银行行政总裁吴文拱于2007年10月7日在集美校友首届全球联谊大会报告会上的发言,载香港集友银行董事会藏档案"集美学校委员会"卷,2007年。

(三) 凝聚侨心，借助侨力，服务侨众

集友银行是侨资银行的典范，其创办及经营等各方面都体现了凝聚侨心、汇聚侨力、助力社会发展等特殊的桥梁作用，影响深远。

1. 广泛收解侨汇，吸收散资游资，引导协助投资，稳定社会秩序，扶助社会经济发展。集友银行开办前，时局不稳，游资充斥，贻害社会匪浅。集友银行开办后，一方面以储蓄业务吸收游资，先在福建永安，继而陆续在广东东兴、广西柳州、福建泉州等侨区广泛设立办事处，以较高利率广为吸收散资游资，转而投资各项生产事业，使闲散游资集积成为有益于社会的生产资金，稳定了金融市场和社会安定秩序，对促进经济社会发展也产生了积极影响；另一方面，协助生产事业发展，凡是对民生有裨益的产业，或产物抵押，或投资共营，提供一切便利帮助企业维持生产经营，对有名望的厂商还提供透资往来优惠，使其可以灵活运用资金参与竞争，充分活用资源。

2. 充分发挥侨资银行作用，联系侨商，鼓励侨资内移，便利侨胞汇兑，建立侨资与祖国建设联系。集友银行发起人皆为厦门大学或集美学校校友。此两校散布于南洋各地的校友不仅多擅长专业技术，且具有乡亲之谊，与当地侨胞关系特别密切，联系方便。集友银行的创办广泛确立了华侨资金与祖国建设事业联系合作之初基，陆续联合侨商返国投资，助力祖国复兴事业。开办后，该行一方面对国内各项生产建设事业开展翔实调查，方便侨胞咨询、选择，并随时给予投资协助，竭力为侨胞筹划指导，提供各种便利，一定程度上促成侨资系统、有计划地踊跃内移，鼓励侨胞携资归国就业；另一方面，在南洋各属请准当地政府普遍设立分支行处，为侨资内汇给予手续便利。

3. 多举措吸引侨捐内汇，推动华侨投资办学及发展。海外侨胞爱国热情殷切，在国内创设中小学校为数众多，但所需办学经费多由当事人随时在南洋筹集，一旦遭遇人事变迁，倡办人或领款人乏人，学校立即蒙受影响，甚至停学关校。因此，热心教育的侨胞都愿意由可亲近的银行为之打理此类业务。集友银行开办后，举办教育基金存户，付给优厚利息，吸引华侨一劳永逸，自愿大量捐助内汇，裨益教育前途[1]48-49。

4. 持续拓展东南亚华侨业务，加强与侨团侨社联系和服务，推动"一带一路"沿线国家发展。发展至今的集友银行，依然重视海外华侨客户群体，积极拓展华侨业务。港行高级管理层多次出访东南亚地区，拜访菲律宾、印度尼西亚、马来西亚、缅甸、柬埔寨等地主要商会、福建同乡会及宗亲团体等，通过在当地举办大型的财富管理讲座、融资研讨会及座谈会，与华侨领袖及当地工商业代表交流，争取华侨客户理财业务，挖掘企业融资商机，加强宣传集友银行的福建业务形象，支持"一带一路"沿线国家的发展需要。

5. 成立"陈嘉庚基金联谊会"，组织发动华侨华人投身新时代祖籍国建

设。2019 年,为配合"一带一路"倡议,加大力度发展跨境业务,香港集友银行成立"陈嘉庚基金联谊会",联系世界各地与陈嘉庚先生相关的公益基金会,并组织发动华侨华人投身新时代祖籍国建设,切实服务国家"两个一百年"奋斗目标的战略部署。2019 年 10 月 22 日成立的陈嘉庚基金联谊会向中国华侨公益基金会捐赠 500 万港元,以更广泛地号召各方力量积极融入、支持和服务国家经济社会建设,推动公益事业发展[14]。

走过 78 年发展历程的集友银行,尽管只是众多侨资银行中的一个规模不大的银行,但其特殊的办行初衷及曲折而不平凡的办行历史,凭其自身力量彰显出的生命力、发挥出的社会影响力和作用,不论是在中国银行史、华侨银行史、香港金融史还是华侨教育史中,都留下了浓墨重彩的一笔。梳理集友银行历史,总结其特点和作用,对从一个微观角度理解内地和香港两地 70 余年,特别是民国时期的经济、教育、社会等诸多方面均可提供借鉴和启示。未来,集友银行将在国内外新环境、新趋势下迎来新发展,其助学助乡公益之举也将一如既往。陈嘉庚的教育遗愿将在集友银行的持续支持下得以延续并以新的形式永续传承,而嘉庚精神也将以多种形式得到弘扬。

参考文献

[1]丁志隆.集友银行档案选编[M].福州:海风出版社,2008.
[2]陈嘉庚.南侨回忆录[M].新加坡:南洋印刷社,1946:345-346.
[3]陈嘉庚.本报开幕之宣言[N].南洋商报,1923-09-06(2).
[4]张其华.陈嘉庚在归来的岁月[M].北京:中央文献出版社,2003:28-29.
[5]《厦门金融志》编委会.厦门金融志[M].厦门:鹭江出版社,1989:79-80.
[6]集友银行正式开业[J].集美校友,1943(16):3.
[7]集友银行厦大集美校友存款简则[J].集美校友,1944(17):4.
[8]1961 年 3 月陈嘉庚对庄明理口述遗嘱之一[J].集美校友,2011(4):31.
[9]集友陈嘉庚基金向优秀师生授奖[N].(香港)大公报,1989-12-26(2).
[10]厦门市陈嘉庚教育基金会.厦门市陈嘉庚教育基金会简介[DB/OL].(2021-05-16)[2021-07-12].http://www.jmxwh.com/Community/10995.html.
[11]佘峥.弘扬嘉庚精神 支持教育事业[N].厦门日报,1998-09-26(1).
[12]佘峥.为了实现陈嘉庚先生的愿望:访香港集友银行常务董事兼总经理吴文拱[N].厦门日报,1998-09-25(1).
[13]黄世宏.98 集友科技成就奖颁奖 游德馨为获奖者颁发证书奖金并讲话[N].福建经济报,1998-10-10(2).
[14]"华侨旗帜·民族光辉"展在港举办 传承嘉庚精神[DB/OL].(2019-10-22)[2021-07-12].http://www.xinhuanet.com/gangao/2019-10/22/c_1125138622.htm.

[本文发表于《集美大学学报(哲学社会科学版)》2022 年第 3 期]

实业救国 实用利民
——《申报》视野中的陈嘉庚公司广告（1920—1934）

罗志超

(闽南师范大学新闻传播学院 福建 漳州 363000)

摘要：作为海外华侨企业家的杰出代表，陈嘉庚曾借助广告推销使其产品打开中国市场。通过对陈嘉庚公司1920—1934年在《申报》上刊登的广告进行内容和文本分析，发现实业救国和实用利民是贯穿始终的两条基本主线。其中，爱国情怀的商标设计、挽回利权的新品开发、支持国货的让利促销、情理并用的诉求主张等广告内容体现了实业救国主张，而亲民的产品名称、益民的产品功能、惠民的产品改良、便民的卫生知识等广告内容体现了实用利民主张。

关键词：陈嘉庚；公司广告；《申报》；国货

一、引言

陈嘉庚是我国著名的爱国华侨领袖，他对教育事业的无私投入及其反侵略、反独裁的积极斗争，使他成为中国近现代史上的"华侨旗帜、民族光辉"。陈嘉庚还是东南亚著名的"橡胶大王"和"马来亚的亨利·福特"，他从1904年开始独立创业到1934年收盘结束营业为止，建立起以橡胶产品为核心的多元化家族企业集团，为侨居地及东南亚经济的发展做出了巨大贡献。

在陈嘉庚富有传奇色彩的一生中，实业的成功是他从事其他活动的一个重要基础。正如他自己所言："先有营业而后能服务社会，继而后得领导南侨襄助抗战工作也。"[1]1 从企业角度入手的陈嘉庚研究大致分为两种路径：(1) 在研究陈嘉庚生平的同时将其企业活动纳入考察视野，杨进发[2]、陈碧笙等[3]、傅子玖[4]撰写的陈嘉庚传记都在不同程度上对此有所涉及。(2) 专门对陈嘉庚企业活动所做的研究，主要内容涉及陈嘉庚的实业思想[5]、经营管理[6]和企业家精神[7]等。这些研究主要立足于对陈嘉庚公司的宏观考察，虽能做得面面俱到，却有待深入挖掘。

作者简介：罗志超（1983— ），福建永春人，讲师，博士，主要从事广告史和广告教育研究。

在经营实业的过程中,陈嘉庚尤为重视推销,"一方讲求制造,抵抗外货之侵入。一方锐意推销,吸收国外之利益。制造推销,兼行并进,胜利自可握诸掌中"[8]。广告是近代中外商战的推销利器,将中国作为商业战略重点的陈嘉庚充分利用广告占领中国市场,促进了陈嘉庚公司在华商品销售和网点布局。然而,目前鲜有关于陈嘉庚公司广告宣传的研究。戴渊在考察陈嘉庚企业兴亡的历史经验时,曾提及其广告宣传国货对打入中国市场起到很大作用[9]。陈少斌在考察陈嘉庚的文明经商时,则将其广告宣传特色概括为实事求是、图文并茂和具有强烈爱国心①。但是二者主要是做整体概况的阐述,仍有待进行系统、全面的梳理。

《申报》是民国发行量最大的一份商业报纸,有"中国近代第一大报"之称,其所在地上海不仅是中国近代广告的发源地,也是陈嘉庚公司率先成立分行的大都市。而根据《陈嘉庚公司分行章程》的规定"新闻类第一项之报纸广告,由总行发稿交分行刊登当地之日报三日刊周刊旬刊等,其广告之地位及费用,由分行与报馆接洽"[10],可见陈嘉庚公司在华所刊广告是其公司意志的直接体现,从中可以了解陈嘉庚公司的经营理念和广告观念。有鉴于此,笔者将以《申报》上的陈嘉庚公司广告为研究对象,通过内容分析法和文本研究法,梳理这些广告在民国不同年份的发展变化,结合时代背景和历史环境,试图从中把握其广告发布的整体概况,并解读其广告内容的核心主张。

二、概况

根据爱如生《申报》数据库的检索结果,陈嘉庚公司于1920年11月25日首次在《申报》上刊登广告[11],并于1934年6月13日刊登了最后一则广告[12],此即陈嘉庚公司进入中国市场到自动收盘结束营业的时期。因此,笔者通过检索1920—1934年的《申报》广告库,选出全文含有"陈嘉庚公司"或"陈嘉庚"字样的广告作为分析样本,同时结合广告内容的阅读进行筛选,综合确定研究样本。

1. 广告数量分析。从1920—1934年,共有806则②陈嘉庚公司的广告刊登在《申报》上。从图1可以看出,这一时期的广告发布量分布并不平衡。1921年和1926年最多,形成两个峰值;而1924年和1934年较少,每年的广告发布量不超过5则;1922年则没有发布广告。

---

① 参见陈少斌《略述陈嘉庚的文明经商》,厦门市集美陈嘉庚研究会2003年编印《陈嘉庚研究文集》,第55~56页。
② 相同内容的广告在不同日期刊登,则重复计算。

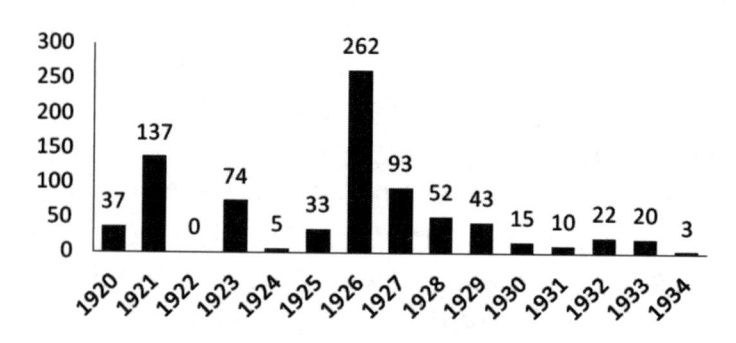

图1　陈嘉庚公司广告发布量的时间分布

（数据：1920年37、1921年137、1922年0、1923年74、1924年5、1925年33、1926年262、1927年93、1928年52、1929年43、1930年15、1931年10、1932年22、1933年20、1934年3）

结合陈嘉庚公司的发展历程，可以更好地把握不同年份广告发布量的此消彼长。1919年，陈嘉庚改组其业务并成立陈嘉庚公司，管理旗下所有公司。1920年11月底，陈嘉庚公司开始在《申报》上刊登广告，销售其橡胶鞋底，并由先施公司总代理。为了迅速打开市场，从1920年11月25日到1921年5月25日，陈嘉庚公司以几乎每天一则的频率在《申报》上密集刊登广告。1923年，陈嘉庚公司在上海设立分行，开始其中国市场销售网络布局。是年的广告发布量也显著回升。1926年，"树胶制造厂复在南洋及祖国设分店十余处"[1]415，为了配合树胶产品销售，是年的广告发布量也达到本期的最高峰值。同时，陈嘉庚公司从这一年起开始投放分类广告，其分类广告数量高达241则，占该年广告总数的92%。然而也正是这一年，橡胶价格连续暴跌，使得陈嘉庚公司逐渐陷入困境，因此广告发布量在1927年有了较大回落。1928年，因陈嘉庚主办的《南洋商报》宣传抵制日货并揭露奸商走私，使其橡胶制造厂遭到纵火报复，陈嘉庚公司再遭严重打击。1929年爆发的资本主义世界经济危机则让陈嘉庚公司营业一蹶不振。与此相对应，这几年的广告发布量也在持续走低。1931年，陈嘉庚公司改组为有限公司，陈嘉庚尽管仍担任总经理，但是失去了对公司的绝对掌控权，加之这一时期世界经济继续恶化，直到1934年2月公司自动结束营业，这几年的广告发布量都远远低于20年代的多数年份。

2. 广告内容分析。陈嘉庚公司的橡胶产品包括鞋子、轮胎、玩具、日常用品、工商用品、体育用品等多种类别，其业务范围也涵盖了橡胶生产加工、菠萝罐头、中西成药制造、糖果饼干等多个领域。这一时期陈嘉庚公司广告的种类多样，触角几乎涉及了其业务的方方面面。由表1可见，胶鞋广告数量位居首位，为总量的73.4%之多。陈嘉庚公司出品的胶制鞋种类多样，包括网球鞋、帆布鞋、皮鞋、跑鞋、雨鞋、篮球鞋等。从规模和产量看，"陈嘉庚工厂无疑是当时东南亚最大的胶鞋工厂"[9],因此各类胶鞋作为公司的拳头产品,其广告数量自然在所有产品中占据绝对优势。其他广告占10.2%,位居第二。这一类别的广告内容主要为非营利性质的社会广告,以陈嘉庚公司在华各家分行的开幕通告为主,借此宣传了该公司在华发展规模和速度。轮胎广告量位居第三位,占5.7%。轮胎是陈嘉庚公司的另一项重要产品,主要包括黄包车胎、脚踏车轮胎和汽车轮胎。陈嘉庚公司上海分行刚成立时,其宣传的两款产品就是胶鞋和黄包车胎,而且各类轮胎广告贯穿了这一时期的绝大多数年份。值得注意的是,如果把胶鞋、轮胎和其他胶制品加在一起,那么橡胶制品广告数量占比更是高达83.6%,足以看出橡胶制品在陈嘉庚公司的中流砥柱地位。另外,虽然菠萝罐头、中西药品、糖果饼干等广告内容所占比例较低,但同样可以看出陈嘉庚公司业务的多元化。

表1 陈嘉庚公司广告内容分类*

年份	各类胶鞋	各类轮胎	其他胶制品	菠萝罐头	中西药品	糖果饼干	其他	总计
1920	37	0	0	0	0	0	0	37
1921	137	0	0	0	0	0	0	137
1923	49	18	0	0	0	0	18	85
1924	1	0	0	0	0	0	4	5
1925	24	4	4	0	0	5	9	46
1926	252	1	14	0	0	0	1	268
1927	74	7	0	0	0	0	12	93
1928	22	6	7	7	5	6	16	69
1929	18	4	2	4	10	3	6	47
1930	3	1	1	3	3	0	5	16
1931	2	2	1	0	0	0	5	10
1932	6	3	4	1	2	2	14	32
1933	18	1	1	0	0	0	0	20
1934	3	3	6	0	3	0	0	15
总计	646	50	40	15	23	16	90	880

* 因一则广告往往不止宣传一种商品,故本项统计中各类广告商品的总数大于广告总数。"其他橡胶制品"包括除胶鞋、轮胎之外的日常用品和工商用品等广告内容;"其他"包括除上述分类外的贺年、公益、分行开业、招租招聘等广告内容。

3. 广告诉求分析。广告诉求是广告宣传中所要强调的内容,主要分为感性诉求、理性诉求和混合诉求。感性诉求是诉诸人们情感诱发购买行为,理性诉求是运用说理方式陈述商品信息,混合诉求则是二者兼而有之。通过广告诉求可以把握整个广告的宣传策略。由表2可知,这一时期陈嘉庚公司的广告以理性诉求为主,占63.3%。陈嘉庚公司主要生产的各类橡胶产品在当时的中国属于新生事物,采用理性诉求方式可以全面传授产品知识、介绍产品功能、论证产品优势,有助于提高顾客的判断能力、刺激顾客的购买欲望、促进顾客的购买决策。采用混合诉求和感性诉求广告的比例分列二、三位。陈嘉庚公司为海外华侨创办,加之陈嘉庚本人爱国爱乡,因此其不少广告也以"振兴国货、挽回利权"作为感性诉求,以此博得顾客好感、获取顾客认同,并接受广告信息。

表2　陈嘉庚公司广告诉求分类

年份	感性诉求	理性诉求	混合型诉求	其他	总计
1920	0	0	37	0	37
1921	0	83	54	0	137
1923	12	49	0	13	74
1924	0	1	1	3	5
1925	10	20	0	3	33
1926	12	239	7	4	262
1927	12	66	6	9	93
1928	15	24	2	11	52
1929	11	18	8	6	43
1930	5	2	5	3	15
1931	5	1	0	4	10
1932	1	3	1	17	22
1933	4	4	12	0	20
1934	0	0	3	0	3
总计	87	510	136	73	806

从以上叙述中,可以了解这一时期《申报》上陈嘉庚公司广告的基本面貌。为了更好地了解陈嘉庚公司在这一时期的经营理念及广告观念,还需要对《申报》陈嘉庚公司广告的内容进行深入解读。

三、民族情怀

鸦片战争以来,古老的中国面临的空前民族危机刺激了国人近代民族意识的觉醒。与此相伴随的"国货"一词兴起于清末。到了20世纪初,"建立独立、民主和统一的多民族国家成为革命派和立宪派的共识并得到确立,则标志着中国近代民族主义的最终形成"[13]。近代民族主义的形成除了与民族国家的建立密切相关，也与商品经济的发展、国内统一市场的形成及对世界市场的激烈竞争联系在一起。因此，在近代民族主义思潮影响下，新兴的民族资产阶级不仅大力制造国货以抗衡西方列强竞争，而且积极宣传国货以团结社会民众。

陈嘉庚作为一位富有民族思想的侨商，同样心系近代中国的命运，并将振兴中华、提高民族自豪感作为其兴办实业的志向。可以说，"陈嘉庚的企业家身份的独特性，是他的商业活动和商业救国的豁达和崇高目标联系在一起"[7]310。陈嘉庚公司在《申报》所登的第一则广告就开宗明义地表示："本制造厂设在新嘉坡，用本橡树园所产之橡胶制造各种用品，职工皆聘用华人，其药料凡我国所有者，多采自国内，故出品虽造自海外，而工料仍属自华产，用以振兴国货挽回利权。"[11]翻阅陈嘉庚公司这一时期的《申报》广告，可以明显发现表达民族主义精神内核的内容不在少数。具体体现为如下几个方面：

1.通过公司商标体现爱国情怀和救国之志。在陈嘉庚公司发布的不少广告中，都印有其注册商标（图2）。从商标图样看，中间位置为一个醒目的粗体毛笔汉字"中"。由此可以看出陈嘉庚虽在异国他乡投资设厂，但仍不忘其炎黄子孙的身份。"中"字外围是一口钟的形状，"钟"与"中"谐音，具有报时、报警、号令等多重含义。结合当时的时代背景，不难看出"钟"寓意了陈嘉庚公司以实业救亡图存之时不我待的警钟长鸣意识。在钟标的最外围还有一个盾牌形状，可以象征该公司具有防止利权外流的盾牌般坚固的钢铁意志。因此，无论从名称还是从图案看，陈嘉庚公司的商标都体现出鲜明的时代特征和浓厚的爱国情怀。

图2 陈嘉庚公司商标

2.通过开发新品以期抗衡洋货和挽回利权。陈嘉庚的爱国情怀还突出地表现在产品开发上。该公司上海分行开设之前，曾在《申报》上发布广告介绍办厂初衷："橡皮用品产自欧洲销行中国，国人每年消耗为数甚巨。嘉庚惧大利之外溢致国弱而民贫，爰于新加坡种植橡树建造大厂，购备机器，聘请著名技师专心督造。"[14]从中不难看出陈嘉庚进军橡胶业有着利国利民的崇高使命，而在各类橡胶制品的开发上，同样可以发现该公司抗衡洋货、挽回利权的主动和自觉。橡胶鞋底是该公司刚刚进入中国市场时销售的产品,其开发动机便是"缘洋式鞋往往有底弊面存之缺点"[15],而使用其橡胶鞋底,不但可以免此缺点并保护脚踵,而且可以作为被磨破鞋底的补垫,具有各种便利。1927年,该公司研制出当时中国未有生产的汽车内外胎,其设计的一个显著特征是轮胎花纹使用"中"字串联起来,围绕轮胎一圈(图3)。因此,其产品并非对外国轮胎的简单模仿,而是有自己的独特创新和鲜明的爱国情怀。1929年,该公司又推出了费时三年苦心研制而成的套鞋,使得这一雨天必需品不再因外洋专有而"利权丧失,不可胜计"[16]。总之,陈嘉庚公司在产品开发上长期不懈的努力,既是其积极自觉挽回利权的体现,也是其高度重视技术创新的明证。

图3 陈嘉庚公司汽车轮胎

3.通过让利促销支持国货运动和国家发展。企业开展让利活动的直接动机是促进产品销售。陈嘉庚公司开展的一些让利促销活动在此基础上,还多了支持国货运动和国家进步的儒家商业道德与企业社会责任。在1928年国货运动周期间,陈嘉庚公司上海两家分行以商品九折促销为响应:"愿我同胞深明此义,争一口懦弱之气。"[17]值得注意的是,即便在1930年底金价暴涨、关税剧增之时,该公司依然举办了大降价21天活动:"原因皆为报答诸君提倡国货之热心,与夫乐用钟标商品之厚意故也。"[18]由此可见该公司在提倡国货上的不遗余力。与此同时,陈嘉庚公司也关注国家的发展动态和重大事件,并适时推出相关让利活动以示支持。1929年外交部通告各国赞成关税自主,该公司认为此举"无殊为世界真文明真博爱加一层强有力之保障"[19],特将其出品的"文明鞋"和"博爱鞋"降价销售。在1932年"一·二八"淞沪抗战后,该公司对抗日战士的"忠勇为国钦佩无己"[20],同样降价出售各种平等鞋,以配合上海市发起的征集慰劳物品活动。总之,诚如陈嘉庚所言,

"念社会事业,当随时随力,积渐做去"①,陈嘉庚公司有力出力的让利活动正符合其"以天下为己任"的儒家思想。

4.通过广告文案进行理性说服和情感沟通。陈嘉庚不仅身体力行其"惟有真骨性方能爱国,惟有真事业方能救国"[21]的信念,而且陈嘉庚公司也善于利用广告对社会民众进行理性说服和情感沟通,以此来激发其爱国之心和使用国货的热情。在理性说服上,该公司注意通过广告标题和正文来宣扬和论证国货之于国家和人民的重要性。如1928年元旦,该公司在其贺年广告中论证了"抵制洋货杜塞漏卮,其于国家经济前途不无小补"[22]。1929年,该公司发布题为"为国货建筑万里长城"的广告,阐述了振兴国货的重要性:"国货日兴,民生日裕,国力日振,四万万人皆利赖之矣。"[23]在情感沟通上,该公司发布的广告往往以"爱国同胞""爱用国货的诸君"等称呼其顾客,以此来唤起顾客对祖国的热爱,同时在广告的醒目位置印上"完全国货""请用国货橡皮品"等字样,以此来引导顾客对其"国货"身份的认知。其典型代表是1927年的元旦贺年广告(图4),正文仿照骈体文《陋室铭》句式,开篇以"工""物"起兴,用"勤""实"点睛"工""物",再由"斯是胶轮,唯难乃成"切入主题。中间的对偶既有"多牺牲、苦经营"的叙述,又有"兴实业、益民生"的论证,言简意丰。结句引用嘉庚之言收束全篇,更体现出实业家坚韧不拔的壮志豪情。

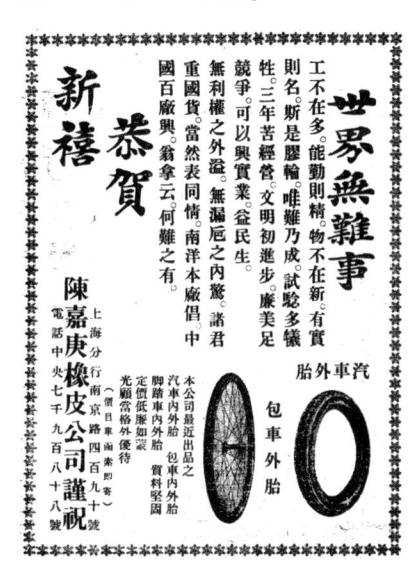

图4 《申报》刊登陈嘉庚公司贺年广告(1927年1月1日第37版)

---

① 见杨进发.战前的陈嘉庚言论史料与分析[M].新加坡:南洋学会,1980:39.

四、民生关怀

我国自古以来就将"民生"与"国计"相提并论,梁启超感言:"文化演进较深之国,政治问题必从国民生计为中心,此通义也。"[24]陈嘉庚虽为鸿商富贾,但是为富而仁,既心系国家发展,又热心教育慈善,全力服务和回报社会。而不同时期的陈嘉庚公司广告除了贯穿着鲜明的爱国主题外,同样还有一条清晰的实用利民脉络。陈嘉庚公司曾对个中原因做过解释:"本公司旨在提倡国货,与洋货竞争,不在牟利,故出品方面不厌精益求精,定价务求格外低廉,以减轻购者之经济,实践先总理民生主义之遗教。"[25]这些反映民生关怀的广告内容具体表现为如下几个方面:

1. 产品名称体现亲民立场。产品名称是产品的浓缩内涵的表现,对顾客的购买选择有着重要影响。陈嘉庚公司以较为亲民的词汇来为一些主要产品命名,有助于拉近产品和顾客的距离。如在陈嘉庚公司广告中出现最多的平等鞋(即网球鞋),其名称由来便是"站立平等原则上,去打倒富贵,智愚,男女,老幼,享受物质不平的阶级,而贡献定价低廉平民化的平等鞋,以跻于经济平衡之镜耳"[26]。而陈嘉庚公司以"普生油"命名其所出药品,同样有"普及众生,普惠于民"之意。此外,陈嘉庚公司推出的"利行鞋"不但体现了"便利步行"的产品特征,其目标顾客也有明显的平民指向:"凡属长途步行或劳动工作者,最宜穿着此鞋。"[27]

2. 产品功能保护民众安全。借由产品保护人身安全是顾客做出购买决策的一个重要考量。陈嘉庚公司推出的一些产品会针对顾客日常生活中的安全隐患,在产品功能上提供相应的安全保护。如在题为"性命要么?"的广告中指出:上海马路上的电线纵横密布,路人行走其间会有触电危险,而其网球鞋具有"避电去湿"功能,可以保障出行安全[28]。此外,陈嘉庚公司也会通过权威机构出具证明的方式,对其产品原料的安全性进行佐证。如陈嘉庚公司新出黄胶绉底鞋后,就请工商部上海商品检验局进行化验,证明"黄胶底无毒质,不致妨碍穿者"[29],有助于打消顾客尝试新品的顾虑。

3. 产品改良做到普惠于民。产品改良是对已有产品的进一步改进和提高,有助于延长产品的生命周期。陈嘉庚公司同样积极地从各个方面对产品进行优化和完善。更难能可贵的是,陈嘉庚公司在产品畅销后,并未故步自封,如其运动靴底胶有一小部分"难免脱卸之弊",就悉心加以研究改良,以示"本厂制造之不敢苟且"[30]。陈嘉庚公司对产品精益求精的自觉,既符合"世界万物随时进化"的潮流,也更有可能做到普惠于民。又如针对平日汗湿多的顾客,陈嘉庚公司对其橡皮底鞋做了相应改进,"将该鞋内尽用布板作托底,遇有足汗多者,即便吸去"[31],以此满足顾客的特定需求。而在引进机器生产降低成本后,陈嘉庚公司也不忘通过皮鞋减价活动回馈顾客,"以利社会也计"[32],同时产品制作工艺的不断精熟,使得一双熟胶底鞋的使用寿命可抵得白底鞋两双之久,顾客由此获得"出一分钱,买两分货"[33]的实惠。

4.广告文案宣传卫生知识。近代西方科学知识涌入中国后,给传统"卫生"赋予了新的涵义,并表现出以健康为出发点和以预防为主的特征。陈嘉庚公司在一些产品的广告中,同样注意相关卫生知识的宣传,使得民众对食品卫生、个人卫生等有了新的认识。如在题为"清党与修约"的广告中,陈嘉庚公司以南京国民政府在内政外交上的这两项要政作比,指出其药品普生油也有内外兼治的双重功效,因此"有病可以驱逐,无病则以防御,其于人类卫生之匡助,可云匪尠"[34]。而在题为"饼干不全熟与卫生之关系"的广告中,除了指出不熟饼干有害身体健康,表明该公司出产饼干"非有一律成熟,决不滥装出售,亦所以为公众之卫生计耳"[35],还介绍了辨别饼干生熟与否的实用知识。此外,在题为"'洁'化的提倡"的广告中,也指出了肥皂"化黑为白,化污秽为雅洁,化陈旧为新鲜"[36]的功效,倡导顾客加以使用,养成良好的个人卫生习惯。

五、结语

从1920年进入中国市场到1934年自动结束营业,陈嘉庚公司在短短十几年间,从最初上海的两家分行发展为遍及中国主要城市的27间分行,所售物品也从最初的橡胶鞋底扩展为遍及衣食住行的各类产品。陈嘉庚公司销售网点的不断扩充和商品销量的不断增多,既与其重视广告传播关系密切,更与其贯穿此期广告活动始终的救国和利民两大核心诉求紧密相连。而纵观陈嘉庚传奇般的一生,即便是在其公司收盘后,陈嘉庚仍不忘以国家为重,"除愿国人勿引我之困境为口实,致阻公益事业之进展"[37],可见其磊落人格和崇高商德。海外华侨华人是中国推进"一带一路"倡议的重要资源,而海外华商在"一带一路"倡议中具有建设性作用。作为海外华侨华人和华商的杰出代表,陈嘉庚的拳拳爱国之心和种种利民义举起到了很好的榜样示范和引领表率作用,有助于激发海外华侨华人和华商爱国爱乡的热情,从而汇聚侨心侨智侨力,支持和参与我国新时期的发展新方略。

参考文献

[1] 陈嘉庚. 南侨回忆录[M]. 新加坡:南洋印刷社,1946.
[2] 杨进发. 陈嘉庚——华侨传奇人物[M]. 李发沉,译. 新加坡:八方文化企业公司,1990:43-95.
[3] 陈碧笙,杨国桢. 陈嘉庚传[M]. 福州:福建人民出版社,1981:29-41.
[4] 傅子玖. 陈嘉庚传[M]. 石家庄:花山文艺出版社,1999:227-262.
[5] 孙谦. 试论1890—1934年陈嘉庚的实业思想[J]. 南洋问题研究,1993(2):38-47.
[6] 林孝胜. 陈嘉庚的经营理念与企业管理[M]//林孝胜. 新加坡华社与华商. 新加坡:新加坡亚洲研究学会,1995:148-182.
[7] 颜清湟. 东南亚华人之研究[M]. 香港:香港社会科学出版社有限公司,2008.
[8] 陈嘉庚. 陈嘉庚公司分行章程:序[DB/OL]. [2018-10-11]. http://ctext.org/library.plif=en&file=123493&page=5&remap=gb.
[9] 戴渊. 陈嘉庚企业兴亡的历史经验[M]. 新加坡:南大教育与研究基金会,2012:18.
[10] 陈嘉庚. 陈嘉庚公司分行章程:第十四章广告[DB/OL]. [2018-10-11]. http://ctext.org/library.plif=en&file=123493&page=55&remap=gb.
[11] 请购上等之橡胶鞋底[N]. 申报,1920-11-25(9).
[12] 陈嘉庚橡皮公司夏季大减价一星期[N]. 申报,1934-06-13(23).
[13] 郑大华. 论中国近代民族主义的思想来源及形成[J]. 浙江学刊,2007(1):5-15.
[14] 上海陈嘉庚橡皮公司分行定于三月十七日先行交易[N]. 申报,1923-03-16(1).
[15] 请购新到上等橡皮用品[N]. 申报,1921-03-05(16).
[16] 套鞋大减价[N]. 申报,1929-07-19(1).
[17] 争气[N]. 申报,1928-07-07(4).
[18] 陈嘉庚公司大减价二十一天[N]. 申报,1930-12-11(8).
[19] 恭祝关税自主[N]. 申报,1929-02-01(4).
[20] 陈嘉庚公司胶鞋减价广告[N]. 申报,1932-02-04(4).
[21] 陈嘉庚. 陈嘉庚公司分行章程:第三章服务细则[DB/OL]. [2018-10-11]. http://ctext.org/library.plif=en&file=123493&page=55&remap=gb.
[22] 提倡国货最大的使命是巩固国家经济的基础[N]. 申报,1928-01-01(27).
[23] 为国货建筑万里长城[N]. 申报,1929-09-07(4).
[24] 梁启超. 梁启超全集:第六册[M]. 北京:人民出版社,1999:3605.
[25] 大减价机会[N]. 申报,1929-02-14(4).
[26] 实行平等[N]. 申报,1928-08-16(1).
[27] 利行鞋[N]. 申报,1932-05-22(8).
[28] 性命要么?[N]. 申报,1926-03-20(13).
[29] 工商部上海商品检验局证明黄胶绉底鞋为优良商品[N]. 申报,1929-10-23(4).
[30] 运动靴之进化史[N]. 申报,1929-07-27(1).
[31] 风行全球[N]. 申报,1926-09-26(13).
[32] 皮鞋大减价[N]. 申报,1927-03-18(9).

[33]黄白争战[N].申报,1929-04-09(1).
[34]清党与修约[N].申报,1928-12-21(4).
[35]饼干不全熟与卫生之关系[N].申报,1929-01-16(4).
[36]"洁"化的提倡[N].申报,1929-6-17(4).
[37]陈嘉庚.畏惧失败才是可耻[J].东方杂志,1934,34(7):5-10.

[本文发表于《集美大学学报(哲学社会科学版)》2019年第2期]

"一带一路"背景下陈嘉庚体教融合思想及其国际传播

施纯志　邹　京

（集美大学体育学院　福建　厦门　361021）

摘要： 随着"一带一路"倡议向着国际交往与合作的纵深推进，寻找中华文化的国际共识、推动中华文化国际传播愈发迫切。陈嘉庚先生作为爱国华侨代表，在海上丝绸之路沿线国家有着极为强大的精神感召力。本研究围绕习近平总书记对新时代教育的重要论述，结合厦门大学设立马来西亚分校等材料，使用文献资料法、访谈法对"嘉庚精神"爱国主义内涵、体育教育事迹进行梳理，对陈嘉庚的体教融合思想进行研究。结果表明：陈嘉庚体教融合思想源自其早期留学经历，并创新性地将之与爱国主义教育、劳动教育和公民教育理念融合，实现了华夏体育教育理念的现代化。在深入剖析陈嘉庚教育思想的基础上，提出陈嘉庚体教融合能唤起海外华侨华人同源、同宗、同族的民族情感，凝聚沿岸国家命运共同体的意识文明认同。推动陈嘉庚体教融合思想的国际传播，能够助力我国"二十一世纪海上丝绸之路"的建设。

关键词： 一带一路；陈嘉庚；体教融合；国际传播

2020年4月27日，习近平总书记主持召开中央全面深化改革委员会第十三次会议，审议通过了《关于深化体教融合 促进青少年健康发展的意见》（以下简称《意见》），意见指出对体教融合的相关执行情况要定期评估，对执行不力的要严肃追责，将体教融合工作提升到前所未有的高度[1]。党和国家重视体教融合工作，"旨在推动青少年文化学习和体育锻炼协调发展，加强学校体育工作，完善青少年体育赛事体系，帮助学生在体育锻炼中享受乐趣、增强体质、健全人格、锻炼意志，培养德、智、体、美、劳全面发展的社会主义建设者和接班人"[2]。这无疑是我国教育思想和理念的一次深刻改革，而在中国近代教育史中，陈嘉庚的体育教育思想就融合了这种先进理念[3]。陈嘉庚一直坚持德、智、体"三育并重"，除此之外，陈嘉庚爱国主义思想，也始终贯穿于体育教育过程中[4]。从陈嘉庚的爱国

作者简介： 施纯志（1966—　），男，福建晋江人，教授。主要从事体育教育与运动训练、体育人文社会学研究。
　　　　　邹　京（1974—　），女，湖南冷水江人，副教授，主要从事体育教学研究。

体育、德智体三育并重等理念中可以发现,融合教育的思想一直都存在。这源于其特殊的身世背景和实践经验,并且他也"善于学习和吸收西方的先进科学技术,又善于继承我国优秀的文化传统,坚持中西体育相结合"[4]。也正因为如此,陈嘉庚体教融合的思想具有国际化传播的可能,为当前的"一带一路"倡议提供了中外合作的纽带。

2013年10月,习近平出访东盟国家,提出共建"21世纪海上丝绸之路"的战略蓝图[5]。2014年8月,国务院印发《关于促进海运业健康发展的若干意见》落实"海丝"建设,建设"21世纪海上丝绸之路"上升为国家战略。2013年10月7日,在国家主席习近平和马来西亚总理纳吉布的共同见证下,中国内陆公立高校第一次在海外设立分校,这就是陈嘉庚先生创办的厦门大学设立的马来西亚分校。随同习近平主席访问的厦门大学校长朱崇实教授,在解释厦门大学成为首座在中国境外建成校区的原因时指出:陈嘉庚捐资助学、报效国家,其教育理念不仅有着深厚的基础,而且含有双边交往情节。厦门大学由陈嘉庚在百年前创办,92年之后,厦大回到嘉庚先生成长的"第二故乡"马来西亚来创办分校,既有历史的回馈,又有当代双边关系发展的回响[6]。陈嘉庚先生"扬帆出海"的教育思想,充分体现了党和国家领导人的敏锐战略眼光和审视国际关系的睿智,唤起了"海上丝绸之路"沿路各个国家华侨华人群体与祖国根脉相连、切水不断的同宗同源之情。

一、爱国主义教育是嘉庚教育思想的首要特征

(一) 爱国主义教育是陈嘉庚创办学校、推广教育的伟大初衷

在现代教育思想融合过程中,履行爱国行动是新时代的主题,陈嘉庚在国家遭受帝国主义列强的侵略、凌辱时萌生教育救国的信念,用实际行动践行爱国主义的生与死、公与私、义与利的抉择。爱国主义教育是陈嘉庚一生孜孜不倦的追求,也是陈嘉庚教育立国思想的精神支柱。陈嘉庚自17岁出走南洋,耳闻目睹祖国遭受西方列强侵略,丧权辱国、军阀混战、政府腐败、民不聊生的凄惨国运,意识到应以发展实业致富,救国家和国民于苦难。早在光绪二十年,陈嘉庚第一次回乡省亲时就独自捐资2000元在集美社设立惕斋学塾。1912年筹建集美小学校,标志着集美学村的诞生。在后继10年间,陈嘉庚陆续创办了中学、师范部、幼稚园、水产科、航海科、商科、农林科、厦门大学,形成幼稚园、小学、中学、职业教育、大学的完整教育体系。著名学者张兴汉认为:"爱国主义是他兴学思想形成的基础,辛亥革命是他思想发展的动力,孙中山先生的教育思想给了他极

大的启示。"[8]

陈嘉庚在《集美小学记》中提到，"国家之富强，全在乎国民。国民之发展，全在乎教育。教育为立国之本，兴学乃国民天职"[9]，充分表明自己办学不是为功名利禄，而是为了拯救国家于战乱、落后之际。陈嘉庚把兴办教育作为自己身为国民的一项责任，将国家的富强归结为国民个人素质的提高。"余侨商星洲，慨祖国之陵夷，悯故乡之哄斗，以为改进国家社会，舍教育莫为功"[10]，教育立国就是陈嘉庚爱国主义思想的初衷。

（二）陈嘉庚是以国家、民族为重的华侨华人楷模

从民国时期、抗战时期再到解放战争期间，陈嘉庚始终以民族为重，争取民族独立，在人民解放的伟大事业中观大局、识大势，有不为个人私利、舍利取义的高风亮节。为了中华民族摆脱日寇侵略，维护国家独立、领土完整，陈嘉庚带领南洋华侨，有钱出钱、有力出力，置个人生死之度外，以国内抗日力量形成合力驱除侵略者，最后取得抗日战争的伟大胜利。早在民国初期，陈嘉庚就对日寇侵略我国领土极其愤慨，积极筹款救灾抵制日货。在九一八事变后，国家处于危难的紧急关头，陈嘉庚在新加坡召开华人大会抗议日本侵略罪行。1932年，陈嘉庚先生积极向华侨募款支持十九路军保卫上海，抵抗日寇入侵；1936年，发动华侨募捐130余万元，购买飞机13架，支持以"献机救国"为宗旨的救国运动；1937年，抗战全面爆发，陈嘉庚立即成立新加坡筹赈会，筹集1000万元新加坡币支持抗日战争。陈嘉庚立下"组织华侨千百万，复兴中华一条心"[11]的豪迈誓言，带领南洋800万华侨捐款捐物，不遗余力地募集善款，做到"富商巨贾既不吝金钱，小贩劳工亦尽倾血汗"。1939年，抗日国际物资运输的重要通道——滇缅公路急需大量保障人员，陈嘉庚组织发布《征募汽车修机驶机人员回国通告》，到南洋各地演讲动员，筹集用于购买汽车和军用物资的资金。

在抗战结束后，陈嘉庚呼吁国共和谈，建立民族统一大业，还民众以和平生活。1945年10月，国共两党签订"双十协定"，在全国民众都认为祖国统一、和平生活即将到来之时，陈嘉庚已经敏锐地意识到国家前途的坎坷，他用"还政于民，谋皮于虎"表达自己对国运的担忧。内战爆发后，陈嘉庚先生继续以国家和民族为重，毅然、决然地选择与中国共产党共进退。陈嘉庚先生以人民利益为最大利益，成为为新中国成立提供充分支持的华侨华人楷模。

二、体教融合思想是陈嘉庚教育思想的核心构成

（一）陈嘉庚体教融合思想秉承爱国、爱乡、爱校的优良传统

陈嘉庚的爱国言行深深影响着厦门大学和集美学校的广大师生，也逐渐

凝练成为嘉庚教育思想中的爱国、爱乡之精神。陈嘉庚先生的爱国行动不仅影响和感染着自己的族亲、家人，还对厦门大学、集美学校及其他支持建设的教学单位都产生了深刻影响。爱国、爱乡、爱校成为嘉庚教育思想中的核心内容，也与我国教育部提出的将"爱国教育与素质教育、行为教育"融合起来的理念相一致。早在1931年九一八事变后，陈嘉庚就鼓励厦门大学和集美学校师生投入抗日救亡运动。1945年，陈嘉庚在延安9天期间看望了厦门大学、集美学校毕业的学生，当看到他们在为国家和民族出力、为抗战拼命时，他感动得流泪[12]。厦门大学、集美学校除响应号召投入抗战前线的学生外，还涌现出诸如抗日女英雄李林等英烈，大部分学生随学校内迁永定、安溪、大田。学校师生不愿当亡国奴，他们成立抗敌后援团、战时青年后方服务团，对学生进行从军宣传，开展"精神培训""业务训练"，培训学生军事作战能力，1944年底师生报名参军的人数达267人[13]。"北上抗日五侨生"成为集美学校爱国主义教育的史实案例。

此外，学校还组织学生捐衣、捐物，以支持前方抗战。1937—1945年，集美学校师生参与各种义捐共计65次，捐款金额达62.22余万元国币，购置"集美号"飞机3架支援抗日部队[13]。这充分体现了集美学校师生秉承陈嘉庚浓浓的爱国情怀，拥有坚定的爱国之志。陈嘉庚还动员亲友在抗战初期移资祖国，发展实业支援国内抗战。亲友的汇款兑后经本人同意转为维持学校的费用，共计855万元[13]。虽然经费尚存缺口，但是厦门大学和集美学校没有因为战乱、经费短缺停办，学生也没有因为学校内迁而辍学。

（二）坚持德、智、体并重的教育融合教学理念

陈嘉庚教育思想认为体育在增强身体健康的同时，能够磨炼人的意志，达到增强体质与道德修养并重的教育目的。这与我国逐步重视体育教育，促进学生德、智、体、美、劳全面发展的理念相一致。陈嘉庚学习、借鉴西方教育思想，在19世纪20年代就提出"德、智、体三育并重"的教育思想。在体育教育上，他指出"体育运动为教育中一重要之科学，虽主旨在于训练健康，然而对于道德精神，关系更为密切"[15]。陈嘉庚还借鉴西方体教融合经验，提倡德、智、体平衡发展。

"三育并重"的体育方面，陈嘉庚在教师选聘时不予疏漏。先后选聘著名的体育教师，有北京高等师范学校体育系的吴振西、东亚运动会五项冠军吴德懋、跳高冠军余怀安、东南大学体育系庄文潮、全国运动会足球运动员金岩、高栏冠军邵东平；教学优秀青年教师有方万邦（后来成为我国著名的体育教育家）、吴邦伟（新中国成立后成为上海体育学院教授）、涂传伦（新中国成立后成为武汉体育学院教授）。陈嘉庚重视智育，要求学生全面发展。不同类别学校有所侧重，其中职业院校要求动手能力强，理论能与实践紧密结合。而高等院校大学专业能力突出，科研能力强，"三育并重"教育思想与我党高等教育、职业教育方针高度契合。

（三）坚持爱国教育、劳动教育与身体教育相融合

陈嘉庚深谙"传道受业解惑"之古训，所谓"学校得失者，率别质量"。他认为学校办得好坏关键在校长和教师，只有慎选校长和教师才能保证学校的高质量。对于选聘的校长，陈嘉庚给予完全的信任，集职责权于一身，全面管理学校[17]。集美学校原校长陈村牧老先生在回忆录中指出："过去读书人多鄙视劳动，这是绝大错误，近一二十年来，乃提倡体育，鼓励运动，最后有提倡劳动服务，推行生产教育，就是要纠正从前错误的观念。以运动和劳动相比较，我以为后者更重要，因为运动的主要目的在于锻炼身体，而劳动则有以下三个作用：养成劳动习惯，借劳动来锻炼强健体格，可获得工作的效果。"[18]

陈嘉庚在重视体育锻炼的同时，倡导体育与劳动相结合，旨在培养学生艰苦奋斗的习惯。劳动教育十分重要，在思想上，让学生克服鄙视劳动的错误认识；在行动上，培养学生吃苦耐劳的习惯、勤劳勇敢的意志。劳动与体育相结合，既有吃大苦、流大汗的辛苦，又有锻炼取得进步的自信、享受劳动成果的喜悦。陈嘉庚学校重视劳动教育的理念与2020年3月中共中央、国务院发布的《关于全面加强新时代大中小学劳动教育的意见》（以下简称《意见》）异曲同工。

（四）将卫生教育、健康教育纳入教育思想体系

在陈嘉庚的体教融合思想中，卫生教育和健康教育思想起源甚早，他在少年侨居东南亚时就对西方先进的公共卫生状况、设施有深刻了解。同时，陈嘉庚还认识到我国民众公共卫生知识和意识很薄弱，因此非常重视在集美学村中开展、普及卫生教育。1917年，陈嘉庚邀请中华卫生教育会到集美举办公共卫生运动，为促进当地公共卫生教育，设立了集美医院，兴办医科教学、公共卫生人才培育等机构。[19]

通过一系列的实践，尤其是在新中国成立初期，陈嘉庚的卫生教育思想完成了从"卫生强身"到"卫生建国"的转换，并积极推动卫生教育、健康教育作为教育思想的重要组成部分。在这一过程中，陈嘉庚先生知行合一。首先是寻购医书、编印救民、资助医院建设、消杀病害、宣传讲究卫生，强调国民卫生意识的提升与培育，进而提高民族身体素质；其次是坚持推动体育卫生思想，改善住宿和生活环境，指导学校体育与卫生保健工作紧密结合；最后是推动身体康健卫生、居住环境卫生、医药救护卫生等公共卫生教育和流行病预防，实现现代国民卫生体系的形成[20]。可以说，"嘉庚精神"在卫生教育领域有着充分、直接的体现，对当前新冠疫情这一公共事件危机管理和"健康中国"目标实现都有着现实关照意义。这些卫生教育和健康教育，也是

现代公民教育和现代社会通识教育的一部分。通过这些日常行为的教养，西方现代公共伦理与社会责任的一些理念也被融入我国民众的意识和操守中。

（五）将竞技人才培养、赛事组织体系纳入学校管理体系

陈嘉庚先生创办的集美学村素有"体育摇篮"的美誉。通过组织开展体育竞赛，集美学村既能实现体育人才的培养，也可实现为国争光的目标。改革开放以来，学村秉承嘉庚体育思想，大力发展现代竞技体育项目，将学村竞技体育打造成了一张独特的名片。据学者研究，集美学村"围绕着武术、舞龙、舞狮、脚斗士等多个项目，塑造了学村多个特色传统体育项目，其中武术、舞龙、舞狮等项目在参加国内、港澳台及东南亚等多个级别的体育比赛中均获得优秀成绩"[17]。

嘉庚教育精神中对体育竞赛重要性的超前认识，为当前的体教融合工作机制提供了可资借鉴的经验。《意见》中的第二和第三部分，分别强调的是"完善青少年体育赛事体系"和"加强体育传统特色学校和高校高水平运动队建设"。其中的具体措施为完善体育与教育部门协同发展体育竞赛提供了详细指引，这与集美学村坚持"体育竞赛为国争光和全面育人"的目标在理念上是一致的。陈嘉庚创办的集美学村，将竞技人才的培养及较为完善的赛事组织体系纳入学校的总体管理当中。其作为学校管理的一项核心任务，极大地促进了青少年学生的身心健康发展，更提振了师生的爱国主义热情。

（六）建立完善的体育组织机构与体育制度

《意见》十分重视体育社会组织的建设，提出了"规范社会体育组织"的要求。《意见》主要从"社会体育组织进校园"入手，推动体育与教育部门的深度融合，共同促进青少年的健康成长。20世纪初期的集美学校，在陈嘉庚精神的指引下，学校管理者已经为体育活动的开展制定了一套较为详细的方案。

陈嘉庚在海外考察欧美国家教育发展模式后，认为"校董会"可以让学校在办学过程中获得更多舆论、物质和经济上的支持。因此，集美学校的组织机构实行校董会制度，相应的体育组织机构就在校董会的领导下开展工作。1925年，集美学校校董会设置了体育联席会议、各校体育会、体育部来组织学校体育工作。体育联席会议每月开一次常务会，决定各校体育的重大事项等，如商议举办每年的集美学校运动会等。体育会负责制定体育章程与制度，筹划、安排、管理学村的体育事项。为加强对各校的体育工作领导，于1925年3月23日成立了"集美学校体育会"，推选体育教师吴振西担任主席，并通过了《福建私立集美学校体育会章程》，从制度上加强了对集美学校体育工作的指导[17]。

三、新时代为陈嘉庚体教融合思想的国际化传播创造机遇

（一）陈嘉庚体教融合思想的国际化特征为跨文化传播奠定了基础

陈嘉庚在秉承中国传统教育的同时，积极吸收西方先进的教育理念。知名教育家潘懋元指出："陈嘉庚教育思想，是在一定历史条件下，继承中华民族文化传统中的精华，兼采用西方现代文明思想而形成的。"[21]陈嘉庚是为国为民而办学。他的办学坚持走民族的、世界的办学道路[22]。陈嘉庚坚持通识教育和系统教育相结合的教育思想，坚持德、智、体三育并重，始终把体育育人放在十分重要的位置。陈嘉庚的这种体教结合的理念，与西方先进的教育理念相契合，具有显著的国际化特征，从而为跨文化传播奠定了基础。

（二）习近平总书记对陈嘉庚创学办校的重视为"嘉庚精神"的传播提供了历史机遇

在建设"海上丝绸之路"命运共同体的宏伟蓝图中，除了经济认同，还有文化认同。2014年10月17日，正值陈嘉庚先生140周年诞辰，习近平总书记给集美校友总会回信，信中写道："我曾长期在福建工作，对陈嘉庚为祖国特别是为家乡福建做出的贡献有切身感受。他爱国兴学，投身救亡斗争，推动华侨团结，争取民族解放，是侨界的一代领袖和楷模……"[22]这充分表明习近平对陈嘉庚创办学校的重视，也为深入认识与广泛传播"嘉庚精神"提供了历史机遇。

（三）我国爱国主义教育国际化的时代要求需要嘉庚精神的助力

以集美学村为代表的陈嘉庚旧物、著述和思想，从个体层面生动展示了一个华侨的爱国主义感人事迹和伟大榜样。以嘉庚精神为代表的近代爱国华人华侨，从国共战争时期到改革开放，从新中国成立初的"一穷二白"到当前经济新常态，都有积极参与的深刻经历。现在的中华民族"比历史上任何时期都更接近中华民族伟大复兴的目标"，这为国际华人华侨再次坚守民族自信、强化爱国意识提供了现实基础。在爱国教育走向国际化的新时代，我们要注意挖掘华人华侨爱国遗产，助力爱国主义教育的国际传播。

（四）陈嘉庚事迹及精神是传播中华优秀文化与故事的典型素材

"传播中华优秀文化，宣介中国发展变化"是习近平同志对于对外传播的高度概括。对外传播是能够超越政治隔阂、文化差异及社会区分的传播手段。以陈嘉庚为代表的艰苦奋斗精神、为国无私奉献的精神，这些个人特质和公共精神积淀着中华民族最深层的精神追求。同时，嘉庚精神也是爱国爱家、义务奉献、社会责任等价值理念的践行者，拥有不同文化之间的共性，极容易与不同国家、不同民族的群众产生情感共鸣。陈嘉庚事迹和精神的国

际传播,能够促进"一带一路"国家及各种文明间的互鉴、加强交流、促进联系。

四、新时代机遇下推动陈嘉庚体教融合思想的国际传播策略

(一)制定针对性传播策略,有效推动嘉庚思想的国际传播

2015年,国家发展改革委、外交部、商务部联合发布的《推动共建丝绸之路经济带和21世纪海上丝绸之路的愿景与行动》,特别提及要充分发挥广大海外侨胞的优势作用,鼓励他们积极参与和助力"一带一路"建设[23]。华人华侨在"一带一路"沿线各国的总数量超过4000万,对促进思想文化对外传播,讲好"一带一路"的中国故事具有独特的角色功能[24]。应合理利用广大海外侨胞独特的思想传播优势,重视华人华侨对"嘉庚思想"的传播作用,尤其需在"嘉庚思想"传播内容、传播受众及传播方式和渠道等层面进行考量,制定全方位、具体化的传播策略,以实现"嘉庚思想"国际传播的有效性。

人类生理机制普遍一致,心理本性也是共同的,由此导致古代人类"在观念、幻想、习俗和欲望上惊人地相似"[23]。因此,想要充分挖掘不同民族思想的共通性,完善"嘉庚思想"的讲述方式,讲好陈嘉庚故事,激发不同民族之间的情感共鸣,找到在不同思想中"嘉庚思想"传播的核心价值,就需要在国际传播中构建与华人华侨、国外友人之间的桥梁纽带。在传播过程中,要努力通过各种渠道和声音,为海内外华人华侨凝心聚力,采用国外读者和海外侨胞乐于接受、易于理解的"中国故事"形式。在讲述"中国故事"的同时,要向"一带一路"沿线国家传递能够引起受众共鸣的核心思想,增强国外友人对"嘉庚思想"的认同感。

(二)结合传播地教育背景,加强传播人员队伍建设

在传播内容上,要研制"嘉庚思想"核心内容体系,加强国别研究,结合传播地教育背景,根据其不同的风土人情和文化传统进行"个性化设计",增强传播内容的地域代表性和多元性。另外,"一带一路"沿线有65个国家和地区,仅官方语言就有53种,如果语言不通思想就难以有效传播[25]。考虑到各国语言之间的差异性,应在原有手册的基础上推出多元化语言手册。可以寻求"一带一路"沿线各国精通语言的华人华侨及专业翻译人员的帮助,借助翻译人员的专业知识将手册编译成各国语言进行推广。

除了加强与"嘉庚思想"国际传播相关的政府涉外部门、对外宣传单位、涉外组织和企业、从事国际关系与国际传播的研究者、各类智库及以个人名义赴境外旅游者等传播队伍建设外,还可以借助中国高校海外分校的独

特优势培养国外学生传播队伍,组织成立"嘉庚思想"研究课题组,围绕陈嘉庚体教融合思想研制校本课程。然后以学校教育为基础,将"嘉庚思想"课程列入厦门大学马来西亚分校的课程体系,鼓励在校学生积极学习,培育学生的传播主体意识,让学生成为思想传播的践行者,从而扩大传播队伍。

(三)确立重点传播区域,明晰传播受众差异化

"一带一路"沿线国家和地区具有不同地理环境、气候条件、风土人情、思维方式、价值观念[26],所以"嘉庚思想"的传播须在"一带一路"倡议的指引下,结合国家重点战略,在不同国家确立思想重点传播区域。比如,可以将陈嘉庚先生的"第二故乡"马来西亚作为重点传播国家,进而向东南亚"一带一路"沿线国家进行思想传播。以点成线、以线构面,实现全方位、宽领域的"嘉庚思想"国际传播网络。

进行国际传播时应根据不同国家与地区的具体情况设计信息、宣传理念及切入点,不能以同一种方式出现在文化迥异的国家,而应根据不同地域对于中国文化的态度来决定传播方式[26]。在"嘉庚思想"的国际传播过程中,需要重点思量"一带一路"沿线各国之间的差异性,根据各国不同的文化背景,充分考虑受众的多向性,加强与"一带一路"沿线国家和地区受众的沟通与交流。在建构国际传播网络的过程中,需考虑各国受众的多元化和复杂性。在讲好嘉庚"中国故事"的前提下,还需针对不同国家的不同受众,根据他们的文化背景、价值观念等进行"策略性"的差异化传播,使"嘉庚思想"的国际传播更具目标性和针对性。

(四)注重传播方式多元化,组织成立"嘉庚思想"传播委员会

建议通过媒体宣传、竞赛、网络、电视传播、官方人才输出、民间输出和交流、学校和专业团队传播,建立海外传播基地进行成果开发等[27]。拓展海外文化中心、文化嘉年华、民营媒体、智库机构等多元化国际传播渠道,为"嘉庚思想"国际化快速传播提供了无限的可能和机遇。应注重互联网技术的应用,可以在互联网上开辟视听网站、短视频平台,利用数字技术等手段,充分运用Facebook、Twitter等国外社交媒体作为播放平台和宣传工具,拓展"嘉庚思想"国际传播的广度和深度。

组织成立"嘉庚思想"国际传播委员会,有助于加强和明确对"嘉庚思想"国际传播各项工作的领导、协调与规划,建构全方位、多层次的传播体系或渠道,逐步构建和完善"嘉庚思想"国际传播网络。可以设立专门的"嘉庚思想"传播部门及传播反馈平台,也可以通过下设具体的管理或推广策划部门,对"嘉庚思想"国际化传播的相关信息进行收集与整理,协调各个部门之间的合作,并结合反馈信息制定切实可行的国际传播策略。

五、结束语

中国改革开放四十多年来,在历代党和国家领导人的英明决策和领导下,经过全国人民的共同努力,无论是国家经济水平还是人民生活水平都产生了巨大变化。面对愈发复杂的国际局势,重新反思陈嘉庚的体教融合思想及其深刻内涵,呼应了习近平总书记所要求的"要推进国际传播能力建设,讲好中国故事、传播好中国声音,向世界展现真实、立体、全面的中国,提高国家文化软实力和中华文化影响力"[28]之理念,与国家"一带一路"倡议紧密契合、互为推动。陈嘉庚先生体教融合思想的跨文化传播,本质上服务于中华民族伟大复兴,是构建中华文化的跨国家、跨地区认同,是"汇侨心,聚侨意",唤起华侨华人同源、同宗、同族的民族认同感。

参考文献

[1] 体育总局 教育部关于印发深化体教融合 促进青少年健康发展意见的通知[Z].体发〔2020〕1号,2020-08-31.

[2] 李爱群,吕万刚,漆昌柱,等.理念·方法·路径:体教融合的理论阐释与实践探讨——"体教融合:理念·方法·路径"学术研讨会述评[J].武汉体育学院学报,2020,54(7):5-12.

[3] 孙永生,王玮.再论陈嘉庚体育思想的先进性[J].体育科学研究,2009,13(3):12-14.

[4] 林少琴.陈嘉庚爱国体育思想的特色[J].体育学刊,2004,11(5):36-38.

[5] 习近平.中国愿同东盟国家共建21世纪"海上丝绸之路"[EB/OL].[2013-10-03],http://new.sxinhuanet.com/world/2013-10/03/c-125482056.htm.

[6] 佘峥.中马领导人共同见证 厦大马来西亚分校最快年底开工[EB/OL].[2013-10-23].http://news.xmnn.cn/a/xmxw/201310/t20131005_3526419.htm?from=singlemessage.

[7] 陈嘉庚.南侨回忆录[M].新加坡:南洋印刷社,1946.

[8] 张兴汉.热血注侨情,丹青写春秋[M].广州:暨南大学出版社,2013:17.

[9] 陈毅明.陈嘉庚教育立国思想浅论[J].厦门大学学报(哲学社会科学版),1984(3):103-109,123.

[10] 陈嘉庚.集美小学记[C]//福建私立集美学校廿周年纪念刊编辑部.集美学校二十周年纪念刊,1933:52.

[11] 马德益.陈嘉庚爱国主义的"四位一体"结构特征[J].重庆交通大学学报(社会科学版),2019,19(1):20-26.

[12] 许振政,张静.陈嘉庚对印尼侨领黄周规思想的影响[J].集美大学学报(哲学社会科学版),2019,22(2):56-63.

[13] 陈呈.抗战时期集美学校内迁办学研究[J].集美大学学报(哲社版),2017,20(2):45-52.

[14]黄金陵,王建立.陈嘉庚精神文献选编[M].福州:福建人民出版社,1996.
[15]王增炳,陈毅明,林鹤龄.陈嘉庚教育文集[M].福州:福建教育出版社,1989:374.
[16]中共厦门市委党史研究室.科教兴国的先行者陈嘉庚[M].北京:中央文献出版社,2001.
[17]宋强.集美学村体育研究[D].福州:福建师范大学,2016.
[18]林斯丰.集美学校百年校史[M].厦门:厦门大学出版社,2013:116.
[19]陈嘉庚.战后建国首要:住屋与卫生[M].新加坡:南洋华侨筹赈祖国难民总会,1946:3.
[20]李天宇,江振鹏.从卫生强身到卫生建国:陈嘉庚卫生事业的思想与实践[J].苏州科技大学学报(社会科学版),2017,34(4):74-79.
[21]潘懋元.教育事业家陈嘉庚教育思想新探[J].中国高教研究,2007(10):7-8.
[22]辜建德.弘扬嘉庚精神 办好集美大学[J].中国高教研究,2007(10):12-15.
[23]刘滢.5G时代国际传播的战略目标、实现基础与现实路径[J].新闻与写作,2020(9):85-89.
[24]郑凡.震撼心灵的古旋律[M].成都:四川人民出版社,1987:54.
[25]王国志,张宗豪,张艳."一带一路"倡议背景下中国武术国际传播偏向与转向[J].武汉体育学院学报,2018,52(7):70-74,87.
[26]史友宽.体育文化国际传播的实践考察与理念创新[J].体育科学,2013,33(5):13-24,73.
[27]宋清华,申国卿."一带一路"国家文化战略背景下太极拳国际化传播策略[J].武汉体育学院学报,2018,52(3):61-66.
[28]新华社.习近平出席全国宣传思想工作会议并发表重要讲话[EB/OL](2018-08-22)[2021-05-20].https://www.gov.cn/xinwen/2018-08/22/content_5315723.htm.

[本文发表于《体育科学研究》2022年第3期]

陈嘉庚航海体育教育思想及时代内涵

邹 京

（集美大学体育学院 福建 厦门 361021）

摘要：陈嘉庚航海体育教育思想的形成有其特定的过程。航海体育教育思想贯穿航海教育全过程，即"三育并重，全面发展，体育素质全面，专业技能突出"。陈嘉庚航海体育教育思想有三个方面的时代内涵：爱国、敬业、重德、诚信和奋斗的思想和行为；毅以处事，百折不挠，努力奋斗的精神；永不服输的体育精神。

关键词：陈嘉庚；航海；体育教育；时代内涵

1920年2月，陈嘉庚在厦门创办的集美学校开办水产、航海教育——集美学校水产科，扬启了陈嘉庚航海教育的风帆。陈嘉庚先生目睹旧中国"门户洞开，强邻环伺"，"船舶川行如织，但航权均操洋人掌握"的可悲状况，立志开办水产航海教育。1915—1918年在欧洲战争的四年时间里，陈嘉庚的事业达到阶段性高峰，其中最为丰厚的收入即来自航运业，四年收入达到160万元。他1915年租借船只从事航运获利20万元；1916年出资30万元购置"东丰轮"进入租借和拥有并举的经营模式；1917年又投资42万元购置3750吨的"谦泰轮"建立航运公司雏形；1918年东丰轮、谦泰轮相继在地中海被德国军队击沉，陈嘉庚的航运业就此中断[1]。然而，敏感的商业嗅觉和短暂的航运经营经历、振兴民族工业的自尊使其意识到发展航运对于振兴国家、促进贸易、加快国家经济建设有着极其重要的作用。陈嘉庚指出："我国人口居世界第一位，沿岸领海环抱万里，不让任何大国；而所有船舶之数尚不足与最少船舶之国比拟，甚至世界数十国航业注册，我国竟无资格参加，其耻辱为何如？故今后我国欲振兴航业，巩固海权，一洗久积之国耻，沿海诸省应负奋起直追之责。"[2]这正是陈嘉庚创办航海教育的初衷。以航海教育为契机，陈嘉庚先生自始至终将自己重视学校体育发展的思想即"三育并重，全面发展"贯穿于航海教育的始终。

一、陈嘉庚航海体育思想及课程设置

为了创办航海教育，陈嘉庚先生早在1917年就致函上海吴淞水产学校，

作者简介：邹 京（1974— ），女，湖南冷水江人，副教授，主要从事体育教学研究。

物色教师人选，资助该校 3 名高才生到日本留学，预聘他们回国后到集美任教。1924 年和 1925 年又先后资送 5 名本校学生赴日本东京农林省水产讲习所深造。优良的师资力量为航海教育的发展奠定了坚实的基础。集美航海教育沿着 1918 年 4 月陈嘉庚和陈敬贤共同创设"诚毅"校训的办学宗旨，遵循陈嘉庚的学村体育思想，借鉴国内外学校体育的课程特点，建立了独具特色的陈嘉庚航海体育思想。那就是针对航海职业特点设置相应的体育课程并提供与航海专业相关的体育设施供学生课外活动锻炼，把学生培养成为体育素质全面、专业技能过硬的航海专业优秀人才。陈嘉庚先生的航海体育教育思想具体包括以下主要内容：（1）针对航海海上特点，设置游泳课，内容包括学习蛙泳、自由泳，掌握潜泳、自救的本领。（2）克服晕船，提高抵抗力，建设专门的抗眩晕的练习器械，如浪木、旋梯、滚轮。（3）培养学生的意志品质，主要是吃苦耐劳、忍耐寂寞，要求学生坚持长跑锻炼、单杠、双杠的健身锻炼。（4）培养学生自卫和灵敏的本领，开设体操、国术课程。

陈嘉庚航海体育思想遵循"诚毅"校训：诚者，诚以为国，实事求是，大公无私；毅者，毅以处事，百折不挠，努力奋斗。航海海上作业的特点是工作时间长、活动空间狭小、生活单调、船体摇摆大等。航海体育的目的是练就学生强壮的体格，提高抗晕船能力，增强航海适应能力，培养顽强的意志和良好的心理素质。因此陈嘉庚先生在航海体育课程的设置方面充分考虑到航海体育与普通体育的区别，不仅设立针对性的力量、耐久、技巧敏感素质、平衡力和防身技能课程，同时掌握适应航海水上作业特点的游泳、跳水、攀爬、自救和救生等本领；辅以足球、篮球、龙舟等形式多样的体育活动，促进学生身体素质的全面发展[3]。通过设立田径课（短跑、铅球、1500 米，此外每年举办长跑比赛），提高学生的速度、力量和耐力素质，培养其顽强的意志品质；通过体操课（垫上技巧、单杠、双杠）培养学生敏捷的反应能力；通过游泳（800 米达标、100 米蛙泳、50 米自由泳、25 米潜泳、横渡高崎海峡 1500 米）熟悉水性，增强抵御风浪的能力。

二、航海体育教育的课程比较

（一）航海院校体育课程的比较分析

陈嘉庚航海体育思想影响着集美航海体育教育的几代人。全面的航海体育课程设置，造就了集美航海专业人才适应海上作业所需的身体素质，为航海教育的成功奠定了质的基础。在众多杰出航海人的身上可以看到的全面发展体育教育结下的硕果："诚毅"的精神、顽强的意志、自强不息的奋斗轨迹、永不服输的航海体育精神。时至今日，陈嘉庚体育思想下的航海体育课程设置仍然具有其全面性及高标准、严要求等特点及优势（表1）。

表1　各航海院校体育教学内容

学院	专项身体素质	专项技能	自身抵抗能力	自身发展能力
大连海事大学	无要求	游泳（50米蛙泳、25米自由泳）	无要求	健康教育、足球、篮球、健美、街舞、轮滑、排球、乒乓球、柔道术、跆拳道、体育舞蹈、42式太极拳、羽毛球、极限飞盘
上海海事大学	浪木、旋梯、综合器械	水上项目：游泳（500米）	浪木、旋梯、综合器械	武术，散打，跆拳道，球类（篮球、排球、足球任选一），乒乓球，网球，中长跑，跳练习（蛙跳、立定多级跳练习），体育理论
集美大学航海学院	滚轮、旋梯、浪桥、爬绳	水上项目：游泳（100米蛙泳、50米自由泳），跳水，救生，潜泳	浪桥、滚轮、武术、散打、定向越野	篮球、排球、足球、散打、定向越野、体育理论
广州航海高等专科学校	滚轮、浪木、旋梯、爬绳、单杠、双杠、蛙跳、俯卧撑、引体向上、擒拿格斗等	水上项目：游泳、跳水、潜水、水上救护、救生	浪木、滚轮、冬泳、翻滚运动等	太极拳、五禽戏、跆拳道、定向运动、球类运动、体育舞蹈、体育理论教学、医务监督、运动处方等

由表1可以看出，从陈嘉庚创办的集美航海学校发展而来的集美大学航海学院在航海课程的设置上更加注重专项技能和身体素质的培养。在国内4所培养高级船员的专业性院校中，集美大学航海学院的游泳标准最高，蛙泳考试100米（其他学院为50米），自由泳考试距离50米（其他学院25米）；上课时数最少，三学期共计32学时（大连36学时、上海36学时、广州36学时）[4]。在教学大纲的课程设置中，只有集美大学航海学院将浪桥、滚轮、爬绳列为体育课的正式课程进行专业素质的强化和练习。陈嘉庚先生在1921年第三届集美学校运动会上讲话时指出："吾人应有健全之身体和精神，方可为社会服务，荷国家仔肩，故本校此次运动会，意在发扬精神，锻炼身体，扫除病夫之肌。"讲话充分体现了陈嘉庚先生十分重视身体素质锻炼，在航海体育教育方面延续了其学校体育思想。体育课除了专项素质的练习外，还安排诸如俯卧撑、屈臂伸、仰卧起坐等一般素质练习，增强学生的体质，为造就符合海上专业人才打下良好的身体基础。

（二）集美航海体育课程的前后阶段比较

集美大学航海学院体育课程的设置，在培养航海专业的实用性人才标准上符合航海国际公约的要求。因此，在航海质量体系的历次评估中都能顺利通过。但对比陈嘉庚早期建立的航海体育思想而设置的集美航海学校体育课程，现在的课程缺乏特色及老航海人留下的精神——毅以处事，百折不挠，努力奋斗；缺乏专业课程要求，与普通大学体育课没有太大区别。而从集美航海学校体育课程（表2）可以看出，航海类设置的体育课程，除了新型的体育项目，其他项目基本囊括，特点突出，但特色不够：（1）毅力的锤炼项目：长跑、横渡高集海峡，并且发展成为航海学校每年开展的传统项目，现在体育课程的长跑项目只是大学生体质健康的1000米，成绩要求等同于普通大学生。（2）素质：通过垫上、单杠、双杠技巧提高协调性和灵敏性，现在的航海体育课已不再设置垫上、单杠、双杠技巧内容，原因待究；通过引体向上、屈臂伸、杠铃练习提高力量，通过爬绳、爬杆提高攀爬能力；通过旋梯、滚轮、浪桥提高抗晕船能力；通过武术课提高自卫能力。所有的航海专业素质课程在学生入学后的第一节技能课就将锻炼方法介绍给学生，让学生作为课外活动的锻炼项目。技巧、体操、田径和球类活动这类技术比较强的项目作为上课的内容，既让学生掌握的体育技能，又培养学生团结协作的团队精神。

表2　集美航海学校体育教学内容

学院	专项身体素质	专项技能	自身抵抗能力	自身发展能力
集美航海学校	滚轮，浪桥，旋梯，综合练习器（爬绳、爬杆），单杠，双杠，力量练习，引体向上，垫上练习，武术	水上项目（游泳、跳水、潜水、驶帆、操艇、专业训练项目、水上救护）	浪桥、滚轮、旋梯、垫上练习、单杠、双杠、冷水浴	篮球，排球，足球，健美，田径（铅球、跳远、跳高、1500米），横渡高集海峡，10公里长跑比赛

三、陈嘉庚航海体育思想的时代内涵

以培养应用型人才为己任的集美航海学校，在全面发展、注重航海特色的陈嘉庚航海体育思想的深刻影响下，成功地培养了一批又一批的航海专业人才，在东南亚乃至全世界影响深远、广大。令航海校友印象最深刻的航海体育教育是传统：长跑、横渡高集海峡及半军事化管理的晨练，是通向坚强意志品质的桥梁，是挑战极限的无畏精神，防晕船的专项素质练习来自课外自觉的体育锻炼，教师辅导下的滚轮、旋梯，伏俯练习成为航海学生征服海洋必须练就的本领。团队精神来自体育球类项目的分工协作，足球、篮球、排球、龙舟成为航海学生为学校荣誉团结奋斗,不怕苦难,吃大苦、耐大劳、互相鼓励和帮助、相互协作和理解的练习平台。

时代在进步,社会在发展,海运事业的船舶大型化趋势明显,科学技术的现代化使得船舶俨然成为移动的大陆,卫星定位、自动化机舱让船的安全性能大大提高,船员的闲暇时间更多、活动空间更大、可选择的娱乐项目更丰富。继承和发扬陈嘉庚航海体育思想,需要赋予它更多的时代内涵。时代内涵并不是对过去航海体育思想简单的继承,而是要准确把握陈嘉庚体育思想的精髓,在航海体育课程的设置上,既有继承,又有创新;既要考虑航海特点,重视身体素质教育,又要适应航海事业的新发展,重视以人为本的科学发展理念,开拓航海体育教育的新局面。在集美学校第二届运动会上,陈嘉庚就提出了:体育运动贵在坚持,竞赛的目的是使"优者益勉,负者振奋",养成坚毅的精神和良好的德行。1918年陈嘉庚就在新加坡讲过:"世上无难事,唯有毅力与责任耳。"因此,陈嘉庚的航海体育思想是嘉庚精神的组成部分,是陈嘉庚体育思想的重要组成部分,赋予嘉庚精神时代内涵就是赋予陈嘉庚航海体育思想新的时代内涵。因此,要做好以下几个方面:(1)陈嘉庚航海体育思想即继承和发扬嘉庚精神的精髓:不懈的思想追求,爱国、敬业、重德、诚信和奋斗的思想和行为[5]。(2)陈嘉庚航海体育思想培养现代学生毅以处事,百折不挠,努力奋斗的精神。这是老航海人的作风,好的传统不能失掉。(3)继承和发扬永不服输的陈嘉庚体育精神。优者益勉,负者振奋,用陈嘉庚体育精神充实陈嘉庚航海体育思想的时代内涵,为新时代的中国航运事业做出杰出贡献。

参考文献

[1] 林斯丰,张培春,林茂金,等.陈嘉庚精神读本[M].厦门:厦门大学出版社,2007:45-46.
[2] 林斯丰.集美学校百年校史[M].厦门:厦门大学出版社,2013:353.
[3] 郑如赐.陈嘉庚爱国体育思想[M].北京:天马图书有限公司,2002:63-64.
[4] 肖亚玲,田静.进一步深化我校航海体育教学改革[J].广州航海高等专科学校学报,2008,12(4):51-53.
[5] 赖闽辉.陈嘉庚精神的时代内涵及其对师德建设的启示[J].集美大学学报:教育科学版.2010,10(4):55-58.

[本文发表于《集美大学学报(教育版)》2011年第4期]

再论陈嘉庚体育思想的先进性

孙永生[1] 王玮[2]

(1. 集美大学体育学院 福建 厦门 361021; 2. 南京体育学院 江苏 南京 210004)

摘要: 为了推动集美大学体育工作更好地开展,本文采用文献资料法、调查访问法和实地考察法等研究方法,对陈嘉庚体育思想指导集美大学体育工作的情况,以及在教学评估中取得的优异成绩进行了研究和总结。结果表明:集美大学体育活动的开展和体育学院的发展离不开陈嘉庚体育思想的指导;在陈嘉庚思想的指导下,多年的积淀是本次教学评估取得优异成绩的基础;先进的体育指导思想是本次教学评估中体育学院获得成功的关键。研究认为陈嘉庚体育思想具有先进性,也是集美大学在今后的体育工作中需继续贯彻落实的指导思想和行动指南。

关键词: 嘉庚体育精神;本科水平评估;先进性

本科教学工作水平评估是教育部根据《中华人民共和国教育法》之规定对本科高校实施教育质量监控的科学方法,是国家高等教育评估之一。全面开展本科教学水平评估在规范我国高等教育行为,监控教育教学质量,健全教育教学设施,统筹教育教学规模,配置教育教学资源诸方面有着积极而现实的价值与意义。2007年12月,集美大学接受了教育部的教学水平评估。从目前反馈的情况来看,我校以优秀的成绩通过了教育部的检验。虽然教学评估过去了,但我们有必要对过去取得的成绩和存在的不足进行认真地、全方位地、深刻地总结和研究,探讨出更加科学与切合实际的发展战略。校主陈嘉庚先生一生致力于教育事业,体育作为教育的重要组成部分,在当时我国国民体质异常孱弱的情况下,体育教育得到了他的高度重视,大力发展体育教育事业、改善国民体质是陈嘉庚先生的夙愿。在投资教育、兴办学堂的过程中,嘉庚先生给我们留下了宝贵财富,同时形成了自己的体育思想——陈嘉庚体育思想。其体育思想主要体现在:率先开展体育教育,拯救国人健康体质;传承民族传统体育,重视竞技体育活动;注重公共体育场地、设施建设;体育运动与医疗保健相结合等几个方面。其核心是关爱国民、关爱下一代身心健康、关注祖国的未来。本科教学水平评估,是对学校教学建设的综合指标、发展模式进行系统性检验,通过对高等教育的水平评估达到以下

作者简介: 孙永生(1985—),男,山东临沭人,硕士生,主要从事体育教育训练学研究。

目标：促进各高校加强学科建设；促进现代高校培养更多、更高质量的社会人才。在评估的指标体系中，学校体育工作情况占有重要的地位，是评估的重要内容之一。体育评定指标分显性指标和隐性指标。显性指标主要表现在运动场和体育设施、四项经费、教学效果3个大方面；隐性体育指标包括：学校体育发展的定位；体育师资队伍；体育教学改革情况；体育教学管理；体育教师风范；体育教学效果[1]。长期以来，集美大学在以嘉庚体育精神为开展体育工作的指导思想的基础上取得了优异成绩，并在本次教学水平评估中为学校争得了荣誉。因此，有必要对嘉庚体育精神进行总结，再度审视、研究和分析嘉庚体育精神的先进性，以便为今后更好地开展集美大学体育工作指明方向。

一、率先开展体育教育，拯救国人孱弱体质

陈嘉庚先生从国外回乡，目睹吾国一般民众体质衰弱，青少年学生很多弯腰驼背、精神萎靡。于是他决心以"提倡体育、恢复国民健康为振兴中华之根本"。陈嘉庚先生认为民族体质是兴盛教育的基础。于是早在1931年就倡导集美各校把体育列为必修课，并自创教材、研究教法，还制定了评分办法：早操课外活动各占10%、运动技能占40%、运动道德占30%、卫生与努力占10%。在体育课的设置上既有传统的田径、园艺、龙舟、登山、游泳、拔河等项目；又引进西方体育项目篮球、排球、体操等，还有卫生健康常识、运动生理卫生、科学锻炼方法等理论课，总共13门[2]。这在当时是非常先进的教育理念，时至今日也是我们办好体育教育专业的指导方针。陈嘉庚先生还根据厦门多雨的气候特点，要求教师准备两套教案，遇到下雨天时则上内堂理论课，进行体育健康常识、保健知识的教学。陈嘉庚先生不但能率先开办体育课程，而且设置了多项课目，大胆引进国外体育项目，评价方法也比较新颖，再次彰显了其先进的体育思想。

陈嘉庚先生注重人才培养，处处关心学生身心健康，把学生的体质健康视为教学的重要任务。这一观点与本次教学水平评估中的"教学效果"指标又相吻合。这些指标主要包括大学生健康指标和竞技体育指标两个方面。其中健康指标A级界定为："大学生体质健康指标合格率≥97%；群众性体育活动和竞技体育开展得好。"C级界定为："大学生体质健康标准合格率≥95%~96%；重视群众性体育，学生养成良好的健身习惯。"这个指标是评估方案中涉及学校体育的最重要的一个，也是对学校体育工作的全面考评，其内涵主要包括以下三个方面：一是大学生体质健康标准合格率；二是对学校群众体育全面考评；三是对学校竞赛体育全面评估。集美大学多年来在体

育教学过程中一直遵循陈嘉庚先生"健康第一"的体育指导思想,每年开展10多项全校性群众体育比赛运动,场馆大多对外开放。同时开设20多个体育项目协会,体育人口覆盖全校。运动人体教研室还进行大学生体质健康形态与机能测试,保证大学生体质健康发展。大学生健康指标合格率达98%,超过评估指标A级标准的97%。

二、传承民族传统体育,重视竞技体育活动,弘扬中华传统文化

陈嘉庚先生一生从实业做起,常年身处海外经商创业,但其爱国之情却从未泯灭。嘉庚先生一直热爱祖国,并且极力宣扬我国的民族传统特色,进而宣传中华民族的优良传统。陈嘉庚先生爱国的体育思想在龙舟和武术两个项目上表现得尤为突出。武术是中华民族的传统项目,具有悠久的历史、雄厚的群众基础,有发展普及的优势;龙舟竞渡,可以弘扬祖国传统文化、增强人们的体质、锻炼人的意志、激发集体主义和爱国主义情怀。陈嘉庚先生多次邀请"闽南国术团"到新加坡、马来西亚等地表演,以表现中华民族了勇武气质,弘扬武术[3]69-76。在国内,他注重教育事业,兴办了厦门大学、集美多所专业学校(后改集美大学)。为提高武术水平,他高薪聘请武林高手来学校传授国术、培养尚武精神,通过对武术和龙舟的推广,提高了国人的体质健康[4]。厦门还利用沿海的水上优势,每年举办龙舟竞技活动,通过龙舟竞渡发展体育事业。可见,嘉庚先生的先进体育思想与其亲身经历密不可分。陈嘉庚为了事业长期漂泊海外,亲身经历和目睹华人在国外的境遇。在一次集美学校欢迎他的大会上,他说:"我们人民身体不健康,寿命很短。""在柏林举行的世界运动大会上,我国十几个代表去参加,结果并没有取得成绩,人口众多的国家还不如其他小国家,真是惭愧。"于是他极力提倡体育,督促集美各级学校采取有力措施,成立"体育研究会";重金聘请优秀体育教师任教,充实体育经费;定期召开学校运动会,充实体育场地设备,并要求学校切实贯彻执行。此举目的是激励师生努力锻炼身体,提高运动技术水平,洗国家之耻辱,改民族之体质,振兴中华,以恢复我国华人形象[5]。在他的大力倡导下,集美大学、厦门大学运动技术和水平日益提高。集美学校男子篮球队在1929年曾先后战胜美舰黑鹰篮球队和美舰匹斯堡篮球队,轰动了整个厦门,增强了民族自尊心,为国人争得了荣誉;也使体育锻炼深入人心,达到了以竞技运动推动普及锻炼的思想宗旨。

几十年过去了,在嘉庚先生体育思想的指导下,以往的武术和龙舟在现代民族传统体育专业中继续发展,并且取得了丰硕的成果。学校通过引进高

级教师，突出优势项目，培养出了多名世界冠军。例如，周斌、郑磊等同学在世界武术锦标赛上获得太极拳和南拳冠军，实现了陈嘉庚先生弘扬中华武术精神的愿望，让世界人民了解了我们的国粹。在2006年海峡两岸龙舟邀请赛暨北大——清华赛艇挑战赛上，集美大学取得高校组冠军，影响和带动了学校士气，宣传了集美大学。集美大学还培养出了许多优秀体育人才，现在更有18名世界和国家级冠军[6]。多个项目取得优异成绩，运动成绩在全省名列前茅，武术、龙舟两项民族传统文化取得的优异比赛成绩也是集美大学竞技体育成绩的重要部分，这些优异竞赛成绩的取得为教学评估增添了光辉，特别是对竞技体育指标评价给予了充分的肯定。诸多事实再次证明嘉庚先生当年关心民族传统体育事业、注重竞技体育，具有与时俱进的先进性。

三、注重公共体育场地、设施建设，为学生提供优美的锻炼环境

陈嘉庚先生视体育工作为学校教育工作的重要组成部分。在学校建设的过程中，他发现学生活动场地缺乏是影响学校体育工作开展的重要因素，于是他提出"有楼必有场"的体育理念，认为在修建一座楼房的同时，要开辟一块运动场地，供学生进行体育锻炼。在当时教学设施不够健全、百废待兴的情况下，把体育提到比较重要的位置是很少见的。在他事业的鼎盛时期，在集美学村、厦门大学兴建体育馆、军乐亭、运动场、龙舟池、游泳池等，大力发展体育基础设施建设。其目的均在"创造强健优秀人才，担负复兴民族的责任"[3]14-19。陈嘉庚先生在集美海岸利用海水建成游泳池，鼓励人们下水游泳锻炼身体，强健体魄。此举措在思想禁闭的旧时代是非常先进的，现代高档社区也配有运动场或游泳池，这是一种先进生活理念，再次证明了陈嘉庚先生体育思想的先进性。

遵循着这种先进的体育思想，集美大学注入大量资金，充实和新建了一批运动场馆和体育设施，不仅满足了教学水平评估的要求，更重要的是为学生提供了健身锻炼的优美环境。其场地之大和质量之高，从教学水平评估标准中可以看出（表1）。普通高校体育指标中对运动场及体育设施的指标A级界定为："运动场及体育设施应满足人才培养需要，有专项训练场地和设施。"C级界定为"有室内体育场所，平均运动场面积$\geqslant 3 \text{ m}^2$，设施基本齐全。"这个指标包含了两个主旨：一是运动场面积，二是体育设施情况。而关键问题是：A级指标和C级指标相比，不是数量上的增加，而是质量上的提高，只有达到C级才可以考虑A级。集美大学校领导继承陈嘉庚先生"有楼必有场"的先进体育思想，所建场馆和体育设施远远高于

此项标准。全校有田径场5个、综合馆4座、单项训练馆9座、游泳池3个、室外篮球场60个（分布在各学院及学生生活区）、室外排球场26个（分布在各学院及学生生活区）、室外网球场6个，体育场馆总面积达160383 m²，生均面积达7.07 m²。

表1 体育工作指标比较表

		大学生体质健康指标合格率	人均运动场面积
教学水平评估	A级	≥97%	
	C级	≥95%~96%	≥3 m²
我校体育工作成绩		98%	7.07 m²

四、一切设计为学生，体育运动与医疗保健相结合

为增强学生身体健康，陈嘉庚先生指出：一方面要加强体育锻炼，另一方面还要保健预防。把体育工作与卫生保健工作结合起来，把健康放在第一位。因此，集美大学在大力倡导学生积极参与健身锻炼的同时，还号召同学们养成良好的生活、卫生习惯，并千方百计地为学生提供各种生活方便。例如，学校兴盖自来水塔、浴室、储藏室等生活配套设施。他还亲自撰写《民俗非论集》，提倡卫生文明的建筑和生活方式。他特别指出我国住房不通风、不进阳光等不卫生之处，会给学生身心健康带来不利影响[3]3-13。所以陈嘉庚先生亲自设计校舍，其特点是门巨窗大、光线充足、空气流通等。目前集美大学校舍都采用坐北向南的朝向，学生宿舍阳台大都为阳面，教室采用大窗户、多窗户的采光、通风设计；学生宿舍内都设有卫生间和热水器，为学生提供了良好的健康生活条件。集美大学还继承陈嘉庚先生关注体育保健的思想，在公共体育选修课中加设"运动处方课"等课程，对学生在运动中遇见的困惑进行解答，并对学生有针对性地开设运动处方教学，最终达到用运动的方式来健全、发展身体的目的，此课程是集美大学在嘉庚先生体育思想的指导下开办的，也是公共体育的特色课程。

五、结束语

陈嘉庚先生是一位伟大的爱国者、著名的大实业家，也是一位毕生热诚办学的教育家。他一生为祖国、为人民、为华侨社会、为中华民族做出了卓越的贡献。不论在旧民主主义革命时期还是新民主主义革命时期，他都跟随时代的步伐不断前进。他把一生献给爱国兴学，献给救亡大业，献给祖国。陈嘉庚爱国体育思想体现在用诚毅精神指导体育工作，把德、智、体"三

育"并重作为集美学校的办学宗旨,遵循"洋为中用"的中西结合的体育思想;提出要振兴中华,就得提倡体育,恢复国民健康,坚持科学锻炼身体,注意养身保健等。[4]在长期的生活实践和创业过程中,陈嘉庚先生深深地感触到国民体质健康对于一个国家是多么重要,并在其体育工作实践中形成了嘉庚体育思想,在此思想的指导下集美大学体育工作取得了优异的成绩。沿袭陈嘉庚体育思想,集美大学公共体育教学中开设的"运动处方课""游泳课"等课程走在了全国前列,并成为集美大学的特色课程。通过上文分析、总结认为:教学水平评估对体育工作的评价思想与嘉庚体育思想有相似之处,集美大学优异成绩的取得离不开嘉庚体育思想的指导。这次教学水平评估再一次让我们认识到陈嘉庚体育思想在当时是先进的,在现代也是被社会认同的,具有与时俱进的先进性,是值得提倡的。

参考文献

[1] 杨黎明.本科教学评估与普通高校体育的改革发展[J].湖北体育科技,2006,25(3):354-356.
[2] 兰润生.陈嘉庚竞技体育思想初探[J].西安体育学院学报,2004,21(5):13-15.
[3] 陈嘉庚爱国体育思想[M].香港:天马图书有限公司,2002.
[4] 林少琴.陈嘉庚爱国体育思想的特色[J].体育学刊,2004,11(5):36-38.
[5] 兰润生,刘英杰,蔡惠玲.陈嘉庚学校体育思想初探[J].中国体育科技,2003,39(1):19-21.
[6] 集美大学体育学院本科教学水平评估迎评报告[R].2007:28.

[本文发表于《体育科学研究》2009年第3期]